KB260536

백제의 토목 건축

| 조원창 |

공주사범대학 역사교육과 졸업
공주대학교 대학원 석사과정 사학과 졸업(문학석사)
상명대학교 대학원 박사과정 사학과 졸업(문학박사)
현 한얼문화유산연구원 조사위원
　한밭대학교 강사, 공주대학교 강사

• 논문 및 저서 •

『한국 고대 와당과 제와술의 교류』,
『百濟 建築技術의 對日傳播』,
「公州地域 寺址 研究」,「百濟瓦積基壇에 대한 一研究」,
「熊津遷都後 百濟瓦當의 變遷과 飛鳥寺 創建瓦에 대한 檢討」,
「百濟 二層基壇 築造術의 日本 飛鳥寺 傳播」,
「百濟 熊津期 扶餘 龍井里 下層 寺院의 性格」,
「法泉里 4號墳 出土 靑銅蓋 連花突帶紋의 意味」,
「百濟 基壇 築造術의 對新羅 傳播」,
「月精寺 地下 架構基壇의 編年과 性格」 외 다수

백제의 토목 건축

초판인쇄일　2011년 12월 26일
초판발행일　2011년 12월 28일
지 은 이　조원창
발 행 인　김선경
책 임 편 집　김윤희, 김소라
발 행 처　도서출판 서경문화사
　　　　　주소 : 서울 종로구 동숭동 199 - 15(105호)
　　　　　전화 : 743 - 8203, 8205 / 팩스 : 743 - 8210
　　　　　메일 : sk8203@chollian.net
등 록 번 호　제 300-1994-41호

ISBN 978-89-6062-081-0 　93900

ⓒ 조원창, 2011

*파본은 본사나 구입처에서 교환하여 드립니다.

　정가　26,000원

백제의 토목 건축

조원창 지음

서경문화사

한성기 이후 백제에서는 기와건물이 새로운 권위 건축물의 하나로 자리 잡게 되었다. 기와건물 이전에 백제에는 초가형의 지상건물 및 수혈주거, 굴립주건물 등이 조성된 상태였다. 이들 기와는 중국 남북조의 제와술을 전수받아 제작되었을 가능성이 높으나 최초의 기와건물이 어떠한 성격의 건축물로 조영되었는지는 현재로서 알 수 없다. 아울러 왕궁, 신묘, 사원, 관아건물 이외의 어느 범위에까지 기와가 사용되었는지도 확언할 수 없다. 그러나 풍납토성의 여러 곳에서 백제의 평와와 와당이 수습되는 것으로 보아 적어도 한성기 말기에는 기와건물이 확실히 조성되었음을 부인하기 어려울 듯 싶다.

백제의 기와건물은 현재 사비기의 것이 대부분을 차지하고 있다. 한성기 및 웅진기의 기와 건물은 역사상의 고기에만 존재할 뿐, 이들이 육안 상으로 실견된 것은 거의 없다. 이는 그 만큼 백제 초·중기 기와건물의 존재가 거의 드러나지 않았음을 반증하는 것이라 할 수 있다. 아마도 개발에 따른 문화재조사의 부재가 가장 큰 원인이 아닐까 생각된다.

그러나 백제는 위덕왕대에 조사공을 일본에 파견하여 최초의 사원인 비조사를 창건한 바 있고 의자왕대에는 황룡사에 9층 목탑을 조성케 하기 위해 아비지를 신라에 파견하고 있다. 이는 백제의 건축기술이 적어도 6세기 후반이후 7세기대에 이르면 삼국 중 매우 뛰어난 수준에 도달하였음을 의미하는 것이라 할 수 있다.

아울러 『僧尼寺塔甚多』라 할 만큼 백제에는 많은 사원건축물이 축조된 것으로 파악되고 있다. 이러한 목조건축물은 대부분 기와를 사용한 것으로서 그 하중 또한 적지 않았을 것으로 생각된다. 그리고 이러한 하중을 지탱하기 위해 초가형 건물과는 다른 토목공사와 건축기술을 도입·창안하였을 것이다. 그러나 현재 우리나라에서는 백제의 사원건축을 비롯한 목조건축물의 실체를 그 어느 곳에서도 찾아볼 수 없다.

따라서 기와 건축물을 조성하기 위한 건축기술은 대지조성토를 비롯한 기단, 적심시설 등 건물의 하부구조에서 만 그 존재를 파악해 볼 수 있다. 아울러 이러한 토목건축기술은 백제 조사(탑)공의 영향을 받은 일본이나 신라에서도 그 편린을 살필 수 있다.

본고는 이러한 목적의식을 가지고 박사학위논문 이후의 논고를 재정리함으로서 작성케 되었다. 일부 고고학 관련 학회지에 게재된 것이 있으나 대부분은 건축학회에 게재된 것들을 모아 이번에 책으로 엮게 되었다. 특히 논문을 쓰고 난 이후 새로운 사실들이 밝혀지면서 일부 내용의 진부함도 느낄 수 있으나 이에 대해선 각주처리를 하여 이해를 도왔다.

이 책은 크게 4부로 구성되어 있다.

1부는 백제의 토목기술을 엿본다는 차원에서 대지조성토를 주제로 작성하였다. 대지조성은 건물을 조성하기 위해 맨 처음 실시하는 토목공사로서 백제의 경우 여러 공법을 사용하여 대지를 조성하였다. 한성기 및 웅진기의 건물지도 일부 포함되어 있으나 대부분 발굴조사가 완료된 사비기의 것들을 주 대상으로 삼았다.

2부는 백제의 기와건물지(목탑지 포함)에서 주로 확인되는 건축기술에 대해 살펴보았다. 이 과정에서 혼축기단, 적심토, 목탑지 축기부 등의 존재를 검토하게 되었고, 나아가 이러한 기술로 조영된 군수리사원의 창건 배경 및 편년 등에 대해서도 부분적으로 살펴보았다. 특히 중국과의 대외교섭을 통한 새로운 건축기술의 도입에 대해서도 소략하나마 정리하였다.

3부는 백제의 건축기술이 신라에 전파된 과정과 그 사례, 의미에 대해 파악해 보았다. 이를 위해 신라의 와적기단, 이중기단, 가구기단 등을 검토하였다.

4부는 백제의 건축기술이 일본의 사원건축에 어느 정도 영향을 미쳤는지에 대해 기술하였다. 전술하였듯이 일본은 588년 백제의 조사공, 와박사 등을 공급받아 최초의 사원인 비조사를 창건하게 되었다. 그 결과 비조사에는 백제의 건축기술인 4각의 목탑지와 심초석 겸 공양석의 매납, 중금당지 및 목탑지에서 관찰되는 가구기단, 동서금당의 이중기단 등이 축조케 되었다. 이후 백제의 건축기술은 근기지역에 위치해 있는 비조시대의 회외사나 산전사 등에도 영향을 미치게 되었다. 따라서 여기에서는 백제의 건축기술이 일본의 사원건축에 어떻게 투영되었는지를 이해하기 위해 작성케 되었다.

이 책은 앞에서 밝힌 바와 같이 그 동안 여러 학회지에 발표된 것을 부분적으로 수정·보완하여 엮은 것이다. 따라서 논문의 마무리에 그 출처를 밝혀 두었다. 본래 목적은 백제의 토목과 건축기술을 시기적으로 파악해 보고자 한 것이었으나 유적 대부분이 사비기의 것이어서 향후를 기대해 보아야 할 것 같다.

필자가 고고학에 입문하게 된 데에는 故 안승주 선생님의 학은이 적지 않았다. 공주 공산성 발굴을 비롯해 수원사지, 구룡사지 등 건물지 발굴의 참여에 많은 도움을 주셨고 발굴 법인 및 사회에 첫 발을 내딛게 해주셨다. 평생 갚지 못할 스승님의 은혜라 생각하고 있다. 그리고 박사과정의 지도교수님이셨던 장경호 선생님과 김동현 전 국립문화재연구소장님께서는 건물지 분야의 문외한이었던 필자에게 조사 방법과 자세, 의미 등을 일깨워 주셨다. 학문적 누가 되지 않고자 하였으나 아직까지도 많은 부족함을 느낀다. 아울러 조유전 선생님, 최병현 선생님, 이강승 선생님, 심정보 선생님, 이남석 선생님께서는 발굴 과정에서 빠지기 쉬운 선입관들을 많이 제고해 주셨다. 지면으로나마 깊은 감사를 드린다. 그리고 힘든 과정 속에서도 출간에 힘써주신 서경문화사 김선경 사장님 및 관계자분께도 고마움을 느낀다.

끝으로 밖에서의 활동을 언제나 묵묵히 지켜봐 주시는 부모님과 아내 이은희, 아들 나한에게도 이 책으로나마 고마움을 대신코자 한다.

2011년 7월
공산성 진남루 아래에서
조 원 창

제1부 백제의 토목기술

제2부 백제 건축기술의 특성

제1부
백제의 토목기술

건물의 축조에 앞서 실시되는 대지조성 관련 토목기술은 지형이나 입지에 따라 각기 다양하게 나타난다. 산사면을 삭토·정지하여 건축물을 조성할 경우에는 판축·성토에 따른 배수시설이 적게 시설되는 반면 경사의 고저차에 따른 축대시설이 필연적이다. 반대로 수변에 인접한 저습지나 낮은 저지대에 건축물을 조성할 경우에는 대지조성을 위한 암거나 배수시설, 부엽공법, 말뚝지정 등과 같은 연약지반 개량공법이 반드시 수반되고 있다. 건축물은 이러한 다양한 토목기술이 내재된 대지조성 후에 착공이 이루어진다.

본서의 제1부는 백제 웅진기 이후 사비기에 해당되는 여러 건축물이 어떠한 대지조성토에 축조되었고, 저습지상에 조성된 유적의 경우 연약지반 개량을 위해 어떠한 토목기술이 적용되었는지를 살펴보는 데 목적이 있다. 대부분의 내용이 발굴조사를 바탕으로 하였기 때문에 조사가 미비한 유적의 경우 토층이나 토목공법 등의 파악이 불가능하였다. 향후 이에 따른 세심한 조사가 요구되는 바이다.

웅진기 이후 백제의 대지조성은 삭토나 정지, 성토, 판축 등의 공법이 주로 이용되었다. 성토나 판축의 경우는 축토 방법에 따라 다시 경사축토 및 수평축토로 구분되었다. 그러나 웅진기 건축물이 희소하고 이에 다른 토층조사가 이루어지지 않은 관계로 부득이하게 사비기 유적을 중심으로 대지조성의 축토 현황을 살펴보게 되었다.

　한편, 저습지상에 조성된 유적은 성곽, 사지, 건물지 등 유적의 성격을 불문하고 본격적인 대지조성에 앞서 부엽공법, 말뚝지정, 부엽 + 말뚝지정, 석축암거, 기와암거, 자갈석렬, 마사토열 등의 연약지반 개량 공법이 사용되었다. 이 중 가장 일반적인 토목공법은 부엽과 말뚝지정이며 석축암거와 기와암거, 자갈석렬 등은 水量의 정도에 따라 혼용, 혹은 단독적으로 시설되었다. 마사토열은 최근 들어 부여지역에서 확인된 연약지반 개량공법으로 대지를 되파기한 후 배수가 용이한 마사토를 충전해 놓은 것이다. 자갈석렬과 비교해 溝 내부의 충전물이 할석이냐 마사토냐에 따라 구분한 것이다.

　이상의 여러 토목기술은 건축물을 조성하기 위한 필수적인 조처로 모든 건물유적에서 확인되어야 함이 마땅하다. 그러나 대부분의 건물지 조사가 기단석 및 초석, 적심석 등의 확인에 국한된 것이 많아 다양한 대지조성의 축토방법 및 토목공법 등을 파악하기가 쉽지 않다. 따라서 이들 공법의 시기적 변천 및 시대적 특성에 대해서도 거의 알려진 바 없다. 건축물의 지하구조라는 측면에서 향후 발굴조사 중 반드시 확인하고 넘어가야 할 부분이라 생각된다.

백제 웅진기 이후
대지조성 공법의 연구

01

Ⅰ. 서론

　최근 전국에서 벌어지고 있는 국토개발과 문화재 정비사업은 그 동안 거의 알려지지 않은 새로운 건물지의 존재와 축조기법 등을 고고학적 발굴조사를 통해 학계에 보고하고 있다.[01] 그러나 대부분의 건물지는 개발 과정에서 혹은 오랜 기간의 경작 등을 통해 조사 전에 이미 기단이나 초석이 멸실되거나 교란되는 등 그 형적을 살피기가 쉽지 않다. 하지만 이들 건물이 축조되는 기반인 대지는 일반적으로 원상태를 보존·유지하는 것이 많아 당시의 대지조성 築土공법을 파악하는 데 많은 도움을 주고 있다.

　백제시대의 대지조성은 건물이 조성되는 낮은 구릉의 사면이나 정상부, 곡간, 평지, 저습지 등 매우 다양한 장소에서 이루어졌다. 이들 유적은 그 성격에 따라 사지, 성곽, 관청, 창고 등으로 불리고 있으며 일부 성

01　백제 금동대향로 및 사리감 등이 확인된 부여 능산리사지나 대형 기와 등이 출토된 남한산성 내 대형 건물지가 좋은 사례가 될 수 있다.

격을 살필 수 없는 것도 존재하고 있다. 그러나 유적의 성격만 구분될 뿐, 대지의 축토공법 측면에서는 큰 차이가 없어 유적별 축토 특성은 파악하기가 어렵다.

대지는 건물을 조영하기 앞서 일차적으로 이루어지는 토목사업의 결과물로 백제의 경우 시기적으로 축토방법의 차이를 보여주고 있다. 아울러 구릉의 사면에 축조된 대지와 저습지에 조성된 대지는 토양 성질이나 축토 방법면에서 다소간의 차이를 보이는 경우도 있어 입지에 따라 축토의 차이가 있음을 살필 수 있다.[02]

대지조성을 위한 방법은 정지공법과 축토공법으로 구분되고 후자는 다시 판축공법[03]과 성토다짐공법으로 세분할 수 있다. 그리고 성토다짐공법은 축토된 토양의 경사도에 따라 수평축토[04]와 경사축토[05]로 다시 나눌 수 있다. 그런데 이들 축토방법은 동일 건물지에서 함께 나타나는 경우도 존재하고 있어 축토공법 만을 가지고 건물의 조영 시기를 구분하는 것은 무리가 있다.

따라서 본고는 그 동안 백제의 고토에서 발굴조사된 여러 瓦建物 유

---

02 능선 사면에 대지가 조성되는 경우는 상면에서 채토된 토양이 능선 하면에 성토다짐 혹은 판축되기 때문에 같은 성질의 토양이 나타날 수밖에 없다. 그러나 저습지에 대지가 조성되는 경우는 주변에서 토양을 채토하기 때문에 채토장의 토양 성질에 따라 대지조성에 사용되는 토양도 각기 다양하게 나타난다.

03 건물지에서의 판축공법은 토성의 그것과 분명 차이를 보인다. 이는 산성에서의 경우 영정주와 횡장목, 종장목 등이 구비되는 반면, 건물지에서는 이러한 시설을 살피기가 어렵다. 다만, 축토되는 토양이 사질토와 점질토를 교차시킨다는 점에서 공통점을 확인할 수 있다.

04 대지를 조성할 때 구지표면 혹은 정지면의 경사도에 따라 토양을 築土하는 것을 의미한다.

05 수평축토 다음에 나타나는 경우가 있으며 경사도는 약 30° 이상이다. 수평으로 축토된 토양의 최상단에서 30° 이상의 경사도를 보이며 샌드위치식으로 토양이 여러 겹 쌓이는 경우이다.

적을 입지별로 구분하여 대지의 축토공법을 살펴보는 데 일차적 목적을 두었다. 아울러 해당 유적에서 출토된 유물을 통해 대지의 조성시기를 파악해 보고 이의 변천에 대해서도 살펴보고자 하였다. 그러나 일부 유적에서 대지조성을 살필 수 있는 토층도가 제시되지 않아 이의 현황을 파악하기 불가능한 것도 확인케 되었다. 이럴 경우 부득이하게 본고의 내용에서 제외하게 되었음을 미리 밝혀두고자 한다.

Ⅱ. 대지조성의 자료 검토

백제시대 건물 조영을 위한 대지조성은 건물의 입지에 따라 다양한 장소에서 이루어졌기 때문에 여기에서는 평지와 저습지, 그리고 낮은 구릉의 사면이나 정상부 등으로 구분하여 그 사례를 살펴보고자 한다.

1. 평지의 대지조성

공주 공산성내 광복루 앞 광장,[06] 부여의 용정리사지,[07] 군수리 와적기단건물지,[08] 용정리 소룡골 건물지[09] 및 익산의 제석사지,[10] 왕궁리 궁

---

06 公州大學校博物館·忠淸南道,「9. 光復樓앞 廣場」『公山城 建物址』, 266~268쪽.

07 扶餘文化財研究所·扶餘郡, 1993,『龍井里寺址』, 17~18쪽.

08 (財)忠淸文化財研究院·大田地方國土管理廳, 2003,『扶餘 佳塔里·旺浦里·軍守里遺蹟』, 123쪽.

09 忠南大學校博物館,『扶餘 龍井里 百濟建物址 發掘調查報告書』.

10 圓光大學校 馬韓·百濟文化研究所, 1994,『益山帝釋寺址試掘調查報告書』, 15~16쪽.

성유적[11] 등을 예시할 수 있다.

공산성내 광복루 앞 광장은 발굴조사 전까지 많은 교란과 훼손이 이루어져 유구의 잔존 상태가 양호하지 못하였다. 이 유적에 대한 대지조성 토층도는 작성되지 않았지만 본문의 내용을 통해 정지 및 성토다짐 공법으로 축토되었음을 알 수 있다. 즉, "조사지역의 중앙부분은 북측의 경우 암반의 생토가 그대로 드러나고 있지만 남측은 지표 하 30~40cm의 깊이에서 다짐층이 있다. 이 다짐층은 적갈색으로 황토로 굳게 다진 것으로 …"라는 표현을 통해 살필 수 있다. 이곳에서는 백제시대를 비롯한 조선시대 유구까지 통시대적으로 검출되고 있고 동성왕대의 임류각지와는 20~30m 떨어진 근거리에 위치하고 있다.

용정리사지는 전면 발굴조사가 아닌 부분적인 시굴조사를 통해 금당지 및 목탑지로 추정되는 상하 중복 유구가 확인되었다. 이 사지의 대지조성은 금당지 주변 토층조사를 통해 그 일부를 살필 수 있는데 모두 4개 층위가 확인되었다(도면 1). I층은 기반토로서 사역 전반에 퇴적되어 있으며 주로 회백색의 굵은 모래층과 흑갈색 모래층으로 형성되어

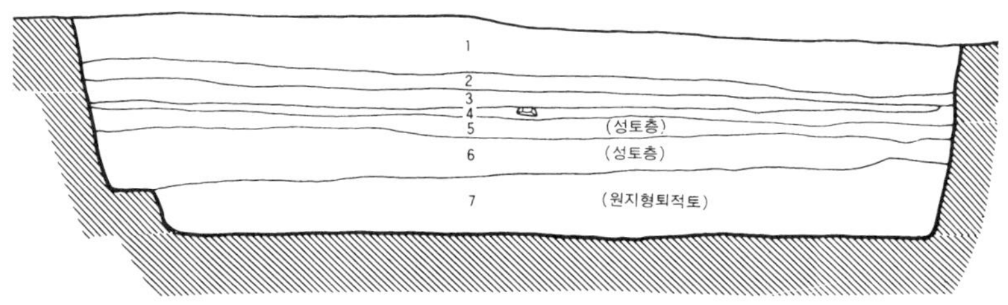

| 도면 1 | 용정리사지 금당지 주변 대지조성토

(扶餘文化財研究所 · 扶餘郡, 1993, 『龍井里寺址』, 25쪽 삽도 6-① 중)

---

11 國立扶餘文化財研究所, 2008.11, 「2008년도 익산 왕궁리유적 정비예정지역 제5차 정밀발굴조사 자문회의 회의자료」, 5쪽.

있다. II층은 하층
건물지의 대지조
성토로서 전체 30
~40cm 두께로 암
갈색 점질토를 교
차하여 성토다짐
한 후에 명갈색 점
토를 깔아 사역 일
원의 성토층 상부
를 보강하였다. III
층은 상층 건물지
와 관련된 층으로

| 사진 1 | 군수리 와적기단 건물지 대지조성토
(忠淸文化財硏究院 · 大田地方國土管理廳, 2003,
『扶餘 佳塔里 · 旺浦里 · 軍守里遺蹟』, 135쪽 사진 228)

서 암갈색 사질점토와 황갈색 사질점토를 교차로 수평 성토다짐하여
50cm 두께로 축토하였다. 이는 상층건물지의 대지조성토 및 기단토로
파악된다. IV층은 사원이 폐사된 이후의 다갈색 부식토층이다.

군수리 와적기단 건물지는 생토면을 우선적으로 편평하게 정지한 후
생토부스러기와 암갈색 사질토를 성토 다짐하여 대지를 조성하였다(사
진 1). 마사토가 상대적으로 적게 혼입된 관계로 건물의 배수는 양호하
지 못하였던 것으로 생각된다.

용정리 소룡골 건물지는 남북토층 및 동서토층, 남건물지 동단 도로
단면, 북건물지 도로 단면을 통해 대지조성토의 축토공법을 유추할 수
있다. 남북토층도에 따르면 용정리 소룡골 건물지는 흑색점토층(표토)
아래로 황갈색 사질점토층, 갈색 사질토층, 흑갈색 사질토층 등이 차례로
수평하게 성토다짐되어 있음을 볼 수 있다(도면 2). 건물지에서는 기단
과 적심석 등이 검출되었고, 기단토로는 황갈색 사질토층이 사용되었다.

제석사지는 목탑지 남쪽 14m 정도의 토층조사를 통해 대지조성의 축
토 양상을 파악해 볼 수 있다. 기반토는 연녹갈색의 점토로 표토에서 약

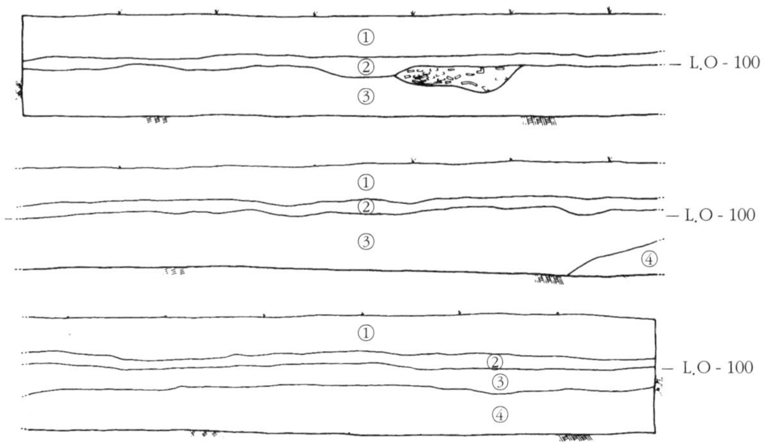

| 도면 2 | 용정리 소룡골 건물지 남북토층도

(충남대학교박물관, 『扶餘 龍井里 百濟建物址 發掘調査報告書』, 28쪽 도면 V)

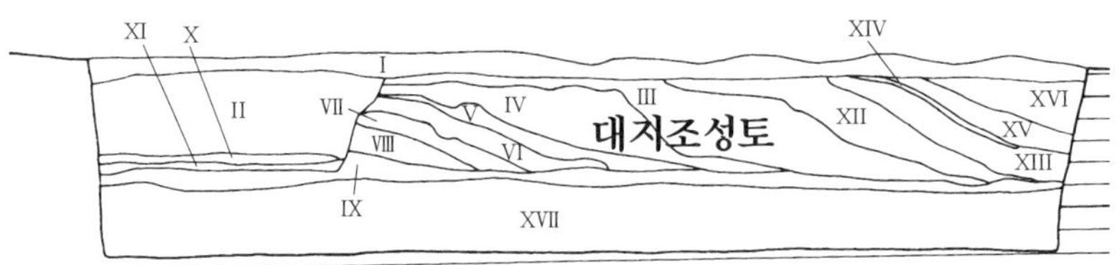

I : 경작토	X : 회흑색 점토
II : 적갈색 사질점토(와편 포함층)	XI : 황갈색 점토
III : 암적갈색 사질점토	XII : 녹갈색 점토
IV : 암적갈색 사질점토	XIII : 연녹갈색 점토
V : 적갈색 사질점토	XIV : 적갈색 사질점토
VI : 암갈색 점토	XV : 녹갈색 사질점토
VII : 적갈색 사질점토	XVI : 적갈색 사질점토
VIII : 황갈색 사질점토	XVII : 녹갈색 사질점토
IX : 황흑갈색 점토	XVIII : 적갈색 사질점토

| 도면 3 | 제석사지 남쪽 대지조성토

(圓光大學校 馬韓 · 百濟文化硏究所, 1994, 『益山帝釋寺址 試掘調査報告書』, 도면 5 중)

1.1~1.2m 아래에서 노출되었다. 지형은 북에서 남으로 완만한 경사를 이루고 있고 기반토 상면으로는 17개의 성토다짐층이 확인되었다(도면 3). 사용된 토양은 적갈색과 황갈색, 암갈색의 사질

| 사진 2 | **왕궁리유적 남벽 동측 문지 대지조성토**
(국립부여문화재연구소, 2008.11, 「2008년도 익산 왕궁리유적 정비 예정지역 제5차 정밀발굴조사 자문회의 회의자료」, 16쪽 사진 4)

점토로서 수평 및 경사축토를 이용하여 대지를 조성하였다.

왕궁리 궁성내부의 성토층은 북동 - 남서방향으로 경사져 있는 구릉을 성토하는 과정에서 이루어졌다(사진 2). 동서석축1~2 동측 말단부 근처에서 동벽 내측까지의 성토층은 서쪽에서 동쪽으로 적갈색 사질점토의 성토층, 황색 마사토 위주의 성토층이 경사면을 따라 2~3단으로 축토되었고 그 두께는 8.9m로 추정되었다. 반면, 남벽 동측 문지 주변의 성토층은 지형이 계곡처럼 함몰되어 있어 '남쪽 → 북쪽 → 중앙' 부분을 축토하는 방식으로 4~16cm 두께의 황색·적갈색 사질점토를 경사지게 성토다짐 하였고 그 두께는 5m까지 확인되었다. 그런데 왕궁리유적에서는 'V' 자형의 경사축토 외에 片築의 경사축토와 수평축토도 확인되고 있어 다양한 축토양상을 보여주고 있다.

2. 저습지의 대지조성

부여의 정림사지[12] 및 능산리사지,[13] 익산의 미륵사지[14] 등에서 찾아

볼 수 있다.

정림사지에서의 대지조성토는 탑지 주변에서 확연히 살필 수 있다. 즉, 기반토 위에 흑갈색 사질토층, 흑갈색 토층, 적갈색 토층 등이 대지조성토로 사용되었는데, 적갈색 토층의 경우 일부 준판축(두께 70cm)되었다. 적갈색 토층을 제외한 나머지 대지조성토는 성토 다짐되었고, 중문지 주변에서는 황갈색 토층, 흑갈색 토층, 황갈색 사질토층 등이 경사

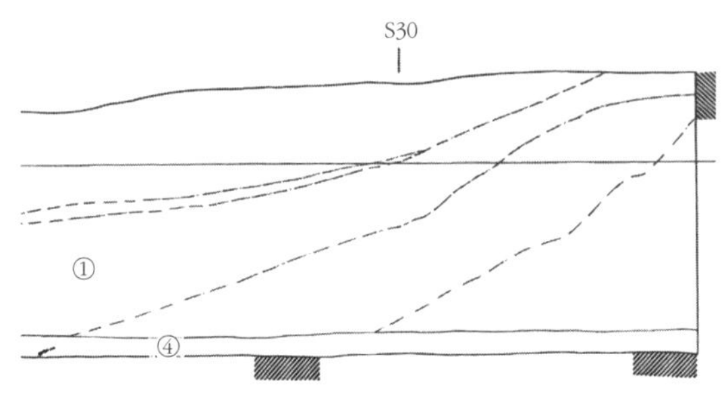

| 도면 4 | 정림사지 중문지 대지조성토 세부

(忠南大學校博物館 · 忠淸南道廳, 1981, 『定林寺』, 도면 16 중)

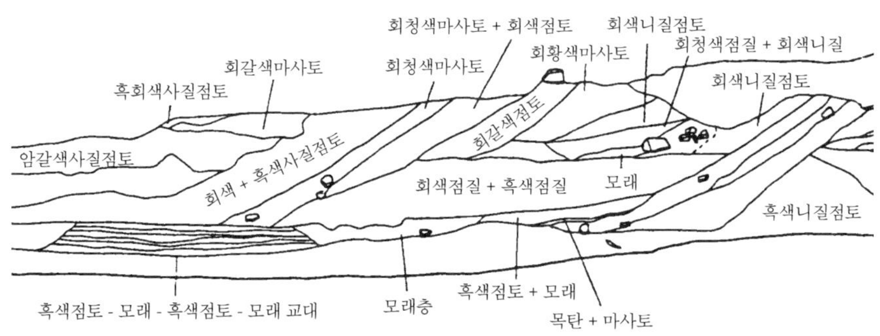

| 도면 5 | 능산리사지 금당지 동쪽 대지조성토 세부

(國立扶餘博物館 · 扶餘郡, 2000, 『陵寺』, 7쪽 도면 6 세부)

---

12 忠南大學校博物館 · 忠淸南道廳, 1981, 『定林寺』.

13 國立扶餘博物館 · 扶餘郡, 2000, 『陵寺』.

14 文化財管理局 文化財硏究所, 1989, 『彌勒寺 I』.

축토 되었음을 살필 수 있다(도면 4).

능산리사지는 금당지와 목탑지 동쪽의 남북토층도를 통해 3단계의 대지조성 과정을 살필 수 있다(도면 5). 즉, 제 1단계로서 자연토층 상면에 10cm 두께의 모래가 섞인 풍화암반토를 수평으로 성토다짐 하였다. 제 2단계는 본격적인 대지조성 과정으로 북에서 남으로 성토다짐을 실시하였다. 여기에서는 갈색 계통의 마사토와 점토를 교대로 하여 수평축토와 경사축토를 일정한 간격으로 시행하였다. 아울러 지반이 약한 곳에는 모래와 흑색 점토를 교대로 판축하여 견고하게 조성하였다. 마지막으로 제3단계는 암갈색 점질토를 수평으로 성토다짐하여 마무리하였다.

미륵사지는 탑이나 금당을 중심으로 한 주변 토층 일부가 남아 있다. 여기에서는 서탑 동편에 조성한 트렌치를 통해 대지조성토의 축토현황을 살펴보고자 한다.

서탑 동면기단 동편에 조성한 탐색트렌치에서는 서탑 방향으로 가면서 연황색 마사점토가 5단 정도로 경사축토 되어 있음을 볼 수 있다(도면 6). 하지만 능산리사지에서와 같은 별도 공정의 급경사 축토는 확인할 수 없다. 즉 하나의 공정으로 수평 및 경사축토가 동시에 진행되었다

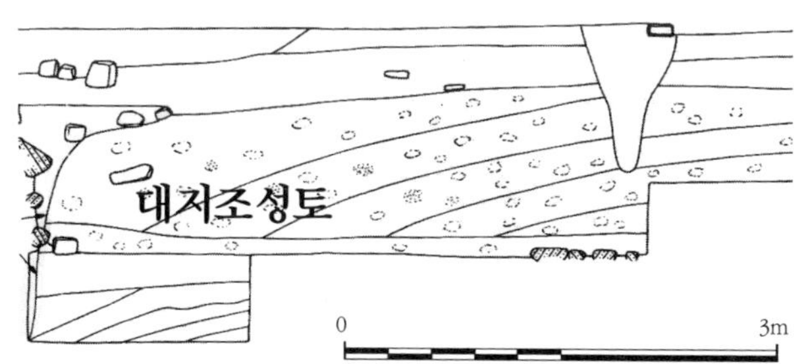

| 도면 6 | 탑 동편 탐색 트렌치 북벽 토층도

(國立扶餘文化財硏究所, 2001, 『彌勒寺址 西塔 周邊發掘調査 報告書』, 28-1쪽 도면 5 중)

는 특징을 보인다. 이들은 성토다짐되어 저습지를 축토하였던 것으로 생각된다.

3. 구릉 사면 및 곡간의 대지조성

공주 공산성내 임류각지,[15] 부여의 쌍북리 건물지,[16] 왕포리 건물지,[17] 부소산성내 다지구 건물지,[18] 부소산사지[19] 등에서 확인할 수 있다.

임류각지는 『삼국사기』를 통해 궁의 동쪽에 위치하고 있으며 5장의 높이에 해당하는 고루형의 건물이었음을 알 수 있다.[20] 임류각지는 고려 · 조선시대에 이르기까지 건물의 대지로 사용되었고 백제시대의 건

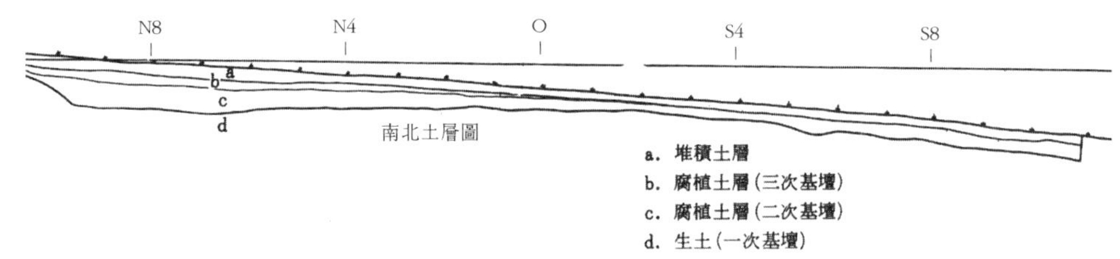

| 도면 7 | 임류각지 남북토층도

(公州師範大學 百濟文化研究所 · 忠淸南道, 1982, 「제2장 臨流閣址」 『公山城』, 도면 13)

---

15 公州師範大學 百濟文化研究所 · 忠淸南道, 1982, 「제2장 臨流閣址」 『公山城』.

16 (財)忠淸文化財研究院, 2005, 『부여 - 탄천간 도로확장 및 포장공사(제3공구) 구간 내 문화유적 발굴조사』.

17 (財)忠淸文化財研究院 · 大田地方國土管理廳, 2003, 『扶餘 佳塔里 · 旺浦里 · 軍守 里遺蹟』.

18 國立扶餘文化財研究所, 2003, 『扶蘇山城 發掘調査報告書』V, 144~147쪽.

19 國立文化財研究所, 1996, 『扶蘇山城 發掘調査報告書』, 57쪽. 토층도가 제시되지 않아 세부 토층상황은 살필 수 없다.

20 『三國史記』卷28 百濟本紀 東城王 22年條.

물지는 창건기의 것으로 산
경사면을 절토하고 정지한
후 대지를 조성하였다. 그러
나 건물지의 남북토층도를
보면 남쪽방향으로 약한 경
사도를 보이며 흘러내려가고
있음을 볼 때 성토다짐공법
도 부분적으로 사용되었음을
추정할 수 있다(도면 7).

부여 쌍북리 건물지는 좁
은 협곡을 판축공법으로 축
토하여 대지를 조성한 것으
로 마사토와 점토를 중심으
로 조성하였다(사진 3). 조사
지역 전체가 발굴조사 되지
는 않았지만 토층의 길이를
짧게 하면서 수평 및 수직으
로 반복 축토하였다는 특징
이 있다. 그러나 판축토성에
서와 같은 일정한 수평층위
를 보이는 토층은 확인되지
않는다.

왕포리 건물지는 전체적
으로 생토면을 편평하게 정
지한 후 생토부스러기와 암갈

| 사진 3 | 쌍북리 건물지 대지조성토
(필자사진)

| 사진 4 | 왕포리 건물지 대지조성토
(忠淸文化財硏究院·大田地方國土管理廳, 2003,
『扶餘 佳塔里·旺浦里·軍守里遺蹟』, 113쪽 사진 199)

색 사질토를 수평하게 성토 다짐하여 대지를 조성하였다(사진 4). 토층
조사를 위한 구덩이는 설치되었으나 토층에 대한 세부 설명이 없어 더

| 사진 5 | 부소산성내 다지구 건물지 대지조성토

(國立扶餘文化財硏究所, 2003, 『扶蘇山城 發掘調査報告書V』,
301쪽 도판 146)

이상의 확인은 어렵다.

부소산성내 다지구 건물지는 골짜기상의 깊은 부분을 주변 평탄지와 같은 레벨로 판축한 대지상에 조성되었다. 생토면 위로 흑회색 점토, 갈색계 마사토, 회색계 마사토를 판축하거나 혹은 명적갈색 마사토, 회색 마사토, 암갈색 마사토, 적갈색 마사토, 황회색 마사토 등을 이용하여 하면을 경사 판축한 반면, 상면은 수평에 가깝게 판축하였다(사진 5).

부소산사지는 북고남저, 동고서저의 지형에 위치하고 있어, 정지·판축공법을 이용하여 대지를 조성하였다. 서남·남·동·동남지역은 판축공법을 실시하여 축토하였고, 중심부인 금당지와 탑지 부분은 높게 솟은 자연암반을 정지하여 대지를 조성하였다.

4. 구릉 정상부의 대지조성

구릉 정상부에 조성된 백제시대의 유적으로는 정지산유적[21]이 대표

---

21 국립공주박물관 · (주)현대건설, 1999, 『艇止山』.

적이다. 이 중 빈
전지로 추정되는
기와 건물지는 정
상부를 정지하여
생토면에 조성한
것으로 초석을 시
설하지 않고 목주
만을 사용하였다.
기반토는 풍화암
반토이며 이를 정
지하여 대지로 조
성하였다(도면 8).
이러한 대지조성
법은 구릉의 정상
부나 경사면의 상
단에서 주로 살필
수 있다.

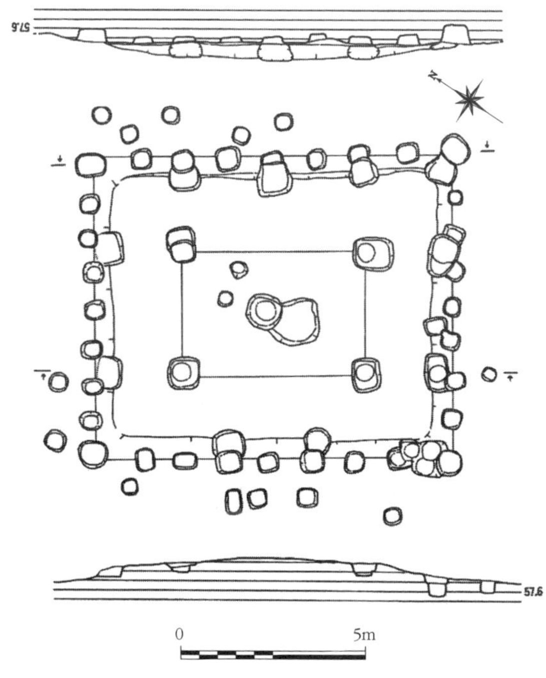

| 도면 8 | 정지산 기와 건물지 평 · 단면도
(국립공주박물관 · (주)현대건설, 1999, 『艇止山』, 28쪽 도면 5)

Ⅲ. 대지조성 축토공법의 형식분류와
유적의 편년

대지를 조성키 위한 축토공법은 정지공법, 판축공법, 성토다짐공법으로 대분되고 있다. 그러나 이중 어느 한 공법만을 가지고 건물의 전체 대지를 조성하는 경우는 많지 않다. 예컨대 정지공법과 판축공법을 혼용하거나 성토다짐공법과 판축공법을 지반의 약한 정도에 따라 별도 사용하고 있다.

따라서 여기에서는 그 동안 발굴조사된 백제유적을 중심으로 대지조성의 공법과 사례를 살펴보고 이들의 편년[22]을 알아보고자 한다.

1. 정지공법

구릉 정상부에 조성된 정지산 기와 건물지[23]에서 살필 수 있다. 정지공법은 대체로 구릉사면에서 성토다짐공법과 공반되어 확인되는 것이 일반적이나 정지산 기와 건물지의 경우는 추가적인 다른 공법의 혼용 없이 정지공법만을 이용하여 대지를 조성하였다는 특징이 있다.

| 사진 6 | 정지산 기와건물지 출토 와당
(국립공주박물관, 2004, 『국립공주박물관』, 86쪽 하단)

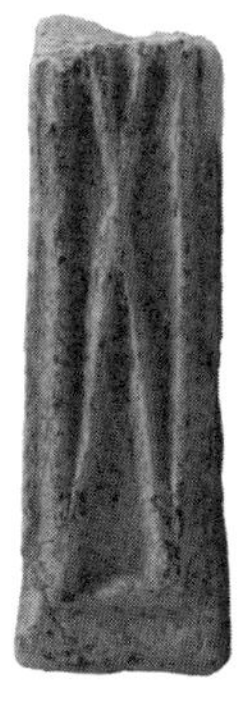

| 사진 7 | 정지산 와건물지 출토 사격자문전 (국립공주박물관, 2004, 『국립공주박물관』, 86쪽 상단)

---

22 유적에 대한 편년은 기본적으로 발굴보고자의 견해를 따랐고 이의 근거가 되는 유물을 제시하였다.

23 국립공주박물관·(주)현대건설, 1999, 『艇止山』.

정지산 기와 건물지의 조성은 이곳에서 출토된 단판 8엽 연화문 와당(사진 6)과 남사면 성토층에서 수습된 사격자문 전돌(사진 7) 등을 통해 웅진기인 520년대 전후 시기로 추정되었다.[24]

2. 정지 + 성토다짐공법

이들 공법은 웅진기인 공주 임류각지를 비롯해 사비기의 부여 군수리사지, 군수리 와적기단 건물지, 왕포리 건물지 등 주로 구릉사면과 정상부, 설상대지 등에서 확인되었다. 대지조성에 앞서 해당 부지에 대한 정지작업을 실시하고 그 상면이나 경사 아래면에 정지된 토양을 축토하는 방식이다. 경사축토 보다는 수평축토를 주로 사용하였고 백제 웅진기 이후의 대지조성 방법 중 가장 다수를 차지하고 있다.

| 사진 8 | 군수리사지 출토 와당 1
(國立扶餘博物館, 1997, 『국립부여박물관』, 81쪽)

| 사진 9 | 군수리사지 출토 와당 2
(國立扶餘博物館, 1997, 『국립부여박물관』, 81쪽)

---

24 국립공주박물관 · (주)현대건설, 1999, 『艇止山』, 218쪽.

| 사진 10 | 군수리 와적기단 건물지 출토
인각와 (忠淸文化財硏究院 · 大田地方國土管理
廳, 2003, 『扶餘 佳塔里 · 旺浦里 · 軍守里遺蹟』,
139쪽 사진 234-②)

| 사진 11 | 왕포리 건물지 출토 기와
(忠淸文化財硏究院 · 大田地方國土管理廳,
2003, 『扶餘 佳塔里 · 旺浦里 · 軍守里遺蹟』,
116쪽 사진 203-⑤)

공산성내에 위치하고 있는 임류각지는 『삼국사기』[25] 기록에 의거 동성왕대에 조성된 것으로 추정된다. 부여 군수리사지는 출토와당(사진 8 · 9)으로 보아 위덕왕 초기인 6세기 중반,[26] 군수리 와적기단 건물지는 6세기 4/4분기~7세기 전반[27]의 것으로 편년된다.

아울러 부여 왕포리 건물지[28]의 경우 기와(사진 11) 이외의 토기 등이

---

25 『三國史記』 卷28 百濟本紀 東城王 22年條.

26 국립부여박물관, 1992, 『부여 정암리 가마터(Ⅱ)』 ; 국립부여문화재연구소, 2002, 『화지산』 ; 조원창, 2008, 「백제 군수리사원의 축조기법과 조영주체의 검토」 『한국고대사연구』 51.

27 (財)忠淸文化財硏究院 · 大田地方國土管理廳, 『扶餘 佳塔里 · 旺浦里 · 軍守里遺蹟』, 2003. 보고서상에 이 건물지에 대한 편년은 설정되어 있지 않다. 다만, 이질적인 와적기단의 축조방식과 인각와(사진 10) 등의 존재로 미루어 6세기 4/4분기 이후로 추정된다.

검출되지 않아 편년 설정이 쉽지 않으나 기와 등면에 시문된 단선의 선
조문으로 보아 6세기 중·후반에 조성된 것으로 추정된다. 즉, 짧은 선
조문에 물손질로 재연마한 기와는 백제 웅진기 유적인 공주 공산성에서
많이 출토된 것으로서 고식의 등문양을 보여주고 있다.

3. 정지 + 판축공법

부소산사지에서 살필 수 있다. 지형이 높은 곳은 정지하고 낮은 부분
은 판축하는 방법을 취하고 있다. 판축의 경우 수평축토를 주로 하였다.
부소산사지는 사역내에서 출토된 와당(사진 12·13)의 편년을 통해 7세
기 이후의 것으로 추정되었다.[29]

| 사진 12 | 부소산사지 출토 와당 1
(百濟文化開發硏究院, 1983, 『百濟瓦塼圖錄』)

| 사진 13 | 부소산사지 출토 와당 2
(百濟文化開發硏究院, 1983, 『百濟瓦塼圖錄』)

---

28 (財)忠淸文化財硏究院·大田地方國土管理廳, 2003, 『扶餘 佳塔里·旺浦里·軍守
里遺蹟』.
29 國立扶餘文化財硏究所, 1996, 『扶蘇山城』.

4. 판축공법

쌍북리 건물지, 부소산성내 다지구 건물지 등에서 살필 수 있다. 능산리사지나 부소산사지처럼 일정 부분만 판축하는 것이 아니라 건축물이 들어설 대지 대부분을 판축하였다. 주로 능선 사면이나 설상대지, 곡간부 등 좁은 면적에서 확인되고 있다.

쌍북리 건물지는 판축에 사용된 점토와 사질토의 길이를 짧게 하여 다른 유적에서 보이는 판축공법과 차이를 보이고 있다. 정지공법이나 성토다짐공법 등이 사용된 대지에 비해 상대적으로 좁은 면적에 해당되고 있다. 이는 당시의 대지조성 작업이 노동력이나 경제력과 밀접한 관련 속에서 진행되었음을 보여주는 전거라 할 수 있다.[30]

쌍북리 건물지에 대한 전면 조사가 실시되지 않아 대지조성의 정확한 시기를 알 수 없으나 이곳에서 수습된 보살입상을 통해 대지조성의 축토 시점을 판단해 볼 수 있다. 불상은 크기 약 5cm인 소형 금동보살상(사진 14)으로 두 손에 보주를 감싼 봉보주형이며 허리는 부드럽게 곡면자세를 취하고 있다. 이러한 상은 6세기 후반이후 부여지역에서 주로 확인되는 것으로서[31] 6세기 4/4분기~7세기

| 사진 14 | 쌍북리 건물지 주변 출토 보살상

(충청문화재연구원, 2005, 「부여 쌍북리유적」 현장설명회자료)

---

30 이는 대단위의 부지를 판축공법으로 대지조성할 경우 상대적으로 많은 노동력과 경제적 비용이 투여됨을 의미하는 것이다.

31 김리나, 1989, 「삼국시대의 봉지보주형보살입상연구 -백제와 신라의 상을 중심으로-」 『한국고대불교조각사연구』.

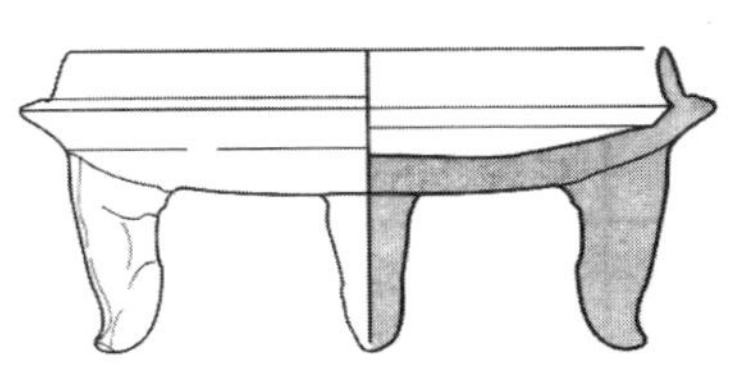

| 도면 9 | 다지구 건물지 출토 토기 1
(國立扶餘文化財研究所, 2003, 『扶蘇山城』,
도면 79-⑫)

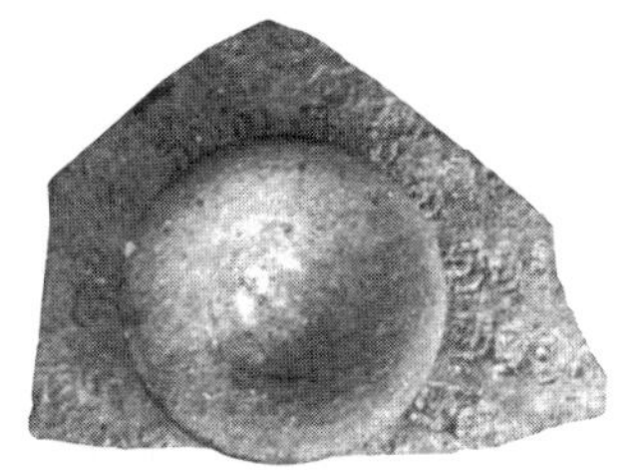

| 사진 15 | 다지구 건물지 출토 토기 2
(國立扶餘文化財研究所, 2003, 『扶蘇山城』,
도판 244-④)

전반의 주조상으로 추정된다. 따라서 대지조성은 불상이 조성되기 이전인 6세기 4/4분기 무렵이나 그 이전으로 파악해 볼 수 있다.

부소산산성 다지구 건물지에서는 개물을 비롯해 인화문뚜껑, 삼족토기, 삼족반, 직구호, 옹, 심발형 토기, 중국제 청자 등이 검출되었다.[32] 여기서 삼족토기(도면 9)는 배신이 얕게 제작되어 시기적으로 7세기대 이후로 편년할 수 있고 인화문뚜껑(사진 15)의 경우도 뚜껑 주변에 시문된 문양[33]으로 보아 7세기 이후의 것으로 추정할 수 있다.

5. 성토다짐공법

부여 용정리사지, 정림사지, 용정리 소룡골 건물지 및 익산 제석사지,

---

32 國立扶餘文化財研究所, 2003, 『扶蘇山城 發掘調査報告書』 V.
33 뚜껑에 시문된 이중원문의 인화문은 능사에서도 검출된 바 있으며 이는 7세기 중·후반기로 편년되었다(김현정, 2002, 「능산리사지 출토 인화문토기에 대한 검토」 『국립공주박물관기요』 제2집).

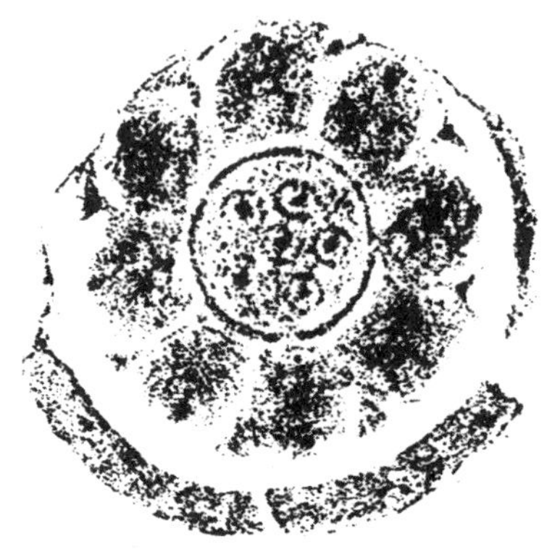

| 도면 10 | 용정리 소룡골 건물지 출토 와당
(충남대학교박물관, 『扶餘 龍井里 百濟建物址
發掘調査報告書』, 15쪽 삽도 II-1)

미륵사지, 왕궁리유적 등에서 살필 수 있다.

용정리사지와 용정리 소룡골 건물지, 제석사지의 대지조성이 수평으로 성토다짐된 반면, 왕궁리유적은 경사축토로서 'V'자 모양으로 성토다짐하여 새로운 모델을 제시하고 있다. 정림사지의 대지조성은 왕궁리유적과 달리 片築의 경사축토를 보여주고 있다.

용정리사지는 상층건물지 기단토에서 검출된 판단첨형 와당에 의거 5세기 말~6세기 초로 편년되었고[34] 용정리 소룡골 건물지는 6세기 4/4분기경,[35] 정림사지는 사비천도 이후,[36] 왕궁리유적과 제석사지는 무왕과 관련된 7세기 이후로 추정되었다. 아울러 미륵사지 대지조성토의 경우는 서탑의 사리명문이나 인각와와 관련 없이 건축물 축조 이전인 7세기 전반에 축토되었음을 판단할 수 있다.

---

34 趙源昌, 2003, 「百濟 熊津期 扶餘 龍井里 下層寺院의 性格」 『韓國上古史學報』 42호.

35 이는 건물지에서 출토된 와당(도면 10)의 편년을 통해 알 수 있다.

36 忠南大學校博物館·忠淸南道廳, 1981, 『定林寺』. 그런데 최근 이 사지에서 검출된 와당의 분석을 통해 6세기 후반 이후에 제작된 것으로 편년한 연구가 있어 주목된다(최맹식, 2008, 「정림사지 출토 백제기와 및 전의 성격」 『정림사 역사문화적 가치와 연구현황』). 이럴 경우 정림사지의 편년 또한 사비천도 직후가 아닌 6세기 3/4분기 이후가 될 가능성이 내포되어 있다.

6. 판축 + 성토다짐공법

이 공법은 능산리사지에서 살필 수 있다. 대지 대부분은 성토다짐공법으로 축토되었고, 지반이 약한 일부에만 판축공법이 사용되었다. 능산리사지는 사리감의 명문을 통해 567년경에 창건되었음을 알 수 있다.[37]

IV. 대지조성 축토공법의 변천

대지조성의 축토공법은 현재까지의 발굴조사 성과를 통해볼 때 한성기부터 그 사례를 살필 수 있다. 향후 한성기의 백제 건축물이 더욱 더 많이 확인될 수 있다는 차원에서 대지조성 또한 다양한 축토공법이 확인될 수 있으리라 생각한다.[38] 따라서 여기에서는 자료가 부족한 한성기의 축토공법에 대해선 다음의 기회로 미루고자 한다. 다만, 그 동안의 발굴조사를 통해 그 일부가 드러난 웅진기 및 사비기의 대지조성 사례와 그 공법의 변천에 대해 살펴보고자 한다.

웅진기, 사비기의 유적과 대지조성 축토방법을 표로 살피면 〈표 1〉과 같다.

이렇게 볼 때 백제 웅진기 무렵에는 정지공법과 성토다짐공법이 주로 사용되었음을 알 수 있고, 특히 후자는 풍납토성내 경당지구[39]에서도 관찰되고 있다. 아울러 이 두 형식의 대지조성 공법은 사비천도 후 백제

---

37 국립부여박물관 · 부여군, 2000, 『능사』.
38 이에 대해선 별도의 논고를 준비하고자 한다.
39 기와집은 아니지만 44호 유구 주변 토층에서 살필 수 있다.

| 표 1 | 백제 웅진~사비기 대지조성 축토 공법

(범례) 판축공법 A, 정지공법 B, 성토다짐공법 C

		조성방법	조성시기			축토방법	
			5C	6C	7C	수평	경사
웅진기	임류각지	B+C	■			●	
	정지산 기와 건물지	B	■				
	광복루 앞 광장	B+C	■			●	
	용정리사지	C	■			●	
사비기	정림사지	C		■		●	●
	군수리사지	B+C		■		●	
	능산리사지	C+A		■		●	●
	용정리건물지	C		■		●	
	부소산사지	B+A			■	●	
	군수리건물지	B+C		■		●	
	쌍북리건물지	A		■		●	
	부소산성 다지구 건물지	A			■	●	●
	왕포리건물지	B+C		■		●	
	왕궁리유적	C			■	●	●
	제석사지				■	●	●
	미륵사지	C			■	●	●

멸망기까지도 계속적으로 유행하였다. 그러나 현재까지의 백제 웅진기 고고자료를 분석해 볼 때 성토다짐공법의 경우 대지의 축토는 수평으로만 이루어졌고 경사축토는 확인되지 않고 있다.

능선 정상부에 조성된 정지산 기와 건물지의 경우는 정지공법을 주로 하여 대지를 조성하였다. 그러나 이는 부여지역의 여러 유적과 비교해 볼 때 부지 면적에서의 상대적 차이를 보여주고 있다. 즉, 사비천도 후 군수리사지나 부소산사지에서와 같이 구릉 정상부에 사역이 조성되는 경우는 일차적으로 대부분의 대지를 정지공법으로 조성하고 있다. 이는 부분적인 면적에 한정된 웅진기의 정지산 기와 건물지와 비교해 볼 때 분명한 대지의 확대를 보여주고 있다. 그렇기 때문에 늘어난 부지에 따른 노동력의 증강과 작업기간 연장에 따른 경제적 부담도 웅진기와 비교할 수 없을 정도로 증대되었음을 유추할 수 있다.

따라서 정지공법에 의한 대지조성은 사비기에 이르면 그 면적이 상대적으로 확대되고 있음을 볼 수 있고 그 만큼 토목공사의 대형화도 살필 수 있다.[40] 그러나 백제 웅진기 이후의 여러 유적들을 검토해 볼 때 정지공법은 성토다짐공법에 비해 수적인 면에서 확실히 열세임을 볼 수 있고 아울러 단독적으로 대지를 조성하는 공법으로도 한계가 있었음을 살필 수 있다.

성토다짐공법은 사비기에 접어들면서 더욱더 큰 유행을 보이는데 이는 수평축토와 경사축토로 나타나고 있으며 능산리사지가 그 대표적이라 할 수 있다. 이에 따르면 S3지점부터 그 이남지역에 이르기까지 부분적으로 나타나고 있다. 축토방법은 4~7개의 수평축토를 실시한 다음 수평축토한 최상단에서 경사지게 여러 겹 성토다짐하고 있다. 이러한 경사축토는 능산리사지 외에 정림사지, 미륵사지, 제석사지, 왕궁리유적 등 대규모 유적에서 주로 관찰되고 있어 사비기 대지조성의 한 특성임을 보여주고 있다.

그런데 경사축토는 축토의 방법에 따라 크게 두 가지 형식으로 구분되는 데 片築과 夾築이 그것이다. 즉, 능산리사지, 정림사지, 미륵사지, 제석사지 등처럼 한쪽 방향으로 만 경사지게 축토(片築)하는 것이 있는 반면, 왕궁리유적처럼 선후차를 두고 양쪽 방향에서 'V'자 모양으로 경사지게 축토(夾築)하고 마지막으로 그 사이를 수평으로 축토하는 경우가 있다.[41] 이는 그 동안 발굴조사된 백제유적을 검토해 볼 때 초출 자

---

40 이는 위덕왕, 무왕대의 정치적 안정과도 무관치 않으리라 생각된다.
41 국립부여문화재연구소, 2008.11, 「2008년도 익산 왕궁리유적 정비예정지역 제5차 정밀발굴조사 자문회의 회의자료」 참조.

료에 해당되는 것으로서 새로운 백제의 토목기술로 이해할 수 있다.

아울러 경사축토의 경우도 능산리사지에서와 같이 수평축토에서 별개로 끊어지게 경사축토하는 것이 있는 반면, 미륵사지에서와 같이 수평축토와 경사축토가 하나의 공정으로 서로 이어지게 축토하는 경우도 살필 수 있다. 이것이 시기적 차이인지, 아니면 축토공법상의 한 사례인지 확실치 않지만 7세기대 이후의 경사축토에서 능산리사지에서와 같은 공법이 더 이상 검출되지 않는다는 사실에서 시기적 특징으로 간주된다.

이렇게 볼 때 경사축토는 능산리사지의 사례로 보아 늦어도 6세기 중엽경에 백제의 주요한 대지조성공법으로 자리잡았을 것으로 생각되고 이때는 한쪽 방향으로 만 성토하는 편축공법이 사용되었던 것으로 이해된다. 그러나 7세기 이후가 되면 편축공법과 더불어 왕궁리유적에서와 같이 선후차를 두고 양 방향에서 동시에 경사축토하는 ‘V’자 모양의 협축공법이 등장하였던 것으로 판단된다.

한편, 7세기대 이후가 되면 판축공법으로만 축토된 대지가 부여지역에서 살펴지고 있다. 쌍북리 건물지의 경우 일부만 조사되어 건물지의 전모를 파악할 수 없지만 잔존한 기단으로 보아 면적은 넓지 않았을 것으로 생각된다. 아울러 부소산성내 다지구 건물지의 경우도 곡간에 토양을 채워 대지를 조성하였기 때문에 협소한 부분에만 판축공법이 사용되었음을 살필 수 있다. 이는 판축공법으로의 축토가 넓은 범위에 걸쳐서는 노동력이나 경제적 측면에서 효과적이지 못하였음을 암시하는 것이라 할 수 있다.

따라서 건물의 하중이 육중한 경우는 이러한 지반의 약화를 보강하기 위해 별도의 토목기술이 필요하게 되었는데, 그것이 바로 대지를 되파기하고 조성한 軸基部이다. 이는 백제사지에서도 금당지 및 탑지 등 건물지 기단 하부에서 주로 발굴조사되고 있다.[42]

그런데 한편으로 여기서 주목되는 내용이 쌍북리 건물지에서의 토층 현황과 부소산성 다지구 건물지에서의 작업 시점이다. 판축공법은 본문에서 살핀 바와 같이 점토와 사질토를 교차 축토한 것으로서 상하 많은 토층으로 이루어져 있다. 이는 제석사지 목탑지 및 부소산성 등의 판축 토성에서 쉽게 확인할 수 있다. 반면, 건물지의 대지조성에서는 이와 같은 정교한 판축현황을 살피기가 어렵다. 그런데 쌍북리 건물지에서 이러한 토층현황이 대지조성에서 확인되었다. 즉, 대지를 형성한 각 층의 토층 길이와 폭을 아주 세밀하게 축토하고 있다. 이는 토층 수만큼 작업 공정이 많았음을 의미하는 것이라 할 수 있다. 아울러 토층의 길이를 짧고 좁게 반복 축토하였다는 점에서 지내력 또한 우수하였음을 추정할 수 있다. 따라서 6세기 4/4분기 이후가 되면 백제 건축물의 대지조성에도 목탑지나 토성에서와 같은 정교한 판축공법이 사용되었음을 파악해 볼 수 있다.

전술한 바처럼 쌍북리 건물지의 대지조성토는 임류각지나 정림사지, 능산리사지, 용정리사지 등과 같이 토양을 세장하게 축토하지 않고 짧게 형성하였다. 이러한 판축공법의 축토양상은 부여나 익산지역의 다른 건물지에서 아직까지 검출된 바 없는 것으로서 왕궁리유적 대지조성토와 마찬가지로 백제 사비기의 특징적인 대지조성 일면을 보여주고 있다.

한편, 부소산성 다지구 건물지의 축토는 그 시점이 경사면 아래라는 데 특징이 있다. 지금까지 발굴조사 된 대부분의 축토는 경사 상면에서 하면으로 진행되어 온 것이 일반적이었다.[43] 따라서 이 건물지의 경우

---

42 趙源昌, 2008, 「百濟 木塔址 編年과 軸基部 築造技法에 관한 研究」『건축역사연구』 59.
43 이는 각 유적의 토층도를 통해 그 편린을 살필 수 있다.

는 경사도가 급함에 따라 먼저 축대를 쌓고 그 내면에 앞에서부터 차례로 판축한 것이 아닌가 생각된다. 이는 7세기대 부여지역에서 관찰되는 동일한 판축공법의 축토라 할지라도 유적의 입지, 경사도 등에 따라 축토의 시점이 달라질 수 있다는 것을 보여주는 좋은 자료라 할 수 있다.

Ⅴ. 결론

이상에서와 같이 백제 웅진기 이후 와건물의 대지조성에 대한 일면을 살펴보았다. 여기서의 건물은 대부분 기와 건물이 주를 이루고 있고 이를 조성하기에 앞서 대지를 조성되는 것이 원칙적이다.

대지조성 공법은 정지공법과 성토다짐공법, 그리고 판축공법으로 대분할 수 있다. 이중 정지공법과 성토다짐공법은 웅진기 이후 백제 멸망기까지 계속적으로 사용되어 온 대표적인 대지조성공법으로 생각된다. 성토다짐공법은 축토 방법에 따라 수평축토, 경사축토로 구분되는 데 전자의 경우가 웅진기부터 확인되는 것에 반해, 후자의 경우는 사비기 유적부터 살펴지고 있다. 아울러 성토다짐공법의 경우는 곡간이나 저습지 등과 같은 비교적 넓은 지역에 건물을 조성할 경우 주로 사용되었다.

끝으로 판축공법은 사비기 유적에서 몇 예가 확인되는 데 좁은 면적을 대상으로 하였다는 특징이 있다. 이는 아마도 판축공법에 소요되는 노동력과 경제력 등이 가장 큰 요인으로 작용하였을 것이다.

건물의 조성에 따른 대지조성은 토목공사의 완결로서 어찌 보면 가장 중요한 사전작업 중의 하나로 볼 수 있다. 그럼에도 불구하고 이에 대한 연구가 지금까지 거의 이루어진 바 없어 아쉬움 또한 작지 않다. 결과적으로 발굴조사 과정에서 생략된 것이 가장 큰 원인일 것이다. 그렇기 때문에 본고는 유적 전체의 토층 양상을 검토하기 보다는 부분적으로 조사된 토층 트렌치를 중심으로 내용을 서술하였다. 아울러 해당 유적에 대한 완벽한 대지조성 공법도 살필 수 없었다. 이는 향후를 기대하며 다음의 과제로 삼고자 한다.

　아울러 저습지에 조성되는 건물의 경우 대지조성과 더불어 반드시 구비되는 시설물이 암거이다. 그러나 이 유구 조차도 조사가 부분적으로 이루어져 전반적인 내용을 살필 수 없었다. 암거는 일차적으로 배수를 목적으로 하였기 때문에 대지조성과 아주 밀접한 관련이 있다. 특히 물이 합수되는 곡간 상부나 저습지에서의 경우는 절대적으로 필요한 시설물이라 할 수 있다. 향후 발굴조사를 진행하는 과정에서 빼놓을 수 없는 조사내용이라 할 수 있다.[44]

---

44 이 글은 조원창, 2009, 「백제 웅진기 이후 대지조성 공법의 연구」 『건축역사연구』 66호에 게재된 논문을 정리하여 옮겨 놓은 것이다.

백제시대 부여지역 저습지에 조성된 유적에서 나타나는 연약지반 개량공법 연구

02

I. 서론

최근 들어 부여지역에서는 문화재정비, 도로공사, 재개발 등 소규모 형질변경 사업이 여러 곳에서 벌어지고 있다. 그런데 부여라는 고도의 특수성으로 말미암아 이들 지역은 공사에 앞서 유적의 존재유무를 파악키 위한 시·발굴조사가 수반되고 있다. 이를 통해 백제의 우물이나 건물지, 수로, 제방 등이 새롭게 확인되고 있다.

부여는 주지하듯 538년 백제 성왕이 공주에서 이곳으로 천도하면서 세 번째 왕도가 된다. 이는 천도한 시기를 의미하는 것이기 때문에 천도를 위한 준비 작업은 이보다 훨씬 전에 이루어졌음을 알 수 있다. 학자들마다 약간의 이견은 존재하지만 대체로 동성왕대부터로 이해하고 있다.[01] 아울러 천도를 위한 본격적인 왕경구축은 무령왕대로 판단하고 있다. 이는 현재 부여 각지에서 수습되는 연화문 와당의 존재를 통해 추

---

01 심정보, 2000, 「百濟 泗沘都城의 築造時期에 대하여」 『사비도성과 백제의 성곽』, 91~92쪽.

정해 볼 수 있다.[02]

현재 부여지역에 대한 시·발굴조사를 실시해 본 결과 산지 및 구릉을 제외한 대부분의 지역이 본래 저습지로 이루어졌음을 확인할 수 있다. 이는 백제 사비기 대표적 사지로 알려져 있는 정림사지뿐만 아니라 구아리, 군수리, 쌍북리지역도 마찬가지이다. 이러한 저습지는 사비천도와 더불어 왕경이 확대되고 이에 따라 대지로 환지되었음을 파악해 볼 수 있다. 아울러 왕경이 조성되고 이에 따른 행정구역이 설정되면서 이를 보호하기 위한 나성도 저습지상에 축조하게 된다. 그리고 성왕이 신라와의 관산성싸움에서 전사한 후 왕릉 서편에 축조된 능사의 경우도 저습지를 매립하고 사원을 창건한 경우에 해당된다.

이를 보면 백제 사비기의 여러 유적이 저습지를 매립하고 그 위에 조성되었음을 살필 수 있다. 이는 부여지역이 갖는 지리적 환경과도 밀접한 관련이 있는 것으로서 산지의 구릉사면에 조성되는 여느 건축물의 토목기술과 비교해 많은 차이를 보여주고 있다.

따라서 본고에서는 저습지를 매립하고 조성된 부여지역의 여러 유적을 통해 대지조성 시 과연 어떠한 공법을 이용하여 연약지반을 개량하였는지 그 사례를 살펴보는 데 목적이 있다. 특히, 말뚝지정과 같은 토목기술은 조선시대 유적에서도 동일하게 확인되어 토목공법의 연속성이라는 측면에서도 결코 간과될 수 없다.

글의 전개를 위해 2장에서는 저습지상에 조성된 백제유적[03]을 살펴보고자 한다. 이를 바탕으로 3장에서는 연약지반 개량을 위한 각각의 토목기술을 검토해 보도록 하겠다. 아울러 저습지가 아닌 구릉상에 조성된 건물지와의 사례 비교를 통해 저습지상에서 보이는 다양한 연약지반 개량공법이 당시 특수한 토목기술이었음을 살펴보고자 한다.

---

02 조원창, 2005, 「기와로 본 百濟 熊津期의 泗沘經營」 『先史와 古代』 23.
03 사지, 건물지, 성곽 등의 유적을 들 수 있다.

Ⅱ. 부여지역 저습지상의 유적 자료 검토

1. 능산리사지[04]

이 유적은 동나성과 능산리왕릉 사이의 곡간에 위치하고 있다. 많은 유수로 인해 사역의 외곽으로 동·서 대배수로와 북배수로가 조성되어

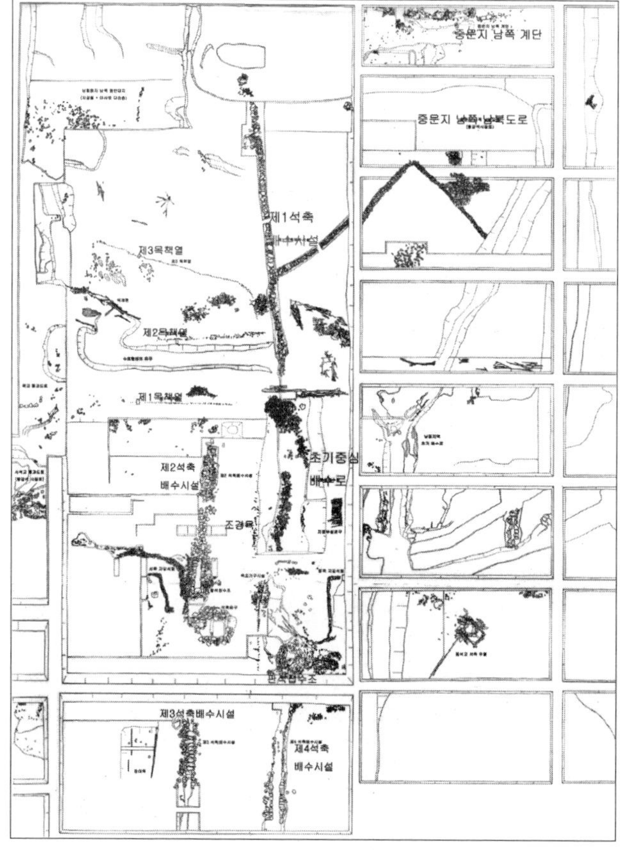

| 도면 1 | 능산리사지 중문지 남쪽 · 목교 동쪽의 석축암거, 부엽시설, 말뚝, 자갈석렬, 기와 배수로 등 유구배치

(國立扶餘博物館, 2007, 『陵寺 - 부여 능산리사지 6~8차 보고서』, 도면 4)

있다. 특히 중문지와 남회랑지 이남의 경우는 평탄대지, 남북도로, 서석교 통과도로, 목교 통과도로[05] 등의 조성을 위해 암거시설, 부엽[06]시설, 동·서 자갈석렬,[07] 집수조, 말뚝 등이 복잡하게 시설되어 있다(도면 1).[08] 이들은 석교나 목교에서 능사나 능산리왕릉을 접근하기 위한 도로나 성토대지의 조성을 위해 저습지상에 선축된 것들이다. 아울러 중문지 이북의 금당지 및 목탑지 주변에서도 남북을 장축으로 한 동·서 암거 등이 시설되어 이곳에도 남회랑지 이남과 같은 다양한 연약지반 개량공법이 사용되었음을 추정해 볼 수 있다.

한편, 배수시설 중 비교적 초기에 조성된 서쪽 암거

| 사진 1 | 능산리사지 석축암거 (필자사진)

---

04 國立扶餘博物館·扶餘郡, 2000, 『陵寺』.
　　國立扶餘博物館, 2007, 『陵寺 - 부여 능산리사지 6~8차 발굴조사 보고서』.
05 도로유구는 황갈색(적갈색) 사질토로 성토되었으며 그 아래에서는 잡석이 혼축되었음도 확인할 수 있다. 아울러 평탄대지의 경우도 자갈돌과 마사토 다짐층으로 이루어졌음을 살필 수 있어 성토과정에서 자갈돌이나 할석이 사용되었음을 볼 수 있다.
06 부엽은 달리 부섶으로도 쓰이고 있으나 본고에서는 부엽으로 통칭하고자 한다.
07 이는 축조면에서 암거와 차이나고 있다. 즉, 암거의 경우가 양 벽석 및 개석으로 조성된 반면, 자갈 석렬은 벽석이나 개석 없이 부정형으로 축석되어 있다.
08 이들 시설물은 능산리사지 및 전면(남쪽) 공간의 대지나 도로조성 전에 축조된 것들이다.

의 경우는 동쪽 암거와 함께 중문지 이남까지 이어져 'Y'자 모양의 제1석축 배수시설(암거)[09]을 형성하고 있으며 이는 초기의 중심배수로와 연결되고 있다.[10] 석축 암거(사진 1) 주변에서는 암거 이외지역에서 발생하는 유수를 배수키 위한 목적으로 자갈석렬(도면 2)[11] 및 기와[12] 등을 이용한 배수로가 마련되어 있고 이들 배수로는 판석 및 할석으로 조성된 석곽형의 집수조와 이어지고 있다.

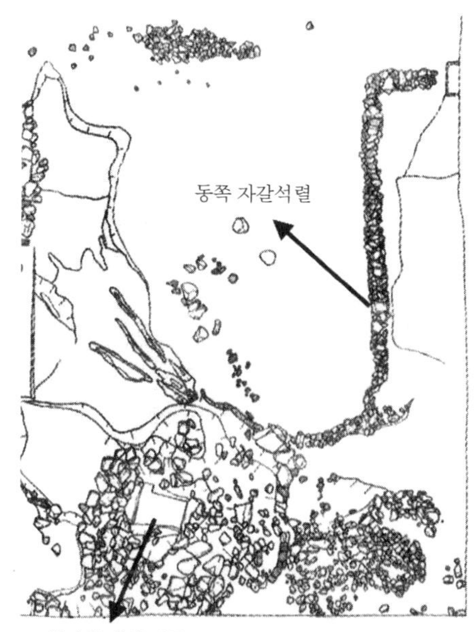

| 도면 2 | 능산리사지 자갈석렬 및 집수조
(國立扶餘博物館, 2007, 『陵寺 - 부여 능산리사지
6~8차 보고서』, 도면 4 일부)

---

09 능산리사지에서는 모두 4개의 석축 암거시설이 확인되었다.

10 國立扶餘博物館, 2007, 『陵寺 - 부여 능산리사지 6~8차 발굴조사 보고서』, 38쪽.

11 석렬에 사용된 자갈의 크기는 15cm 내외이며 그 너비는 서쪽 자갈석렬의 경우 최대 180cm까지 축석되었다. 상층의 공간을 도로로 활용하기 위한 배수용도로 사용되었음을 추정할 수 있다(國立扶餘博物館, 2007, 『陵寺 - 부여 능산리사지 6~8차 발굴조사 보고서』, 51쪽). 지면을 굴광하지 않고 그 위에 축석하여 조성하였다.

12 동쪽 자갈석렬의 끝나는 부분과 잇대어 있다. 북서 - 남동방향으로 수키와와 암키와를 혼용하였으며 동단부가 석곽형 판석 집수조 동쪽까지 연결되어 있다. 이러한 기와암거는 관북리유적을 통해 저습지가 아닌 일반 성토대지 내에서도 찾아볼 수 있다.

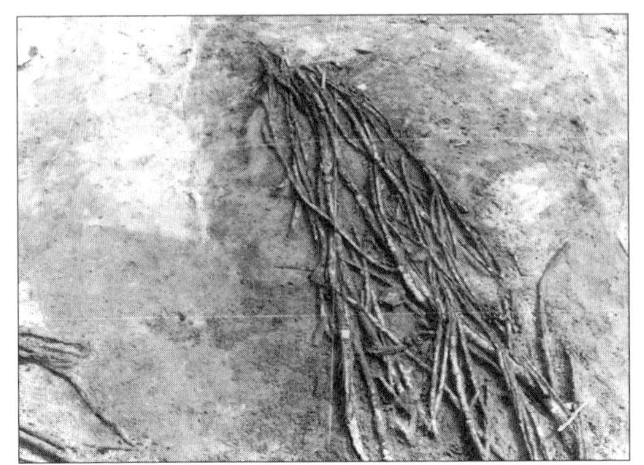

| 사진 2 | 능산리사지 부엽시설 (국립부여박물관, 2000,
「부여 능산리사지 제6차 발굴조사 지도위원회 자료」, 24쪽 사진 8)

| 사진 3 | 능산리사지 말뚝지정 (국립부여박물관, 2000,
「부여 능산리사지 제6차 발굴조사 지도위원회 자료」, 21쪽 사진 2)

부엽시설(사진 2)은 초기 중심배수로의 동쪽 사면에서 확인되었다. 북에서 남으로 1열을 이루며 정연하게 나뭇가지를 동서방향으로 깔아 놓아 남북도로의 지반을 개량시켜 놓았다.[13] 말뚝지정[14](사진 3)은 일정한 열을 지으며 제1 석축배수시설 서쪽에서 만 확인되었다. 이 지역은 서대배수로와 인접해 있으며 한편으로는 수로형태의 유구도 남아 있어 유수와 관련된 연약지반 개량공법의 일환으로 말뚝을 사용하였음을 추정할 수 있다.

---

13 國立扶餘博物館, 2007,『陵寺 - 부여 능산리사지 6~8차 발굴조사 보고서』, 53~54쪽.

14 보고서에서는 목책열로 기술하고 있다.

2. 구아리 432번지 유적[15]

수로 및 대지조성 중에 연약지반 개량 공법을 살필 수 있다.

수로는 단면 반원상으로 도로 방향과 나란하게 조성되었다. 유속에 의한 대지조성토의 유실을 방지하기 위해 소형 말뚝(사진 4)을 수로 방향으로 조밀하게 박아 놓았다. 말뚝의 지름은 5~10cm 정도이다.

1단계 대지조성면과 2단계 대지조성면 사이에서는 너비 50cm 정도의 溝가 일정한 간격

| 사진 4 | **말뚝지정** (한얼문화유산연구원, 2010,
「부여 문화 · 관광형시장 조성사업부지내 부여 구아리
432번지 유적 약보고서」, 10쪽 사진 4)

| 사진 5 | **굴광 마사토열** (한얼문화유산연구원, 2010,
「부여 문화 · 관광형시장 조성사업부지내 부여 구아리
432번지 유적 약보고서」, 16쪽 사진 13)

---

15 한얼문화유산연구원, 2010, 「부여 문화 · 관광형시장 조성사업부지내 부여 구아리
432번지 유적 약보고서」.

을 두고 배치되어 있음을 살필 수 있다. 이는 1차 대지조성토가 범람에
의해 퇴적된 후 50cm 너비로 구를 조성하고 그 사이에 모래가 주성분인
사질토를 충전한 것이다(사진 5). 이 구 상면으로는 회색이나 흑색계통
의 사질토 혹은 점질토 및 마사토 등을 성토다짐하여 2차 대지를 조성하
였다. 성토대지의 두께는 30~50cm이다. 이렇게 볼 때 마사토열은 2차
대지를 조성하는 과정에서 실시된 것으로 능산리사지의 자갈석렬과 마
찬가지로 사질토라는 토양 성질을 이용하여 배수를 용이하게 하기 위한
연약지반 개량공법으로 추정된다.

3. 쌍북리 280-5번지 유적[16]

창고신축 예정
부지로 조사 전 논
으로 사용되었다.
부엽시설이 확인
된 쌍북리 현내들
유적과 200m 정도
의 거리를 두고 있
다. 지표 하 3m 깊
이에서 말뚝렬과
석렬유구, 수혈유
구, 동 - 서도로 및

| 사진 6 | **말뚝지정 및 부엽시설**
(백제문화재연구원, 2008, 「부여 쌍북리 280-5번지 창고신축부지
문화유적 발굴조사 약보고서」, 23쪽 사진 9)

측구, 굴립주 건물지 등이 확인되었다.

---

16 백제문화재연구원, 2008, 「부여 쌍북리 280-5번지 창고신축부지 문화유적 발굴조
　사 약보고서」.

말뚝은 지름 10
~15cm 정도로 3~4
개씩 열을 지어 나
타나거나 부정형
적으로 분포하고
있어 저습지면에
지정으로 사용되
었음을 판단할 수
있다. 이들 말뚝 주
변에서는 수혈유
구[17]나 굴립주 건
물지 등도 함께 확

| 사진 7 | 말뚝지정 및 부엽시설

(백제문화재연구원, 2008, 「부여 쌍북리 280-5번지 창고신축부지
문화유적 발굴조사 약보고서」, 24쪽 사진 10)

인되고 있어 건물지의 기둥[18]과는 확연히 구분되고 있다. 특히 4 · 5건
물지와 도로 사이에 박힌 말뚝의 경우는 도로 측구와 접한 건물지의 지
반을 강화하기 위한 시설물(지정)로 이해된다(사진 6). 지정으로 사용된
말뚝은 백제시대 Ⅰ · Ⅱ층 모두에서 나타나고 있다.

한편, 부엽시설은 3건물지 남쪽, 2건물지 서쪽에서 노출되었다(사진
7). 부엽시설은 나뭇가지를 인위적으로 깔아놓은 층이 여러 겹으로 확
인되었고 이 주변에서는 작은 말뚝렬도 같이 조사되었다. 이로보아 쌍
북리 북포유적에서와 같이 부엽시설과 말뚝지정이 함께 사용되었음을
판단할 수 있다.

---

17 수혈유구 내부에서는 백제시대 토기편과 목제품 등이 수습되었다.
18 일정한 형태를 이루며 기둥의 지름은 15~30cm여서 지정에 사용된 말뚝보다 두꺼
   움을 살필 수 있다.

4. 쌍북리 173-8 · 172-5번지 유적[19]

조사지역의 층위는 크게 15개 층으로 구분되나 11층(백제 사비기 1문화층), 13층(백제 사비기 2문화층), 15층(백제 사비기 3문화층) 등에서 유물과 유구가 확인되며, 3~15층 사이에서는 반복되는 하천의 범람과 퇴적 양상 등이 살펴진다.

말뚝지정[20]은 모두 3개소에서 확인되고 있다. 제1 · 2 말뚝렬(사진 8)은 1호 굴립주 건물지 남쪽 약 10m 지점에서 확인되었고 제3 말뚝렬은 건물지의 북쪽 약 8m 지점에서 노출되었다. 이들 말뚝렬은 건물지와 무관하게 방향성이 없이 부정형하게 박혀 있다. 이로 보아 하천의 범람과 퇴적이 반복되는 과정에서 지반을 강화하기 위한 목적으로 말뚝이 사용되었음을 추정할 수 있다.

한편, 제2호 말뚝렬의 서쪽에서도 부엽층이 일부 확인되고 있으나 조사지역 바깥으

| 사진 8 | **말뚝지정** (동방문화재연구원, 2010, 「부여 사비 119안전센타 신축부지 내 유적 발굴조사 지도위원회 자료집」)

---

19 동방문화재연구원, 2010, 「부여 사비 119안전센타 신축부지 내 유적 발굴조사 지도위원회 자료집」.

20 자료집에서는 목책열로 기술하고 있다(동방문화재연구원, 2010, 「부여 사비 119안전센타 신축부지 내 유적 발굴조사 지도위원회 자료집」, 10쪽).

로 뻗고 있어 그 존재만을 살필 수 있다.

5. 쌍북리 현내들유적[21]

현내들유적에서의 부엽시설은 제방으로 추정되는 2구역 백제시대 II
층 추정 제방에서 확인되었다(사진 9). 제방은 사질이 일부 혼입된 회흑
색 점질토 상부에 황백색의 점질토와 회흑색의 사질점토를 혼합하여 제
방 기저부 외곽에 성토하였다. 그 상부로 황갈색의 풍화토와 사질이 다
량 함유된 사질점토를 반복적으로 성토다짐하였다. 제방 조성 이후 상
부는 모래 퇴적과 함께 부엽시설이 시설되었고 이 상면으로 보강용의
석축이 시설되었다. 석재 사이에서는 북제시기에 주조된 상평오수전 1
점이 수습되었다.[22]

말 뚝 지 정 은
백제시대 II층
도로유구 남쪽
에 위치하고 있
는 굴립주 건물
지 사이에 집중
되어 있다(도면
3). 말뚝 및 건
물지와 접해 남
북장축의 배수
로가 조성되어

| 사진 9 | 현내들유적 2구역 추정 제방 부엽시설
(忠淸文化財硏究院, 2009, 『扶餘 雙北里 현내들 · 北浦 遺蹟』,
388쪽 사진 64-256)

---

21 忠淸文化財硏究院, 2009, 『扶餘 雙北里 현내들 · 北浦 遺蹟』.
22 忠淸文化財硏究院, 2009, 『扶餘 雙北里 현내들 · 北浦 遺蹟』, 59쪽.

있다. 건물지의 경
우 수변에 인접해
있는 것으로 보아
床面이 지상에 있
었음을 추정할 수
있고 말뚝은 저습
지 주변의 대지를
개량시키기 위한
목적으로 박아놓
았음을 판단할 수 있다.

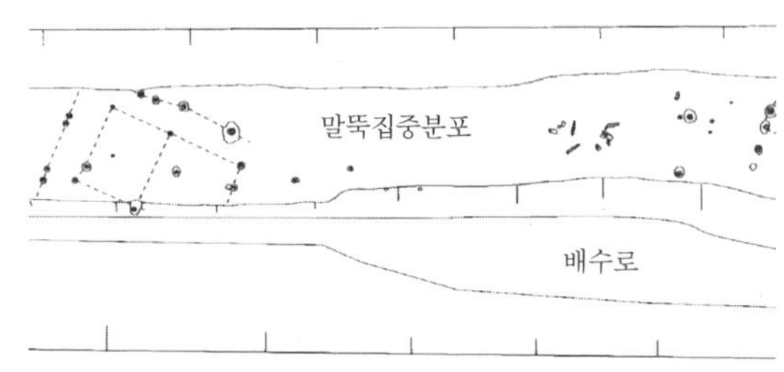

| 도면 3 | 현내들유적 II층 5호 도로유구 주변 말뚝지정
(忠淸文化財硏究院, 2009,『扶餘 雙北里 현내들 · 北浦 遺蹟』,
187쪽 도면 11 상단 수정)

6. 쌍북리 북포유적

북포유적 N구역의 부엽시설은 제1건물지 북쪽에서 시작하여 조사지
역의 북쪽 경계지점에 걸쳐 분포해 있다. 조사범위 내에서 제1~3호 부
엽시설이 조사되었다(도면 4).[23] 이 지역은 수로와 인접해 있으며 저습
지가 넓게 분포되어 있다. 부엽시설 주변에서는 제사유구 7동을 비롯해
도로유구, 건물지, 암거시설 등이 분포되어 있다.[24]

제1호 부엽시설은 3기 중 가장 양호한 상태로 남아 있는 것으로 구덩
이 내부에서 말뚝과 함께 조성되었다(사진 10). 이로보아 부엽시설과 말
뚝지정이 함께 실시되었음을 알 수 있다. 부엽시설의 폭은 757cm, 길이

---

23 忠淸文化財硏究院, 2009,『扶餘 雙北里 현내들 · 北浦 遺蹟』, 120~142쪽 및 219쪽
    도면 27.
24 忠淸文化財硏究院, 2009,『扶餘 雙北里 현내들 · 北浦 遺蹟』, 199쪽 도면 18.

753cm, 깊이 144cm
이다.

제2호 부엽시설은 1
호의 굴광선과 2.7m
의 거리를 두고 남쪽
에 조성되었다. 부엽
시설의 깊이가 얕고
육상에서 수상으로 이
어지는 급경사면 하단
부에 집중되어 있다.
잔존규모는 폭 4.46m,
길이 11.8m, 깊이 20
cm이다.

제3호 부엽시설은 2
호의 굴광선과 2m 정
도의 거리를 두고 남
쪽에 위치해 있다. 2호
와 마찬가지로 육상에
서 수상으로 이어지는
급경사면에 부엽시설
이 이루어졌다.

이들 부엽시설은 저
습지에 조성된 것으로
서 대지(생활면)의 확
장을 위해 이루어진
것으로 보인다.

| 도면 4 | 북포유적 N구역 부엽시설 (忠淸文化財硏究院,
2009, 『扶餘 雙北里 현내들 · 北浦 遺蹟』, 219쪽 도면 27)

| 사진 10 | 북포유적 N구역 1호 부엽시설내 말뚝
(忠淸文化財硏究院, 2009, 『扶餘 雙北里 현내들 · 北浦 遺蹟』,
480쪽 사진 156-728)

7. 동나성[25]

동나성에서는 여러 가지 연약지반 개량공법을 살필 수 있는데 말뚝지정, 부엽시설, 말뚝 + 나뭇가지 벽체[26] 등이 확인되었다(도면 5). 말뚝지정은 성벽 너비의 양단에서 성벽선을 따라 일정한 간격으로 박혀있음이 조사되었다(사진 11). 말뚝의 직경은 5~10cm이며 말뚝 사이의 간격은 50~100cm 정도로 계측되었다.

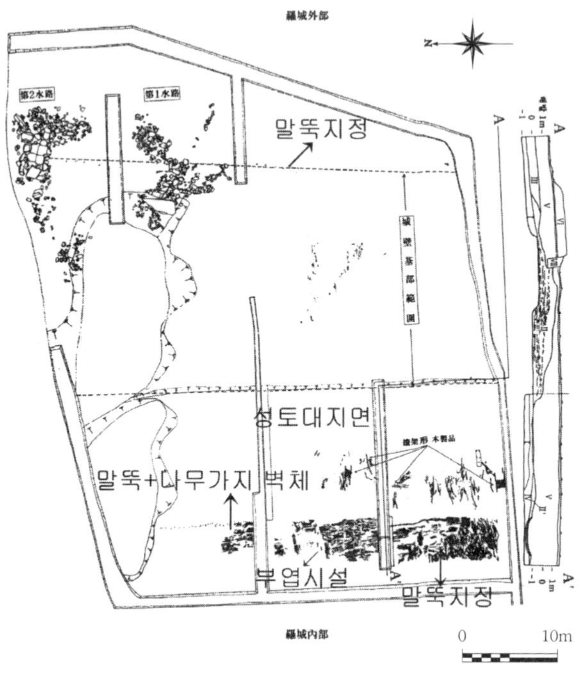

| 도면 5 | 동나성 외부 부엽시설 (忠南大學校百濟研究所 · 大田地方國土管理廳, 2003, 『泗沘都城』, 27쪽 도면 5 수정)

25　忠南大學校百濟研究所 · 大田地方國土管理廳, 2003, 『泗沘都城』, 25~35쪽.
　　忠南大學校百濟研究所 · 大田地方國土管理廳, 2000, 「扶餘 東羅城 · 西羅城 發掘調查略報告書」.

26　최근 이와 유사한 축조기법이 함안 성산산성에서도 확인된 바 있다. 부엽공법은 성산산성 내부 수압조절(이완)용으로 시설되었고 2008년 13차 발굴에서 확인되었다. 부엽공법의 범위는 너비 15.2m, 최대높이 2.4m, 현재 길이 27.2m(조사 중)로 나뭇가지를 매우 치밀하게 엮어 울타리를 세운 내부에 나뭇가지와 잎, 풀 등을 다져 놓았다(국립가야문화재연구소, 2008, 「함안 성산산성 13차 발굴조사 자문회의와 현장설명회」 자료 참조).

말뚝이 박힌 깊이
는 성토가 시작되
는 기반토층 위의
최초 부엽시설 층
위로 파악되었다.

부엽시설(사진
12)은 기반토(자연
퇴적층)인 저습지
면의 검은 니토층
을 성벽 축조 너비
만큼 정리한 후 직
경 2~3cm 정도 되

| 사진 11 | 동나성 외부 말뚝지정
(忠南大學校百濟硏究所 · 大田地方國土管理廳, 2000,
「扶餘 東羅城 · 西羅城 發掘調査略報告書」, 7쪽 사진 3)

는 나뭇가지를 두께 2~5cm 가량 깔아 완성하였다. 이러한 시설물은 기
반토층과 그 위에 성토될 인공 축토층 사이를 차단시켜 놓음으로서 습
기가 많고 무른 기반층을 강하시켜 놓았다. 성벽 중 부엽시설과 성토층
이 교차로 쌓아 올려진 부분은 약 2m 정도 남아 있고 기반토층의 폭은
약 20m이다.

한편, 성벽 기초부로부터 안쪽으로 약 12m 정도 떨어진 지점에서는
성벽과 나란한 35m 정도 길이의 굴광된 반원형의 구덩이[27]가 조사되

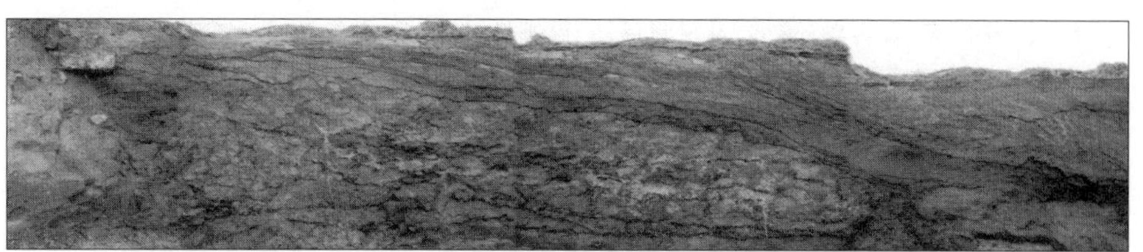

| 사진 12 | 동나성 기초부 부엽시설 (忠南大學校百濟硏究所 · 大田地方國土管理廳, 2000,
「扶餘 東羅城 · 西羅城 發掘調査略報告書」, 5쪽 사진 2)

었다. 이는 폭 약 4m, 깊이 약 60cm 정도로 구덩이의 서쪽에 해당하는 굴광 주변에 얇은 말뚝[28]이 박혀 있고 30~40cm 두께로 성토되어 있다. 구덩이의 동쪽부에는 직경 5cm 정도의 말뚝을 50~70cm 간격으로 박고 그 사이를 나뭇가지로 엮어 울타리모양의 벽체(사진 13)를 축조한 다음 그 뒷부분을 성토하여 성벽 기초부까지 대지를 조성하였다. 구덩이의 동쪽벽과 서쪽벽 사이의 내부는 전체적으로 지엽(사진 14)을 깔고 그 위를 성토하였다.

| 사진 13 | 동나성 내부 말뚝 + 부엽시설
(忠南大學校百濟研究所 · 大田地方國土管理廳, 2003,
『泗沘都城』, 300쪽 사진 18)

| 사진 14 | 동나성 내부 부엽시설
(忠南大學校百濟研究所 · 大田地方國土管理廳, 2003,
『泗沘都城』, 300쪽 사진 16)

27 보고서에는 부엽시설 통로유구로 그 성격을 추정해 놓았다.
28 보고서에는 木柵(忠南大學校百濟研究所 · 大田地方國土管理廳, 2003, 『泗沘都城』, 33쪽)으로 기술하고 있으나 부엽시설과 함께 조성된 말뚝으로 이해하는 것이 옳을 듯 싶다.

Ⅲ. 연약지반 개량공법과 특성

1. 부엽시설

이 공법은 저습지 등의 연약지반에 제방, 도로, 토루, 둑 등을 조성할 경우 본격적인 공사에 앞서 나뭇잎이나 나뭇가지 등의 부엽층을 깔아 기초를 만드는 토목기술을 의미한다(사진 15). 이러한 공법을 통해 보강재인 부엽층은 布와 동일한 역할을 하게 된다. 따라서 제방의 절단을 막거나 흙의 강도를 높여 성토가 흘러내리는 현상이나 지반에 성토가 스며드는 것을 막아주며 제방 내면에서는 洗掘을 방지해 주기도 한다.[29] 부여지역의 경우 능산리사지를 비롯해 쌍북리 북포·현내들유적 및 궁남지 주변 유적(사진 16) 등에서 살필 수 있다.

그런데 이러한 토목기술은 일찍이 중국 춘추시대 유적인 안휘성 安豐塘에서 검출되었고[30] 우리나라의

| 사진 15 | **부엽공법의 재현**
(大阪府立狹山池博物館, 2002,
『常設展示案內』, 22쪽)

---

29 小山田宏一, 2003, 「百濟의 土木技術」『古代 東亞細亞와 百濟』, 충남대학교 백제연구소, 372쪽.

30 기원전 8~5세기의 유적이다(大阪府立狹山池博物館, 2002, 『常設展示案內』, 25쪽).

경우 마한시기의 추정 보시설(사진 17)[31]에서 그 시초를 살필 수 있다. 백제의 경우는 왕성으로 추정되는 한성기 풍납토성 A지점 내벽 V토루[32]에서 뚜렷한 부엽공법을 찾아볼 수 있다.

아울러 웅진기에 해당되는 동나성 및 사비기의 현내들 추정 제방, 능산리사지 등에서도 이러한 공법을 살필 수 있다. 이로 보아 백제의

| 사진 16 | 궁남지 주변 유적 부엽시설
(한얼문화유산연구원)

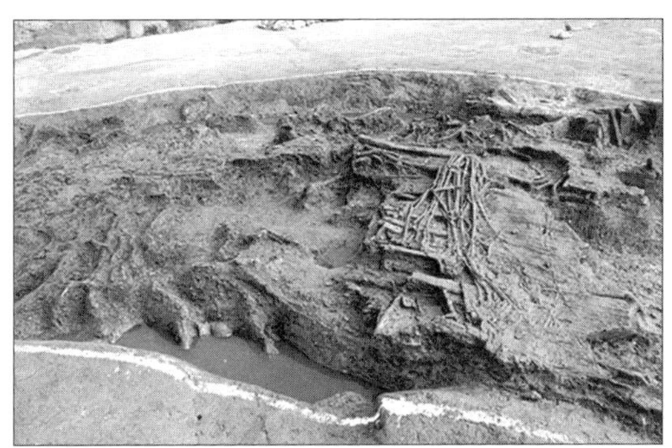

| 사진 17 | 조성리 저습지유적 부엽시설
(대한문화유산연구센타)

---

31 대한문화유산연구센타, 2009, 「보성 조성농공단지 조성사업 부지내 문화재 발굴조사 자료집」.

32 국립문화재연구소, 2002, 『風納土城』II, 10쪽 원색사진 10. 부엽시설로는 나뭇잎, 나무껍질, 볏짚 등의 식물유기체를 사용하였다. 부엽층은 모두 12겹으로 확인되었다(국립문화재연구소, 2002, 『風納土城』II, 170~172쪽). 아울러 부엽층 상면에서는 말뚝과 횡목이 가구되어 있음을 볼 수 있는 데 이는 부엽공법을 원활히 추진하고자 하는 시설물의 일종이지 별도의 말뚝지정으로는 파악되지 않는다.

전신인 마한시기부터 사비기까지 오랜 기간 사용된 연약지반 개량을 위한 토목기술임을 파악해 볼 수 있다. 이후 조선시기의 김제 벽골제[33] 및 당진 합덕제[34]에서도 부엽공법을 찾아볼 수 있다.

이러한 토목기술은 사비기 당시 백제와 친연적 관계에 있었던 일본 오사카 狹山池를 비롯해 대재부시 水城 제방 등에서도 살필 수 있어 당시 백제 장인의 기술전파를 확인케 한다.[35]

2. 말뚝지정

능산리사지를 비롯한 동나성, 쌍북리 현내들유적, 쌍북리 173-8 · 172-5번지 유적, 쌍북리 280-5번지 유적, 구아리 432번지 유적 등에서 살필 수 있다. 이들 말뚝[36]은 굴립주 건물지 주변이나 도로유구와 접한 곳, 혹은 수로와 인접한 수변지역에서 주로 확인되었다. 건물지 주변의 말뚝이 주로 부정형스럽게 박혀 있는 반면, 도로나 수로와 관련된 말뚝(사

---

33 尹武炳, 1976, 「金堤 碧骨堤 發掘調査」 『百濟研究』 7집, 忠南大學校百濟研究所, 67~92쪽.

34 忠南大學校博物館, 2002, 『唐津 合德堤』, 13~16쪽.

35 小山田宏一, 2003, 「百濟의 土木技術」 『古代 東亞細亞와 百濟』, 충남대학교 백제연구소, 372쪽. 그러나 일본의 경우도 강산현 上東遺蹟의 존재로 보아 미생시대 후기인 1세기경에는 부엽공법이 등장하였던 것으로 생각되며 7 · 8세기경에 급증하고 있음을 살필 수 있다(大阪府立狹山池博物館, 2002, 『常設展示案內』, 26쪽 및 小山田宏一, 2003, 「百濟의 土木技術」 『古代 東亞細亞와 百濟』, 충남대학교 백제연구소, 377쪽 표 1).

36 이러한 말뚝은 지하수면이 높은 기반토층이 머금은 다량의 수분을 성토층 위로 삼투함으로서 기초 지반의 안정과 함께 상부 성토층의 견고성을 유지하는 기능을 가지고 있다(忠南大學校百濟研究所, 2000, 「扶餘 東羅城 · 西羅城 發掘調査略報告書」, 6쪽).

진 18)의 경우는 일정한 열을 보이며 박혀 있다. 그러나 후자의 경우도 방향성 측면에서만 열을 보일 뿐 말뚝의 밀집도나 범위 등에 있어서는 각 유적들마다 차이가 있다.

이러한 말뚝지정은 그 동안 부여지역의 다른 성토대지에서는 살펴진 바 없어 저습지에만 집중적으로 사용되었음을 파악할 수 있다. 말뚝의 지름은 5cm 이상이며 상하 직립으로 박혀 있는 것과 경사지게 박혀 있는 것 두 종류로 구분할 수 있다.

말뚝지정은 동나성에서와 같이 부엽시설과 함께 시설되기도 하나 독자적으로 사용되는 경우가 많다. 이러한 공법은 서울 풍납토성 B지점 내벽 Ⅵ토루 석축 하단부[37]에서도 확인된 바 있어 적어도 백제시대 한성기부터 실시되었던 토목공법이었음을 파악할 수 있다. 아울러 조선시기의 서울 청계천[38]을 비롯한 청진 6지구 유적(사진 19),[39] 창원읍성[40] 등

---

37 조사 당시 토층 단면에서 4개의 말뚝지정(두께 10cm 미만)이 확인되었으나 평면 조사를 실시할 경우 이보다 훨씬 많은 말뚝이 검출될 가능성이 높다. 말뚝은 펄층에 박혀 있어 저습지(연약지반)를 개량시킬 목적으로 시설되었음을 파악할 수 있다(국립문화재연구소, 2002, 『風納土城』Ⅱ, 99쪽 및 13쪽 원색사진 15).

38 광통교 교각받침석·교대·바닥석, 수표교지 하박석, 수표석 초석, 하랑교지, 효경교지, 오간수문지 3번 홍예기초부·북측 교대·수문 등에서 살필 수 있다(서울特別市·中央文化財研究院, 2004, 『淸溪川遺蹟』).

| 사진 19 | **다-4 석축 하부의 말뚝지정** (명지대학교 부설 한국건축문화연구소, 2007, 『서울 淸進6地區 遺蹟Ⅰ-地表·發掘調査』, 216쪽 도면 99)

에서도 말뚝지정이 찾아지고 있다. 부엽공법과 마찬가지로 오랜 기간 시설된 연약지반 개량의 토목기술임을 파악할 수 있다.

다만, 부엽공법이나 말뚝지정 등이 산성이나 사원 및 건물, 도로 등에 함께 사용되는 것으로 보아 유적의 성격이나 규모 등에 획일화되지 않고 다양한 저습지상에 시설된 백제 사비기의 토목공법임을 파악해 볼 수 있다.

3. 부엽시설과 말뚝지정의 혼축

이러한 공법은 동나성 및 쌍북리 건물지, 북포유적 N구역 1호 등에서

---

39 명지대학교 부설 한국건축문화연구소, 2007, 『서울 淸進6地區 遺蹟Ⅰ-地表·發掘調査』, 186쪽 도면 64·189쪽 도면 68·191쪽 도면 70·193쪽 도면 72·204쪽 도면 85·216쪽 도면 99 등에서 살필 수 있다.
40 창원시·(재)우리문화재연구원, 2007, 『昌原邑城』, 용디자인, 34쪽.

살필 수 있다. 여기에는 작업공정에 따라 크게 2가지 방법으로 나눌 수 있다.

첫째, 동나성의 사례처럼 일정한 간격을 두고 말뚝을 박은 다음 바닥에 지엽을 시설하는 방법이다. 이는 공정상 먼저 말뚝을 박고 다음에 지엽을 까는 순서를 취하고 있다. 대체로 선형으로 이루어진 유구에 시설되는 공법이라 생각된다.

둘째는 쌍북리 건물지 및 북포유적에서와 같이 지엽을 먼저 깔고 후에 부정형으로 말뚝을 박은 사례이다. 첫 번째 사례와 비교해 유적의 범위가 좁고 주로 생활유적 주변에 시설되었다는 점에서 선형보다는 협의의 공간에 주로 사용된 혼축공법이라 생각된다.

그런데 이 두 가지 방법이 기능적으로 어떠한 역할을 하는지에 대해서는 아직까지 밝혀진 바 없다. 이는 유적의 사례가 그 만큼 적고 연구성과도 거의 전무한 데서 기인된 바 크다. 차후 자료 증가를 기대해 보아야 할 것 같다.

4. 암거시설

곡간에 입지한 능산리사지 및 수변과 접한 도로유구 주변에서 흔히 확인되고 있다. 능산리사지는 최근까지 논으로 경작되어 예로부터 유수가 많았음을 짐작할 수 있다. 따라서 대지나 도로를 조성하기 위해서는 무엇보다도 배수가 급선무였음을 추정할 수 있다. 능산리사지에서 확인되는 암거는 위치에 따라 회랑내부의 동·서·북쪽 암거와 중문지 남쪽의 암거[41]로 구분된다. 이들은 거의 대부분 할석으로 조성되었고 바닥

---

41 보고서에서는 석축배수시설로 기술하고 있다(國立扶餘博物館, 2007, 『陵寺 - 부여 능산리사지 6~8차 발굴조사 보고서』).

석이 시설된 것과 그렇지 않은 것으로 나눌 수 있다. 특히 중문지 이남의 경우는 수량이 모이는 곳에 집중적으로 조성하여 서쪽 암거와 달리 길이를 짧게 하거나 독립적으로 배치한 것도 있다.

| 사진 20 | 여주 고산서원지 기와 암거
(한얼문화유산연구원, 2011,「여주 고산서원지 발굴조사 약보고서」)

　암거는 축조재료에 따라 석축암거[42]와 기와암거[43]로 구분된다. 규모면에서 전자가 대

42　이러한 석축암거의 존재는 일찍이 백제 한성기 풍납토성 동벽 외곽 인접한 곳에서 검출되었다. 유구 대부분이 하천의 범람에 의해 상당부분 유실된 것으로 보아 저습지에 축조되었음을 알 수 있다. 집수조는 장방형(350×180cm)으로 토광형이나 깊이 10cm 정도로 잔존 상태가 불량한 편이다. 암거 바닥이 집수조 바닥보다 15cm 가량 높다(국립부여문화재연구소, 2007,「Ⅳ. 강동빌라부지(336-1호)발굴조사」『風納土城』Ⅷ, 193~222쪽).

43　기와암거는 관북리유적으로 보아 저지대의 대지조성을 위한 성토과정 중의 수분이나 지표수의 배수관로로 사용되었으며 그 상면에는 건물지나 도로가 조성되어 있다. 기와암거는 물을 모아놓았던 목곽 집수조와 연결되기도 한다. 넓은 의미에서 지반 개량공법에 포함시킬 수 있으나 배수시설에 가까워 본고에서는 제외코자 한다. 이러한 기와암거는 조선시대 유구(사진 20)에서도 살펴진다.
이상의 내용은 아래의 자료를 참조하였다.
① 국립부여문화재연구소, 2009,『扶餘 官北里百濟遺蹟 發掘報告Ⅳ -2008年 조사구역-』, 248쪽.
② 국립부여문화재연구소, 2009,『扶餘 官北里百濟遺蹟 發掘報告Ⅲ -2001~2007年 調査區域 百濟遺蹟篇-』.

형에 속하고 후자는 소형에 해당하여 배수량에 따라 혼용하였음을 알 수 있다. 인접한 곳에서 두 형식이 확인되는 것으로 보아 축조상의 시기 차는 없었던 것으로 생각된다. 석축암거는 특히 부여지역의 저습지면에 조성된 도로유구 주변에서 많이 확인되어 연약지반의 대지화 과정에서 주로 사용되었음을 추정할 수 있다.[44] 반면, 기와암거는 관북리지역의 성토대지를 조성하는 과정에서 지반을 강화하기 위한 배수관로로 주로 사용되었다.

이처럼 부여지역에서는 저습지의 대지화 뿐만 아니라 저지대의 대지화 또한 중요한 토목공사의 하나였다. 이러한 과정에서 대형의 석축암거시설은 대체로 지면 아래에 조성되기 때문에 향후 저습지에 대한 발굴조사를 진행할 경우 표면조사 뿐만 아니라 단면조사를 통해 이러한 존재를 반드시 확인해 보아야 할 것이다.

5. 자갈석렬과 마사토 충전

자갈석렬은 능산리사지에서만 확인될 뿐 아직까지 다른 유적에서는 검출된 바 없다. 이로 보아 여타의 연약지반 개량공법보다는 대중적이지 않았음을 살필 수 있다. 재료가 석재라는 점에서 석축암거와 큰 차이가 없지만 자갈을 깔기 위해 별도의 굴광을 하지 않은 점, 그리고 벽석이나 바닥석, 개석이 없이 부정형으로 축석하였다는 점에서 석축암거와

---

44 이는 부여 북포유적 N구역 백제시대 II층 도로유구에서 확인되고 있다(忠淸文化財研究院, 2009, 『扶餘 雙北里 현내들·北浦 遺蹟』, 464~466쪽). 도로 주변으로 대지가 조성되는 것과 밀접한 관계가 있으리라 판단된다. 아울러 석축암거는 관북리유적 마지구 성토대지 중에서 축조되어 저습지 이외의 도로유적에도 사용되었음을 살필 수 있다(국립부여문화재연구소, 2009, 『扶餘 官北里百濟遺蹟 發掘報告III - 2001~2007年 調査區域 百濟遺蹟篇-』, 165~166쪽).

차이를 보인다.

이처럼 사례가 적은 또 하나의 연약지반 개량공법으로는 구아리유적에서의 마사토 충전 배수시설을 들 수 있다. 이는 대지조성 중 지면을 굴광하고 그 내부에 모래성분이 강한 마사토를 충전함으로써 토양내의 수분을 제거하기 위한 것으로 생각된다. 구아리유적 외의 다른 유적에서 아직까지 확인된 바 없어 대중화되지 않은 공법으로 판단된다. 마치 밭고랑과 같이 등간격으로 여러 개 조성하였다는 점에서 축조기법상의 특징이 있다.

이와 같이 부여지역에서 발굴된 여러 유적 중 저습지에서 확인된 유구를 중심으로 연약지반 개량을 위한 백제의 토목기술을 살펴보았다.

부여지역에서는 부엽시설이나 말뚝지정 등 백제 한성기부터 전해오던 토목공법[45]과 토관,[46] 자갈석렬, 마사토열 등과 같이 사비기의 새로운 연약지반 개량공법도 어렵지 않게 살필 수 있다. 물론 같은 공법인 부엽시설이라 할지라도 가구재 및 말뚝을 이용한 한성기 풍납토성의 사례와 말뚝과 그 사이를 나뭇가지로 엮은 웅진기 동나성 외부의 부엽시

---

45 백제 한성기 횡혈식석실분인 화성 왕림리고분이나 천안 용원리 C지구 석실분, 연기 송원리 석실분(KM-046), 풍납토성 주변 등지에서 석축의 암거시설이 이미 확인된 바 있어 한성기 건물지에서도 향후 얼마든지 확인될 가능성이 높다.
　① 한신대학교박물관, 2009, 「수원시 관내(분천~송산)국도대체 우회도로 건설공사 구간내 문화유적 발굴조사 지도위원회의 자료」.
　② 임효재 외, 2001, 『용원리유적 C지구 발굴조사보고서』, 서울대학교박물관 · 서울대학교인문학연구소.
　③ 조동제, 2008, 「연기 송원리 백제 한성기 고분군」, 제32회 한국고고학전국대회 발표요지, 한국고고학회.
46 기단이나 초석을 갖춘 건물지는 아니지만 전남 나주 낭동유적의 7호 주거지에서 瓦形土製排水管이 검출되었다(全南文化財研究院 · 羅州市, 2006, 『羅州 郎洞遺蹟』). 시기를 5세기 중반대로 보고 있어 백제 한성기에 해당됨을 알 수 있다.

설, 그리고 나뭇가지만 깔은 사비기 능산리사지의 부엽시설은 분명 외견상 차이를 보인다. 이는 기술적 차이뿐만 아니라 유구의 성격이나 하중의 정도에 따라 혹은 시기적 변천에 따라 그 세부 공법을 달리 하였던 것으로 생각된다. 이러한 변화는 7세기 이후가 되면 구아리유적에서와 같이 마사토 충전 배수시설과 같은 새로운 공법의 창안으로 나타나게 된다.

한편, 부여지역에는 이와 같은 저습지상에 조성된 유적 이외의 산지 구릉에 조성된 유적도 적지 않다. 이들은 구릉 사면을 정지하거나 성토 혹은 판축공법을 통해 대지를 조성하고 있어 다양한 축토 차이를 보여주고 있다. 특히 이러한 축토 과정에서 저습지 상에 적용된 연약지반 개량공법이 거의 확인되지 않고 있어 확연한 차이를 보여주고 있다.

예컨대 577년경에 조성된 왕흥사는 백마강변에 조성되어 있다. 추정 중문지를 포함한 목탑지, 금당지, 강당지 등

| 사진 21 | 왕흥사지 추정 중문지 하부 경사축토
(국립부여문화재연구소, 2009, 『王興寺址』 III, 37쪽 도판 3)

| 사진 22 | 부소산성내 다지구 건물지 축토 내부
(國立扶餘文化財硏究所, 2003, 『扶蘇山城 發掘調査報告書』 V, 301쪽 도판 146)

은 모두 구릉 사면에 조성되어 있다. 건축물 아래의 대지조성토는 토층사진(사진 21)을 통해 볼 때 기존의 구지표면 상면에 경사축토 및 수평축토[47] 등의 성토기법을 이용해 조성하였음을 볼 수 있다. 성토에 사용된 흙 속에는 삼족토기 등의 백제토기와 작은 할석 등이 혼입되어 있어 주변 건물지의 흙을 채토하는 과정에서 정선하지 않고 사용하였음을 알 수 있다.

반면, 7세기 전반기 부소산에 조성된 다지구 건물지의 경우는 대지조성을 위해 생토면 일부를 정지하였고 여기에서 발생한 흙은 경사 아래면에 경사축토하였다.

축토공법은 판축공법(사진 22)을 사용하고 있어 왕흥사의 대지조성 공법과 차이를 보이고 있다. 이처럼 건축물을 조성하기 위해 생토면까지 정지기법을 사용한 사례는 웅진기의 정지산유적[48]을 비롯해 부여 부소산사지 및 금강사지 등에서도 찾아볼 수 있다. 아울러 구릉에 조성된 건물

| 사진 23 | 쌍북리 건물지 축토 내부 (필자사진)

---

47 성토 및 판축공법에 대한 용어와 사례는 조원창의 논고 참조(2009, 「백제 웅진기 이후 대지조성 공법의 연구」『건축역사연구』66, 25~37쪽).
48 국립공주박물관 · (주)현대건설, 1999, 『艇止山』.

지 중 판축공법이 사용된 축토공법은 부여 쌍북리 건물지(사진 23)에서 찾아볼 수 있다.

이상의 여러 유적은 저습지가 아닌 산지의 구릉에 조성된 관계로 연약지반의 개량이 필요 없다. 따라서 부엽공법이나 말뚝공법, 혹은 자갈석렬 등의 시설을 전혀 살필 수 없어 저습지상의 대지조성과 많은 차이를 보여주고 있다. 이는 저습지의 대지화라는 특수한 조건을 극복하기 위한 획기적인 토목기술이었음을 판단할 수 있다.

Ⅳ. 결론

현재 부여 읍내지역에 대한 토층조사 내용을 보면 부소산과 화지산, 부여군청이 자리하고 있는 구릉 지역을 제외한 거의 대부분이 저습지였음을 살필 수 있다. 이는 정림사나 구아리유적 등이 저습지 위에 조성된 사실로도 유추해 볼 수 있다. 아울러 무왕대인 612년 5월 대홍수에 의해 인가가 떠내려가거나 물에 잠긴 사실로 볼 때 저습지에 대한 연약지반 개량공법은 무엇보다도 중요하였을 것이다. 이러한 공법은 당연히 사비 천도 전 부여지역에 대지를 조성하거나 도로개설, 제방축조 등에 사용되었고 홍수가 발생할 때마다 다양하게 발전적으로 진화해 갔을 것이다. 본고는 바로 이러한 측면에 초점을 맞춰 논고를 진행하게 되었다. 따라서 현재까지 부여지역에서 발굴조사된 유적 중 저습지를 성토하였거나 수변에 위치하고 있는 유구를 중심으로 다루게 되었다.

부여지역에서 확인되는 연약지반 개량공법은 부엽시설을 비롯해 말뚝지정, 석축암거와 자갈석렬, 마사토열 등이 있다. 이들은 부엽시설과 같이 성곽이나 이와 관련된 유적, 제방처럼 유적과 공법의 도식화도 어느 정도 상정해 볼 수 있지만 나머지 사례의 경우는 그 유기적 관계를 찾아보기 어렵다. 이는 유적과 비교해 볼 수 있는 공법의 자료적 한계가 무엇보다도 큰 원인이 될 듯싶다. 이러한 자료 부족은 결과적으로 부소산 아래의 저습지 및 저지대가 어느 시기에 어떤 토목기술로 점차 대지화 되었는지를 밝히는 데 많은 어려움을 안겨주고 있다. 이러한 난제는 한편으로 웅진기 수도였던 공주지역에서 그 동안 연약지반 개량공법이 한 건도 보고되지 않은 사실로도 대변할 수 있다.

백제의 토목기술 중 부엽시설과 같은 연약지반 개량공법은 그 기술이 뛰어나 고대 일본의 협산지나 수성 등의 축조에 큰 영향을 미치었다. 그 만큼 백제의 내재된 토목기술 노하우가 남달랐음을 알 수 있다.

향후 좀 더 다양하고 기능적인 백제의 연약지반 개량공법은 확인될 것이다. 이러한 가능성에 비추어 그 형식과 시기적 변천도 좀 더 세분될 수 있을 것이다. 아울러 이러한 기술이 오늘날 우리의 토목기술과 전혀 무관한 것인지, 그리고 새로운 방법론을 제시하지는 않는지 고고학뿐만 아니라 토목학이나 건축학 분야에서도 관심을 가져야 할 것이다.[49]

---

49 이 글은 조원창, 2010, 「백제시대 부여지역 저습지에 조성된 유적에서 나타나는 연약지반 개량공법 연구」 『건축역사연구』 73호에 게재된 논문을 정리하여 옮겨 놓은 것이다.

제2부
백제 건축기술의 특성

  백제 건축물 중 기와건물이 초가건물에 비해 하중이 심하였음은 주지의 사실이다. 이를 위해 조사공들은 대지조성 후에 별도의 축기부를 마련(굴광)하고 그 내부에 판축 혹은 성토 등의 공법으로 축토하였다. 그런데 이러한 축기부는 저습지에 축토된 대지조성면 뿐만 아니라 금강사지와 같이 생토면에서도 확인되고 있어 기능적 측면 외에 조사공의 계파와도 관련이 있어 보인다. 아울러 사지에서의 경우 굴광된 축기부는 주로 금당지 및 탑지에서 만 확인되고 있어 권위적 건물의 부대시설로도 판단된다.

  백제 건축물의 특성 중 가장 눈에 띠는 부분은 기단이다. 특히 폐기와를 이용하여 조성한 와적기단은 그 백미라 할 수 있다. 축조방법에 따라 평적식, 합장식, 수직횡렬식, 복합식 등으로 구분되나 평적식과 수직횡렬식이 주를 이루고 있다. 최근 들어 경주지역을 중심으로 한 신라의 고토에서도 와적기단이 일부 검출되고 있으나 이는 백제의 영향을 받아 축조되었던 것으로 생각된다.

  와적기단은 폐기와를 중심으로 기단을 조성하였다는 점에서 치석된 석축기단에 비해 상대적으로 그 격이 떨어짐을 살필 수 있다. 이는 사지의 당탑지 중 와적기단의 예가 군수리사지 외에 거의 확인되지 않는 사실로도 유추해 볼 수 있다. 그리고 지사시설이라는 기능적 측면에서도 석축기단에 비해 내구성이 떨어짐을 판단할 수 있다. 이런 점에서 군수리사원 창건 당시의 시대적 상황과 창건 주체의 재정적 어려움을 생각해 볼 수 있다.

이 외에 혼축기단 및 적심토 등도 백제 와건물에서 어렵지 않게 살필 수 있는 요소들이다. 특히 적심토의 경우 기단토를 원형이나 방형, 혹은 부정형으로 굴광하고 그 내부를 판축이나 성토 등의 방법으로 축토한 것으로서 한성기 이후 사비기에서 다수 확인할 수 있다.

제2부에서는 백제 건축물에서 주로 확인되는 건축고고학적 요소들을 중심으로 내용을 전개하였다. 건축물의 하부구조에 해당되는 축기부, 기단, 적심토 등을 주요 대상으로 삼았다. 이들은 제1부에서 살핀 대지조성 이후에 축조되는 것들로서 백제의 뛰어난 건축 특성을 보여주고 있다.

백제 혼축기단의 연구

01

Ⅰ. 서론

기단은 기단토의 止沙施設로써 건물의 하부구조를 이루고 있다.[01] 재료뿐만 아니라 구조[02]에 있어서도 다양성을 보이고 있어 국적이나 시기를 비교 편년하는 데 좋은 자료가 되고 있다. 특히 백제는 고구려나 신라와 달리 사지나 왕궁지, 혹은 특수 건물지 등의 와건물지에서 다양한 기단 형식이 찾아져 뛰어난 기단건축 문화의 단면을 보여주고 있다.

기단은 재료상으로 볼 때 석재가 가장 일반적이다. 따라서 석재로 조성된 석축기단[03]은 다른 재료의 기단과 비교해 형식도 다양하고 그 수효

---

01 김동현, 1988, 『한국목조건축의 기법』, 발언.

02 백제 와건물지의 기단은 외견상의 층수에 따라 단층기단 혹은 이중기단이라 부르고 있으며, 석축기단의 경우도 지대석, 면석, 갑석을 갖춘 기단을 가구기단 등으로 별칭하고 있다.

03 필자는 석축기단을 석재의 치석 정도 및 쌓는 방법에 따라 할석기단과 치석기단으로 대분류한 바 있고 이는 다시 소분류하여 할석난층기단, 할석정층기단, 치석난층

또한 통시대적으로 가장 많다. 이는 백제뿐만 아니라 고구려나 신라의 경우도 마찬가지에 해당된다. 하지만 기단의 재료를 석재만이 아닌 기와나 전 등으로 확대시켜 보면 백제의 기단건축 문화는 삼국 중 가장 개성 있고 화려한 축조양상을 보여준다.

기단은 한 건물지에서 하나의 재료로 축조되는 것이 일반적이나 부분적으로는 서로 다른 이질적인 재료가 혼축되기도 한다.[04] 이럴 경우 재료에 따른 구역 설정이 이루어진다거나 혹은 기단 양식에 따라 재료상의 위치가 달라지기도 한다.

백제의 혼축기단은 그 동안의 고고학적 자료를 검토해 볼 때 웅진기에서 그 시초를 살필 수 있다.[05] 이러한 형식의 기단은 7세기대 이후 백제 멸망기에 이르기까지 부여를 중심으로 한 익산, 보령 등 백제의 고토에서 다양하게 등장하였다. 특히 사비기에 나타나는 석축과 와적기단의 결합은 그 동안 고구려나 고신라에서는 볼 수 없었던 백제만의 독특한 혼축기단으로서 기능성뿐만 아니라 폐기와의 재활용 측면에서도 주목할 만하다.

와적기단은 그 동안 삼국 중 백제에서 주로 확인되었다. 그리고 전으로 축조된 전적기단의 사례도 백제의 경우가 유일하다.[06] 특히 와적기단은 중국에서도 발견 예가 없다는 점에서 백제의 독창적인 기단 건축으로 이해되고 있다.[07] 와적기단은 그 동안의 조사 예로 보아 대부분 석축(할

기단, 치석정층기단, 가구기단 등으로 사용하고 있다(조원창, 2004, 『백제 건축기술의 대일전파』, 서경).

04 필자는 이처럼 한 건물지의 기단에 서로 다른 이질적인 재료, 즉 석재, 기와, 전, 흙 등이 상호 결합되어 나타나는 기단을 '混築基壇' 이라 부르고자 한다.

05 이는 한성기의 고고학적 자료가 축적되지 않은 상태에서 내린 잠정적인 결론이므로 향후 유적의 증가 여부에 따라 얼마든지 바뀔 수 있다.

06 이는 삼국 중에서만 한정시킨 본 것으로 기존의 유적 사례 중에는 통일신라기의 합천 죽죽리사지 금당지가 있다(국립진주박물관, 1986, 『합천 죽죽리폐사지』).

석 중층) 혹은 지대석과 혼축되어 시설되었고, 축조 방식으로는 평적식이 합장식이나 수직횡렬식, 복합식 등에 비해 다수를 차지하고 있다.[08]

본고는 이상의 내용을 바탕으로 하여 그 동안 백제의 고토에서 발굴된 혼축기단에 대해 검토해 보고자 한다. 이를 위해 백제 혼축기단을 구조, 재료별로 분류해 보고 이들 기단이 초축기의 것인지 아니면 후대에 보수를 통해 축조된 것인지에 대해서도 살펴보고자 한다. 그리고 각각의 유적에서 출토된 와당[09]이나 토기 등을 통해 혼축기단의 편년을 알아보고 이들의 변천에 대해서도 개략적이나마 언급해 보도록 하겠다.

Ⅱ. 백제 혼축기단의 사례

1. 전토혼축기단

웅진기에 해당되는 공주 공산성 내부의 임류각지(도면 1)에서 볼 수 있다.[10] 다양한 기단 형식이 살펴지는 부여지역에서도 아직까지 검출되

---

07 조원창, 2000, 「백제 와적기단에 대한 일연구」 『한국상고사학보』 33, 한국상고사학회.
08 이외에 와적기단은 평적식과 수직횡렬식이 결합된 복합식 등이 있다(조원창, 2005, 「백제 기단 축조술의 대신라 전파」 『건축역사연구』 42, 한국건축역사학회).
09 지금까지 백제의 암막새는 군수리사지에서의 출토예로 보아 정형적인 것이 없다. 따라서 본고에서는 수막새를 위주로 하여 건물의 조성시기를 검토해 보도자 한다.
10 그런데 임류각지의 경우 전토혼축기단 외에 할석의 석축기단도 존재하고 있다. 그러나 이 두 사례가 발굴 과정에서 확실하게 조사되지 않아 동시기의 것인지 아니면 시기차가 있는 것인지 확인하기 어렵다. 다만, 분포 양상으로 보아 석축기단이 전토혼축기단에 비해 폭넓게 시설되었고 아울러 임류각지에서 7세기 이후의 와당 형식이 검출되었음을 볼 때 석축기단이 후행하는 기단형식임을 추정할 수 있다.

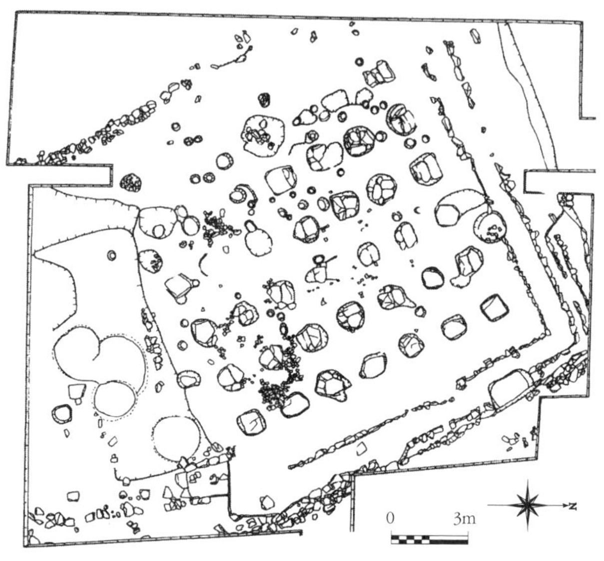

| 도면 1 | 공산성 임류각지 평면도
(안승주, 1982, 『공산성』, 공주사범대학 백제문화연구소 · 충청남도, 도면 12)

지 않았다는 점에서 공주지역 만의 독특한 기단 형식으로 이해된다.

임류각은 동성왕과 관련된 누각 건물로 기단의 대부분이 석축으로 이루어 졌고 극히 일부에서 만 전토혼축기단이 검출되고 있다. 따라서 임류각이 백제 사비기까지 계속적으로 존립되었음을 파악해 볼 때[11] 초축기의 기단은 전토혼축기단이었고 보수용으로 사용된 기단이 석축기단이었음을 추정해 볼 수 있다. 기단에 사용된 전은 평면 방형으로 회색 및 붉은색을 띠고 있다. 전은 한 변이 약 25cm이고 발굴조사 당시 3단 정도 확인되었다. 전과 전 사이에는 9cm 정도의 점토를 깔아 기단의 접

---

11 이는 전술한 바와 같이 임류각지에서 출토된 단판 8엽 연화문 와당을 통해 살필 수 있다.

착력을 강화시키고자 하였다(도면 2). 그러나 그 간극이 너무 넓어 완전한 지사시설로는 부적합하였을 것으로 생각된다. 이러한 기능성의 한계로 말미암아 임류각의 전토 혼축기단은 사비기에 이르러 석축기단으로 보수되었을 가능성이 높다.

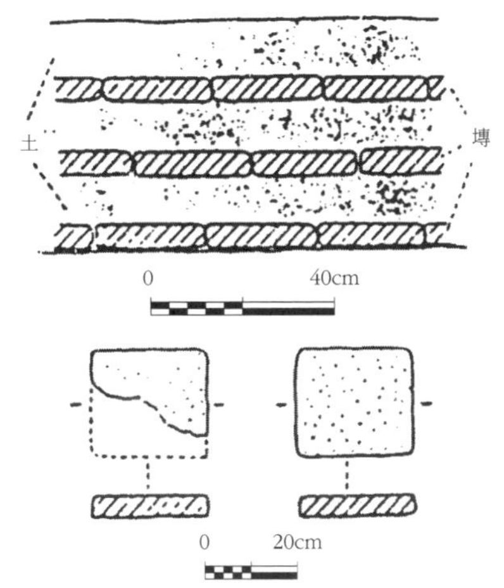

| 도면 2 | 임류각지 혼축기단 및 정방형전
(이왕기, 1995, 「백제의 건축양식과 기법」 『백제문화』 27)

2. 와적(평적식) + 석축(할석 중층) 혼축기단

부소산성 남쪽 아래에 위치하고 있는 관북리 1건물지(사진 1, 도면 3)[12] 에서 볼 수 있다. 관북리 1건물지는 그 동안 사비시대 왕궁지로 추정되고 있는 관북리 백제유적 중의 하나이다. 동서 배수구와 남북 배수구가 직각

| 사진 1 | 관북리 1건물지 혼축기단 (충남대학교박물관, 1999,
『부여 관북리 백제유적 발굴보고(II)』, 186쪽 도판 44-2)

---

12 이 건물지는 보고서에서 건물지(a)로 기술하고 있다(윤무병, 1999, 『부여 관북리 백제유적 발굴보고(II)』, 충남대학교박물관).

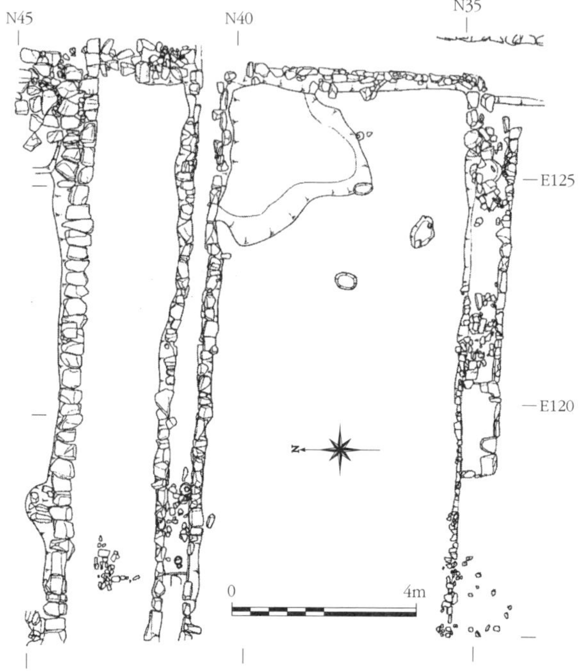

| 도면 3 | 관북리 1건물지 평면도 (충남대학교박물관, 1999, 『부여 관북리 백제유적 발굴보고(Ⅱ)』, 101쪽 도면 17)

을 이루며 접속하는 장소에 조성되었다. 기단의 규모는 동서 길이 18.5m, 남북 길이 5.6m이며 높이는 35cm 이상으로 추정되었다. 기단 상면의 멸실이 심하여 초석이나 적심석의 형적은 찾아지지 않았다.

기단은 동일 지표면 상에 와적과 할석으로 혼축되었고 와적기단은 건물 정면인 남쪽과 서쪽 일부에서 확인된다. 기와편과 점토를 사용하여 평적식으로 축조하였으며 평면 瓦列은 1열이고 기와의 장축방향과 기단 방향이 일치하고 있다. 석축기단은 할석의 허튼층쌓기로 조성되었으나 후대의 훼손으로 인해 많은 멸실이 이루어졌다.[13] 기단토에서의 토층변화가 없는 것으로 보아 와적과 석축기단은 동시에 축조되었던 것으로 판단된다.[14] 와적과 석축이 혼축된 백제시대 최초의 기단으로 파

---

13 이는 기단 내부에서 초석이나 적심시설이 검출되지 않는 것으로도 충분히 유추 가능하다.

14 조원창, 2004, 『백제 건축기술의 대일전파』, 서경.

악되며, 석재 일변
도에서 새로운 재
료인 기와의 등장
을 실현시킨 혼축
기단의 하나로 생
각된다.

한편, 금성산 건
물지의 경우는 이
중기단으로써 하
층이 와적기단이
고 상층은 석축기
단이다(사진 2·
3). 와적기단은 평
적식으로 축조되
었고 기와 이외에
전이 부분적으로
포함되어 있다. 그
러나 소량이고 소
편이어서 기단의
한 형식으로는 파

| 사진 2 | 금성산 건물지 전경 (國立扶餘博物館, 1992,
『扶餘錦城山百濟瓦積基壇建物址 發掘調査報告書』, 3쪽 도판 1)

| 사진 3 | 금성산 건물지 혼축기단 세부 (國立扶餘博物館, 1992,
『扶餘錦城山百濟瓦積基壇建物址 發掘調査報告書』, 81쪽 도판 24)

악하기 어렵다. 기단은 정지된 생토면 위에 2~3cm의 황갈색 점토를 깔
고 개구부를 'ㄴ' 자형으로 굴토한 후 와적하여 완성하였다.[15]

---

15 이러한 축조기법으로 말미암아 와적기단이 기능성 보다는 장식성이 강한 기단으
로 이해되고 있다. 이러한 굴토 방식은 부여 군수리사지 및 부소산성 동문지 주변
건물지에서도 검출된 바 있다.

기단의 외면은 와도면이 있는 반듯한 면을 전면으로 하였고 상하 기와의 접착과 높이차를 유지하기 위하여 기와와 기와 사이에 점토를 충전하였다. 와적의 전면으로는 보강시설로 사용된 암·수키와가 배치되어 있다. 상층의 석축기단은 삭토 정도가 심해 소형의 잡석 일부만 확인되고 있다. 하층기단의 규모는 동서 길이 18.04m, 남북 길이 14.72m이며 기단 상면의 폭은 1.4m이다. 아울러 상층 기단의 규모는 동서 길이 15.3m, 남북 길이 12m이며 높이는 10cm 내외로 계측되었다. 후대의 경작과 침탈로 인해 대부분의 초석과 적심석은 멸실된 채 조사되었다.

이와 같은 형식의 혼축기단은 능산리사지 강당지 동쪽기단에서도 일부 확인되고 있다. 이 부분은 동쪽의 不明 건물지 I 과 경계를 이루는 곳이나 중앙부의 경우 기단 확인이 어렵다.[16] 이 결실된 부분의 앞뒤에서 높이 5~10cm의 와적기단이 검출되고 있다. 도면이나 세부 사진이 제시되지 않아 확실한 와적기단의 형식은 살필 수 없으나 노출된 상태로 보아 평적식으로 추정된다. 멸실된 기단부는 남아 있는 서·남·북쪽기단으로 보아 할석의 중층기단으로 파악된다. 석축기법은 허튼층쌓기로 이루어졌다.

3. 와적(수직횡렬식) + 석축(할석 중층) 혼축기단

이 형식은 부여 능산리사지(도면 4)[17] 남회랑지의 남쪽기단 일부에서

---

16 기단은 기본적으로 그 기능이 기단토의 지사시설이기 때문에 건물에서 필히 존재하여야 할 중요 부분이다. 만약 이것이 시설되지 않았다면 건물의 붕괴는 자명하기 때문이다. 따라서 보고서에 명기된 석축시설을 하지 않았다는 표현은 맞지 않는다고 생각된다.

17 능사는 목탑지의 사리감에 음각된 명문으로 보아 567년 창왕(위덕왕)의 누이동생인 매형공주가 父인 성왕을 기원하기 위해 창건된 사찰임을 알 수 있다(國立扶餘

확인되고 있다. 남회
랑지의 혼축기단은 중
문지의 서쪽으로 약
3~7m 떨어진 지점 사
이에서 노출되었다(사
진 4). 혼축기단 주변
대부분이 멸실되어 정
확한 기단 범위는 살
피기가 어렵다. 와적
기단은 부여의 군수리
사지 및 군수리 제1호
건물지,[18] 그리고 관
북리 2건물지 등에서
조사되었던 수직횡렬
식을 취하고 있다. 기
단에 사용된 기와는

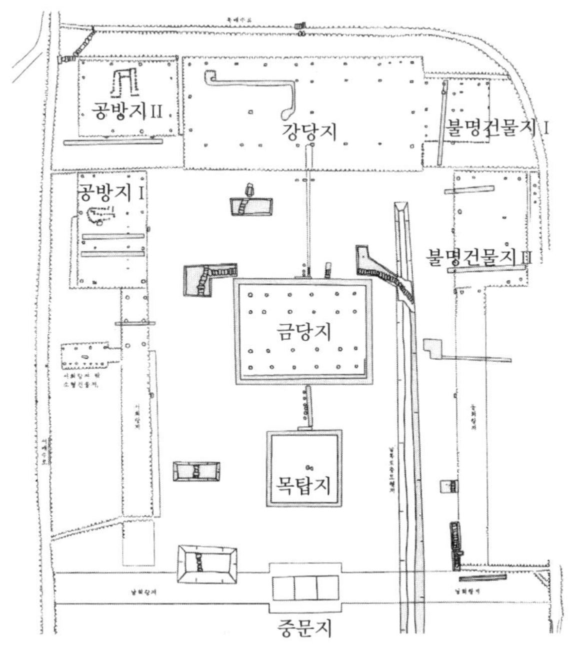

| 도면 4 | **부여 능산리사지 가람배치도**
(國立扶餘博物館 · 扶餘郡, 2000, 『陵寺』, 5쪽 도면 5 중)

암 · 수키와를 함께 사용하였으며 등면은 건물의 앞 쪽인 남쪽을 향하고
있다. 하지만 기와와 기와 사이의 간격이 넓어 지사시설로의 기능성은
약했던 것으로 생각된다.[19]

博物館 · 扶餘郡, 2000, 『陵寺』).
　능사의 가람배치는 중문 - 목탑 - 금당 - 강당이 남에서 북으로 일자형으로 배치되
어 있고 기타 회랑지, 공방지 I · II, 부속시설, 목교, 석교 등이 자리하고 있다. 이
중 목탑지와 금당지는 이중기단으로써 남아 있는 기단의 잔 재로 보아 하층은 장
대석의 치석기단으로 판단되며, 상층은 가구기단으로 추정되고 있다. 아울러 나머
지 건물 의 기단은 대부분 할석조의 석축기단으로 축조되어 있다.
18 이 건물지는 상 · 하층의 축조기법이 다른 복합식 와적기단을 취하고 있는데 상층
이 평적식인 반면, 하층은 수직횡렬식을 이루고 있다.

수직횡렬식 와
적기단과 연결된
기단선상에는 소
형의 할석으로 축
조된 또 다른 석축
기단이 위치하고
있다. 그러나 기단
토가 유실되면서
석축기단의 대부
분이 교란되어 기

(國立扶餘博物館 · 扶餘郡, 2000, 『陵寺』, 258쪽 도판 48-②)

단석렬의 정확한 형상파악은 쉽지 않다.

이처럼 소형의 할석으로 축조된 석축기단은 능산리사지내의 강당지,
공방지 Ⅰ · Ⅱ, 부속시설 건물지 등에서 고루 확인되고 있어 금당지 및
목탑지와 큰 차이를 보이고 있다. 전체적으로 남회랑지에서의 중건 흔
적이 보이지 않는 점, 그리고 다른 여느 건물지에서 어렵지 않게 살필 수
있는 기단형식이라는 점에서 석축기단과 와적기단은 동시기에 축조되
었던 것으로 판단되며, 그 시기는 창건기로 사료된다.

한편, 강당지는 할석의 석축기단과 평적식의 와적기단으로 축조되었
다. 발굴조사 당시 토층 단면에서 삭토 또는 보강과 같은 흔적이 확인되
지 않아 와적과 석축은 동시에 축조되었음을 알게 한다. 전체적으로 석
축기단이 기단의 주류를 이루고 있으며 와적기단은 강당지 서실에서만
확인되고 있다. 세부적인 도면이나 사진이 없어 평면 와열은 살피기가
어려우나 이러한 형식의 기단은 전술하였던 관북리 1건물지에서도 찾
아볼 수 있다.

---

19 이러한 취약성으로 말미암아 기단토의 유실이 발생했던 것으로 파악된다.

4. 와적(평적식) + 석축(지대석) 혼축기단

백마강 서안의 왕홍사지 서회랑지에서 볼 수 있다. 일제강점기 사지내에서 '왕흥'명의 고려시대 명문와가 수습되었다. 기단은 하부에 지대석, 상부에 와적기단을 축조하였다. 지대석은 괴

| 사진 5 | 서건물지 동편 혼축기단 (국립부여문화재연구소, 2010, 『2009 백제문화를 찾아서』, 33쪽 사진 5)

형의 할석을 이용하여 1단으로 만 축조되었다. 이는 일종의 보강시설로 이해되며 지대석과 지대석의 간극은 점토로 메워져 있다. 지대석 상부의 와적기단은 평적식으로 축조되었고 평면 와열은 2~3열이다. 대부분 와편을 이용하여 축조하였기 때문에 완형의 평기와는 살필 수 없다. 6세기 4/4분기 이후에 축조된 것으로 생각되며 이러한 혼축기단은 서건물지 동편기단에서도 살필 수 있다(사진 5).

5. 전적 + 석축(지대석) 혼축기단

보령 오합사지[20]의 제2차 강당지 및 동남회랑지, 서남회랑지 등에서

---

20 이는 통일신라기의 성주사지에 해당되는 것으로써 달리 烏含寺址로도 불린다. 본 고에서는 오합사지로 통칭하여 사용코자 한다.

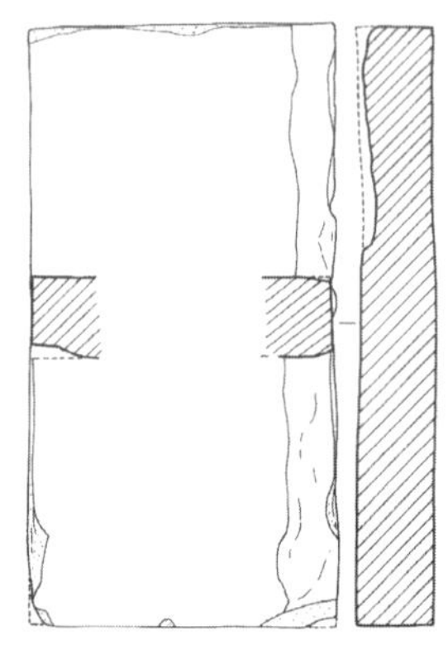

| 사진 6 | 오합사지 혼축기단
(忠南大學校博物館 · 保寧市, 1998, 『聖住寺』, 687쪽 사진 32)

| 도면 5 | 오합사지 출토 전
(忠南大學校博物館 · 保寧市, 1998,
『聖住寺』, 454쪽 도면 58-4)

석축기단(할석기단)과 함께 전적기단이 살펴지고 있다(사진 6).[21] 장방형의 무문전을 이용하여 축조하였으며 최고 7단 정도 남아 있다. 전 하부에는 일종의 지대석[22]으로 보이는 1매의 판석(길이 50~70cm, 너비 30~40cm)이 한 줄로 깔려 있다.[23] 이러한 지대석의 존재는 와적기단에서도 살필 수 있는 것으로써 백제 기단건축의 한 특징을 보여주고 있다. 전과 전 사이에서는 점토나 강회와 같은 점성이 강한 물질이 확인되지 않았다.

기단에 사용된 전(도면 5)은 무문으로서 두께가 약 4.5cm이며 세사립이

---

21 이러한 축조 양상은 동 시기에 이루어진 것으로 재료의 부족에 따른 보완책의 일환으로 이해할 수 있다. 비교 자료로는 관북리 1건물지(석축 + 와적)를 들 수 있다.

22 이는 일종의 '미석'으로도 볼 수 있다.

23 보고서에서는 이러한 지대석과 전적기단을 중복된 것으로 보고 있으나 동 시기의 것으로 파악하는 것이 옳지 않을까 한다. 이러한 지대석은 일종의 보강시설로써 평적식의 와적기단(왕흥사지 서회랑지, 능산리사지 공방지 I 등)에서도 이미 조사된 바 있다.

다량 혼입되어 있다. 경질에 가깝게 소성된 것과 회색연질로 소성된 것 두 가지가 있다. 길이 34cm, 너비 17cm로 길이 : 너비의 비율이 2 : 1이다.

전적기단과 석축기단이 동일 기단렬에서 확인되고 있기 때문에 동 시기의 기단으로 살필 수 있고 서로 이질적인 재료를 사용하였다는 점에서 조사공의 분업 행위도 유추해 볼 수 있다. 물론 후대에 일부분만 보수하였을 가능성도 배제할 수는 없지만 조사 과정에서 확인되지 않았기 때문에 동시 축조로 파악해 보아야 할 것이다.

6. 와적(평적식, 수직횡렬식) + 석축(할석) 혼축기단

부소산성 남서 아래편의 관북리 2건물지에서 볼 수 있다. 이 건물지는 2005년도에 발굴조사된 것으로써 동서 길이 35m, 남북 길이 18m의 대형 건물지이다. 전면 7칸, 측면 4칸으로 중심부가 통칸으로 되어 있다(도면 6).[24]

건물지 내부의 기단토는 마사토와 점토를 반복 축토한 판축토로 이루어졌다. 혼축기단은 동쪽에서 확인되는 데 상하 두 부분으로 상층은 석축 및 평적식의 와적기단, 하층은 수직횡렬식 와적기단 및 소형의 석축으로 이루어졌다. 특히 상부에 시설된 석축기단은 판석재의 할석을 이용하여 수직횡렬식으로 축조하였고,[25] 하층은 소형 석재를 이용하여 2~3중으로 겹쳐 쌓았다. 와적기단의 경우도 상·하층 모두에서 살필 수

---

24 관북리 2건물지와 관련된 내용은 아래의 자료를 참조하였다.
　　國立扶餘文化財硏究所, 2005.12,「扶餘 官北里百濟遺蹟〈제11차〉發掘調査 1차 指導委員會議資料」.
25 2004년도 관북리지역 및 2005년도 가탑리지역 건물지에서 조사되었다. 석재를 눕혀 반복 축석하지 않고 세워 1열로 시설하였다는 점에서 여느 기단과 큰 차이가 있다.

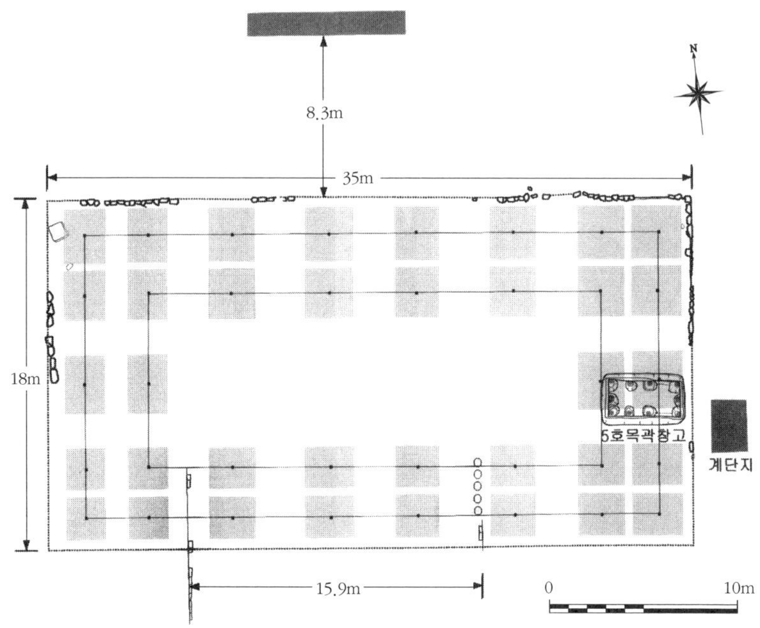

| 도면 6 | 관북리 2건물지 평면도 (國立扶餘文化財硏究所, 2005.12,
「扶餘 官北里百濟遺蹟〈제11차〉 發掘調査 1차 指導委員會議資料」, 도면 3)

있는데 평적식이 주류를 이루고 있고 수직횡렬식은 하층 일부에서 만
확인된다.[26] 이처럼 한 건물지의 기단에서 여러 형식의 기단 축조기법
이 다양하게 파악되는 것은 장인들에 의한 작업 분할과 밀접한 관련이

---

26 이 형식의 기단은 건물 남쪽기단 일부에서 관찰되며 상부에는 석재를 수적해 놓았
다. 이는 석축기단의 보강시설로 사용된 것으로써 석축기단에 비해 얼마 정도 앞
으로 내어 축조하고 있다. 기단을 축조하기 위해 기단토는 'ㄴ' 자 모양으로 절개되
고 잘려진 면에 맞춰 암키와를 1렬로 세워놓았다. 그리고 기단 외곽으로는 밀려남
을 방지하기 위해 퇴적토를 쌓아 구지표면을 형성하고 있다. 따라서 건물이 축조
되었을 당시에는 이러한 수직횡렬식 와적기단의 경우 지표면 아래에 위치하고 있
어 관찰이 불가능하였을 것이다.

있을 것으로 생각된다. 이러한 작업의 분업화는 신라의 경주 羅井[27]에
서도 살펴지고 있어 삼국시대의 건물 축조 과정을 이해하는 데 좋은 자
료가 되고 있다.

7. 와적(평적식) + 석축(지대석, 할석중층) 혼축기단

능산리사지 3건물지(일명 공방지 I)에서 볼 수 있다(사진 7). 이 건물
지는 남북 길이 15.72m, 동서 길이 5.16m로 중앙실, 남실, 북실로 이루
어져 있다. 기단 안쪽 50cm 지점에는 퇴칸 초석이 위치해 있고 본체는
기단에서 248cm 가량 떨어진 곳에 조성되어 있다.

와적기단은 평적식으로 동쪽기단의 본채 남실과 북실 입구, 회랑으로
통하는 남쪽기단 및 서쪽기단 확장부에서 살필 수 있다. 일부 와적기단
의 하부에는 12~20cm 정도의 할석을 1열로 깐 지대석이 자리하고 있다.
이러한 형식의 혼축기단은 전술하였던 왕흥사지 서회랑지에서도 확인
할 수 있다. 와적은 최대 8단까지 확인되고 있으나 부분적으로 무너져

있다. 평면 와열은
1~3열 정도로 파악
되며 남쪽기단의
경우 길이방향으로
와적이 형성되어
있다.

와적기단 보다
선행하는 석축기

| 사진 7 | 능산리사지 3건물지 혼축기단
(國立扶餘博物館 · 扶餘郡, 2000, 『陵寺』, 261쪽 도판 51-①)

---

27 중앙문화재연구원, 2004, 「경주나정 현장설명회자료 04-5」 ; 조원창, 2005, 「백제
　기단축조술의 대신라 전파」『건축역사연구』42.

| 사진 8 | 능산리사지 불명건물지Ⅱ 혼축기단

(國立扶餘博物館·扶餘郡, 2000, 『陵寺』, 278쪽 도판 68-③)

단은 소형 할석을 중층으로 쌓아 완성하였으며 조사 당시 4~5단 정도 잔존하였다. 모두 허튼층쌓기로 이루어졌으며 동쪽 기단은 기단토의 토압에 밀려 기단석이 밖으로 밀려나 있다. 전체적으로 와적과 석축의 정형성은 살피기가 어렵다.

한편, 이러한 형식의 혼축기단은 동회랑지 북쪽의 불명건물지Ⅱ에서도 확인되고 있다(사진 8). 기단의 사방에는 할석을 이용한 석축기단이 조성되어 있으며 동쪽기단 일부에서 와적기단이 확인되고 있다. 석축은 양호한 부분의 경우 약 40~45cm 정도 남아 있고 와적기단은 동쪽 배수로에 인해 심하게 훼손되었다. 와적은 평적식으로 보이나 평면 와열은 살필 수 없다.

이처럼 축조상의 시기차가 확인되는 혼축기단에서는 대부분 석축기단을 먼저 조영하고 이의 보수차원에서 와적기단을 사용하고 있다. 불명건물지Ⅱ도 같은 사례로 파악해 볼 수 있겠다.

Ⅲ. 백제 혼축기단의 고고학적 검토

여기에서는 그 동안 발굴조사된 백제 혼축기단의 사례를 통해 여러 건축 고고학적 특성을 살펴보고자 한다.

첫째, 백제 혼축기단에 사용된 재료 분포를 보면 석재의 양이 가장 많고, 그 다음으로 기와, 전 등이 사용되고 있다. 아울러 이들 혼축기단이 시설된 건물의 성격을 보면 사원, 추정 왕궁, 특수 건물, 누각 등 그 소유자가 특권층과 무관치 않다. 특히 이들 건물지 모두가 지붕에 기와를 사용한 와건물이었음은 주지의 사실이다. 기와가 삼국시대 특권층의 전유물[28]이었다는 점에서 전술한 건물의 성격과도 일명 상통한다. 그리고 그 사용시기 또한 웅진기부터 사비기까지 계속적으로 나타나고 있어 석축기단 형식에 비해 결코 짧지 않았음을 볼 수 있다. 결과적으로 이러한 조사내용은 백제의 혼축기단이 사원을 중심으로 한 특권층의 전유물(기와건물)에 주로 활용되었음을 판단케 하고있다.

둘째, 혼축기단 중 와적기단이 포함된 경우 평적식이 주류를 이루고 있다. 혼축기단에서의 와적기단은 관북리 건물지 1·2를 비롯해 능산리사지 3건물지·강당지·불명건물지Ⅱ, 왕흥사지 서회랑지, 금성산 건물지 등에서 살필 수 있다. 이들 중 수직횡렬식 와적기단은 관북리 건물지 2에서만 살펴질 뿐 나머지 건물지는 모두 평적식을 따르고 있다. 이는 와적기단의 기능성과도 밀접한 관련이 있는 것으로써 그 만큼 평적식이 수직횡렬식에 비해 지사시설의 기능이 뛰어났음을 반증해 주는 것이라 할 수 있다. 그리고 능산리사지, 왕흥사지의 경우는 와적기단 하부

---

28 고구려의 경우 『舊唐書』에 "···주거는 반드시 산골짜기에 있으며, 대개 모초로 이엉을 엮어 지붕을 잇고, 오직 불사·신묘·왕궁·관부만이 기와를 사용한다···(居所居必依山谷皆以茅草茸舍惟佛寺神廟及王宮官府乃用瓦)"라고 기록되어 있다(『舊唐書』卷 一百九十九 上, 列傳第 一百九十九上 東夷 高麗條). 이는 『新唐書』의 기록과도 합치된다(『新唐書』卷二百二十 列傳 第一百四十五 東夷 高麗條). 이렇게 볼 때 일반 서민 계층은 그 거주지가 王城과 떨어진 외곽에 있었을 가능성이 높고 주거 양식 또한 온돌이 시설된 수혈 주거지였을 가능성이 적지 않다. 반면, 왕궁을 비롯한 지배계층의 건물은 지붕에 기와를 사용하여 피지계층의 주거와는 근본적으로 달랐음을 보여주고 있다. 비록 고구려와 관련된 기록이지만 문화교섭이 삼국 간에 긴밀하였음을 고려해 볼 때 백제나 신라도 고구려와 마찬가지였을 것으로 생각된다.

에 1열의 지대석을 시설하고 있어 관북리 건물지 1·2 및 금성산 건물지 등과 차이를 보여주고 있다. 이러한 지대석은 일종의 보강시설 혹은 와적의 높이를 맞추기 위한 석재로 이해되며 신라[29]나 일본[30]에서도 확인되고 있다.

셋째, 관북리 1건물지나 왕흥사지 서회랑지, 능산리사지 강당지·남회랑지, 금성산 건물지, 오합사지 강당지 등에서와 같이 혼축기단을 구성하는 기단 각각의 재료가 동시기에 사용되는 경우이다. 그러나 능산리사지 3건물지(공방지Ⅰ)에서와 같이 와적기단이 후대에 보수용으로 사용된 경우도 확인할 수 있다.[31] 이는 건물의 중창으로도 확대시켜 볼 수 있는 것으로서 주변 출토 유물의 면밀한 검토가 요구된다.

넷째, 와적기단이나 전적기단[32]에 사용되는 하부 지대석의 경우 대부분 판석이나 할석 등을 사용하는데 모두 1단 높이로 축조되었다는 공통성이 있다. 이는 일본의 사례에서도 동일하게 실견되고 있어 백제 기단 건축의 전파를 판단케 한다.[33] 자료의 부족으로 인해 단언할 수는 없지

---

29 國立慶州文化財研究所, 2003, 『慶州 仁旺洞 556·566番地 遺蹟發掘調査報告書』.

30 백봉시대에 중건된 穴太廢寺 중건금당지를 비롯한 北白川廢寺 탑지, 當麻寺 본당 지하건물지, 高麗寺 금당지, 南滋賀廢寺 탑·중금당·서금당지, 崇福寺 미륵당지, 平川廢寺 탑지, 上淀廢寺 금당지, 大寺廢寺 금당·강당지 등에서 살필 수 있다.

31 國立扶餘博物館·扶餘郡, 2000, 『陵寺』.

32 전적기단도 와적기단과 마찬가지로 塼을 垂積하는 경우와 平積하는 경우로 나누어 볼 수 있다. 전자의 경우는 백제의 군수리사지 목탑지(사진 9)에서 살필 수 있고, 후자의 경우는 백제 오합사지에서 확인할 수 있다.

33 조원창, 2000, 「백제 와적기단에 대한 일연구」 『한국상고사학보』 33. 일본의 경우 近江國衙, 田辺廢寺 서탑지 등에서와 같이 지대석 대신 누층의 암·수키와를 사용하는 예도 있다. 이와 유사한 기단 사례는 최근 청주 복대동 건물지에서도 발견된 바 있다(한국선사문화연구원, 2006, 「청주 복대동 금호 어울림아파트 부지내 유적 추가 발굴조사 현장설명회 자료」). 복대동 건물지는 평적식 와적기단으로 축조되었으며, 출토된 토기와 연화문와당으로 보아 백제 멸망 이후인 통일신라기에 조영된 것으로 판단되었다.

만 지금까지의 고
고학적 사례로 볼
때 와편을 이용한
와적기단의 경우
판석보다는 할석
의 예가 대부분이
었으며, 전적기단
의 경우는 판석을
지대석으로 사용
하고 있다. 이는
전적기단이 와적

| 사진 9 | 군수리사지 목탑지 전적기단
(石田茂作, 昭和十二年六月, 「第四 扶餘軍守里廢寺址
發掘調査(槪要)」, 『昭和十一年度古蹟調査報告』)

기단과는 달리 완형의 장방형 전을 사용하였기 때문에 전의 파손을 염려한 조처에서 판석조의 지대석을 사용하였던 것으로 이해된다.

다섯째, 혼축기단의 재료 및 축조방법을 통해 작업 공간의 분할을 유추해 볼 수 있다. 이러한 속성을 가장 쉽게 살필 수 있는 유구가 관북리 2건물지이다. 이 건물지의 기단은 대부분 멸실되어 남쪽 일부에서 만 그 특징을 살필 수 있다. 기단은 와적기단과 석축기단 두 가지로 나뉘는 데 와적기단의 경우는 평적식과 수직횡렬식, 석축기단은 수직횡렬식 및 평적식 등이 공반되어 있다. 이는 재료의 이질성뿐만 아니라 축조기법에서도 큰 차이가 있기 때문에 동일인에 의한 일괄 축조로는 이해하기 어렵다. 따라서 서로 다른 장인들이 어느 한 부분을 배정받고 그 부분을 축조함에 있어 자신들 만의 독특한 기단 축조술을 발휘하였던 것으로 생각된다. 이러한 작업상의 공간 분할은 고분,[34] 건물지,[35] 성곽[36] 등의

---

34 曹永鉉의 경우 신라나 가야의 대형 봉토분에 대해 석재(기준석)를 중심으로 봉토 작업을 분할 실시한 것으로 보았다(조영현, 2002, 「한일봉토분의 축성방식에 관한 연구 -구획축조요소를 중심으로-」, 福岡大學 박사학위논문).

발굴조사에서 이미 확인된 바 있어 좋은 비교 자료가 되고 있다.

여섯째, 혼축기단에 사용된 석축기단은 할석을 이용한 허튼층쌓기가 주류를 이루고 있다. 따라서 치석기단이나 이중의 가구기단 등에서는 이러한 혼축기단이 조사된 바 없다. 할석의 허튼층쌓기가 가미된 혼축기단은 관북리 1건물지를 비롯해 금성산 건물지 상층, 오합사지, 능산리 사지 건물지 등에서 찾아볼 수 있어 사비기 전 시기에 걸쳐 존속하였음을 알 수 있다.

이처럼 기와나 전을 재사용한 혼축기단이 치석기단이나 이중의 가구기단 등에서는 확인되지 않고 주로 허튼층쌓기의 할석기단에서 많이 검출되었다는 사실은 기단의 안정성 정도와 당대에 유행하였던 건축기술의 채택과 밀접한 관련이 있었으리라 생각된다. 즉, 6세기 중엽 경에 조영된 능사 건물의 경우는 금당지와 목탑지가 이중의 가구기단인 반면, 제3건물지는 할석과 기와가 혼합된 혼축기단이었다. 금당지와 목탑지의 상층기단은 모두 멸실되어 하층기단 만을 관찰할 수 있었는데 장대석의 치석기단으로 조성되었다. 그런데 여기에서의 보수 흔적은 그 어느 곳에서도 발견되지 않았다. 이에 반해 제3건물지의 경우는 초기에 허튼층쌓기의 할석기단이었으나 이것이 어느 시기에 부분적으로(기단의 동남 모서리부) 붕괴되면서 평적식 와적기단으로 보수하였던 것이다. 이러한 사례는 3건물지 맞은 편에 위치한 동회랑 북단 건물지의 경우도 마찬가지이다.

---

35 신라 羅井의 8각 기단에서 엿볼 수 있다(중앙문화재연구원, 2004, 「경주 나정 현장 설명회자료 04-5」 ; 조원창, 2005, 「백제 기단축조술의 대신라 전파」『건축역사연구』 42, 한국건축역사학회).

36 조선시대에 해당되지만 서산 해미읍성의 경우 축성 주체를 성돌에 음각하여 그 작업이 분할되었음을 알게 한다. 이와 같은 방식은 노동력이 중시된 삼국시대의 경우도 마찬가지였을 것으로 생각된다.

따라서 이와 같은 유적 사례의 비교 검토는 결과적으로 장대석의 치석기단이나 가구기단이 허튼층쌓기의 할석기단에 비해 기단토의 止沙施設 측면에서 우수하였음을 암시해 준다. 이러한 기단의 안정성은 반대급부 적으로 그 만큼 기단 보수의 필요성을 요구하지 않았던 것이다. 또한 금성산 건물지나 능산리사지 목탑지·금당지의 경우 기단토 자체가 생토면이나 판축토였기 때문에 기단석에 크게 무리를 가하지 않은 점도 기단의 보수를 하지 않은 요인으로 생각된다. 이러한 곳에서는 당연히 보수 목적의 와적기단이나 전적기단을 살피기가 어렵다.

한편, 관북리 1건물지나 금성산 건물지, 오합사지 등이 축조될 무렵인 6세기 4/4~7세기 1/4분기 이후에는 5세기 이후 꾸준하게 등장하였던 혼축기단이 이제 백제 기단의 한 형식으로 자리 잡게 된다. 따라서 기단토가 판축토인 관북리 1건물지나 기단토가 생토면인 금성산 건물지에서도 자연스럽게 혼축기단이 사용되었다.

일곱째, 와적기단의 지대석으로 사용된 석재는 모두 할석재이고 상면은 다듬어 편평함을 엿볼 수 있다. 그리고 한 겹으로 만 쌓고 있어 그 위에 놓인 여러 장의 와적기단과는 차이를 보인다. 아울러 지대석이 놓인 와적기단은 우리나라의 경우 평적식에서 만 확인된다는 공통성이 있다. 또한 지대석이 놓이는 방향을 기단방향과 나란하게 하여 그 위에 놓이는 와적과 대체로 평행하게 하였다. 이러한 예의 혼축기단은 왕흥사지 서회랑지 및 능산리사지 3건물지, 오합사지 전석혼축기단 등에서도 살필 수 있다.

여덟째, 금성산 건물지에서와 같이 이중기단에서도 혼축기단이 나타나고 있다는 점이다. 이중기단은 그 동안 정림사지 금당지, 능산리사지 금당지, 부소산사지 금당지, 미륵사지 금당지 등의 사례로 보아 대체로 권위적인 건물에 축조되는 것으로 알려져 왔다.[37] 그리고 이중기단의 재료가 대체로 할석이 아닌 장대석으로 축조된 점도 전술한 유적들과 차이가 있다. 특히 와적기단이나 석축기단의 어느 한 쪽이 후대의 보수

를 위해 축조되지 않았다는 점에서도 큰 의의가 있다. 이처럼 이중기단
에 서로 다른 두 재료를 이용하여 동시에 축조한 사실은 와적기단의 장
식성과 석축기단의 기능성을 함께 추구하고자 하는 뜻에서 만들어진 것
으로 추정된다.

Ⅳ. 백제 혼축기단의 시기적 변천

여기에서는 건물지와 관련된 문헌이나 그 동안의 연구 성과, 또는 해
당 유적에서 출토된 와당이나 토기 등을 중심으로 하여 건물지의 편년
을 검토해 보고, 이를 근거로 하여 백제 혼축기단의 변천을 살펴보고자
한다.

현재까지 진행된 발굴조사를 검토해 볼 때 가장 일찍이 등장하였던 백
제의 혼축기단은 바로 임류각지의 전토혼축기단이다. 주지하듯 임류각
은 백제 23대 왕인 동성왕과 관련된 유적이다. 이에 대해선 영성하지만
『삼국사기』에 그 편린이 전해지고 있다.[38] 임류각지의 기단은 전과 토를
교대로 쌓고 있어 일반적인 건물유적의 기단시설로는 파악하기 어렵다.
아울러 전과 전사이의 간격이 넓고 그 사이에 점토 만 충전되어 있어 기
단토의 지사시설로도 적합지 않음을 볼 수 있다. 특히 이러한 기능상의
한계는 전토혼축기단이 웅진기에 만 사용되는 결과를 낳게하였고 사비
기에는 이러한 기단이 더 이상 등장하지 못하는 상황을 초래케 하였다.

---

37 조원창, 2002, 「백제 이층기단 축조술의 일본 비조사 전파」『백제연구』 35, 충남대
　　학교백제연구소.
38 『삼국사기』 백제본기 동성왕조.

웅진기의 사비경영은 용정리사지 출토유물로 보아 5세기 말~6세기 초로 추정되며, 성왕대에 이르러서는 본격화됨을 볼 수 있다.[39] 이러한 추정은 부소산성, 관북리 및 구아리, 동남리 일대에서 확인되는 대통사지계의 와당(사진 10)[40]과 '大通' 명 인각와(사진 11) 등을 통해 알 수 있다. 특히 이들 지역 중 관북리는 여러 학자들에 의해 왕궁지로 추정되고 있으며[41] 여기서 관찰되는 혼축기단 또한 시기상의 차이를 반영하고 있어 좋은 비교자료가 되고 있다.

| 사진 10 | 대통사지 출토 와당
(國立公州博物館, 1988, 『百濟瓦當特別展』,
도판 14)

| 사진 11 | '大通' 명 인각와
(국립중앙박물관, 1999, 『백제』, 163쪽 도판 302)

---

39 조원창, 2005, 「기와로 본 백제 웅진기의 사비경영」 『선사와 고대』 23, 한국고대학회.
40 단판 8엽 연화문 와당으로써 자방에 비해 연판이 크고 길다. 자방 내에는 1+6과의 연자가 배치되어 있다. 자방 및 연판에서는 장식화나 형식화는 살펴지지 않는다.
41 왕궁지의 추정은 남북대로 및 동서소로의 축조, 남북대로 북단에 유적이 위치한 점, 유적의 주변으로 조경용의 방형 연지 및 누각 등이 도로의 방향과 축을 이루면서 배치된 점 등에서 가능성이 제기되었다(윤무병, 1999, 『부여 관북리 백제유적 발굴보고(II)』, 충남대학교박물관). 필자도 이의 견지를 따르는 바이다.
  특히 최근에는 이곳에서 대형의 건물지 및 다수의 목곽·석곽고, 불상 등이 출토된 바 있다. 그리고 웅진기에 해당되는 와당 등이 수습되어 왕궁지 뿐만 아니라 웅진기의 사비경영과 밀접한 곳으로도 주목받고 있다.

관북리에서 관찰되는 혼축기단은 사비천도 전후에 축조된 것으로 추정되는 관북리 1건물지를 비롯해 7세기대 이후에 조성된 관북리 건물지 2를 들 수 있다. 관북리 1건물지의 혼축기단은 동일 레벨상의 할석재 석축과 편으로 된 와적으로 이루어져 있으며 와적기단의 경우 평적식에 평면 와열 1열이다. 그리고 기단 방향과 나란하게 와적을 횡적하여 고식의 특징을 보여주고 있다. 이러한 평적식의 와적기단은 웅진기의 임류각지에서 확인된 전토혼축기단과 축조기법이 아주 유사하여 시기적인 차이에도 불구하고 외견상의 친연성을 보여주고 있다. 특히 보수용이 아닌 동시기의 석축 + 와적기단으로서 기와가 기단에 사용되는 백제 최초의 기단 형식이라는 점에서도 시사하는 바가 크다. 6세기 4/4분기 이후에 등장하는 2~3열의 평면 와열, 정형성이 없는 와적 등과 비교해 고식의 특징을 보이고 있다는 점, 그리고 웅진기인 임류각지의 전토혼축기단과 비교해 동일 축조기법으로 조성되었다는 점에서 6세기 2/4분기 후반의 것으로 추정된다.

관북리 2건물지는 기단토 외곽의 구지표면 아래에서 출토된 와당으로 보아 축조 연대는 7세기대 이후로 추정된다. 출토 와당은 크게 두 종류로 자방 및 연화문 등에서 특징을 보이고 있다.[42] 이러한 와례는 7세기 이후의 백제 건물유

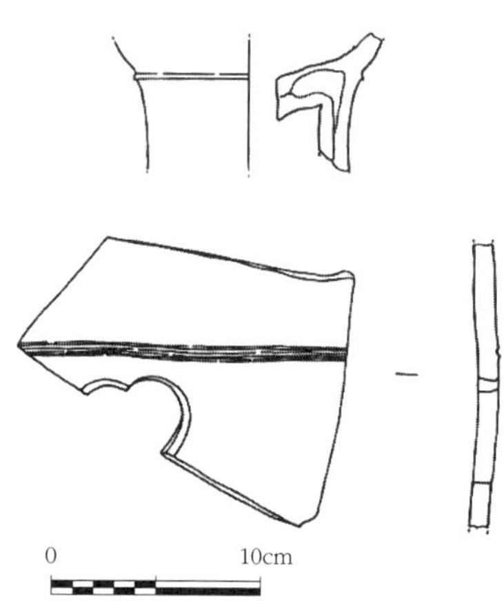

| 도면 7 | **금성산 건물지 출토 장고형기대편**
(國立扶餘博物館, 1992, 『扶餘錦城山瓦積基壇建物址發掘調査報告書』, 33쪽 삽도 12-16)

---

42 자방 외곽 및 연판내에서 평면화 및 장식화가 관찰되는 와당들이다. 자방 외곽에는 3열의 연주문대가 장식되어 있고 자방 내부에도 3열의 연자가 배치되어 있다.

적으로 알려진 부소산사지 및 익산 미륵사지 등에서도 출토된 바 있어 편년상의 좋은 비교자료가 되고 있다.

그리고 6세기 4/4분기에 이르면 금성산 건물지[43]에서와 같이 와적과 석축이 결합된 이중기단에서의 혼축기단이 등장하게 된다. 발굴조사 당시 상층의 멸실로 인해 기단의 흔적은 검출되지 않았으나 남아 있는 잡석렬로 보아 상층기단은 석축기단으로 추정되고 있다. 이는 지금까지 발굴조사 된 이중기단 중에서 상층기단의 경우 와적기단이나 전적기단으로 축조된 예가 거의 찾아지지 않는다는 점에서도 판단이 가능하다.

이 건물지에서 출토된 와당은 자방에 비해 연판이 긴 단판 8엽으로써

| 사진 12 | 금성산 건물지 출토 삼각돌기식 와당 (百濟文化開發研究院, 1983, 『百濟瓦塼圖錄』)

| 사진 13 | 비조사 출토 삼각돌기식 와당 (奈良國立文化財硏究所, 1991, 『藤原京と京』)

연판 내에는 연꽃의 수술로 보이는 '1' 자형의 양각대와 평면화된 판단 중심부에서는 세장형의 삼각돌기가 장식되어 있다.

43 금성산 건물지를 6세기 4/4분기로 보는 근거로는 몸체에 하트형 구멍이 있는 장고형 기대편(도면 7)을 통해서도 살필 수 있다. 이러한 기대는 부여 염창리와 신리, 능산리 등에서도 출토된 바 있다(국립부여박물관, 1992, 『부여 금성산 와적기단건물지 발굴조사보고서』).

연판의 판단부에 삼각돌기가 장식되어 있다(사진 12).[44] 이러한 자방과 연판의 크기 비를 보이는 와당은 588년 백제의 와박사가 일본으로 파견되어 飛鳥寺 창건와(사진 13)로 제작한 와당의 형태와 매우 유사하다. 따라서 비조사 창건와와 비교 검토해 볼 때 이러한 형식의 와당은 늦어도 588년 이전에 백제 장인들에 의해 백제 땅에서 제작되었음을 알게 한다.

한편, 6세기 4/4분기 이후가 되면 와적과 1열의 할석재가 지대석으로 사용된 혼축기단을 살필 수 있다. 이러한 형식의 기단은 능산리사지 3건물지(공방지Ⅰ)[45] 및 왕흥사지 서회랑지 등에서 살필 수 있다.

왕흥사지 출토 와당(사진 14)은 단판 8엽으로서 주연에는 연주문대가 장식되어 있고 판단 중심부에는 삼각돌기가 양각되어 있다. 그리고 자방은 귀목처럼 볼록 튀어나와 백제의 다른 유적에서는 볼 수 없는 특이한 모양을 하고 있다. 특히 주연부의 연주문대는 규암면 외리사지의 전(사진 15)에서도 확인되는 것으로써 6세기 대의 와전에서는 살필 수 없는 7세기 대 이후의 독특한 문양임을 보여주고 있다.[46]

이 외에 7세기 대에는 오합사지에서와 같이 塼積과 1열의 석재가 깔린 혼축기단이 확인되고 있다. 전술한 능산리사지 3건물지 및 왕흥사지

---

44 이러한 형식의 와당은 관북리 추정왕궁지, 부소산, 쌍북리유적 등에서도 검출된 바 있다. 기타 長鼓形 器臺의 하트형 透孔을 통해서도 이 건물지가 6세기 말경이라는 편년을 유추한 바 있다(국립부여박물관, 1992, 『부여 금성산 와적기단건물지 발굴조사보고서』).

45 능산리사지 공방지Ⅰ에서는 금동대향로를 비롯한 와당, 누금제품, 풍경, 투조장식, 은장식 등 다양한 금속유물 등이 출토된 바 있다. 그러나 보고서상에서 와당과 관련된 사진이나 도면을 싣고 있지 않아 출토된 와당 형식은 파악할 수 없다.

46 하지만 최근 왕흥사지 목탑지 발굴을 통해 577년명의 사리함이 확인되었다. 이로 볼 때 왕흥사의 초축은 6세기 4/4분기 경으로 보아야 할 것이며 서회랑의 축조 역시도 이와 큰 차이가 없을 것으로 생각된다.

| 사진 14 | 왕흥사지 출토 삼각돌기식 와당

(百濟文化開發研究院, 1983, 『百濟瓦塼圖錄』)

| 사진 15 | 외리사지 출토 문양전

(國立扶餘博物館, 1997, 『국립부여박물관』,
110쪽 좌상 사진)

| 사진 16 | 오합사지 출토 와당

(忠南大學校博物館 · 保寧市, 1998, 『聖住寺』,
746쪽 사진 146-5)

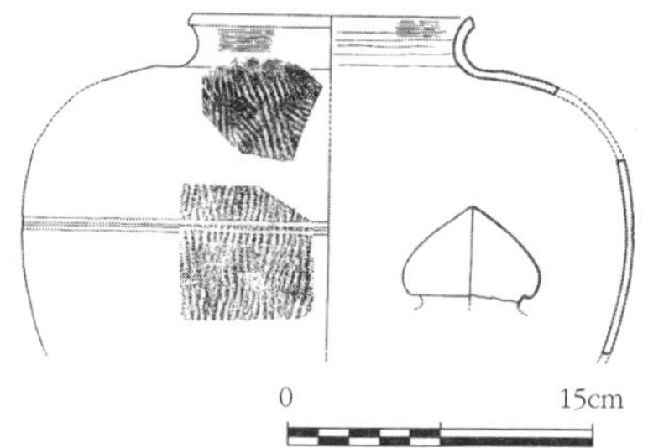

| 도면 8 | 오합사지 출토 백제 토기호

(忠南大學校博物館 · 保寧市, 1998, 『聖住寺』,
457쪽 도면 61-1)

서회랑지와 비교해 재료상의 차이만 발견될 뿐 구조상의 차이는 발견되지 않는다. 여기에서 출토된 와당(사진 16)은 판단부에 삼각돌기를 장식한 단판 8엽이 주류를 이루나 연꽃의 주변으로 圈線이 명확하게 확인된다는 점에서 6세기 대의 와당과 큰 차이를 보이고 있다. 이러한 형식의 와당은 오합사지 외의 다른 백제 유적에서도 출토된 바 없어 오합사지만의 독특한 와당 형식임을 살필 수 있다.

한편, 평행타날문이 시문된 短頸壺(도면 8)의 경우도 층위상으로는 남회랑의 최하층에서 출토되었기 때문에 백제 오합사와 관련이 있어 소개해 보고자 한다. 이 토기는 고온으로 소성된 회청색 경질로 구연부 및 동체부가 남아 있다. 동체 내면에는 물손질로 인해 물레자국이 지워져 있으며 기심은 자색에 가깝다. 구연부의 처리 및 동체부의 타날문으로 보아 백제 사비기의 토기임을 알 수 있다.

이상에서 살핀 내용을 보수용이 아닌 초축기의 혼축기단을 중심으로 유적 사례와 편년을 살피면 〈표 1〉과 같다.

| 표 1 | 혼축기단의 유적과 편년

구분	5세기	6세기	7세기	비 고
塼+土	■			임류각지
瓦積(平積式 혹은 垂直橫列式) + 石築(割石 重層, 橫積)		■■■		관북리 1건물지 능산리사지 남회랑지 금성산 건물지
瓦積(平積式) + 石築(割石 單層〈地臺石〉, 橫積)		■■		왕흥사지 서회랑지
瓦積(平積式 + 垂直橫列式) + 石築(割石 單層, 垂積)			■	관북리 2건물지
塼積(平積式) + 石築(割石 重層, 橫積)			■	오합사지 제2차 강당지 및 동남회랑지 · 서남회랑지 등

V. 결론

이상에서와 같이 백제의 고토에서 발굴된 혼축기단에 대해 살펴보았다. 혼축기단 용어에서 알 수 있듯이 이는 서로 다른 재료 즉, 기와나 전을 할석과 혼용하여 건물유적의 기단을 축조하는 것이다. 이 같은 축조술은 그 동안 고구려나 신라의 건물유적에서는 거의 알려진 바 없어 백제 고유의 기단축조술 내지는 백제 장인의 기술력과 창의성의 산물로 파악되었다.

이러한 혼축기단은 최근까지도 부여의 백제 건물유적에서 간헐적으로 검출되고 있어 사비기에 이르면 기단의 한 형식으로 자리잡았음을 판단케 한다.

혼축에 있어 주재료는 석재이며, 이의 경우 할석이 대부분을 차지하고 있다. 여기에 기와나 전 등이 부재료로 사용되어 기단을 완성하고 있다. 특히 기와의 경우는 와적기단으로 축조되어 백제 전유의 기단 축조술을 보여주고 있는 데 폐기와의 재활용이나 장식적인 미를 대변해 주고 있다는 점에서 큰 의의가 있다. 아울러 석재 이외의 기와나 전 등 주변에서 얻기 쉬운 다양한 재료들을 기단에 사용하였다는 점에서 재료 수급의 용이성을 살필 수 있다.

물론 혼축기단이 사용되던 시기에도 단독의 와적기단(부여 군수리사지)이나 할석기단(부여 관북리 및 군수리유적), 그리고 가구기단(능산리사지 목탑지 및 금당지, 금강사지 금당지 등) 등이 백제 사비기에 유행하고 있었다. 유적의 조사 예를 비교해 보더라도 혼축기단 보다는 단독기단이 숫자적으로 더 많은 것이 사실이다. 그렇지만 고구려나 신라에서 보기 힘든 혼축기단이 단독기단에 비교될 정도로 백제에서 조성되었다는 점은 백제 기단 건축의 한 특성으로 보기에 부족함이 없으리라 생각된다.

백제에 반해 고구려나 신라에서 이러한 혼축기단이 유행되지 못했던 가장 큰 이유는 할석기단과 혼축될 수 있는 와적기단이나 전적기단의 자료 부족이 가장 큰 원인이었던 것으로 파악된다. 이는 비교적 발굴 자료가 풍부한 신라의 황룡사지, 분황사지, 흥륜사지 등을 비롯한 개별 건물지의 발굴조사 내용을 통해서도 충분히 살필 수 있다.

백제와 같은 신라에서의 혼축기단은 통일신라기에 등장하였으며 이러한 유적 사례는 경주 인왕동 건물지 및 천관사지 1건물지 등에서 관찰할 수 있다. 이들 혼축기단은 할석과 와적(수직횡렬식 및 사적식)을 결합하여 기단을 완성하였다. 아울러 와적은 초창기에 사용된 것이 아닌 보수용으로 축조되었다.

아울러 고구려의 경우도 그 동안 국내에 소개되었던 정릉사지, 청암리사지, 토성리사지, 대성산성내 건물지, 안학궁지 등의 자료들을 검토해 보았으나 신라와 마찬가지로 와적이나 전적기단이 없는 할석기단 만이 확인되었다. 물론 정릉사지 내에서 원형의 전적 유구 1기가 검출되긴 하였으나 건물유적이 아니라는 점에서 백제와의 차이가 있다.

향후 백제 혼축기단의 연구를 위해서는 이것이 보수용인지 아니면 초축기의 것인지 발굴조사 과정에서 풀어야 할 과제가 적지 않다. 아울러 이러한 기단이 조성되게 되는 당시의 사회적 배경이나 기술적 배경도 향후의 연구과제라 생각된다. 이러한 부분은 백제의 조사공 혹은 건축 장인집단과도 밀접한 관련이 되기 때문에 당시백제 사회의 건축체계를 이해하는데 밑바탕이 되리라 생각된다.

따라서 백제 혼축기단에 대한 올바른 연구를 위해서는 무엇보다도 현장 조사에서의 중요성이 요구되며 아울러 같은 분야이면서 이방인으로 간주되는 고건축 전공자들의 도움도 절실히 요구되는 바이다.[47]

---

47 이 글은 조원창, 2006, 「백제 혼축기단의 연구」 『건축역사연구』 46호에 게재된 논문을 정리하여 옮겨 놓은 것이다.

웅진천도 후 백제 와건물 적심토의 편년과 축조기법 변천에 관한 연구

02

Ⅰ. 서론

적심[01]은 삼국시대 이후 조선시대에 이르기까지 기둥이 존재하는 지상 목조건축물에서 빠지지 않고 사용되던 건축 구조물이었다. 초석을 지탱하는 중요 하부 부재로서 흔히 기단토 내부에 조성되어 있다.

적심은 積心孔에 충전되는 재료에 따라 크게 적심석 혹은 적심토로 구분되고 있다. 그러나 고려시대 이후로 내려갈수록 석재와 흙뿐만이 아닌 기와, 전 등이 혼축된 사례도 확인되어 적심 재료의 복잡한 양상을 보여주고 있다. 특히 폐기된 건물지 위에 중건되는 경우 위와 같은 사례는 더욱더 빈번하게 살펴지고 있다.[02]

---

01 건축학계에서는 고고학계와 달리 積心대신 地定(혹은 地釘)이란 용어를 사용하고 있다. 용어의 혼용이 살펴지나 본고에서는 적심이란 용어로 통칭하고자 한다.

02 이러한 사례는 강원도 평창에 위치하고 있는 월정사 경내 고려시대 건물지에서 살펴볼 수 있다(〈재〉대한불교조계종 유지재단 문화유산발굴조사단, 2004, 『五臺山月精寺 석조보살좌상 주변지역 문화유적 시·발굴조사보고서』).

고고학적 조사결과 적심석은 할석뿐만 아니라 천석 등도 사용되며 그 높이에 있어서도 적심의 위치에 따라 다르게 나타나고 있다.[03] 그리고 적심토의 경우도 그 축토 방법에 따라 성토다짐[04]과 판축 등으로 구분되고 있다. 이 외 적심공의 평면 및 단면형태, 축토의 성질,[05] 적심공의 굴광 방법에 따라 적심은 다시 세분되고 있다.

이처럼 적심은 사용 범위가 넓고 사용 시기 또한 장구하였지만 그 동안 고고학 및 건축학에서의 연구는 거의 전무하였다. 특히 이번 논고의 주제가 된 와건물 적심토[06]에 대해서는 그 용어조차 생소한 실정이다. 그러나 이 적심을 시설한 백제 와건물 유적이 공주, 부여, 익산지역 등에 폭넓게 분포하고 있음을 살펴볼 때 백제 건축기술의 중요 부분이었음은 부인하기 어렵다. 그리고 그 사용처에 있어서도 산성, 사원, 추정 왕궁지, 특수건물지 등 다양한 성격의 건물에 채택되고 있었음을 확인할 수 있다. 이는 적심토 축조술의 보편화 내지는 장인들의 신기술 보급이 당시 백제 사회에서 활발하게 진행되었음을 보여주는 전거라 할 수 있다.

반면, 신라의 경우는 이러한 적심토 건물지를 찾아보기 어렵다.[07] 예

---

03 예컨대 능선 사면에 건물이 조영될 경우 대지는 'ㄴ'자형으로 삭토되는 것이 일반적이다. 이 경우 경사면의 위쪽에 조영되는 건물의 상부는 생토면에 적심을 조성하는 반면, 건물의 하부는 퇴적토에 적심을 시설하게 된다. 퇴적토에 적심을 설치할 경우 지붕의 하중을 지탱하기 위해서는 많은 段數의 적심석을 쌓아야 한다. 반면, 건물 상부는 생토면 그 자체가 튼튼한 구조물이 되기 때문에 하부와 같은 높은 적심석은 필요치 않게 된다.

04 이 경우 모래나 점성이 강한 점토, 마사토 등을 단독적으로 사용하거나 혹은 서로 혼합하여 사용하고 있다.

05 적심공에 충전되는 흙의 성질로써 마사토, 점토 등을 의미한다.

06 이 용어는 일부 연구자에 의해 '토심적심'으로 불린 바 있다. 그러나 토심이란 언뜻 흙의 깊이를 연상케 하는 것이기에 두 용어의 조합은 잘 어울리지 않는다고 생각된다. 따라서 본고에서는 기존의 용어인 '적심토'를 사용하도록 하겠다.

07 고구려의 경우 적심과 관련된 세부 내용의 도면이나 도판이 없어 이번 논고에서는 제외하고자 한다. 향후 자료의 재검토나 등장을 기대해 보아야 할 것 같다.

컨대 황룡사지, 분황사지, 왕경유적 등의 경우가 그러하다. 이들 유적에서는 대부분 적심석을 사용하고 있어 적심 재료의 다양성을 엿보기가 어렵다. 그러나 통일신라기의 일부 유적에서는 백제에서 본 것과 같은 적심토가 그대로 나타나고 있어 백제의 건축기술 전파를 판단케 하고 있다.[08]

본고는 그 동안 건축고고학 분야에서 생소하기조차한 적심이라는 한 부분만을 중심으로 내용을 전개하였다. 아울러 적심 중에서도 적심공에 흙을 축토한 적심토 만을 대상으로 하였다. 해당 시기는 백제를 중심으로 하였지만 한성도읍기의 건물유적이 거의 조사된 바 없어 웅진도읍기 이후로 한정하였다. 보고서가 未刊되고 보고 내용이 빈약하여 많은 정보는 얻지 못하였지만 향후 점진적인 자료 검토를 통해 해결해 나가고자 한다.

Ⅱ. 백제 건물지 적심토의 자료 검토

1. 공주 공산성 서문지 후면 건물지[09]

1991년도에 조사된 유적이다. 보고서상에는 기단석 및 배수구, 초석

---

08 이는 공산성 서문지 주변에서 검출된 백제 웅진도읍기의 축토적심과 통일신라기 28칸 건물지의 축토적심 비교를 통해 확인할 수 있다. 즉, 두 유구는 시대가 비록 다르지만 축토적심의 재료가 '모래' 라는 점에서 동질성을 찾을 수 있고 한편으로는 그 기술의 전파를 파악케 한다.

09 公州大學校博物館·忠淸南道, 1992, 『公山城建物址』.

| 사진 1 | 공산성 서문지 후면 건물지 적심토(沙) 1
(公州大學校博物館 · 忠淸南道, 1992, 『公山城建物址』,
471쪽 사진 272)

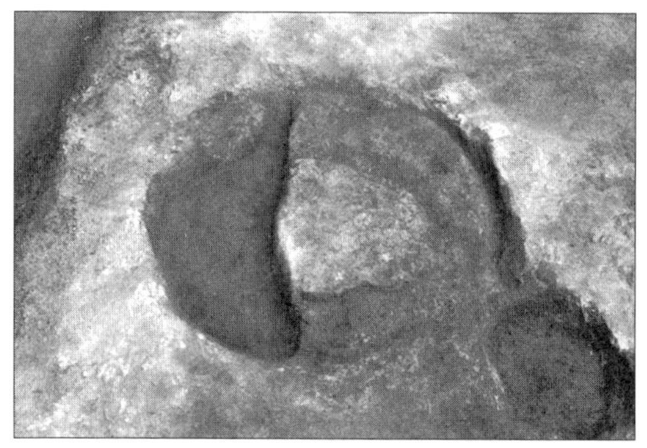

| 사진 2 | 공산성 서문지 후면 건물지 적심토(沙) 2
(公州大學校博物館 · 忠淸南道, 1992, 『公山城建物址』,
470쪽 사진 271)

을 갖춘 적심토(沙)가 하나의 건물지로 설명되어 있으나 기단석의 방향과 초석의 위치가 서로 달라 동일 건물지로는 이해하기 어렵다. 즉, 기단 석렬의 바깥쪽으로 적심토(사)가 자리하고 있어 퇴칸이나 차양칸의 용도 이외에는 이해할 수 없다. 그러나 그 간격이 너무 멀리 떨어져 있어 관련성이 없어 보인다.

적심공은 평면 원형이나 타원형에 가깝게 굴광되었으며(사진 1 · 2), 기단토는 생토층을 이루고 있다. 적심공 내부에는 모래가 충전되어 있으며[10] 그 한 가운데에 초석이 자리하고 있다. 초석은 모두 4곳에서 확인되나 적심공은 6곳에서 관찰되어 2개소의 초석이 멸실

---

10 여기서의 모래는 서문지에서 비교적 근거리에 위치한 금강에서 채취하였을 가능성이 매우 높다.

되었음을 알 수 있다. 아울러 주변에서도 축토(沙) 적심이 여러 곳에서 산견되어 건물지가 중복되었음을 볼 수 있다. 축토(사) 적심의 동쪽 약 2m 지점에 1조의 기단석렬이 북동 - 남서방향으로 뻗고 있는데 이는 축토(사) 적심 건물지보다 층위상 후행하는 것이다.

축토(사) 적심 건물지의 초석 형태는 부정형이며 治石이 아닌 할석재이다. 적심부의 직경은 대략 120cm 내외이며 초석의 크기는 60cm 정도이다.

| 표 1 | 공산성 서문지 후면 건물지 기단 및 적심 제원 (단위 : cm)

동서기단	남북기단	적심직경	적심간격	적심 평면
불명	불명	120	380~410	원형, 타원형 등

2. 부여 능산리사지 중문지 및 금당지[11]

부여 능산리사지는 위덕왕대인 567년경에 축조된 것으로 적심토는 중문지 및 금당지에서 확인되고 있다. 목탑지도 이들과 마찬가지로 적심토일 가능성이 매우 높으나 현재 잔존하고 있는 적심이 전혀 없어 추정만 할 뿐이다.

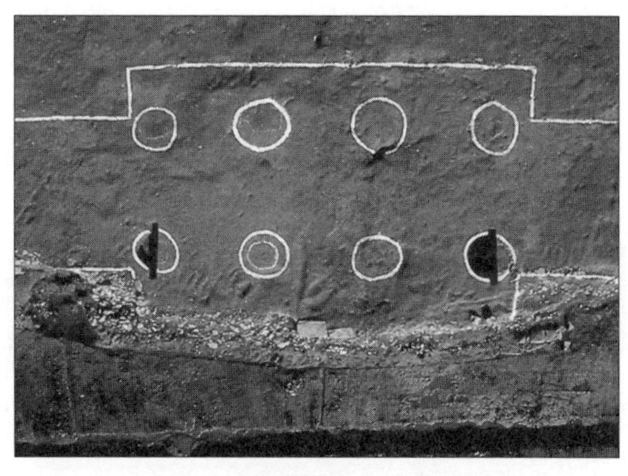

| 사진 3 | 부여 능산리사지 중문지 전경
(國立扶餘博物館 · 扶餘郡, 2000, 『陵寺』, 219쪽 도판 9-①)

---

11 國立扶餘博物館 · 扶餘郡, 2000, 『陵寺』

중문지는 초석이 모두 멸실된 채 적심부 만 검출되었다(사진 3). 축토적심은 전·후면에서 4개씩 모두 8개가 확인되었다. 중문지의 기단토는 풍화암반토와 적갈색 계통의 점질토를 10cm 두께로

| 사진 4 | 부여 능산리사지 중문지 성토다짐 적심토
(國立扶餘博物館·扶餘郡, 2000, 『陵寺』, 219쪽 도판 9-②)

반복해서 판축시킨 축기부 굴광 판축공법을 사용하였다. 적심공은 평면 원형으로 그 내부는 풍화암반토로 성토다짐되었으며(사진 4) 깊이는 東 1렬 전면부의 경우 46cm이다.[12]

| 표 2 | 중문지 적심 최대직경 (단위 : cm)

구분	西 1列	西 2列	東 2列	東 1列
전면	134	142	148	148
후면	126	150	148	124

| 표 3 | 중문지 기단 및 적심 제원 (단위 : cm)

동서기단	남북기단	적심간격	적심평면	비고
1190	752	329~378	원형	전면의 경우 적심 직경이 최대 26cm 차이

---

12 이 정도의 깊이에서 석재가 발견되지 않았다면 이는 축토적심이 확실하다. 하지만 일부 적심의 경우 적심공의 최 하단부에 흙을 축토하고 그 위에 돌을 반복해서 올려놓는 사례도 확인되고 있다. 그러나 이런 예에서도 축토범위가 대체로 20~30cm를 넘지 않고 있어 능산리사지 중문지의 축토적심과는 차이를 보인다.

금당지는 정면 5칸, 측면 3칸으로 초석은 모두 멸실된 채 적심토만 확인되었다(사진 5). 기단토는 대지조성토를 되파기한 후 암갈색 사질점토를 충전시킨 축기부 굴광 성토기법이 사용되었다(사진 6). 따라서 금당지의 기단토는 판축된 중문지와 달리 성토다짐되었음을 알 수 있다. 적심토는 평면 원형으로 최대 직경 115~160cm, 깊이는 약 30~70cm로 계측되었다. 적심공의

| 사진 5 | 부여 능산리사지 금당지 전경
(國立扶餘博物館 · 扶餘郡, 2000, 『陵寺』, 222쪽 도판 12-①)

| 사진 6 | 부여 능산리사지 금당지 판축 적심토
(國立扶餘博物館 · 扶餘郡, 2000, 『陵寺』, 222쪽 도판 12-②)

내부는 중문지와 달리 마사토와 점성이 강한 점토를 교차 반복시켜 판축하였다. 적심 간격은 정면의 경우 270~400cm이고 측면은 244~607cm이다.

이렇게 볼 때 부여 능산리사지와 같은 동일 유적에서도 축토 적심의 조성기법이 서로 상이함을 발견할 수 있다. 즉, 중문지의 경우 적심공의

| 표 4 | 금당지 기단 및 적심 제원 (단위 : cm)

동서기단		남북기단		적심 직경	적심간격	적심평면
하층	상층	하층	상층			
2162	1994	1616	1448	115~160	244~607	원형

내부를 성토기법으로 축토한 반면, 금당지는 판축공법으로 조성하였음을 알 수 있다. 참고로 판축공법이 성토기법에 비해 우수하고 정교하다는 판단은 현재 남아 있는 삼국시대 토성의 잔존 상태를 통해서도 유추해 볼 수 있다. 따라서 중문지 및 금당지에서 보이는 축토적심의 차이는 결과적으로 중문지에 비해 금당지의 상부 하중이 상대적으로 컸음을 의미하는 것이라 할 수 있다.

3. 부여 왕흥사지 목탑지[13]

목탑지 기단 내부에서 적심토로 보이는 것이 7개 조사되었다. 규모는 80×60cm, 깊이 40cm 내외이며 내부는 적갈색사질점토로 성토되었다(도면 1).

기둥 적심자리 혹은 작업공으로 추정되었으나 전자일 가능성이 높다. 적심토 상면에서 초석이 확인되지 않는 것으로 보아 많은 멸실이 이루어졌음을 판단해 볼 수 있다.

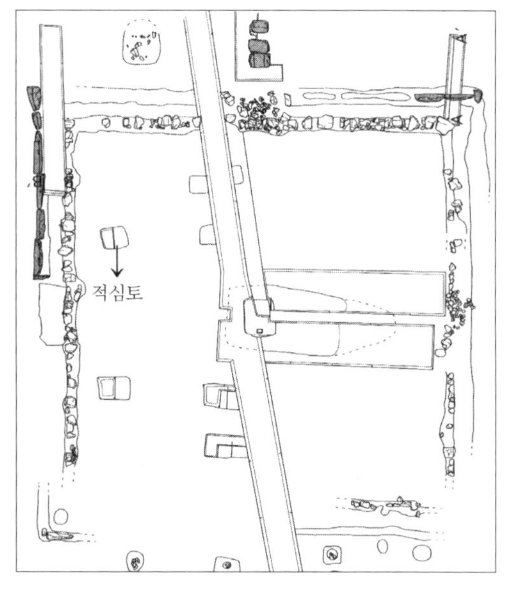

| 도면 1 | 왕흥사지 목탑지 적심토

(국립부여문화재연구소, 2009, 『王興寺址』 III, 49쪽 도면 9 중)

---

13 국립부여문화재연구소, 2009, 『王興寺址 III - 木塔址 金堂址 發掘調査 報告書』, 47쪽.

이러한 적심토는 회랑지에서도 찾아볼 수 있어 왕흥사지 적심시설의 주요 기능을 담당하였을 것으로 생각된다.

4. 부여 동남리 건물지[14]

정·측면 2칸 규모의 장방형 건물지로 8개의 초석이 남아있다(사진 7). 초석간 거리는 정·측면 330cm, 180cm이다. 건물지는 후면 능선을 'ㄴ'자형으로 절개하고 그 정지면에 조성하였다. 기단토는 크게 2개 층위로 축토되었으며, 적심공은 구지표면에서 굴착하여 아래 기반토층까지 단면 반원형으로 굴광하였다(사진 8). 적심공 내부는 생토 부스러기층으로 충전되었으나 상층은

| 사진 7 | 부여 동남리 건물지 전경 (충남역사문화원)

| 사진 8 | 부여 동남리 건물지 성토다짐 적심토 및 초석 (충남역사문화원)

14 충청남도역사문화연구원·부여군, 2008, 『사비로 - 백강로 연결도로부지내 扶餘 東南里遺蹟』.

| 표 5 | 건물지 기단 및 적심 제원 (단위 : cm)

동서기단	남북기단	적심직경	적심간격	적심평면	비고
불명	불명	50내외	180~330	원형	부분조사

밝은 마사토이고 아래층은 점성이 강한 적색 마사토이다. 적심공의 평면은 원형을 이루고 있다.

작업 과정은 우선 기반토를 굴광하여 적심공을 마련한 후 밝은 마사토를 한 겹 깔고 그 다음 초석을 놓았으며 마지막으로 적색 마사토로 축토하여 적심을 완성하였다. 따라서 초석의 상당 부분이 축토(성토다짐) 적심에 포함되어 있음을 알 수 있다. 이러한 사례는 부여 화지산 건물지에서도 살필 수 있다. 건물지에서 출토된 유물로는 기와(와당, 인각와 포함), 煙筒 등이 있다.

5. 부여 화지산 건물지 1[15]

건물지 1은 지대가 높은 산사면 동편의 명황색 풍화암반층을 'L' 자형으로 삭토하여 대지를 조성한 후 기단석 없이 건물을 축조하였다(사진 9). 건물지는 정면 4칸, 측면 1칸으로 동편에는 5개의 초석이 배치되어 있는 반

| 사진 9 | 부여 화지산 건물지 전경
(國立扶餘文化財硏究所, 2002, 『花枝山』, 455쪽 도판 18)

---

15 國立扶餘文化財硏究所, 2002, 『花枝山』.

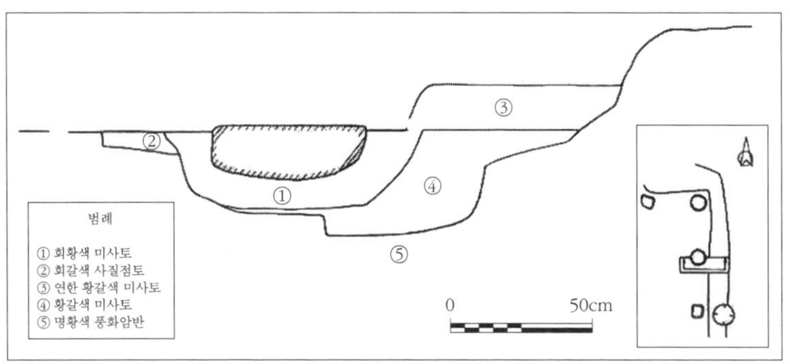

| 도면 2 | 부여 화지산 건물지 성토 다짐 적심토 단면도
(國立扶餘文化財硏究所, 2002, 『花枝山』, 43쪽 도면 15)

면, 서편에는 1개의 초석과 2개의 적심토가 남아 있다.

적심공의 작업 공정은 크게 두 단계로 구분된다. 먼저 폭 170cm, 깊이 10cm로 넓게 파내려간 후 다시 안쪽으로 폭 120cm로 좁혀 단이 지게 30cm를 더 파내려갔다(도면 2). 이러한 적심공의 축조기법은 백제뿐만 아니라 신라에서도 찾아보기 힘든 자료로 현재까지 비교할만한 유적이 없다. 적심공은 평면 원형이며 직경은 55cm이다.

적심공 내부의 토층을 보면 우선 황갈색 마사토로 성토 다짐한 후 이 층을 다시 폭 95cm, 깊이 30cm로 되파기하고 적황색 점토덩이가 포함된 회황색 마사토로 다지면서 초석을 시설하였다. 전체적으로 적심토가 판축보다는 성토다짐 되었음을 살필 수 있다. 초석은 바닥층인 회갈색 사질점토에서 1~2cm 정도 위로 돌출되게 하여 안정감을 갖게 하였다.[16] 초석은 적심토 내에 상당 부분 묻혀 있음을 볼 수 있으며 평면 형태는 말

---

16 이는 웅진기 이후 기단토와 초석과의 관계에서 살필 수 있는 것으로 초석의 안정성을 도모하기 위한 조처로 파악된다. 아울러 이러한 양자의 관계는 결과적으로 초석이 적심토 중에 시설되는 결과를 낳게 하였다.

동서기단	남북기단	적심직경	적심간격	적심평면	비고
불명	불명	55	190~260	원형	기단석 확인안됨

각(장)방형과 원형을 띠고 있다. 이로 보아 초석의 형태와 적심공의 평면 형태가 동일하지 않음을 살필 수 있다.

6. 부여 관북리 대형건물지[17]

정면 7칸, 측면 4칸의 대형 건물지이다(도면 3). 기단은 동·서·북쪽에서 살필 수 있고 남쪽기단은 멸실되어 살필 수 없다. 기단석 및 와적기단 안쪽으로 최대 60cm 가량의 성토 다짐층(기단토)이 확인되는 데 10cm 간격으로 층 다짐하고 반복 성토하였음을 볼 수 있다. 아울러 성토다짐층 내에서는 한 변이 2.4m 전후인 방형, 장방형 축토적심이 기단석으로부터 70cm 안쪽으로 36개가 확인되었다. 이 축토적심은 선축된 와적기단 건물지의 기단토까지

| 사진 10 | 부여 관북리 대형 건물지 성토다짐 방형 적심토 단면 (國立扶餘文化財硏究所, 2005.12, 「扶餘 官北里百濟遺蹟〈제11차〉發掘調査 1차 指導委員會議資料」, 13쪽 사진 11)

17　國立扶餘文化財硏究所, 2005.12, 「扶餘 官北里百濟遺蹟〈제11차〉發掘調査 1차 指導委員會議資料」.

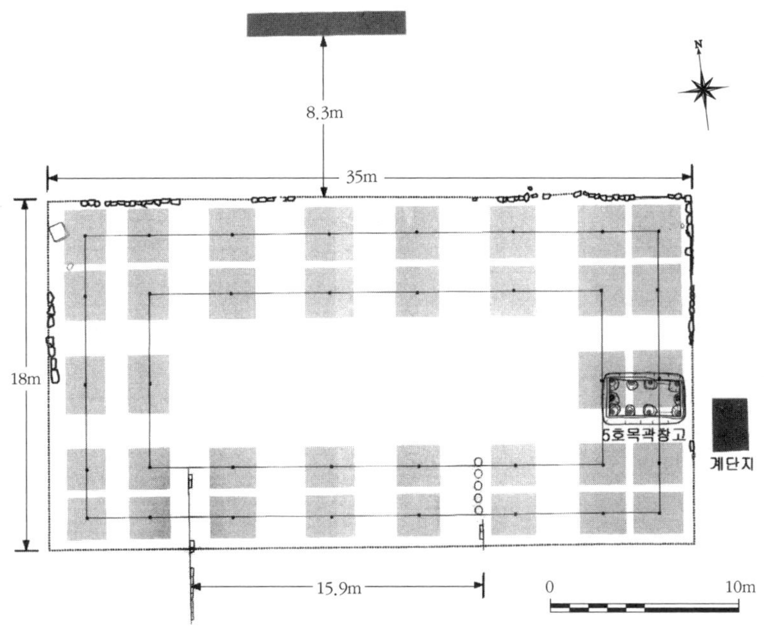

| 도면 3 | 부여 관북리 대형 건물지 평면도 (國立扶餘文化財硏究所, 2005.12,
「扶餘 官北里百濟遺蹟〈제11차〉發掘調査 1차 指導委員會議資料」, 도면 3)

파고 들어갔으며, 다른 적심의 단면과 달리 '◡' 형이 아닌 '⌴' 형을 이루고 있다(사진 10). 築土의 방법도 판축이 아닌 성토기법을 사용하였으며, 기와 등의 폐기물도 일부 혼입되어 있다.

| 표 7 | 건물지 기단 및 적심 제원 (단위 : cm)

동서기단	남북기단	적심직경	적심간격	적심평면	비고
3,500	1,800	240	'⌴' 형	(장)방형	혼축기단으로 축조

7. 익산 미륵사지 서금당지[18]

서금당지에는 초석(사진 11)과 礎盤石(사진 12)[19]이 위치하고 있고 초

| 사진 11 | 서금당지 초석
(필자사진)

| 사진 12 | 서금당지 초반석
(필자사진)

반석 아래로 적심토가 마련되어 있다. 이는 중금당지에서처럼 초석 아래에 방형의 초반석이 위치하고 초반석 아래로 원형의 대형 적심석이 자리한 것과는 큰 차이를 보인다.[20] 이러한 차이는 결과적으로 서금당지의 조영 주체(造寺工)가 당시 부여지역에서 유행하였던 적심토의 축조기술을 적극적으로 받아들였던 것과 연관성이 있을 것으로 사료된다.

보고서를 검토하여 보면 서금당지의 초반석 주변으로 적심공을

---

18 文化財管理局 文化財研究所, 1989, 『彌勒寺』.

19 초반석이란 초석을 받치는 일종의 반석으로 적심토(혹은 적심석)와 초석 사이에 위치하고 있다. 백제 와건물지 중 미륵사지에서 만 이러한 초반석이 확인되고 있다.

20 초반석 아래의 적심석과 적심토의 차이는 서금당지와 중금당지의 조영 주체인 造寺工이 서로 달랐음을 의미한다. 왜냐하면 적심토와 적심석은 그 축조기법이 서로 상이하기 때문에 동일한 축조기술로 파악할 수 없기 때문이다.

| 표 8 | 건물지 기단 및 적심 제원 (단위 : cm)

동서기단	남북기단	적심직경	적심간격	적심평면	비고
52척	42척	불명	330~440	불명	적심의 평면형태가 확인되지 않음

굴광하기 위한 흔적이 전혀 확인되지 않고 있다. 그러나 초반석 아래의 기단토를 절개한 피트에 의하면 단면상에서 초반석을 시설하기 위한 굴광흔이 확연히 살펴지고 있다. 적심공 내부에는 밝은 마사토가 성토되어 적갈색 및 암갈색인 기단토와 차이를 보이고 있다. 그러나 평면상에서 적심공의 굴광흔을 확인하지 못해 정확한 평면 형태는 알 수 없다.

8. 익산 왕궁리 건물지[21]

건물지 1·2·4·5·6 등에서 적심토를 확인할 수 있다. 이중 건물지 1·2의 경우는 보고서상에 명확한 언급이 없으나 도면으로 보아 적심토로 조성되었음을 알 수 있다. 즉 건물지의 초석이 멸실된 부분을 보면 적심공으로 남아 있거나 아무런 형적이 없음을 살필 수 있다. 이는 초석 아래에 할석이나 천석으로 축석된 적심시설이 구비되지 않았음을 의미하는 것으로 적심토가 대신하였음을 판단케 한다.

본고에서는 유구의 잔존상태가 양호한 건물지 4·5를 중심으로 살펴보도록 하겠다. 건물지 4는 정면 6칸, 측면 3칸의 규모로 기단토 내부에는 현재 7매의 초석이 잔존하고 있다. 기단석이 모두 유실되어 정확한 건물의 규모는 계측할 수 없다. 적심공의 평면 형태는 원형 및 (장)방형계가 주류를 이루고 있으며 일부 부정형도 포함되어 있다(도면 4). 초석

---

21 國立扶餘文化財硏究所, 1997, 『王宮里』.

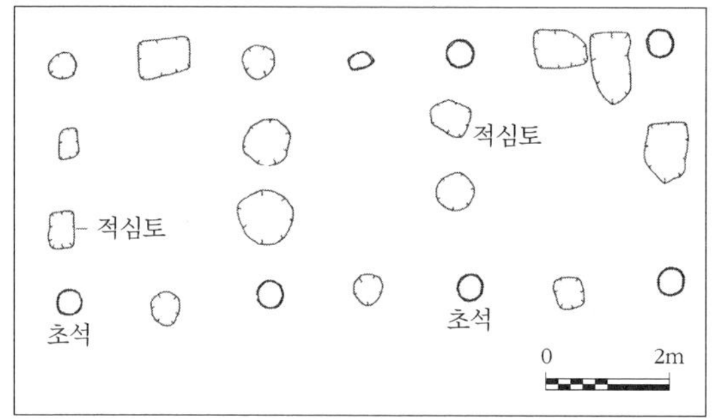

| 도면 4 | 익산 왕궁리 적심토 건물지 4

(國立扶餘文化財研究所, 1997, 『王宮里』, 341쪽 도면 5 중)

은 직경 40cm 정도로 평면 원형을 이루고 있다. 기단토 내부는 미색계나 황색마사토층으로 다져졌고 적심공 내에는 점성이 강한 점토로 축토되었음을 볼 수 있다. 기단토 내에서의 출토 유물은 없으나 기단토 외측의 점토층에서 백제계 평기와 및 백제계 토기편 등이 산견되어 이의 조성시기를 유추할 수 있다.

건물지 5[22]는 건물지 4에서 정남쪽으로 약 8m 정도 떨어져 있다. 여기에서는 건물지 4와 달리 초석이 모두 유실된 채 적심토 만 확인되었다. 건물지의 규모는 정면 8칸 측면 3칸이며, 남아 있는 기단토로 보아 기단의 규모는 정면 11.85m, 측면 6.7m이다. 적심공의 평면 형태는 원형과 방형, 그리고 부정형을 이루고 있다. 원형 적심공의 직경은 25~30cm이며, 방형 적심공은 60×60cm 혹은 60~70cm 정도로 원형보다 규모가 크다. 반면 부정형의 적심공은 30~45cm부터 65cm까지 정형성이

---

22 이 건물지에 대해 보고서(國立扶餘文化財研究所, 1997, 『王宮里』)에서는 적심토만 남아 있고 초석은 한 기도 없어 특이한 구조의 건물로 이해하고 있으나 전혀 새로울 것이 없다. 왜냐하면 기단석은 일반적으로 초석보다 낮은 레벨에 시설되는 것이 원칙이다. 따라서 기단석이 모두 멸실되었음을 전제한다면 초석의 멸실은 당연하다고 볼 수 있다. 따라서 건물지 5는 기단석과 초석이 멸실된 정도로 후대에 많은 삭탈이 이루어졌음을 판단할 수 있다. 이런 점에서 현 왕궁리 5층석탑을 중심으로 한 사원의 조성과 관련하여 선행유구인 적심토 건물지가 정지되었을 가능성이 높겠다.

| 표 9 | 건물지 4 기단 및 적심 제원 (단위 : cm)

동서기단	남북기단	적심직경	적심간격	적심평면	비고
1,200	630	40~100	115~205	원형 및 방형, 부정형	기단석 확인 안됨

없음을 볼 수 있다. 건물지 4와 마찬가지로 기단토는 미색계나 황색마사 토층으로 이루어졌고 적심공 내부의 적심토는 점성이 강한 점토로 충전 되었다. 건물지 5에서 출토된 유물은 건물지 4와 동일하여 동시기의 유 구로 파악된다.

Ⅲ. 백제 건물지 적심토의 편년

여기에서는 앞에서 살핀 백제 적심토 건물지의 조성 시기를 살펴보고 자 한다. 지금까지 백제 적심토 건물지가 공주, 부여, 익산 등지에서 검 출되고는 있으나 그 수효가 적심석 건물지에 비해 많지 않아 형식 분류 나 세분화된 변천은 살피기가 어렵다. 따라서 본고에서는 각 건물지에 서 출토된 토기나 와당을 중심으로 하여 건물지의 대략적인 편년을 검 토해 보고 이에 따라 적심토의 조성 시기도 유추해 보고자 한다.

1. 공산성 서문지 후면 건물지

기단토 및 건물지 주변에서 검출된 유물이 없어 정확한 시기파악은 어렵다. 그러나 이 유적지의 북단부에 남아 있는 동일 층위의 석축유구 에서 개배(도면 5) 및 재연마된 회백색류의 무문 및 선조문 기와(도면 6) 등이 공산성 추정 왕궁지에서 출토된 것과 기형, 문양, 태토 등에서 흡사

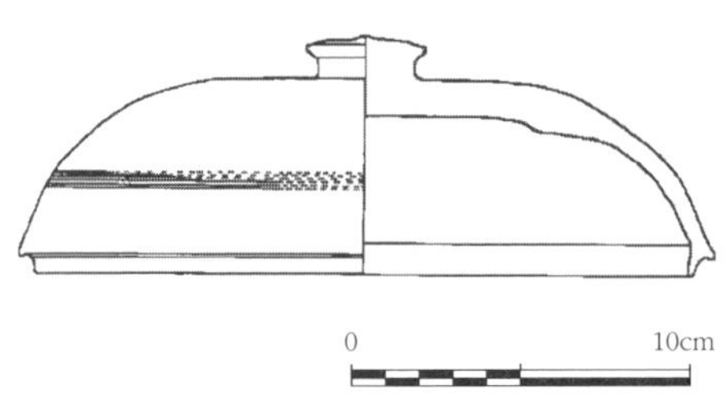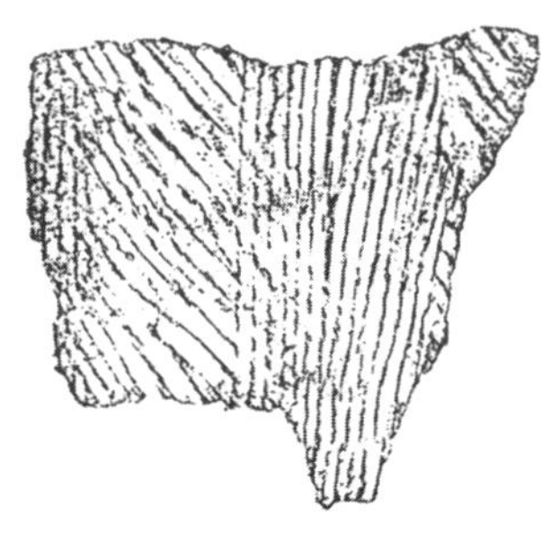

| 도면 5 | 석축유구 출토 백제시대 개배
(公州大學校博物館 · 忠淸南道, 1992,
『公山城建物址』, 227쪽 그림 90 하)

| 도면 6 | 석축유구 출토 선조문 기와편
(公州大學校博物館 · 忠淸南道, 1992,
『公山城建物址』, 225쪽 그림 89 좌상)

하여 해당 건물지를 웅진기의 것으로 추정케 한다. 아울러 이 같은 시기 편년은 적심토의 재료인 모래에서도 유추해 볼 수 있다. 즉, 시비도읍기의 여러 유적에서 적심토로 모래가 사용된 예는 그 어느 유적에서도 살필 수 없다. 이는 역으로 모래가 점토나 마사토로 이루어진 적심토에 비해 좀 더 古式의 재료였음을 판단케 하는 것이다.

2. 부여 동남리 건물지

동남리 건물지에서는 사비시기의 와당(사진 13), 기와(사진 14), 토기 등이 검출되었는데 여기에서는 와당(수막새)을 중심으로 건물지의 편년을 검토해 보도록 하겠다.

와당은 잔존상태가 불량하며 현재 3엽만 남아 있다. 연판은 볼륨감

| 사진 13 | 동남리 건물지 출토 와당 (충남역사문화원)

| 사진 14 | 동남리 건물지 출토 기와

(충남역사문화원)

| 사진 15 | 금성산 건물지 출토 와당

(百濟文化開發硏究院, 1983, 『百濟瓦塼圖錄』)

이 없어 평면적이며, 판단 중심부에는 이등변 삼각형 모양의 삼각돌기가 장식되어 있다. 연판과 연판 사이에는 'T' 자형의 간판이 자방에 까지 길게 드리워져 있고 연판과 주연은 일정한 간격으로 떨어져 있다. 이 와당에서 살필 수 있는 편년적 요소는 바로 연판에서의 일자형 장식이다. 이는 본래 자방과 잇대어져 있는 것으로 7세기 이후에 등장하는 장식화된 삼각돌기식 와당이다. 참고로 6세기 4/4분기의 삼각돌기식 와당

| 사진 16 | 용정리사지 출토 와당

(百濟文化開發硏究院, 1983, 『百濟瓦塼圖錄』)

| 사진 17 | 부소산 출토 와당

(百濟文化開發硏究院, 1983, 『百濟瓦塼圖錄』)

은 연판이 길고 자방이 상대적으로 작으며 연판에서의 장식은 전혀 관찰되지 않는다(사진 15).

그 동안 이러한 형식의 연판은 부여 동남리유적을 비롯해 용정리사지(사진 16), 부소산(사진 17), 부소산사지, 익산 미륵사지 등 주로 부여 및 익산지역에서 검출된 바 있다.

3. 부여 관북리 대형 건물지

건물지의 편년은 혼축기단 바깥의 성토층[23] 내부에서 검출된 2종의 와당을 통해 검토할 수 있다.

첫 번째 형식은 7엽 복판 연화문 와당[24]으로 연판 내부 중앙에서 일자형의 장식을 살필 수 있는 것이다. 자방은 연판에 비해 상대적으로 크며, 판단 중앙에는 삼각돌기가 양각되어 있다. 자방 내부의 연자는 1+8과의 배치를 보이고 있으며, 자방 외곽에서는 3열의 연주문대가 시문되어 있다.

이러한 동형의 와당은 부여 부소산사지(사진 19) 및 부소산

| 사진 18 | 관북리 건물지 출토 와당
(忠南大學校博物館 · 忠淸南道, 1999,
『扶餘官北里百濟遺蹟發掘報告〈II〉)

---

23 정확히 표현하면 백제시대 당시의 생활면인 구지표면 아래 층위를 의미한다. 이 층위는 기단 바깥면으로 일정 높이까지 성토한 퇴적토이다.

24 이 와당은 1988년 동일 지역인 관북리(사진 18)에서 출토된 것과 동범와로 파악된다.

| 사진 19 | 부소산사지 출토 와당

(百濟文化開發硏究院, 1983, 『百濟瓦塼圖錄』)

| 사진 20 | 부소산성 출토 와당

(百濟文化開發硏究院, 1983, 『百濟瓦塼圖錄』)

| 사진 21 | 동남리유적 출토 와당

(百濟文化開發硏究院, 1983, 『百濟瓦塼圖錄』)

| 사진 22 | 부소산사지 출토 와당

(百濟文化開發硏究院, 1983, 『百濟瓦塼圖錄』)

성(사진 20), 동남리유적(사진 21) 등에서 검출된 바 있으며 제작 시기는
7세기 이후이다.

두 번째 형식은 단판 8엽의 삼각돌기식으로 자방 내부에서 3열의 연
자 배치를 관찰할 수 있다. 판단 중앙의 삼각돌기는 6세기 중반의 짧고
정삼각형에 가까운 정암리와요지 출토품에 비해 세장하면서 이등변
삼각형에 가깝다. 연판은 볼륨감이 떨어져 평판에 가깝다. 공주 공산

성을 비롯해 부여 부소산사지(사진 22), 부소산성, 동남리유적, 익산
제석사지 등에서 검출된 바 있다. 첫 번째 형식과 더불어 7세기 이후의
와당이다.

　이러한 두 종류의 와당으로 보아 관북리 대형 건물지는 7세기 이후의
건물유적임을 알 수 있겠고, 아울러 이전에 존재하였던 기와 건물지를
정지하고 그 위에 조영하였음도 살필 수 있다.

4. 부여 화지산 건물지 1

　유구 상면 얕은 표토에서 회청색 경질 기대 동체편 한 점이 출토되었
으나 출토지가 불확실하여 건물지 1의 출토 유물로는 판단하기 어렵다.
따라서 여기에서는 화지산 건물지 1의 적심토 축조기법을 중심으로 그
편년을 유추해 보고자 한다.

　적심토는 앞에서도 살펴본 바와 같이 2단으로 축조된 적심공 내부에
회황색 및 황갈색 마사토를 성토 다짐하여 완성하였다. 그런데 단면 2단
의 적심공은 그 동안 백제지역뿐만 아니라 신라 및 고구려지역에서도
보고된 바 없는 희귀 자료에 해당된다. 특히 최근까지 백제 사회에서 발
굴조사된 적심석 건물지에서도 이러한 2단의 적심공이 전혀 확인되지
않았다는 점에서 7세기 이후 적심토 건물지가 다양하게 축조되는 과정
에서 생겨난 이형으로 판단된다.

5. 익산 왕궁리 건물지 4 · 5

　이 건물지에서는 두 종류의 와당이 검출되었으나 형식적으로 보면 삼
각돌기식에 포함시킬 수 있다. 먼저 건물지 4 · 5에서 공통적으로 살펴

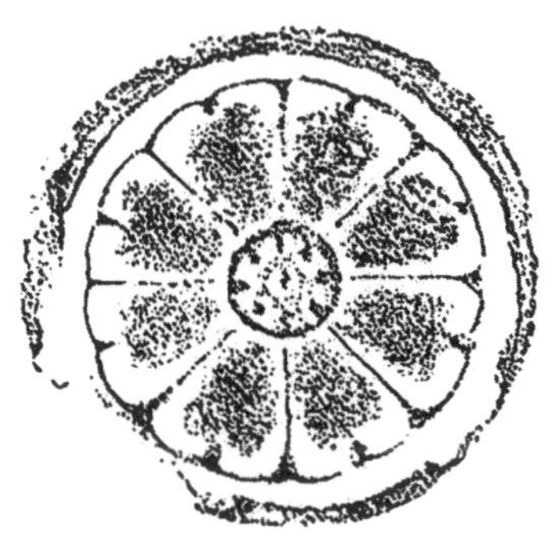

| 도면 7 | 익산 왕궁리 건물지 4 · 5 출토 삼각돌기식 와당 (國立扶餘文化財研究所, 1997, 『王宮里』, 120쪽 삽도 22-④)

| 사진 23 | 쌍북리유적 출토 와당
(百濟文化開發研究院, 1983, 『百濟瓦塼圖錄』)

| 도면 8 | 익산 왕궁리 건물지 5 출토 와당
(國立扶餘文化財研究所, 1997, 『王宮里』, 121쪽 삽도 23-④)

지는 단판 8엽 연화문 와당(도면 7)은 6세기 4/4분기 삼각돌기식 와당의 전형을 보여주고 있다. 이는 연판과 자방, 연자 배치 등에서 파악해 볼 수 있다. 이러한 와례는 부여지역의 쌍북리유적(사진 23), 금성산 건물지, 부소산 등에서도 출토된 바 있다.

아울러 건물지 5에서 검출된 와당(도면 8)은 7세기 이후의 것으로 연판, 자방, 연자 배치 등에서 특징을 보여주고 있다. 연판은 판단 중앙의 삼각돌기가 약화되긴 하였으나 전술한 부여 동남리 건물지와 같은 형식으로 이해할 수 있다. 그리고 1+5과의 연자 배치는 부여지역 구교리사지 출토 와당[25]으로 보아 6세기

3/4 이후에는 등장하였을 것으로 판단되나 왕궁리 건물지 5 출토 와당의 경우는 연판의 장식화로 말미암아 7세기 이후로 파악된다. 이와 유사한 와당은 인근의 제석사지(사진 24)에서도 출토된 바 있다.

이상에서와 같이 건물지에서 출토된 와당이나 기와, 토기 등을 중심으로 하여 적심토 건물지의 편년을 유추해 보았다. 그 결과 공산성 내 서문지 후면 건물지를 제외한 대부분의 적심토 건물지가 사비천도 이후에 조영되었음을 추정할 수 있다. 아울러 그 시기 분포에서 있어서도 6세기 4/4분기 이후에 밀집되어 있음을 볼 수 있다. 이는 초석 아래의 적심시설이 6세기 4/4분기 이후가 되면 이전 시기에 비해 적심토의 사용 비율이 점차 높아지고 있음을 보여주는 건축고고학적 자료로 판단할 수 있다.

한편, 부여 능산리사지나 왕흥사지, 그리고 익산 미륵사지의 경우는 출토 유물('昌王' 명 사리감, '王興' 및 '彌勒寺' 명 기와)이나 문헌에서 그 조영시기[26]가 분명하게 기술되어 있어 본고에서의 편년 검토는 생

---

25 현재 국립부여박물관에 소장되어 있다. 연판과 자방 외곽의 원권대는 6세기 2/4분기 후반에 해당되는 정암리요지 출토품과 유사하나 연자 배치에서 만 차이가 있다 (百濟文化開發硏究院, 1983, 『百濟瓦塼圖錄』, 도판 211).

26 적심토가 확인된 부여 능산리사지 중문지·금당지, 왕흥사지 목탑지, 익산 미륵사지 서금당지 등은 건물의 성격과 가람배치로 보아 창건기의 유구로 파악된다. 따라서 문헌이나 출토유물에서 언급된 사찰의 창건연대와 큰 시기차가 없으리라 생각된다.

구분	6세기 전반	6세기 3/4	6세기 4/4~7세기 1/4	7세기 이후
공산성 건물지	●			
능산리사지 금당지 중문지		●		
왕흥사지 목탑지			●	
왕궁리 건물지			●	
동남리 건물지				●
화지산 건물지				●
관북리 건물지				●
미륵사지				●

략하였다.

전술한 건물지의 적심토 편년을 살피면 〈표 10〉과 같다.

Ⅳ. 백제 건물지 적심토의 축조기법 변천

여기에서는 발굴조사 과정에서 확인된 적심토를 중심으로 그 축조기법을 살펴보고자 한다. 따라서 보고서가 미간되었거나 발굴조사 과정에서 도면화 되지 못한 적심토에 대해서는 검토대상에서 제외시켰다. 앞장에서 살핀 개별 건물지의 편년을 근거로 하여 백제 적심토의 축조기법과 그 특징을 개략적으로 살펴보도록 하겠다.

웅진도읍기의 적심토 건물지는 공산성 서문지 후면에서 검출되었다. 재료는 모래이며, 적심공은 평면 원형과 장방형이 주류를 이룬다. 그런데 지금까지 공주지역에서 발굴된 웅진도읍기의 건물지를 보면 몇 예에 불과하긴 하지만 적심석을 갖추고 있음이 확인된다.[27] 이는 공산성 추정 왕궁지 및 임류각지 등에서 살필 수 있다.

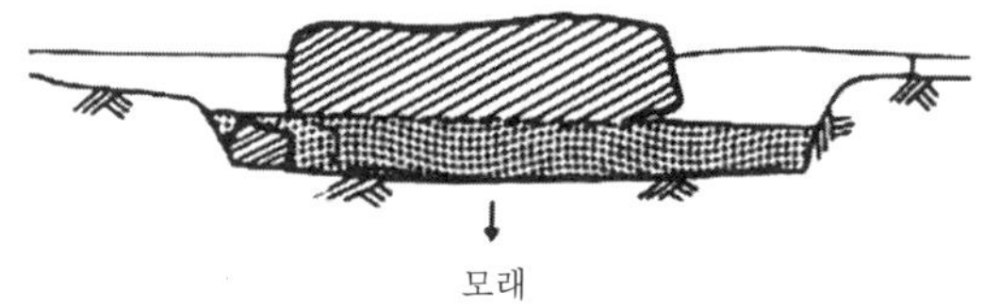

| 도면 9 | 공산성 28칸 건물지 초석 및 모래 적심
(公州大學校博物館 · 忠淸南道, 1992, 『公山城建物址』,
129쪽 그림 47 중)

| 사진 25 | 공산성내 통일신라 28칸 건물지 전경
(公州大學校博物館, 2005, 『發掘遺蹟과 遺物』, 267쪽 사진 15)

이러한 조사 내용을 검토해 보면 적심토를 사용한 건물지는 웅진도읍기의 경우 일반적인 사례가 아니었음을 알 수 있다. 그리고 적심공에 충전된 내용물에 있어서도 부여지역에서 일반적으로 사용된 점토가 아닌 모래라는 점에서 특히 주목되고 있다. 이처럼 모래를 사용한 적심토(도면 9)는 지금까지 백제의 유적에서는 거의 확인된 바 없고 다만, 공산성 내의 28칸 건물지(사진 25)에서 조사된 바 있다. 그런데 이 유구의 경우 그 조성시기가 통일신라기[28]로 편년되고 있어 백제에서 통일신라기로 적심의 축조 기술이 전파되었음을 판단케 한다. 이는 공산성이라는 제한된 공간,

---

27 반면 정지산 추정 빈전지의 경우는 초석이나 적심을 사용하지 않고 기둥을 직접 생토면(기반암층) 柱孔에 박아 건물을 지탱하였다(국립공주박물관, 1999, 『艇止山』).

28 이는 출토된 토기(도면 10)로 알 수 있다.

그리고 백제의 장인들이 왕조의 변화와 관계없이 이후 시대에 계속적으로 활동하였다는 점에서 충분히 유추해 볼 수 있다.[29] 아울러 사비도읍기의 부여, 익산지역 유적에서 모래가 사용된 적심사가 그 동안 거의 검출되지 않은 사례로 보아 모래 적심은 웅진도읍기 건축기술의

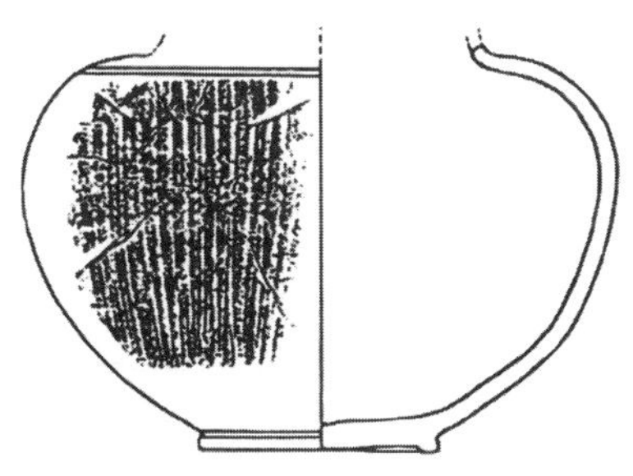

| 도면 10 | 공산성 28칸 건물지 출토 통일신라 토기편 (公州大學校博物館 · 忠淸南道, 1992, 『公山城建物址』, 141쪽 그림 53-②)

한 특징으로 보아도 큰 무리는 없을 것이라 생각된다.

　아울러 적심토 건물지의 성격이나 출토위치에 있어서도 공산성이라는 성곽 내에서 확인되었다는 특징이 있다. 이는 비교 자료가 없어 단언할 수는 없지만 여느 건물지의 건축기법과 달랐던 것처럼 그 사용처에 있어서도 매우 한정되었음을 알게 하는 자료라 할 수 있다.

　사비도읍기에 이르면 적심토의 축조기법은 더욱 더 다양하게 변화하고 있다. 즉, 부여 능산리사지의 경우를 보면 중문지는 성토다짐되고, 금당지는 판축공법[30]으로 조성되었음을 살필 수 있다.[31] 지금까지 부여지역에서 발굴된 다양한 성격의 기와 건물지 중 적심토에 판축공법이 사용된 예는 능산리사지 금당지가 최초의 사례라 할 수 있다. 아울러 동

---

29 이러한 판단은 백제 멸망 후 청주지역이나 경주지역에서 확인된 와적기단을 통해서도 알 수 있다(趙源昌, 2005,「百濟 基壇 築造術의 對 新羅 傳播」『建築歷史研究』42, 韓國建築歷史學會 ; 趙源昌, 2006,「新羅 瓦積基壇의 型式과 編年」『新羅文化』28, 東國大學校 新羅文化研究所).

30 건물지의 기단토 축기부에 판축공법이 사용된 예는 웅진도읍기(5세기 말~6세기 초)에 창건된 부여 용정리사지 목탑지에서 살필 수 있다.

31 적심토의 축조기법은 서로 달라도 적심토의 충전물은 기와나 소형의 할석이 포함되지 않은 순수 흙으로 만 이루어져 있다.

일 유적에서 서로 다른 적심토의 축조기법이 찾아지는 것으로 보아 조사공의 축조기술 분화를 엿볼 수 있다. 특히 적심토에 소량이나마 석재나 기와가 포함되지 않는 사례는 웅진도읍기 뿐만 아니라 사비도읍기 유적에서도 일반적으로 살필 수 있는 공통점이라 할 수 있다.

반면, 7세기 이후가 되면 관북리 대형 건물지에서와 같이 적심토에 기와 등이 혼입된 예를 찾아볼 수 있다. 이 건물지는 판축토인 와적기단 건물지보다 후대에 조영된 것으로 대형 적심토 내에 기와 등을 혼입시켜 성토다짐하였다. 적심토 내에서 많은 와편이 확인되는 것으로 보아 의도적으로 포함시켰음을 알 수 있다. 이는 비슷한 시기에 조영된 것으로 추정되는 동남리 건물지나 화지산 건물지 등에서 석재나 와편이 전혀 확인되지 않는 경우로도 비교해 볼 수 있다. 따라서 관북리 대형 건물지의 瓦片은 적심토의 크기 확대에 따른 불가피한 조처로 파악된다. 관북리 건물지는 적심토의 한 변이 2.4m일 정도로 엄청난 크기를 자랑한다. 이는 1차 170cm, 2차 120cm로 비교적 적심공이 크게 조성된 화지산 건물지와 비교해 보아도 쉽게 알 수 있다.[32] 관북리 건물지는 기단토와 적심토 모두 성토다짐되었다. 이는 상대적으로 판축공법으로 조성된 기단토나 적심토 보다는 내구력 측면에서 취약함을 알 수 있다. 아울러 건물 규모 또한 정면 35m×측면 18m의 크기여서 건물의 하중 역시 매우 극심하였으리라 생각된다. 이러한 건물의 하부구조를 보강하기 위해 적심토 내에 의도적으로 소형의 와편을 혼합시켰던 것이 아닌가 생각된다.

한편, 7세기 이후가 되면 적심공의 굴토에 있어서도 약간의 차이를 보여주고 있다. 이는 토층 단면상에서 확연히 살펴지는 것으로 부여 관북

---

32 참고로 능산리사지 금당지의 경우는 최대 적심경의 직경이 160cm이다.

리 건물지 및 화지산 건물지 등에서 찾아볼 수 있다. 즉, 관북리 건물지의 경우 굴토된 단면이 거의 직각을 이루며 적심공의 벽과 바닥을 형성하고 있다. 이는 일반적으로 적심공의 벽과 바닥이 곡선으로 라운딩되는 것과는 큰 차이를 보이는 것이다. 미륵사지의 경우도 적심공의 바닥과 벽이 거의 각을 이루며 만나고 있으나 벽면이 직각이 아닌 완전 둔각이라는 점에서 관북리의 것과 차이가 있다. 아울러 적심공을 이루는 단면상의 段에 있어서도 화지산 건물지는 기존의 것과 차별성을 보이고 있다. 즉, 다른 건물지의 적심공 단면은 모두 1단인 반면, 화지산의 것은 2단으로 축조되어 있다. 이는 초석의 안정성을 도모하기 조처로 그 만큼 적심토의 내구력을 강화시켜 주는 것으로 이해할 수 있다.

기타, 적심토에 올려지는 초석의 위치에 있어서도 조성상의 차이를 보여주고 있다. 즉, 웅진도읍기 및 사비도읍기에 해당되는 공산성 건물지, 동남리 건물지, 화지산 건물지, 미륵사지 서금당지 등은 모두 초석이 적심토 내에 위치하고 있다.[33] 반면, 익산 왕궁리 건물지 4의 경우는 일부 적심토가 초석보다 작은 크기로 조성되었다.[34] 이는 초석이 적심토 내부가 아닌 상부에 올려진 경우로 일부 원형 적심공에서 살펴지고 있다. 이 같은 사례가 거의 없어 현재의 입장에서 단언하기는 어려우나, 7세기 이후 새로운 적심토와 초석간의 조성 관계라는 점에서 자료적 가치가 높다고 할 수 있다.

---

33 이는 초석의 중하단부가 적심토 내에 묻히고 나머지 상단부만 기단토상에 드러나는 것을 의미한다. 삼국시대 이후 조선시대에 이르기까지 대부분의 초석이 이러한 형태를 취하고 있다.

34 보고서상의 도면이나 도판을 통해 살필 수 있다. 즉, 원형 초석이 존재하는 적심토의 경우 그 평면이 초석에 가려 확인되지 않는 반면, 초석이 멸실된 적심토에서는 그 평면이 확연히 살펴지고 있다. 이는 단적으로 적심토의 크기가 초석보다 상대적으로 작았음을 의미하는 것이라 할 수 있다.

그리고 적심공의 평면 형태에 있어서도 7세기 이후가 되면 원형, 방형 등 점차 하나의 평면 형태로 통합되는 경우를 보이고 있다. 이는 6세기대의 원형, 방형, 부정형 등이 한 유구에 나타나는 것과는 분명한 차이를 보여준다.

이상의 내용을 중심으로 백제 적심토의 축조기법을 살피면 아래의 〈표 11〉과 같다.

| 표 11 | 백제 적심토의 시기별 축조기법

구분		웅진기	6세기3/4		6세기4/4~7세기1/4		7세기 이후				비고
		공산성	능산리사지		왕흥사지	왕궁리	동남리	화지산	관북리	미륵사지	
			중문지	금당지	목탑지	건물지	건물지	건물지	건물지	서금당지	
적심 평면 형태	원형	●	●	●		●	●	●			
적심 평면 형태	(장)방형	●			●	●			●	?	
적심 평면 형태	부정형										
적심 단면 형태	⌣형	●	●	●			●				화지산 건물지는 단면이 2단으로 축조
적심 단면 형태	凵형				●				●	●	
적심 단면 형태	기타					●		●			
축토 방법	성토다짐		●		●		●	●	●	●	
축토 방법	판축			●							
적심 토질	모래	●									
적심 토질	마사토				●						
적심 토질	점토										
적심 토질	마사토+점토			●	●	●	●	●	●	●	
적심공 축조방법	1차굴광	●	●	●	●		●		●	●	
적심공 축조방법	2차굴광							●			
초석 위치	축토上		?	?	?	●			?		
초석 위치	축토中	●					●	●		●	

Ⅴ. 결 론

지금까지 백제의 와건물지 중 초석 아래에 시설된 적심토에 대해 살펴보았다. 이는 적심공이라는 기단토 내부의 구덩이에 성토다짐 혹은 판축된 흙을 축토하여 조성하였다. 웅진도읍기 및 사비도읍기의 여러 기와 건물지에 적심석과 더불어 초석의 보강시설로 사용된 백제의 대표적인 건축 유구이다. 특히 고구려 및 신라지역에서 이러한 적심토의 와건물지가 거의 확인되지 않았다는 점에서 백제 기술의 독자성을 보여주고 있다.

적심토는 부여 능산리사지의 중문지와 금당지에서처럼 동일 유적이라도 서로 다른 축토기법을 보여주고 있어 조사공의 분화와 기술의 다양성을 확인케 한다. 아울러 부여 및 익산지역의 적심토 축조기법이 거의 동일하게 나타나는 것으로 보아 부여에서 익산지역으로의 장인 파견 및 건축기술의 전파를 보여 주기도 한다. 특히 최근 부여의 관북리 추정 왕궁지 및 익산의 왕궁성 내부 대형건물지 출토 적심토는 평면 방형 및 장방형으로서 그 동안 백제에서 검출된 적심토 중 최대 규모를 자랑하고 있다. 이는 7세기 들어 백제의 적심토가 이전 시기와 달리 규모가 대형화되고 평면 형태 또한 정형화되었음을 보여주는 것이다. 그러나 6세기 중엽 능산리사지 금당지 등에서 살펴진 것과 같은 판축공법의 축토는 7세기대에 더 이상 확인되지 않고 있어 기술상의 차이를 보이고 있다. 아울러 부여 화지산에서 검출된 2단 광의 적심토 또한 1단광이 주류를 이룬 6~7세기대의 축조기법과 뚜렷한 차이를 보이고 있어 이형의 적심시설임을 나타내고 있다.

백제의 적심토가 그 동안 여러 유적에서 검출되긴 하였지만 이의 연구는 거의 전무한 상태에 머물러 있다. 이는 이 유구에 대한 용어의 생소함에서도 그대로 나타나고 있다. 특히 적심토의 축토와 관련하여 그 어디에서도 '달고질' 흔적에 대한 언급을 찾아보기 어렵다. 필자 또한 앞으로 자세히 관찰해야 할 대상이라 생각하며 향후 더 많은 백제 적심토의 자료 증가를 기대해 보고자 한다.[35]

35 이 글은 조원창, 2007, 「웅진천도후 백제 와건물 적심토의 편년과 축조기법 변천에 관한 연구」 『건축역사연구』 52호에 게재된 논문을 정리하여 옮겨 놓은 것이다.

03

백제 목탑지 편년과
축기부 축조기법에 관한 연구

Ⅰ. 서론

그 동안 발굴조사를 통해 검출된 백제의 건축유구(특히 사지)를 살펴볼 때 한 가지 특징적인 축조기법을 확인할 수 있다. 그것은 건물의 기단을 조성하기 앞서 대지조성토를 되파기(굴광)하여 軸基部를 조성한다는 점이다. 고고학적인 층위관계로 보면 축기부는 기단부 아래에 위치하고 있고 이보다 선축되었음을 알 수 있다. 축기부 굴광 사례는 1960년대 부여 금강사지에서 처음으로 조사된 이래 최근 왕흥사지 및 풍납토성 경당지구 206호(사진 1)[01] 유구에 이르기까지 백제 한성기부터 사비기에 걸쳐 계속적으로 나타나고 있다.

---

01 축기부의 규모는 남북 11m, 동서 10.5m에 깊이가 3m 이상이다. 축기부는 점토와 사질토로 교차 축토되었다. 아울러 유구의 중심부에서는 할석과 역석이 층위를 이루며 퇴적되어 있었고 토기파편이 다량 수습되었다(서울역사박물관·한신대학교 박물관, 2008, 「서울 풍납토성 경당지구 2차 발굴조사 현장설명회 자료집」). 이는 우물로 확인되었고 바닥에서는 많은 양의 백제토기가 수습되었다.

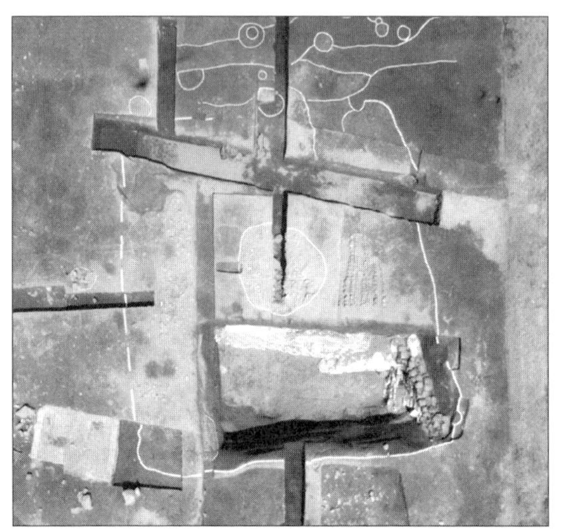

| 사진 1 | 풍납토성내 경당지구 206호 유구
(서울역사박물관 · 한신대학교박물관, 2008.5,
「서울 풍납토성 경당지구 2차 발굴조사 현장설명회 자료집」)

축기부는 발굴조사의 내용을 통해볼 때 육중한 목조 기와건물의 하중을 지탱하기 위해 축조된 것으로 파악된다.[02] 그러나 금당지에 비해 건물의 규모가 훨씬 큰 부여 금강사지 강당지에서는 이러한 굴광된 축기부의 존재가 확인되지 않고 있다.

이는 능산리사지 강당지에서도 마찬가지이다. 이와 같은 유적간의 조성기법 차이는 결과적으로 건물에서의 축기부 굴광이 동일 지역내의 여느 건물지에 공통적으로 사용된 것이 아님을 보여주고 있다. 그것은 한편으로 건축물을 조영함에 있어 건물의 格에 따라 조성기법 측면에서도 차이가 있었음을 추정케 한다.[03]

---

02 그 동안 백제의 고토에서 확인된 축기부 굴광 건물지는 모두 기와집이었다. 초가 건물지에서는 굴광된 축기부가 확인되지 않았다.

03 이처럼 건물의 격에 따라 축조기법을 달리하는 것으로는 와적기단과 이중기단, 가구기단 등을 들 수 있다. 이들 기단은 모두 백제유적 중 기와 건물지에서 만 확인되었다는 공통성이 있다(조원창, 2004, 『백제 건축기술의 대일전파』, 서경 ; 2004, 「사찰건축으로 본 가구기단의 변천 연구」 『백제문화』 32). 삼국시대의 경우 기와집은 특권층의 전유물이었고 하층민의 주거는 초가형의 수혈주거지에 온돌을 시설하였

발굴조사를 통해 확인된 삼국시대 탑지의 축기부 굴광은 백제의 것이 대다수를 차지하고 있고, 신라의 경우는 황룡사지 9층목탑만이 알려져 있다. 고구려의 경우는 일제강점기 이후 사지 등의 조사에서 이러한 탑지 축기부의 조성 사례가 보고된 바 없어 이의 존재를 살필 수가 없다. 향후 추가 조사를 통해 탑지 축기부의 존재 여부 및 축조기법 등을 밝혀 내야 할 것이라 생각된다.

따라서 본고에서는 백제유적에서 검출된 목탑지의 축기부를 굴광된 것과 그렇지 않은 것으로 분류해 보고 굴광된 축기부의 경우 축토 성질, 축조방법, 그리고 축기부의 깊이 등을 분석해 보고자 한다.

Ⅱ. 백제 목탑지 축기부 유적 사례 검토

1. 부여 용정리사지 목탑지[04] (사진 2)

목탑지는 조사 당시 이전부터 경작지로 사용되어 많은 교란과 멸실이 이루어졌다. 따라서 목탑 중심 찰주를 세우는 심초석이나 주초, 그리고 기단석이 빠져나간 凹溝조차도 확인되지 않았다.

용정리사지는 산지가 아닌 평지에 조성된 관계로 사찰 조영을 위한 지반 다짐이 우선적으로 필요하였다. 그래서 암적갈색 사질점토와 흑갈

음이 발굴조사를 통해 확인되었다(〈재〉충청문화재연구원, 2005, 『扶餘 井洞里遺蹟』). 이는 『구당서』(…居所居必依山谷皆以茅草葺舍惟佛寺神廟及王宮官府乃用瓦…)와 『신당서』의 내용과도 합치되고 있다.
04 扶餘文化財硏究所, 1993, 『龍井里寺址』.

| 사진 2 | 용정리사지 목탑지 축기부 판축토

(扶餘文化財研究所, 1993, 『龍井里寺址』, 78쪽 도판 11)

색 사질점토를 성토하여 대지를 조성하였다. 탑지는 이러한 성토층을 역사다리꼴로 되파기(굴광)한 후 정연하게 계단식 판축을 실시하였다. 축기부 굴광은 동 - 서면, 남 - 북면 모두에서 찾아지는 데 여기에서는 동 - 서면에 대해서만 살펴보고자 한다.

탑지 최상부의 동 - 서 굴광폭은 18.50m이며, 최하부 폭은 14.60m로 계측되었고 최대 깊이는 3.5m이다. 판축은 점토와 풍화암반토를 혼축하여 약 40단 정도로 쌓아 올렸는데 각 층위별로 약간의 잡석과 와편이 혼입되어 있다. 특히 최하부로부터 160cm, 260cm 되는 지점에서는 각각 두께 0.5~1cm의 철분층이 판축 전면에서 검출되었다.

탑지 축기부 층위는 최하부로부터 Ⅰ, Ⅱ층으로 구별할 수 있는데 이 중 Ⅰ층은 20~30cm, 혹은 30~40cm의 황갈색 사질토와 10cm 두께의 흑갈색 사질점토를 교대로 쌓아 160cm로 준판축하였다. 아울러 Ⅰ층과 Ⅱ층은 1cm 내외의 철분층으로 구분되어 있다.

반면, Ⅱ층은 그 상면의 기단토(Ⅲ층)와 동시에 정교하게 판축되었다. 즉, Ⅰ, Ⅱ층 사이의 철분층 상면 40cm까지는 회청색 사질토에 암반풍화토를 섞어 혼축하고 그 상면으로 황갈색 사질점토, 암갈색 사질점토, 녹갈색 사질점토, 회흑색 사질토에 암반풍화토와 모래 등을 혼합하여 두께 5~10cm 두께로 교대로 쌓아올렸다. 따라서 Ⅱ층과 기단토(Ⅲ층)는 완전 판축층이고 그 두께는 190cm로 계측되었다. Ⅱ층과 기단토

(III층) 사이에도 I , II층 사이와 마찬가지로 철분층이 전면적으로 깔려 있다.

2. 부여 능산리사지 목탑지[05] (사진 3)

부여 능산리사지는 동쪽의 능산리왕릉과 서쪽의 동나성 사이 곡간에 조성되었다. 조사 이전에 해당 부지는 계단식 논으로 사용되었고 능사가 축조(567년)되기 이전에는 저습지[06]로 활용되었다.

목탑지는 금당지 중심에서 남쪽으로 약 21m 정도 떨어져 위치하고 있다. 이중기단으로 상층은 가구기단으로 추정된다. 상층기단은 동서 길이 10.30m, 남북 길이 10.30m이고 하층기단은 동서 길이 11.73m, 남북 길이 11.79m이다.

목탑지의 축기부 토층상황은 심초부를 통해 그 편린을 살필 수 있

| 사진 3 | **능산리사지 목탑지 전경** (가운데가 심초부)
(國立扶餘博物館 · 扶餘郡, 2000, 『陵寺』, 220쪽 도판 10-①)

---

05 國立扶餘博物館 · 扶餘郡, 2000, 『陵寺』.

06 이는 조사지역의 탐색 구덩이를 통해 확인되었다. 이곳에서 여러 개의 암거시설과 펄층이 검출되었다.

다. 탑지는 이미 조성한 대지를 다시 굴광한[07] 후 최하부에는 약 100cm 두께로 굵은 모래층을 깔아 놓았다. 이는 지하에 흐르는 물을 고려한 시설로 추정된다. 모래층 위로는 규칙적이지 않지만 수평하게 흑색 점질토 및 흑갈색 점질토와 풍화암반토를 교대로 축토하였다.[08]

3. 부여 군수리사지 목탑지[09] (도면 1 · 사진 4)

목탑지는 금당지 남면기단으로부터 8.9m, 추정 중문지 북면에서 약 15m 정도 떨어져 있다. 목탑지의 규모는 남북길이 14.14m, 동서너비 14.14m로 정방형이다. 발굴조사 이전 해당 부지는 소나무와 참나무가 식재되어 있었고 목탑지 동편으로 추정

| 사진 4 | 군수리사지 심초석 겸 공양석
(石田茂作, 昭和十二年六月, 「第四 扶餘軍守里廢寺址發掘調査
(槪要)」『昭和十一年度古蹟調査報告』, 圖版第 五九)

---

07 발굴조사 과정에서 토층조사가 실시되지 않아 굴광 규모는 확인할 수 없다.
08 조사 당시 목탑지를 관통하는 탐색 구덩이가 시설되지 않아 정확한 토층상태는 살필 수 없다. 그러나 축기부 상면으로 이중기단이 축조되고 그 위에 다시 탑신부가 올려짐을 볼 때 축기부의 축토기법은 성토다짐보다 판축공법이었을 가능성이 좀 더 높겠다.
09 石田茂作, 昭和十二年六月, 「第四 扶餘軍守里廢寺址發掘調査(槪要)」『昭和十一年度古蹟調査報告』; 국립부여문화재연구소, 2005, 「부여 군수리사지(사적 제44호) 발굴조사 지도위원회의자료」; 문화재청 · 국립문화재연구소, 2009, 『한 · 중 · 일 고대 사지 비교연구(1) -목탑지편-』.

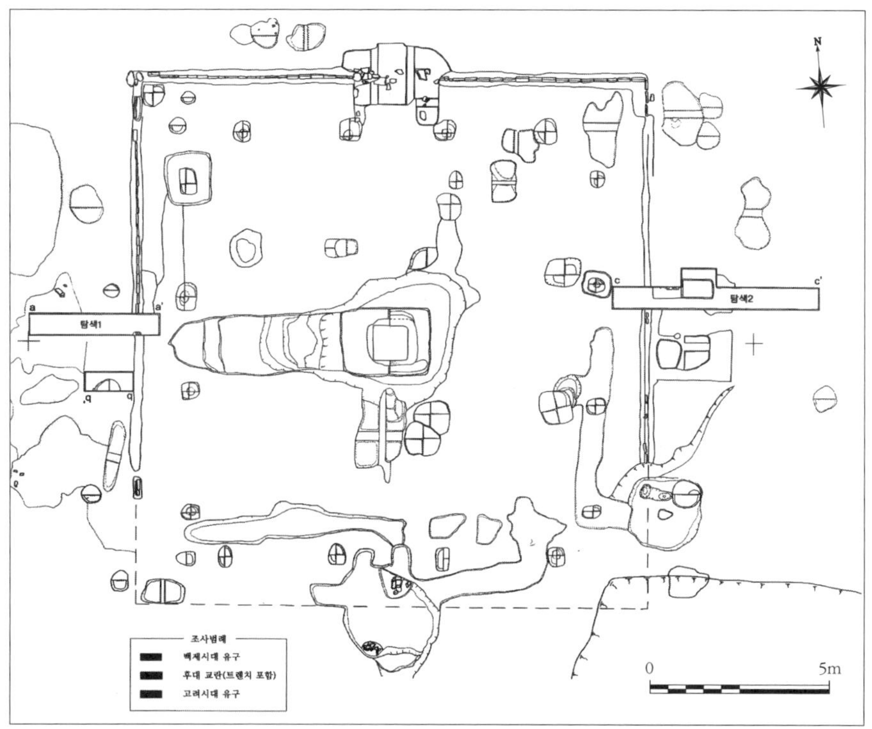

| 도면 1 | 군수리사지 목탑지

(국립부여문화재연구소, 2010, 『扶餘軍守里寺址Ⅰ-木塔址 · 金堂址 發掘調査報告書』, 63쪽 도면 26)

되는 곳은 경작지로 활용되기도 하였다.

목탑지 축기부는 심초부와 연결된 사도의 토층을 통해 살필 수 있다. 이를 보면 축기부는 자연 풍화 암반층을 편평하게 정지하였을 뿐, 별도의 굴광 흔적은 확인되지 않는다. 전술한 용정리사지 목탑지의 축기부와는 전혀 다른 축조기법이 사용되었음을 알 수 있다.

목탑지 기단은 塼을 수직으로 세워 조성하였으며, 전을 세우기 위하여 기단토를 'U' 자형으로 굴착하였다. 전과 굴광토 사이에는 가는 모래가 다량 혼입된 연한 적갈색 사질점토를 채워 전을 단단하게 고정시켰다.[10]

심초석 겸 공양석[11]은 목탑지 정중앙에서 확인되었다. 심초석 동편에는 보강토가 충전되어 있으며, 그 외 지점에서는 갈색 모래와 가는 모래가 다량 섞인 연한 적갈색 사질점토가 채워져 있다.

4. 부여 왕흥사지 목탑지[12] (도면 2)

목탑지는 3차 조사시 남동 모서리부분이 일부 확인되었으나 북편에 자리한 후대 농수로가 제거되지 않아 전면 조사가 불가능한 상태였다. 2007년 조사를 통해 목탑지의 성격과 규모를 완전 파악케 되었다. 목탑지는 하층기단을 중심으로 남북과 동서길이가 각각 14m, 상층기단을 중심으로 13.2m인 정방형으로 현재 남면기단부는 대부분 삭평되어 유실된 상태이다.

목탑지는 동서석축의 18m 북편에, 동·서 회랑지와 19m 등간격을 이루며 축조되었다. 축기부는 대지조성토를 굴광하고 그 내부를 성토다짐토로 충전하였다.

축기부 굴광선은 목탑지 북면부의 경우 상층기단과 하층기단 사이에

---

10 국립부여문화재연구소, 2005, 「부여 군수리사지(사적 제44호) 발굴조사 지도위원회의자료」.

11 심초석은 심주(찰주)를 받치는 기능에 의해 붙여진 명칭이다. 그러나 목탑의 조성 목적이 불사리 공양을 위한 것이고 아울러 다양한 성격의 공양구 또한 안치하고 있다. 이런 점에서 종래의 용어대로 심초석으로 만 부르는 것은 적절치 않다. 아울러 왕흥사 목탑지의 경우는 심초석과 공양석이 분리 배치되고 있다. 따라서 사리 공양 및 공양구가 안치되는 곳은 심초석 외로 공양석이라는 명칭 부언도 필요하리라 생각된다.

12 국립부여문화재연구소, 2007, 「부여 왕흥사지 발굴조사(제8차) 지도위원회의 자료」; 國立扶餘文化財研究所, 2008, 『扶餘 王興寺址 出土 舍利器의 意味』; 문화재청·국립문화재연구소, 2009, 『한·중·일 고대 사지 비교연구(1) -목탑지편-』.

12×12m 정도의 범위
로 조성되었으나 남면
부의 경우는 상층기단
내부에서 확인되었
다. 축기부는 잔존 기
단토에서 80cm 정도
굴착되었으나 용정리
사지 및 미륵사지 목
탑지 등에서 살필 수
있는 판축공법은 찾아
보기 어렵다.

축기부 최하층은 암
흑갈색 사질점토층(15
~20cm)으로 가장 두
껍게 성토되었고 토양

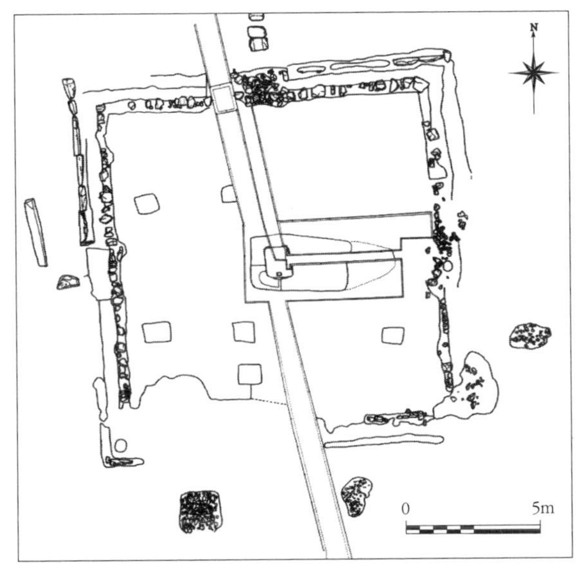

| 도면 2 | 왕흥사지 목탑지
(문화재청 · 국립부여문화재연구소, 2009,
『한 · 중 · 일 고대사지 비교연구〈1〉 -목탑지편-』, 42쪽 도면 2)

중에는 부분적으로 석괴가 포함되어 있다. 아울러 그 상면의 적갈색 사
질점토층에도 석괴와 더불어 소형 와편이 일부 포함되어 있다. 이러한
유물의 수습은 왕흥사지 조성 이전에 또 다른 기와 건물이 주변 지역에
존재하였음을 암시케 한다. 황색 마사토는 아래에 놓인 두 층위에 비해
정교하게 준판축되어 축토상의 차이를 보이게 한다.

5. 부여 금강사지 목탑지[13] (도면 3)

금당지로부터 동쪽으로 약 53척 떨어져 목탑지가 위치해 있다. 백제

---

13 國立博物館, 1969, 『金剛寺』.

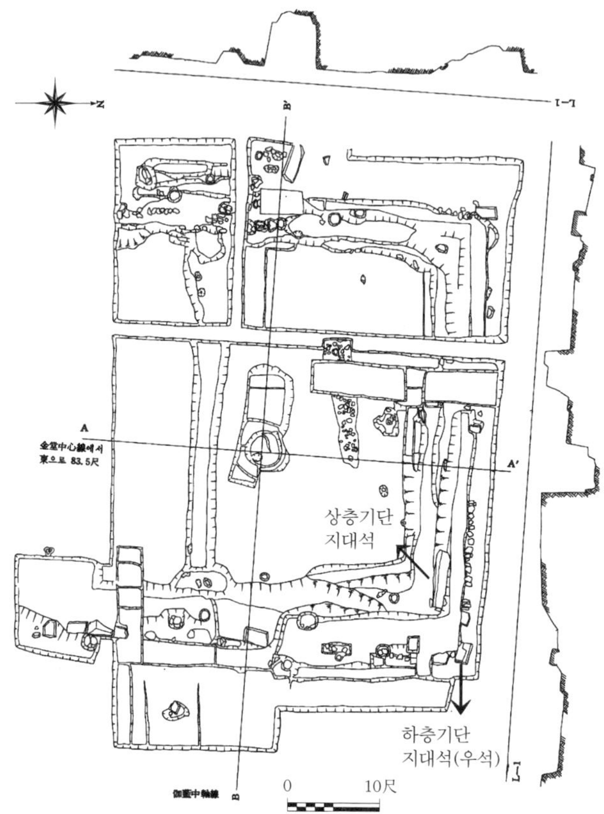

| 도면 3 | 금강사지 목탑지 (國立博物館, 1969, 『金剛寺』, 도면 5)

시대의 기단은 창건기단으로 동서길이 47척, 남북길이 47척이다.

축기부와 기단 판축토는 동시에 축토되었고 그 높이는 모두 150cm로 추정되었다. 탐색 구덩이 조사 결과 축기부는 적갈색의 생토면(기반암층)을 굴광하고 조성되었다. 축기부의 굴광 깊이는 지점에 따라 각기 다르게 나타났는데 북변 중앙은 약 45cm, 동남우는 약 60cm의 생토면을 굴광하고 축조되었다. 이로 보아 동남우가 북변 중앙보다 축기부의 깊이가 15cm 정도 더 깊었음을 알 수 있고 이는 그만큼 판축토의 두께도 두꺼웠음을 살필 수 있다.

판축된 한 층의 두께는 5~6cm이며, 하부로 내려갈수록 두께는 조금씩 얇아졌다. 판축에 사용된 황갈색 점질토 사이에는 작은 석괴가 혼입되어 있으나 미미한 편이다. 판축토의 박리된 상면에서는 막대기 끝으로 두드려 다진 흔적이 잘 남아 있고 이의 직경은 3~4cm로 계측되었다.

6. 부여 부소산사지 목탑지[14] (사진 5)

탑지는 금당지 남쪽 약 8m 지점에서 확인되었고 동남우만 일부 유실되었을 뿐, 전체적으로 잔존상태가 양호하다. 탑지 기단의 평면규모는 내부 상면을 기준으로 약 7.95~8.05cm의 방형이다.

| 사진 5 | 부소산사지 목탑지 (정비 후)
(필자사진)

목탑지는 금당지와 마찬가지로 풍화자연암반층을 주위보다 약간 높게 삭토 정지하여 축기부를 조성하였다. 축조기법으로 보아 군수리사지 목탑지와 동일 기법임을 알 수 있다. 목탑지 외곽으로는 기단 지대석을 놓기 위한 凹溝가 마련되어 있다. 기단의 남북 중앙에서는 돌출형 계단지가 확인되었다. 탑 심초석은 없으나 심초석을 안치하였던 구덩이가 남아 있다. 남북이 동서보다 약간 넓은 지름 약 1m 내외의 타원형으로 바닥의 직경은 80cm 내외이고 바닥까지의 깊이는 약 30cm 정도이다. 사원의 입지가 유사한 금강사지 목탑지와는 전혀 다른 축조기법을 보여주고 있다.

---

14 國立文化財研究所, 1996, 『扶蘇山城』.

7. 익산 미륵사지 목탑지[15] (사진 6)

목탑지에 대한 토층조사는 목탑지와 중원 금당지의 관계 파악 및 기단 내부에 남아 있는 방형 가공석의 성격을 파악하기 위해 실시되었다.

목탑지 축기부는 대지조성토를 되파기한 후 그 내부에 회황색, 명회황색, 명회황갈색, 암회황색, 암회갈색, 회적갈색, 암회적갈색, 명회적색 마사토 등 40여 개 層 이상을 판축시켜[16] 완성하였다. 판축된 토층 두께는 대부분 5cm 내외를 보였고 토층 양상도 수평에 가깝게 나타났다. 그

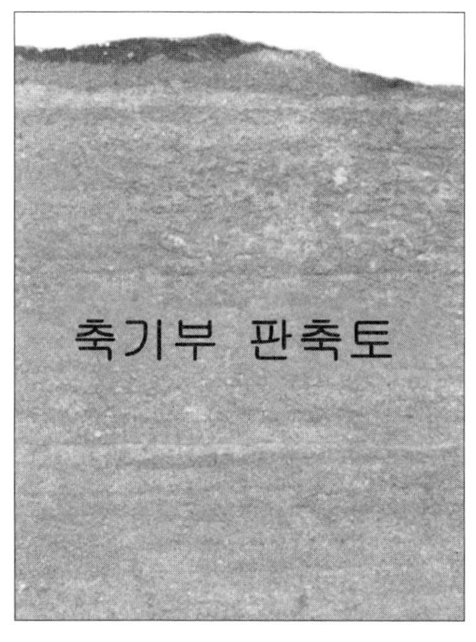

| 사진 6 | 미륵사지 중원 목탑지 축기부 판축토층 상태 (전라북도익산지구문화유적지 관리사업소, 1997, 『미륵사지유물전시관』, 93쪽)

러나 암회적갈색(점토 혼입), 명회적갈색, 암적황갈색(회색 저토 혼입) 마사토의 경우는 여느 토층보다 두꺼운 10cm 정도로 판축되었다. 따라서 목탑지의 축기부토는 마사토와 점토를 이용한 판축토이고 그 두께는 5~10cm 정도임을 알 수 있다. 축기부에 축토된 40여 개의 층위와 토층 두께 5cm 내외를 고려해 보면 축기부의 최소 깊이는 2m 이상임을 알 수 있다.

판축토 아래로는 상면이 편

---

15 化財管理局 文化財研究所, 1989, 『彌勒寺』.

16 보고서(文化財管理局 文化財研究所, 1989, 『彌勒寺』)에 이에 대한 세부 도면과 유구 설명이 없어 판축토의 높이나 굴광 너비, 그리고 축기부토와 기단토와의 관계 등은 알 수 없다.

평한 할석이 중첩되어 쌓여 있다. 이는 미륵사지가 大池 등의 저습지를 매립하고 조성한 것과 무관치 않으리라 생각된다.

Ⅲ. 유적의 편년

여기에서는 각각의 유적에서 검출된 사리장치나 토기, 기와(와당 포함), 그리고 국내외 고기에 기록된 내용 등을 중심으로 백제 목탑지의 편년을 살펴보고자 한다. 그러나 유적 대부분의 경우 관련 기록이 부재하여 해당 지역에서 검출된 와당에 초점을 맞추어 편년을 설정하여야 하는 어려움이 있다. 그 동안 백제 와당에 대한 형식분류와 편년이 꾸준하게 이루어진 바 있어[17] 이를 중심으로 해당 유물과 목탑지의 편년을 검토해 보고자 한다.

1. 부여 용정리사지 목탑지

용정리사지와 관련된 문헌이나 명문와 등은 확인되지 않았다. 다만

---

17 이에 대한 자료는 다음의 논고를 참조할 수 있다.

김성구, 1992, 「백제의 와전」『백제의 조각과 미술』, 공주대학교박물관 ; 조원창, 2000, 「웅진천도후 백제와당의 변천과 비조사 창건와에 대한 검토」『영남고고학』 26호 ; 조원창, 2002, 「백제 건축기술의 대일전파」, 상명대학교 대학원 박사학위논문 ; 龜田修一, 1981, 「百濟古瓦考」『百濟研究』12輯, 忠南大學校 百濟研究所 ; 大脇潔, 1996, 「百濟の軒丸瓦とその製作技術」『朝鮮の古瓦を考える』, 帝塚山考古學研究所.

기타 국내외에 다수의 논저가 있다.

| 사진 7 | 용정리사지 출토 와당
(百濟文化開發研究院, 1983, 『百濟瓦塼圖錄』)

| 사진 8 | 고구려 쌍영총 연화문
(서울대학교출판부, 2000,
『북한의 문화재와 문화유적 II (고구려편)』)

상층 건물지(금당지) 기단토[18]에서 검출된 판단첨형식 와당(사진 7)을 통해 목탑지의 조성 시기를 추정해 볼 수 있다.

판단첨형식의 연화문은 일찍이 중국 북조 석굴사원[19] 및 고구려 벽화고분[20]에서 검출된 바 있고 백제의 경우는 무령왕릉 출토 왕비 탁잔 및 두침 등에서 확인된 바 있다. 이들 연화문은 대체로 횡선폭이 종선폭보다 넓다는 특징이 있다. 물론 공주지역의 서혈사지에서도 판단첨형식 와당이 출토되었지만 연화문의 종선폭이 횡선폭보다 오히려 넓다는 점에서 용정리사지 출토 와당과 큰 차이를 보인다.

용정리사지 상층 건물지(금당지) 기단토에서 출토된 와당은 중국 북

---

18 상층 건물지 기단토에서 출토된 와당은 선축된 건물지에 사용된 것이므로 층위상 이른 시기에 해당되는 것이다.

19 운강석굴 제9호굴 전실 동벽 및 공현석굴사 제3호굴 平棋 및 제4호굴 窟頂 등에서 찾아볼 수 있다.

20 5세기 후반의 수산리고분, 5세기 말의 쌍영총(사진 8) 등에서 판단첨형식 연화문을 살필 수 있다.

조 및 고구려, 그리고 백제의 무령왕릉 등에서 관찰되는 판단첨형식 연화문으로 보아 그 제작 시기는 5세기 말~6세기 초반으로 추정된다. 아울러 상층 건물지와 지근거리에 위치하고 있는 목탑지의 경우 중건된 흔적이 없는 것으로 보아 그 창건 시기 역시 5세기 말~6세기 초반으로 편년되고 있다.[21]

2. 부여 능산리사지 목탑지

부여 능사는 신라와의 전쟁에서 억울하게 사망한 성왕의 기원사찰이다. 이러한 능사는 고구려의 시조와 관련된 정릉사의 조영목적과 친연

| 사진 9 | 심초석 상면 사리감 및 찰주 노출
(國立扶餘博物館 · 扶餘郡, 2000, 『陵寺』, 243쪽 도판 33-③)

| 도면 4 | 사리감 명문 탁본
(국립광주박물관, 1996,
『백제금동향로와 사리감』, 26쪽 수정)

---

21 조원창, 2003, 「백제 웅진기 용정리 하층 사원의 성격」 『한국상고사학보』 42호.

성이 있다. 명문 사리감은 심초석 상면에서 찰주와 함께 쓰러져 검출되었다(사진 9). 찰주는 도끼로 절단된 상태로 확인되었다. 이러한 인위적인 훼손행위는 백제 멸망과 함께 일어난 것으로 사리감의 뚜껑 멸실과도 관련성이 깊다.

탑지 심초부에서 출토된 사리감의 명문을 통해 능산리사지 목탑은 적어도 567년경에 조성되고 있음을 알 수 있다. 즉, "百濟昌王十三季太歲在 丁亥妹兄公主供養舍利(도면 4)"라는 명문에서 창왕은 성왕의 원자인 위덕왕으로서 13년은 곧 567년을 의미한다.[22] 절대 기년명이 확인되었다는 점에서 능사의 조성시기를 파악할 수 있다.

3. 부여 군수리사지 목탑지

군수리사지와 관련된 문헌기록이나 명문 유물이 없어 목탑의 확실한 조영 시기는 파악할 수 없다. 다만, 심초석 상면에서 검출된 불상과 사지 출토 와당 및 연목와를 통해 그 시기를 유추해 볼 수 있다.[23]

1936년 심초석 상면에서 검출된 금동보살입상과 납석제 여래좌상은 의습과 추상적인 표현 등으로 말미암아 6세기 중엽으로 편년되었다.[24]

와당은 지붕보수나 건물의 중건에 따라 다양한 형식의 와당이 사용될 수 있기 때문에 창건와를 추출한다는 것은 결코 쉬운 작업이 아니다. 따라서 본고에서는 웅진기의 판단원형돌기식 와당과 부여지역의 요지 출

---

22 國立扶餘博物館, 2000, 『陵寺』.
23 군수리사지에서는 이들 유물 외에 전, 철정, 구슬, 토기류 등이 검출되었다. 토기류의 경우 탑지 남동편에서 삼족토기편 1점만이 수습되어 그 편년을 살피기가 어렵다.
24 문명대, 1991, 「백제불상의 형식과 내용」『백제의 조각과 미술』 ; 국립부여문화재연구소, 1998, 『화지산』.

| 사진 10 | 군수리사지 와당

(國立扶餘博物館, 1997, 『국립부여박물관』, 81쪽)

| 사진 11 | 대통사지 와당

(國立公州博物館, 1988, 『百濟瓦當特別展』)

토 와례(판단삼각돌기식 와당, 연목와) 비교를 통해 군수리사지의 창건와를 추출해 보고 동시에 군수리사원의 창건연대에 대해서도 살펴보도록 하겠다.

판단원형돌기식 와당(사진 10)은 연화문 끝단에 원형의 소주문이 돌기된 것으로 웅진기의 정지산유적을 비롯한 공산성, 대통사지(사진 11) 등에서 수습

| 사진 12 | 가탑리사지 와당

(百濟文化開發硏究院, 1983, 『百濟瓦塼圖錄』)

되었다. 이 시기의 와당은 연판수가 8엽이고 연자는 1+6과, 1+8과의 배치를 보이고 있다. 아울러 연판의 최대경은 중상부에 위치하고 있다. 반면, 군수리사지 출토 판단원형돌기식 와당은 웅진기의 것과 비교해 연판의 형태 및 자방의 크기 등에서 약간의 차이를 보이고 있다. 이러한 제작상의 차이는 사비천도 후에 나타난 문양상의 변화로 볼 수 있다. 특

히 판단원형돌기식 와당은 6세기 4/4분기에 이르면 가탑리사지 출토 와당(사진 12)처럼 소자방, 대연판의 형태로 제작되어 6세기 3/4분기의 와당과 다른 문양을 보여주고 있다. 이러한 소자방, 대연판의 특징은 판단삼각돌기식 와당에서도 똑같이 살펴지고 있으며, 588년 백제의 와박사들이 일본에 파견되어 제작한 飛鳥寺 창건 와당(사진 13 · 14)에서도 확인할 수 있다.

판단삼각돌기식 와당(사진 15)은 그 제작지가 일찍부터 부여 정암리 요지 B지구로 알려져 왔다.[25] 여기에서는 모두 10기의 가마와 작업장 관련유구가 확인되었는데 군수리사지 출토 와당과 동범와로 판단되는 와례는 9호요에서 수습되었다(사진 16). 이 가마는 무계단식 등요로 계단식 등요보다 일찍 등장한 것으로 그 연대는 6세기 중엽으로 편년되었다.[26]

| 사진 13 | 비조사 판단삼각돌기식 와당
(京都國立博物館, 1988, 『畿內と東國』)

| 사진 14 | 비조사 판단원형돌기식 와당
(奈良國立文化財硏究所, 1991, 『藤原京と京』)

---

25 國立扶餘博物館, 1992, 『부여 정암리 가마터(II)』, 128쪽.
26 國立扶餘博物館, 1992, 『부여 정암리 가마터(II)』, 121쪽.

| 사진 15 | 군수리사지 와당
(國立扶餘博物館, 1997, 『국립부여박물관』, 81쪽)

| 사진 16 | 정암리 B지구 9호요 와당
(國立扶餘博物館, 1992,
『부여 정암리 가마터(II)』, 174쪽 도판 44-②)

연목와(사진 17)는 8엽의 연판에 자방 외곽으로 1조의 원권대가 시문되어 있고 간판은 '▼' 형태로 판근이 생략되어 있다. 이는 정암리 9호요 출토 연목와[27]와 동일한 문양구성을 보이는 것으로 그 제작이 6세기 중엽경에 이루어졌음을 알게 한다.

| 사진 17 | 군수리사지 연목와
(國立扶餘博物館, 1997, 『국립부여박물관』, 81쪽)

이렇게 볼 때 군수리사지에서 검출된 창건 와당과 연목와는 정암리와요와의 생산 - 수급관계 등을 고려하여 볼 때 대략 6세기 중엽경에 제작, 공급된 것임을 추정할 수 있다.[28] 이는 한편으로 군수리사지 목탑의 창건 연대와도 관련되는 것으

---

27 國立扶餘博物館, 1992, 『부여 정암리 가마터(II)』, 179쪽 도판 49-① · ②.
28 國立扶餘博物館, 1992, 『부여 정암리 가마터(II)』.

로서 그 시기는 대체로 위덕왕 초기로 추정할 수 있다.

4. 부여 왕흥사지 목탑지

『삼국사기』에 따르면 부여 왕흥사는 법왕대 착수하여 무왕대 완성된 것으로 알려져 왔다.[29] 그러나 목탑지 사리공에서 검출된 사리함으로 말미암아 목탑은 적어도 위덕왕대에 조영된 것으로 확인되었다.[30]

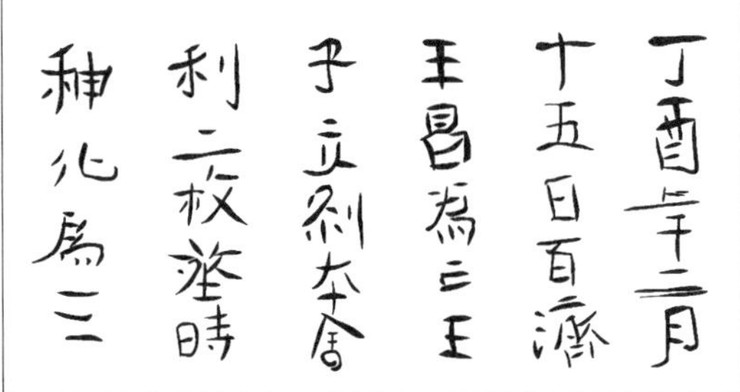

| 도면 5 | 청동사리함 명문 세부 (국립부여문화재연구소, 2009, 『王興寺址Ⅲ 木塔址 金堂址 發掘調査 報告書』, 71쪽)

사리함은 심초부 남쪽 중앙끝단에 마련된 크기 16×12×16cm의 장방형 사리공 내부에서 검출되었다. 사리공은 단면 사다리꼴의 화강암제 뚜껑에 덮여 있었고 뚜껑을 제거하자 청동재질의 사리함이 노출되었다. 직경 7.5cm, 높이 8cm의 원통형으로 보주형의 손잡이가 달린 뚜껑이 덮여 있었다.

청동사리함의 동체 전면부에는 5자6행의 음각으로 "丁酉年二月 十五日百濟 王昌爲二王 子立刹本舍 利二枚葬時 神化爲三"이라는 명문이 기

---

29 『三國史記』百濟本紀 5 法王 二年條, 春正月 創王興寺 度僧三十人. ;『三國史記』百濟本紀 5 武王 三十五年條, 春二月 王興寺成 其寺臨水 王每乘舟 入寺行香.

30 이후 편년은 국립부여문화재연구소, 2007, 「부여 왕흥사지 발굴조사(제8차) 지도위원회의 자료」 조사내용 참조.

록되어 있다(도면 5). 여기서 정유년은 577년으로 백제 위덕왕대임을 알 수 있다. 이러한 목탑지 사리함에서의 명문 내용은 기존의 『삼국사기』 내용과 큰 차이가 있기 때문에 향후 이에 따른 재해석이 필요할 것으로 생각된다.

한편, 청동 사리함 내부에서는 사리를 안치하였던 것으로 추정되는 은제 사리병(외병, 6.8×4.4cm)과 금제 사리병(내병, 4.6×1.5cm)이 함께 출토되었다.

5. 부여 금강사지 목탑지

금강사지에서는 삼각돌기식을 비롯한 판구곡절식, 연화돌대문식 등의 다양한 와당이 출토되었다. 그런데 이중에서 구체적으로 어떤 와당이 창건와였는지는 그 파악이 어렵다. 그러나 삼각돌기식 와당(사진 18)의 경우 6세기 중엽에 조업이 이루어진 정암리와요 출토 와당과 비교 검토할 수 있다는 점에서 개략적인 편년을 유추할 수 있다.

정암리 출토 와당은 자방이 연화문에 비해 크게 조각되었고 자방 내

| 사진 18 | **금강사지 와당** (삼각돌기식)
(國立博物館, 1969, 『金剛寺』, 도판 37-Ⅰ)

| 사진 19 | **금강사지 와당** (판구곡절식)
(國立博物館, 1969, 『金剛寺』, 도판 37-Ⅴ″)

에는 1+4과의 연자가 배치되어 있다. 판단 중앙의 삼각돌기는 정삼각형 형태로 볼륨감이 있다. 그러나 금강사지 출토 와당의 경우 자방과 연화문의 비율, 연자배치, 삼각돌기의 표현 등에서 6세기 중엽의 특징은 전혀 살펴지지 않는다. 아울러 7세기 이후 삼각돌기식 와당에서 보이는 3열의 연자배치, 볼륨감이 없는 연화문, 세장한 삼각돌기 등의 문양도 관찰되지 않고 있다. 이로 보아 이 와례는 6세기 4/4분기경의 와당으로 파악된다. 이러한 편년은 한편으로 판구곡절식 와당(사진 19)에서도 살필 수 있다.[31]

6. 부여 부소산사지 목탑지

부소산사지에서 출토된 와당은 크게 두 종류이다. 하나는 연화문내에 꽃술이 장식된 것(사진 20)과 다른 하나는 자방 내에 3열의 연자가 배치된 경우이다. 이러한 와례는 백제 와당의 편년에 있어 7세기 이후의 것으로 알려져 있고[32] 이는 목탑의 편년과도 일치하고 있다.[33]

| 사진 20 | 부소산사지 와당
(百濟文化開發硏究院, 1983,
『百濟瓦塼圖錄』, 도판 426)

---

31 조원창, 2006, 「백제 곡절소판형 와당의 시원과 변천」『상명사학』 10 · 11 · 12합집, 상명사학회.

32 金誠龜, 1992, 「百濟의 瓦塼」『百濟의 彫刻과 美術』, 公州大學校博物館.

7. 익산 미륵사지 목탑지

익산 미륵사지는 『삼국사기』 무왕조의 기록으로 보아 7세기 전반에
조영되었음을 알 수 있고, 목탑 역시도 이 시기에 창건되었음을 판단할
수 있다.

Ⅳ. 백제 목탑지 축기부 조성기법

1. 축기부 굴광공법

이러한 축기부
굴광공법은 일찌
이 한성 백제기부
터 검출되고 있으
나 중국의 경우 이
미 漢代 長安 明堂[34]
遺蹟 辟雍(도면 6)
에서 확인되고 있

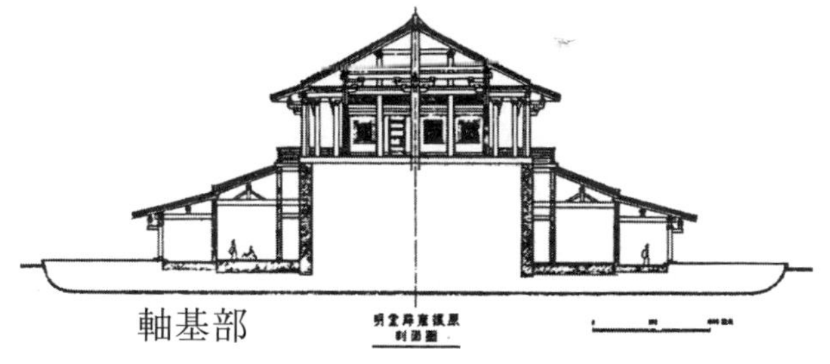

| 도면 6 | 한대 명당유적 벽옹 축기부 굴광
(楊鴻勛, 1987, 『建築考古論文集』, 文物出版社, 圖四)

다. 이로 보아 축기부 굴광공법은 중국에서 등장하여 한성기 어느 시점

---

33 國立扶餘文化財硏究所, 1996, 『扶蘇山城』.
34 명당은 황제가 주체가 되어 선조와 상제에게 제사를 지내고 제후의 조회를 받으며
   존현·양로를 행하는 일종의 예제건축이다. 하대에서는 세실, 은대에서는 중옥,
   주대 및 한대에서는 명당이라 불렀다.

에 그 건축기술이 백제로 유입되었음을 알게 한다.[35] 다만, 그 시기가 정확히 언제인지는 향후 고고학적 자료가 좀 더 증가된 이후에 검토해 보아야 할 것 같다.

1) 굴광된 축기부의 축토 방법

(1) 판축공법

용정리사지, 능산리사지, 금강사지, 미륵사지 목탑지 등에서 살필 수 있다.

판축된 각각의 토층 두께는 용정리사지가 5~10cm, 금강사지가 5~6cm, 미륵사지가 5~10cm이어서 대체로 시기와 관련 없이 5~10cm의 토층두께를 살필 수 있다. 아울러 축토에 사용된 토양은 배수가 용이한 사질토와 점성이 강한 점토를 상하 반복하여 교차 축토하고 있다. 이렇게 볼 때 축기부의 판축토는 웅진기 이후 사비기까지 큰 시기차 없이 5~10cm의 간격으로 축토되었음을 볼 수 있다.

(단위 : cm)

구분	용정리사지	능산리사지	금강사지	미륵사지
조성시기	5세기말~6세기초	567년경	6세기 4/4분기	7세기초
판축두께	5~10	?	5~6	5~10

(2) 성토다짐공법

왕흥사지 목탑지에서 살필 수 있다. 위에서 살핀 사질토와 점토의 교차 축토 대신 암흑갈색 사질점토를 주로 하여 15~20cm 두께로 성토하

---

35 이는 아직까지 고구려의 건물유적에서 축기부 굴광공법이 찾아지지 않은 것에 기인된 바도 크다.

고 있다. 토양 사이에는 석괴와 선축된 기와 건물지의 소형 와편이 일부 혼입되어 있다. 전술한 목탑지의 축토 현황과 비교해 세밀한 토층 양상은 보이지 않는다. 판축공법에 사용된 토양에 비해 토층의 두께가 약 10cm 정도 두꺼워 정교하지 못함을 살필 수 있다.

2) 입지에 따른 축기부 굴광의 깊이

평지에 조성된 용정리사지, 미륵사지의 경우는 목탑지의 축기부가 구릉상에 조영된 금강사지나 왕흥사지에 비해 대체로 깊은 편이다. 이는 용정리사지 및 미륵사지 등이 곡간이나 저습지 등에 조영된 것과 밀접한 관련이 있어 보인다. 그 만큼 고루형의 탑파건물을 지탱하기 위해선 기초시설이 튼튼하여야 하고 이를 받치기 위한 축기부 역시도 넓고 깊을 필요성이 있었다.

반면, 구릉상에 조영된 왕흥사지나 금강사지의 경우는 기반토(생토면)와 자연퇴적토 상면에 목탑이 조성되었기 때문에 토양의 안전성과 견고함이 어느 정도 마련되었던 것으로 생각된다. 따라서 저습지나 곡간에서와 같은 심대한 축기부는 필요치 않았기 때문에 이의 깊이 또한 낮게 계측되고 있다.

(단위 : cm)

구분	용정리사지	능산리사지	왕흥사지	금강사지	미륵사지
축기부 굴광 깊이	350	?	50 내외	45~50	최소 200 이상

3) 입지에 따른 축기부 보강재료

산지나 구릉상에 조성된 왕흥사지나 금강사지의 경우는 일부 석괴가 포함된 사질토와 점토를 이용하여 축기부를 완성하였다. 즉, 왕흥사지의 경우 소량의 토기나 기와편이 축기부 토양에 혼입된 경우를 살필 수

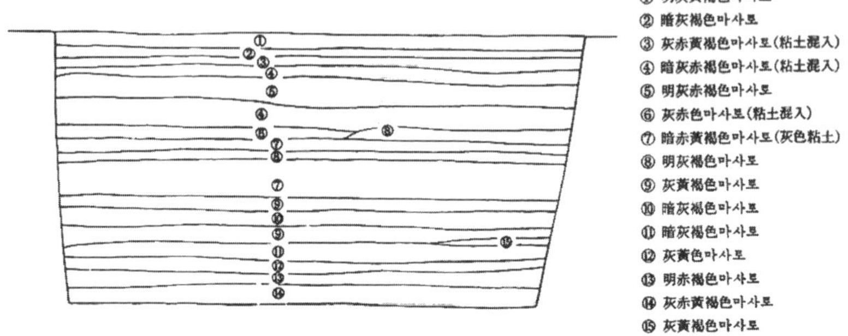

| 도면 7 | 미륵사지 중원 목탑지 축기부 굴광 판축토
(文化財管理局 文化財研究所, 1989, 『彌勒寺』, 도면 21 E-E´ 토층도)

| 사진 21 | 미륵사지 중원 목탑지 축기부 굴광 판축토 아래
할석중층 (문화재청 · 국립부여문화재연구소, 2009,
『한 · 중 · 일 고대사지 비교연구〈1〉 -목탑지편-』, 59쪽 사진 1)

있으나 이는 기존의 폐기된 건물지의 주변 토양을 채토하는 과정에서 유입된 것이므로 고의적인 행위로는 파악되지 않는다.

반면, 산지가 아닌 저습지나 못(池) 등을 매립하고 목탑을 조성한 경우에는 굴광한 축기부 맨 아래에 석재나 모래 등을 깔아 유수에 따른 붕괴를 예방하고 있다. 즉, 미륵사지 중원 목탑지에서는 판축토 하부에 상면이 편평한 할석을 상하 중첩되게 축석해 놓았다(도면 7 · 사진 21). 이는 미륵사지가 大池를 매립하고 조성한 것과 무관치 않으리라 생각된다. 아울러 부여 능산리사지 목탑지 최하부에서도 약 100cm 두께의 굵은 모래층을 살필 수 있다. 이는 조사과정에서 지하에 흐르는 물을 배수하기 위한 시설로 파악하고 있다.[36]

4) 축기부토와 기단토의 관련성

축기부가 조성된 목탑의 경우 이 내부는 판축공법이나 성토다짐공법으로 축토된다. 이럴 경우 축기부토와 기단토가 동일 공정상에서 단절됨이 없이 상하 연결되어 축토되었는지, 그렇지 않으면 축기부토와 기단토가 그 위치에 맞게 상하 구분되어 축토되었는지가 관건이다.

전자의 경우는 용정리사지와 금강사지, 제석사지, 미륵사지 등의 목탑지에서 살필 수 있고, 후자의 사례는 왕흥사지 목탑지에서 찾아볼 수 있다. 특히 왕흥사지의 경우는 축기부토와 기단토가 모두 성토다짐된 것이어서 사질토와 점토가 교차 판축된 다른 목탑지와 토층상 차이를 보이고 있다.

2. 축기부 정지공법

목탑의 축기부를 조성함에 있어 굴광하지 않고 정지하는 공법이다. 이러한 사례는 군수리사지 및 부소산사지 목탑지에서 확인되며 모두 구릉상에 입지하고 있다. 목탑지가 구릉상에 조성된 관계로 축기부 토양은 모두 기반토(생토)로 이루어져 있다. 기반토 자체가 일종의 지정과 같은 역할을 하기 때문에 축기부는 필요치 않았던 것으로 생각된다. 아

---

36 國立扶餘博物館, 2000, 『陵寺』.

울러 그 만큼 노동력이나 공기도 단축되었을 것으로 생각된다. 다만, 비슷한 입지에 축조된 금강사지 목탑지의 경우는 축기부를 굴광하고 있어 위의 두 사례와 큰 차이를 보이고 있다. 이는 마치 지형과 관계없이 자신이 소유하고 있던 기술력을 발휘하는 백제 장인정신의 전문성으로도 이해된다.

　이상에서와 같이 백제 목탑지를 검토해 본 결과 지반이 견고하지 못한 곳에 목탑을 조성할 경우에는 고루형 탑신의 심대한 하중을 지탱하기 위해 우선적으로 기단부 아래에 축기부를 시설하였음을 알 수 있다. 이의 착공은 먼저 구지표면을 정지하고 대지를 조성한 다음 이를 다시 방형에 가깝게 되파기한다. 그런 다음 축기부 내부에 판축공법이나 성토다짐기법을 이용하여 점토나 사질토를 축토하는 것이다.

　이러한 축기부 굴광공법은 일찍이 한성기 몽촌토성 내의 판축대지 건물지(사진 22) 등에서 그 사례를 살필 수 있고 웅진기 이후 사비기에는 사지의 당탑지[37]에서 주로 살필 수 있다.

　한편, 이러한 백제의 축기부 굴광공법은 신라 황룡사지의 금당과 9층목탑(도면 8)에서도 살필 수 있고 백제 불교문화의

| 사진 22 | **몽촌토성내 판축대지** (서울대학교박물관, 1997,
『서울대학교박물관 발굴유물도록』, 194쪽 사진 111)

---

37 금당지의 경우 부여 능산리사지, 금강사지, 익산 미륵사지 등에서 살필 수 있다.

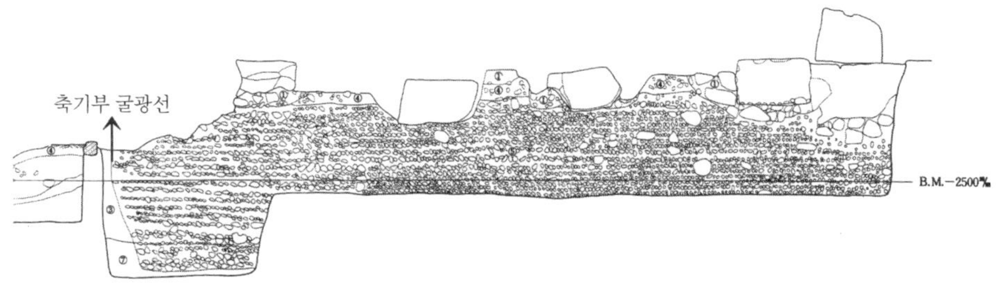

| 도면 8 | 황룡사지 9층목탑지 축기부 토석 혼축 단면도
(文化財管理局 文化財硏究所, 1984, 『황룡사』 -도판편-, 도면 28 중)

| 사진 23 | 산전사지 금당지 축기부
굴광판축토 (奈良國立文化財硏究所 飛鳥資料館,
平成 9年, 『山田寺』, 21쪽)

| 사진 24 | 길비지사지 금당지 축기부
굴광판축토 (朝日新聞社, 2002,
『飛鳥·藤原京展』, 53쪽 사진 상)

영향을 많이 받은 일본에서도 확인되고 있다. 즉, 비조사 목탑지[38]를 비롯해 산전사지 금당지(사진 23)와 탑지 및 길비지사지 금당지(사진 24) 등에서 찾아볼 수 있다.[39]

| 사진 25 | 서천비인5층석탑 축기부 굴광 판축토
(서천군 · 백제문화재연구원, 2010, 『서천 비인 5층석탑 유적』,
ii쪽 원색도판 2)

아울러 시기적으로는 다르지만 백제계 석탑양식을 따르고 있는 서천군 비인면 소재 탑성리5층석탑 축기부에서도 똑같은 축기부 굴광 판축공법을 살필 수 있다(사진 25). 이는 고려초기로 편년되는 석탑으로서 백제의 건축기술이 후대에 계승되어 사용되었음을 확인케 한다.

한편, 이와 달리 군수리사지나 부소산사지 등과 같이 목탑이 산지나 구릉상에 조성되는 경우는 축기부를 굴광하지 않고 정지만 하여도 그 효과를 충분히 볼 수 있었기 때문에 굳이 축기부를 굴광할 필요성을 느끼지 못하였던 것 같다. 즉, 축기부 자체가 기반암층이기 때문에 노동력과 공기를 더 들여가며 축기부를 굴광하고 그 내부에 판축토를 채울 필요가 없었던 것이다. 그럼에도 불구하고 금강사지 목탑지에서처럼 산지에서 축기부를 정지하지 않고 굴광하는 것은 그 건축기술을 보유하고 있었던 조사공과 밀접한 관련이 있었을 것으로 생각된다. 즉, 백제의 조

---

38 비조사는 백제의 사공, 노반박사, 화공, 와박사 등이 파견되어 창건한 사원이므로 여기에 위치한 목탑의 경우도 당연히 백제의 기술로 창건된 것이다. 심초석 겸 공양석은 지표 아래에서 검출되었고 이 상면에서는 옥, 곡옥, 관옥, 금환, 철제품 등의 공양구가 출토되었다.

39 조원창, 2006, 「일본 산전사지에 나타난 백제의 건축문화」 『문화사학』 26호.

탑공(석탑 포함) 중에는 축기부를 굴광하는 장인과 정지하는 장인 등 두 파로 나뉘어 졌음을 추정할 수 있다. 그리고 현재까지 발굴조사된 여러 목탑지(석탑지 포함)의 축기부를 검토해 볼 때 전자의 기술이 후자보다 백제의 조탑과정에서 더 유행하였음을 판단해 볼 수 있다.

V. 결 론

지금까지 백제의 고토에서 확인된 목탑지의 축기부를 중심으로 살펴 보았다. 축기부는 기반토나 대지를 정지하거나 혹은 굴광하고 그 내부를 축토하고 있는데 백제의 경우 후자가 압도적으로 많다. 이는 석탑지 및 금당지에서도 동일하게 찾아지고 있다. 이의 특징을 살피면 다음과 같다.

첫째, 굴광된 축기부 내부의 축토방법은 판축공법이나 성토다짐공법이 사용되었고 미륵사지 서탑 및 동탑에서와 같이 토석혼축의 공법이 사용된 예도 살필 수 있다.

둘째, 축기부 굴광 시설은 대부분 사지내의 금당지 및 탑지 등 제한된 유구에서만 확인되고 있어 이중기단 및 가구기단 등과 같이 상징성이 내포된 축조시설로 파악된다.[40] 아울러 이들 건물지의 경우 모두 기와

---

40 이는 능산리사지 및 금강사지의 강당지 등에서 살필 수 있다. 즉, 능산리사지의 경우 금당지는 하층기단을 기준으로 할 때 동서길이(정면) 21.62m, 남북길이 16.16m 이다. 반면, 강당지는 동서길이(정면) 37.40m, 남북길이(측면) 18m이다. 강당지가 금당지에 비해 규모가 훨씬 컸으나 이곳엔 축기부 굴광시설이 조성되지 않았다. 아울러 금강사지의 경우도 강당지는 남북길이(정면) 45m, 동서길이(측면) 약 19m 이나 금당지의 경우는 남북길이(정면) 약 19m, 동서길이(측면) 13.8m로서 강당지

를 사용한 와건물이었음을 알 수 있다.

셋째, 이러한 축기부 굴광공법은 동일 시기 같은 지역에서 정지공법과 함께 검출되고 있다. 이로 보아 이를 전문적으로 사용하였던 장인 집단이 별도로 존재하였음을 추정해 볼 수 있다.

넷째, 축기부 굴광공법이 사용된 건물지 기단의 경우 와적기단이나 전적기단 혹은 할석기단보다 가구기단이나 치석기단이 압도적으로 많다. 이는 목탑이라는 유구의 성격과도 밀접한 관련이 있었으리라 생각된다.

다섯째, 백제에서의 축기부 굴광공법은 한성기 이후 사비기까지 끊임없이 사용된 건축기술이었다. 아울러 이러한 조성기술은 백제승 阿非知에 의해 축조된 신라 황룡사 9층목탑, 그리고 백제의 조사공에 의해 창건된 것으로 판단되는 일본의 비조사 목탑지 및 산전사 금당지와 목탑지 등에서도 살필 수 있다. 이러한 사례들은 결과적으로 백제의 건축기술이 신라 및 일본에까지 전파되었음을 확인케 한다. 아울러 축기부 굴광 판축공법은 고려시대의 서천 비인5층석탑에서도 검출되고 있어 시기와 관련 없이 백제의 고토에 넓게 분포된 토목기술임을 알게 한다.

여섯째, 백제의 축기부 굴광 공법은 한대의 명당 벽옹에서 관찰되는 것으로 보아 그 기원은 중국에 있었음을 알게 한다. 아울러 고구려 및 신라의 유적에서 한성기 백제유적 보다 선행하는 것이 아직까지 확인되지 않는 것으로 보아 백제에서 선진적으로 받아들인 공법임을 추정할 수 있다.[41]

에 비해 현격히 작다. 금강사지 역시 금당지와 달리 강당지는 축기부 굴광시설이 조성되지 않았다.

41 이 글은 조원창, 2008, 「백제 목탑지 편년과 축기부 축조기법에 관한 연구」『건축역사연구』 59호에 게재된 논문을 정리하여 옮겨 놓은 것이다.

백제 군수리사원의 축조기법과 조영주체의 검토

04

Ⅰ. 서론

백제 군수리사지는 부여읍 군수리에 위치하고 있는 사비기의 사원 유지로 사적 제44호로 지정되어 있다. 사지는 1935년과 1936년 2차에 걸쳐 일인학자인 石田茂作과 齋藤忠에 의해 부분조사 되었다.[01] 그 결과 남북을 축으로 하여 중문 - 목탑 - 금당 - 강당 등이 일렬 배치된 1탑1금당식의 가람배치로 알려지게 되었다. 강당 좌우에서는 종루 및 경루로 추정되는 소형 건물지가 1동씩 확인되었고, 이들 건물지의 남쪽으로도 동방·서방기단이라 일컫는 기와 건물지가 각각 1동씩 조사되었다(도면 1).

군수리사원은 상징성이 강한 당탑 기단에 기와나 전을 사용하였다는 재료의 이질성뿐만 아니라 다양한 형식의 와적기단 즉 평적식, 합장식, 수직횡렬식 등으로 조성되었다는 점에서 축조기법의 다양성까지 내포하고 있다. 특히 이들 와적기단 형식은 이후 신라와 일본에까지 그 기술

---

01 石田茂作, 昭和十二年六月, 「第四 扶餘軍守里廢寺址發掘調査(槪要)」 『昭和十一年度古蹟調査報告』.

이 전파되어 와건물 기단 축조에 크게 이바지하였다.[02]

최근 들어 이러한 중요성에 발맞추어 무려 70여 년 만에 군수리사지에 대한 정밀 발굴조사가 실시되었다. 조사는 가람의 축인 중문지, 목탑지, 금당지를 중심으로 실시되었다.[03] 조사결과 목탑지의 斜道[04] 등이 새롭게 발견되었고 금당지 또한 이중기단으로 조성되었음이 확인되었다. 하지만 금당지 동쪽의 동방기단 건물지는 일제강점기 이후 완전 멸실되어 그 형적이 확인되지 않았다.

따라서 본고는 일제강점기 및 최근에 실시된 군수리사지의 발굴조사

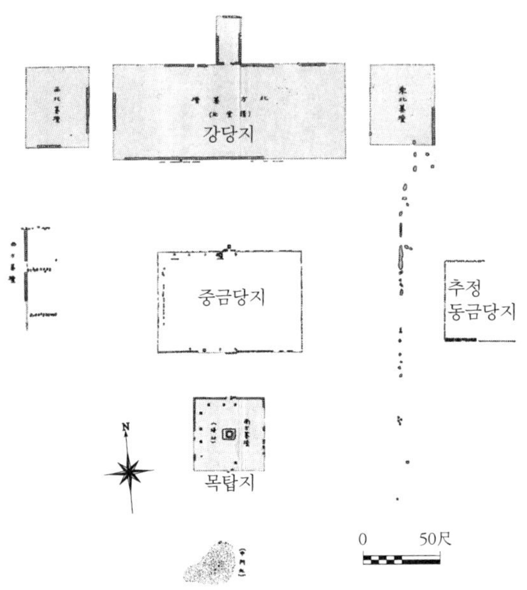

| 도면 1 | 일제강점기 군수리사지 가람배치도
(石田茂作, 昭和十二年六月, 「第四 扶餘軍守里廢寺址發掘調査(槪要)」 『昭和十一年度古蹟調査報告』, 圖版 第五九)

---

02 조원창, 2000, 「백제 와적기단에 대한 일연구」 『한국상고사학보』 33 ; 조원창, 2006, 「신라 와적기단의 형식과 편년」 『신라문화』 28.

03 國立扶餘文化財硏究所, 2005, 「扶餘 軍守里寺址(史蹟 第44號) 發掘調査 指導委員會議資料」.

04 이에 대해 佐川正敏(2008, 「고대 일본과 백제의 목탑기단 구축기술 및 사리용기·장엄구 안치형식의 비교검토」 『부여 왕흥사지 출토 사리기의 의미』, 국립부여문화재연구소)은 심초석을 심초부로 반입하기 위한 유구로 판단하였다. 그러나 능산리사지의 경우 사도가 확인되지 않아 이의 재검토가 요구된다.

내용을 바탕으로 유구의 축조기법과 당탑의 가람배치를 파악해 보고 궁극적으로는 이의 조영주체에 대해서도 살펴보고자 한다.

Ⅱ. 군수리사원의 건축유지와 축조기법

1. 건축유지

발굴조사가 완료된 당탑지를 중심으로 살펴하고 강당지와 강당지 동·서쪽 건물지, 금당지 동쪽 건물지 등에 대해선 일제강점기의 내용을 검토해 보도록 하겠다.

1) 목탑지

목탑지(도면 2)는 금당지 남면기단에서 남쪽으로 8.9m 떨어져 있다. 기단의 규모는 한 변이 14.14m로 정방형이다. 탑지는 고토양토를 정지한 후 그 위에 황갈색의 점질토를 성토 다짐하여 기단토를 축조하였다. 탑지는 처마 기둥[05]으로 보이는 목탄구(기둥자리)[06]가 하층기단 한 면에

---

05 이러한 처마 기둥은 일본 비조시대 건물풍이 남아 있는 법륭사 금당과 목탑(사진 1)에서도 살필 수 있다. 처마 기둥이 받치는 지붕은 기와를 올리지 않고 판자를 사용하기 때문에 그 만큼 지붕의 하중이 크지 않다. 그리고 건물의 외진주에 차양이 부속되기 때문에 이의 보수작업도 복잡한 공정이 필요치 않다. 그렇기 때문에 백제의 조사공들은 처마 기둥에 초석을 사용하지 않았던 것으로 생각된다. 그러나 이는 동일 사지의 금당지 상층기단 초석과 축조기법면에서 완전 상이하여 백제 조사공들의 기술력으로는 이해하기 힘들다. 이는 당시의 정치상황과도 밀접한 관련이 있는 것이므로 제Ⅳ장에서 상술해 보고자 한다.

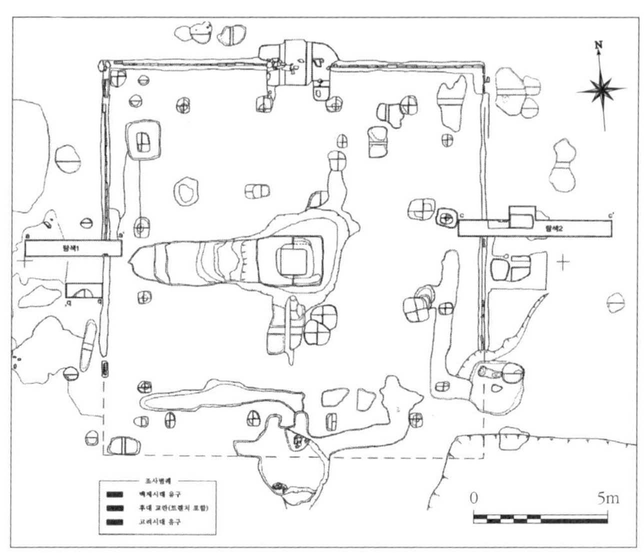

| 도면 2 | 군수리사지 목탑지 (국립부여문화재연구소, 2010,
『扶餘軍守里寺址 I -木塔址 · 金堂址 發掘調査報告書』, 63쪽 도면 26)

| 사진 1 | 법륭사 5층목탑의 차양과 처마 기둥

서 4개씩 모두 16개가 조사되었다. 내·외진 주를 받쳤던 주공이나 적심시설, 초석들의 형적이 확인되지 않는 것으로 보아 상층기단은 완전 멸실된 것으로 추정된다. 따라서 군수리 사원의 목탑 칸수에 대

---

06 이는 소화년도에 조사된 것으로써 군수리사지의 목탑지가 화재로 폐기되었음을 의미하는 것이다. 아울러 초석이나 적심시설 없이 기단토에 목주를 심는 무시설

해서는 확인하기 어렵
다. 처마 기둥은 전적
기단으로부터 70cm
정도 안쪽에 있으며
주공 바닥 일부에서는
塼片이 노출되었다.
금당지와 달리 초석을
사용하지 않고 무시설
로 목주를 세웠다.
　하층기단에 사용된
전은 회색·회청색의

무문으로 장방형이며 수직횡렬식으로 조성되었다(사진 2). 전은 'U' 자
모양으로 굴광된 홈(50cm 정도) 한 가운데에 세워 있고 내부에는 적갈
색 사질점토가 충전되어 있다. 심초석은 上方下圓의 형태로 상면 한 변
이 94cm이고 편평하게 치석되어 있다. 아울러 심초석 중심을 기준으로
북서쪽과 북동쪽, 남쪽 중심에 각각 1개 등 3개의 홈이 파여 있는데 이
들을 서로 이으면 한 변이 80cm인 삼각형이 된다. 심초석 위에서는 공
양구로 납석제여래좌상과 금동미륵보살입상,[07] 금환, 소옥, 토기, 철기
등이 확인되었다.
　한편, 심초석 서측 부분과 연계되어 474×180cm의 서고동저형 斜道가

축조기법은 백제의 사원건축에서 찾아볼 수 없는 희귀한 사례라 할 수 있다. 이처
럼 백제의 건물유적 중 초석을 사용하지 않고 木柱만을 사용한 건물지는 공주 정
지산유적 와건물지에서 볼 수 있다.

07 전자는 6세기 중엽, 후자는 6세기 중엽 이후로 편년되고 있다(국립부여문화재연구
소, 1998, 『花枝山』).

조사되었다. 동편으로 갈수록 단의 깊이와 경사가 급해지고 있으며 경사로의 동측 가장자리는 심초석 상면과 동일한 레벨상에 위치하고 있다.

2) 금당지

표토하 20~30cm 지점에서 유구가 조사되었고 기반층인 황갈색 사질점토층을 정지한 후 적갈색 점질토를 성토다짐하여 기단토를 완성하였다. 금당지는 목탑지 북쪽으로 약 8.9m, 강당지 남쪽으로 18.18m 떨어져 있다. 동서길이 27.27m, 남북길이 20.2m의 규모로 이중기단으로 조성되었다(도면 3). 상층기단선은 기단 외곽에서 건물지 안쪽으로 1.5~2m 간격을 두고 파손된 기와 1매 또는 2매를 수직횡렬식으로 세워 놓았다. 상층기단토는 하층기단토 상면까지 완전 멸실되어 정확한 높이를 계측할 수 없다. 현재 하층기단에 남아 있는 초석과 기둥자리 흔적으로 보아 정면 9칸, 측면 5칸으로 추정된다. 하층기단상의 초석은 방형(56×56cm)으로 남·북면에서 각각 1매씩 2매가 남아 있고 하층기단 안쪽으로 약 50cm의 거리에 위치해 있다.

하층기단은 기

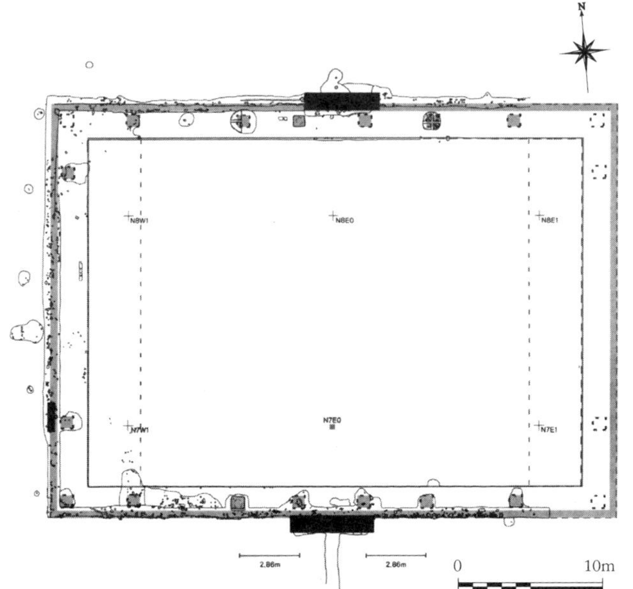

| 도면 3 | 군수리사지 금당지 (국립부여문화재연구소, 2010,
『扶餘軍守里寺址Ⅰ -木塔址·金堂址 發掘調査報告書-』, 59쪽 도면 21)

와를 이용하여 네 면을 조성하였다. 남면(정면)은 기와편을 이용하여 합장식(사진 3)으로 축조하였고,[08] 동·서·북면은 완형에 가까운 암키와를 이용하여 수직횡렬식(사진 4)으로 조성하였다.[09] 이처럼 한 건물지에 서로 다른 축조 형식이 가미된 기단 사례는 백제 사비기의 건물지 중 그 시초로 볼 수 있다. 한편, 하층기단 남면의 경우는 다른 세 면과 비교해 부분적으로 기단토의 토압으로 인해 앞으로 밀려나 있음을 살필 수 있다.[10]

연화문와당, 치미, 토기편 등이 확인되었다.

| 사진 3 | 금당지 남면 합장식 와적기단
(石田茂作, 昭和十二年六月, 「第四 扶餘軍守里廢寺址發掘調査(槪要)」
『昭和十一年度古蹟調査報告』, 圖版第 五一)

| 사진 4 | 금당지 북면 수직횡렬식 와적기단
(국립부여문화재연구소, 2010, 『扶餘軍守里寺址 I
-木塔址·金堂址 發掘調査報告書』, 179쪽 사진 40)

---

08 여기에는 '巳' 명 인각와(암키와)편이 포함되어 있다.

09 동면은 현재 경작지로 개간되어 그 형적이 남아 있지 않다.

10 이러한 합장식은 군수리사지와 정림사지 이외의 백제유적에서는 아직까지 찾아볼 수 없다.

3) 금당지 동쪽 건물지

금당지로부터 동쪽으로 약 25.5m 정도 떨어져 있다. 동서길이 13.2m, 남북길이 15m로 금당지보다 작게 조영되었으나 금당지와 일직선상에 배치되어 있다. 남면은 합장식 와적기단(사진 5), 서·북면은 수직 횡렬식 와적기단으로 축조되었다. 금당지 기단과 비교해 볼 때 건물 방향에 따른 와적기단 형식이 동일함을 살필 수 있다.[11] 와적기단의 축조 형식으로 보아 금당지를 조영한 동일 조사공에 의해 같은 시기에 조성

| 사진 5 | 금당지 동쪽 건물지 남면 기단
(石田茂作, 昭和十二年六月, 「第四 扶餘軍守里廢寺址發掘調査(槪要)」
『昭和十一年度古蹟調査報告』, 圖版第 五一)

| 사진 6 | 강당지 기단 중복 상태
(石田茂作, 昭和十二年六月, 「第四 扶餘軍守里廢寺址發掘調査(槪要)」
『昭和十一年度古蹟調査報告』, 圖版第 五五)

---

11 그 동안 백제의 고토에서 확인된 여러 와적기단 건물지 중 이러한 와적기단 형식을 보이는 건물지는 아직까지 찾아지지 않는다.

되었음을 판단할 수 있다.

4) 강당지

금당지 북면으로부터 18.18m 정도 떨어져 있다. 동서길이 50m, 남북 길이 18m이며, 4면이 평적식 와적기단으로 조성되었다. 남면에는 훼손된 합장식 와적기단이 평적식 아래에 조성되어 있다(사진 6). 이로 보아 강당지는 두 와적기단 형식이 상하 중복되어 있음을 살필 수 있다. 강당지에서도 목탑지와 같이 초석은 확인되지 않았다.

5) 강당지 동·서쪽 건물지

강당지 동·서면으로부터 각각 약 4.8m 정도 떨어져 위치하고 있다. 동서길이 15m, 남북길이 12.3m 정도로 추정된다. 기단이 남아 있는 건물지의 동면은 평적식 와적기단으로 축조되었다.

2. 축조기법

군수리사지를 다른 백제 사지와 비교해 볼 때 가장 큰 차이점은 기단의 재료에서 오는 이질성이다. 즉, 다른 사지에서의 당탑은 석재를 이용한 治石基壇[12]이나 割石基壇[13] 혹은 架構基壇(사진 7)[14]으로 조성하는 것이 일반적이다(표 1). 그러나 군수리사지의 경우는 현재 남아 있는 당탑지를 비롯한 건물지, 금당지 동쪽 건물지를 보면 모두 기와나 전으로

---

12 다듬은 돌을 이용한 기단이다. 흔히 육안으로 보이는 면만 치석하고 있다.
13 인두석 내외 정도의 크기를 가진 할석으로 만든 기단이다.
14 지대석, 면석, 갑석으로 결구된 기단이다. 육안으로 보이는 면은 모두 치석되어 있다.

| 사진 7 | 미륵사지 복원 동탑지 가구기단
(필자사진)

기단을 조성하고 있다. 그리고 강당지 남면에서처럼 합장식(先築)과 평적식(後築)의 와적기단이 상하 중복되어 있음도 살필 수 있다.[15]

와적기단이나 전적기단은 석재를 채석·치석하고 축석하는 석축기단에 비해 노동력이 훨씬 적게 들고 있다.[16] 이는 한편으로 와적기단이나 전적기단에 사용되는 기와나 전이 기단축조만을 위한 전용기와나 전용전이 아니라는 점에서도 쉽게 알 수 있다.[17] 하지만 다른 백제사지의 당탑이 창건시 瓦塼[18]을 거의 사용하지 않고 석재를 가공한 석축기단을 주로 사용하였다는 점에서 장엄성보다는 경제성을

---

15 이는 강당지의 중건까지도 예상할 수 있는 것이기에 발굴조사 과정에서 이에 대한 충분한 층위파악 및 관련 상황을 파악해 보아야 할 것이다.

16 석축기단 중 가구기단의 경우는 기단 내부의 기단토가 높기 때문에 토압 또한 적지 않다. 따라서 토압과 기단의 균형을 유지할 수 있는 별도의 기술력이 필요시 된다. 아울러 노동력과 공기에 있어서도 일반 치석기단이나 할석기단에 비해 더 소요됨을 판단할 수 있다.

17 주변에서 기단재료의 공급 용이성을 들 수 있다.

18 통일신라 사천왕사 서탑지의 경우 가구기단 면석에 녹유사천왕상전 및 당초문전이 사용되어 백제와는 다른 모습을 보이고 있다(국립문화재연구소, 2006, 「37 경주 사천왕사지 통일신라 조형미의 정수」『한국고고학저널』, 177쪽). 그러나 이 사원의 경우 삼국이 통일된 670년경에 창건되어 군수리사원과는 적어도 100여 년간의 시차가 있음을 추정할 수 있다.

| 표 1 | 백제사지 당탑지 기단 비교

유적명	왕흥사지	능산리사지	군수리사지	금강사지	부소산사지	미륵사지
탑지	이중기단 상층: 할석 하층: 치석	이중기단 상층: 가구 하층: 치석	이중기단 상층: ? 하층: 전적	이중기단 상층: 가구 하층: 가구	석축기단 상층: ? 하층: ?	이중기단
금당지	?	이중기단 상층: 가구 하층: 치석	이중기단 상층: 와적 하층: 와적	단층기단 (가구기단)	이중기단 상층: ? 하층: ?	이중기단 상층: 가구 하층: 면석 +갑석

고려한 기단시설로 추정된다.[19]

아울러 군수리사지는 고토양토를 정지, 성토한 후 바로 그 위에 건축물을 조영하였기 때문에 다른 사지에서 볼 수 있는 축기부 굴광 판축(혹은 성토다짐)공법[20]과 같은 큰 규모의 토목공사는 살필 수 없다. 예컨대 백제 금당지나 탑지의 경우는 기단부 아래의 대지조성토나 생토면을 굴토한 후 그 내부에 사질토 및 점질토 등을 교차 축토하여 판축(혹은 성토다짐)하고 있다. 이는 건물 침하를 방지하여 건축물의 안전성을 높여주는 것으로서 사비기 전 시기에 걸쳐 당탑지에서 주로 확인되고 있다.

군수리사지 당탑지에 조성된 와적기단과 전적기단은 기단이라는 고

---

19 고구려, 백제, 신라 모두 당탑 기단이 군수리사원에서와 같이 기와나 전으로 만 축조된 사례는 찾아보기 어렵다.

20 이는 기단부 아래에 시설되는 것으로 백제 사지의 경우 웅진기의 용정리사지 목탑지부터 확인되고 있다. 이후 정림사지 5층석탑, 능산리사지 금당지 및 목탑지, 왕흥사지 목탑지, 금강사지 금당지와 목탑지, 미륵사지 3금당지 및 3탑지, 제석사지 목탑지 등에서도 확인되고 있다(趙源昌, 2008, 「百濟 木塔址 編年과 軸基部 築造技法에 관한 研究」 『建築歷史研究』 59). 일견 저지대나 곡간 등과 같이 대지의 지반이 약한 곳에 사용되는 공법으로 추정되나 금강사지, 제석사지의 경우는 사지가 능선상에 위치하고 있어 입지와는 큰 관계가 없음을 볼 수 있다. 군수리사지와 같이 기반토를 정지하고 전각을 조성한 예는 부소산사지에서도 살필 수 있다.

| 사진 8 | 금성산 와적기단 건물지 하층기단 상면 초석
(國立扶餘博物館, 1992, 『扶餘錦城山百濟瓦積基壇建物址
發掘調查報告書』, 81쪽 도판 24)

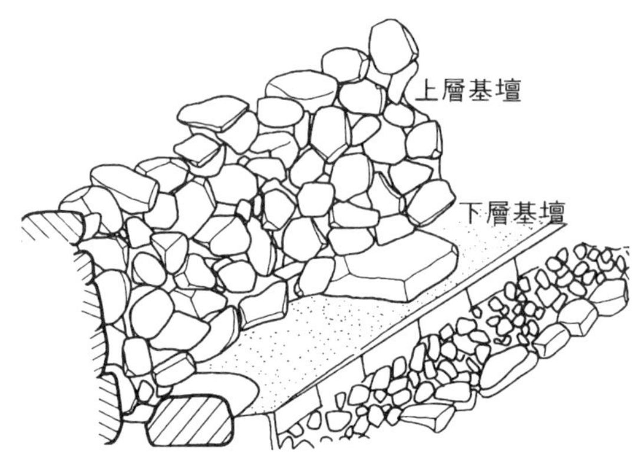

| 도면 4 | 비조사 동금당지 기단 복원도
(フランソウ・ベルチェ, 昭和 49年, 「飛鳥寺問題の再吟味」
『佛教藝術』 96號, 63쪽 2〈上〉)

유기능, 즉 止沙施設이라는 측면에서는 석축기단에 비해 기능성이 떨어지는 것이 사실이다. 이는 목탑지 기단에서 전이 밖으로 쓰러져 있는 점, 그리고 금당지 남면(정면)에서 합장식 와적기단이 앞으로 밀려나 있는 사실에서 확인할 수 있다. 이는 건물의 붕괴까지도 초래할 수 있는 것으로써 그 만큼 지사시설로서의 기능적 측면이 부실함을 보여 주는 것이다.

또한 목탑지는 하층기단 상면에 처마기둥을 조성함에 있어 초석이나 적심을 사용하지 않고 기둥을 직접 기단토나 생토면에 박아 놓았다.[21] 목탑지의 이 같은 기둥 설치는 사

---

21 이는 공주 정지산유적내 와건물지에서도 찾아볼 수 있다. 하지만 기와를 사용한 건물지에서는 희귀한 사례에 속하고 있다.

지내 금당지와 비교해 볼 때 쉽게 이해할 수 없다. 초석은 기둥이 땅에 직접 닿게 하지 않음으로서 습기로부터의 훼실을 방지하고 있다. 군수리사원 조사공도 이러한 사실을 분명 인지하였을 것이다. 예컨대 동일사지의 금당지, 정림사지 금당지, 금성산 와적기단 건물지(사진 8) 등의 경우를 보면 모두가 하층기단 상면에 초석이 사용되었음을 볼 수 있다.[22] 이는 고구려 정릉사지와 금강사지의 금당지[23] 및 신라의 황룡사지 중건가람 금당지,[24] 비조사지 동금당지(도면 4)[25] 등에서도 마찬가지이다. 이러한 사례에도 불구하고 백제의 조사공들이 하층기단 상면에 초석을 시설하지 않았다는 사실은 그들의 의지와 관련 없이 공사가 진행되었음을 보여주는 단적인 자료라 할 수 있다.

한편, 와적기단 중 합장식과 같이 깨진 기와편을 이용하여 장식적으로 축조한 와적기단의 경우는 할석기단에 비해 더 많은 창의력과 기술력이 투여되었음을 유추할 수 있다. 폐기된 기와를 이용하여 장식성을 갖춘 기단을 조성한 조사공의 노력이 엿보인다. 특히 건물의 4면 중 금당지 하층기단의 남면, 금당 동쪽 건물지의 남면, 강당지 남면 등 건물의 정면 방향에만 시설하였다는 공통성이 있다. 이러한 합장식 와적기단은 삼국시대 유적 중 현재까지 백제 군수리사지 및 정

| 도면 5 | 숭복사 미륵당 합장식 와적기단
(田?征夫, 1995, 「瓦積基壇と渡来系氏族」 『季刊考古學』, 74쪽 C)

---

22 이는 신라 황룡사지 중금당지 및 일본 비조사지 동금당지에서도 마찬가지이다.
23 한인호, 1986, 「정릉사에 대하여」 『조선고고연구』 3, 33쪽.
24 文化財管理局 文化財研究所, 1989, 『皇龍寺』.
25 淺野淸, 소화 33년, 「飛鳥寺の建築」 『佛教藝術』 33, 17쪽.

림사지 등에서만 그 사례를 찾아볼 수 있고 일본에서는 숭복사 미륵당 (도면 5)[26]에서 살필 수 있다.

Ⅲ. 군수리사원의 당탑배치

　　1935~1936년 및 2005~2006년의 발굴조사 결과 군수리사지는 중문지 - 목탑지 - 금당지 - 강당지가 남북 일직선상으로 배치되어 있고 추정 동·서 회랑지가 중문지와 강당지에 각각 잇대어진 것으로 이해하였다. 이는 전형적인 백제의 1탑1금당식을 의미한다. 하지만 금당지 동쪽으로 약 25.5m 떨어져 있는 건물지(東方基壇)를 면밀히 분석해 보면 이것이 군수리사지 내에서의 또 다른 금당지였음을 추정케 한다.[27] 따라서 여기에서는 금당지 동쪽의 건물지를 분석해 봄으로써 군수리사지가 1탑1금당식이 아닌 1탑3금당식[28]이었을 가능성을 추출해 보도록 하겠다.

　　이 건물지는 지붕에 와당을 얹은 기와 건물이었다.[29] 남면은 합장식

26　군수리사지와 비교하여 와적 아래에 지대석이 놓인 점, 와적 사이에 끼워놓은 1매의 암키와가 결실된 점 등이 차이가 있다.

27　금당지 동쪽 건물지는 경작지 개간과 관련하여 현재는 그 형적을 살필 수 없다. 그러나 일제강점기의 기록을 보면 이것에 대한 평면도가 비교적 잘 남아 있다. 따라서 금당지 평면도를 현재 발굴된 조사내용과 1차적으로 비교해 보았으며 이를 다시 금당지 동쪽 건물지 도면과도 비교하는 과정을 취하였다.

28　군수리사지의 3금당에 대한 언급은 황수영을 비롯해, 윤장섭, 안승주 등에 의해 일찍부터 제기된 바 있다. 그러나 이에 대한 자세한 설명은 빠져 있는 실정이다.
　　黃壽永, 1958,「日本飛鳥寺址發掘調査槪要」『歷史學報』10 ; 尹張燮, 1994,『韓國建築史』, 東明社 ; 安承周, 1985,「百濟寺址의 硏究」『百濟文化』16.

29　이는 합장식 와적기단 전면에서 확인된 와당을 통해 판단할 수 있다.

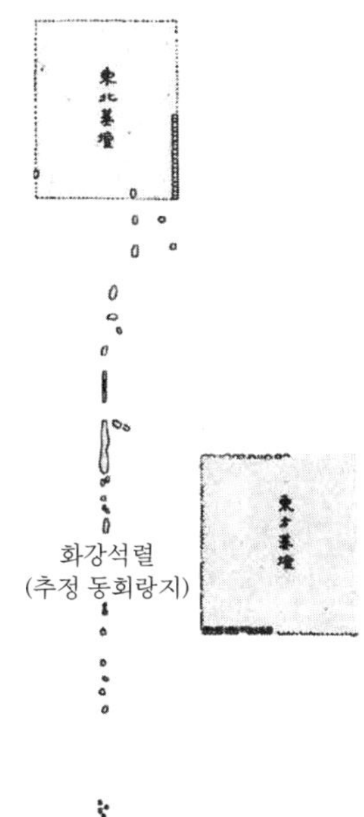

화강석렬
(추정 동회랑지)

| 도면 6 | 금당지(좌)와 금당지 동쪽(동방기단) 건물지 평면도
(石田茂作, 昭和十二年六月, 「第四扶餘軍守里廢寺址發掘調査(槪要)」 『昭和十一年度古蹟調査報告』, 圖版第 五九)

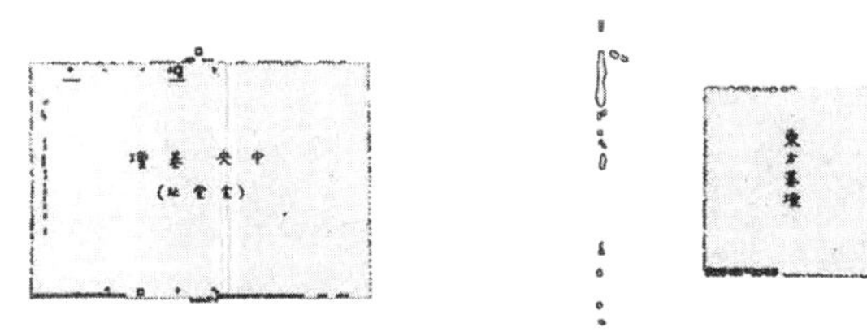

| 도면 7 | 금당지 동쪽 화강석렬
(石田茂作, 昭和十二年六月, 「第四 扶餘軍守里廢寺址發掘調査(槪要)」 『昭和十一年度古蹟調査報告』, 圖版第 五九)

의 와적기단으로 조성되었고 조사된 서·북면은 수직횡렬식으로 축조되었다(도면 6).[30] 이는 금당지와 건물 방향면에서 동일한 와적기단 형식을 보여주는 것이다. 특히 남면 서단부의 경우 합장식 와적기단 전면으로 별도의 기와[31]가 매설되어 있음을 볼 수 있는데 이는 금당지 중앙부에서도 마찬가지이다. 따라서 금당지 동쪽 건물지는 금당지와 더불어 동시기 동일 조사공들에 의해 조영되었을 가능성이 매우 높다.

동쪽 건물지는 거리 만 떨어져 있을 뿐 입지상 금당지와 동일 선상에 배치되어 사지내에서 그 格이 매우 높았음을 시사하고 있다. 아울러 금당지와 비교해 그 규모 만 약간 작았을 뿐[32] 입지, 와적기단 형식, 조성

---

30 동면은 일제강점기 당시 조사가 실시되지 않았다. 아울러 남북면의 경우도 일부만 조사되었다.

31 이러한 사례는 규암면 외리유적, 금성산 와적기단 건물지 등에서도 살필 수 있다. 시기적으로 군수리사원이 6세기 중엽으로 가장 이르다고 볼 수 있다.

32 금당지의 규모는 동서너비 27.27m, 남북길이 20.2m이다. 금당지 동쪽 건물지는 잔존 동서너비 13.2m, 남북길이 15m이다. 따라서 남북길이 만을 놓고 볼 때 금당

기법 등에서 완전 일치하고 있다. 이런 점에서 금당지 동쪽 건물지는 동 금당지[33]라 불러도 큰 무리는 없을 것이라 생각된다.[34] 아울러 목탑지가

지가 약 5m정도 길음을 볼 수 있다.

33 아쉽게도 이 건물지는 경작지의 개간과 관련하여 완전 멸실되어 현재 살필 수가 없다.

34 石田茂作과 齋藤忠의 경우 목탑지 후면의 금당지와 동방기단 건물지 사이의 화강석 散列部(도면 7)를 동회랑지로 추정한 바 있다. 그러나 중문지, 남방기단(탑지), 중앙기단(금당지), 북방기단(강당지), 동북기단, 서북기단, 동방기단, 서방기단 등은 도면에 유구명을 직접 표기한 데 반해 동·서 회랑지의 경우는 전혀 언급되어 있지 않다. 이는 그 만큼 石田茂作과 齋藤忠이 화강석 散列部를 회랑으로 보는데 적지 않은 문제점이 있었음을 인지한 결과로 볼 수 있다.

아울러 필자의 경우 이 불연속적인 화강석렬을 회랑으로 보는데 있어 몇 가지의 문제점이 있기에 언급해 보고자 한다. 즉, 사원에서 가장 중요한 당탑이나 강당의 기단은 깨진 기와편이나 전으로 조성하는 것에 반해 이보다 중요성이 떨어지는 회랑은 화강석으로 조성할 수 있을까 하는 점이다. 그 동안 백제사지에서 발굴된 당탑 기단과 회랑 기단을 비교해 볼 때 완전 이해할 수 없는 부분이라 할 수 있다. 그리고 층위상으로도 금당지와 동방기단 건물지의 경우 기단이 모두 남아 있어 주변 지형의 교란이나 유실이 심하지 않았음을 볼 수 있다. 그런데 이 중간에 위치하고 있는 화강석렬 1렬 만이 남북방향으로 50m 이상 완전 멸실되었음을 어떻게 설명할 수 있을까 하는 점 등이다. 이는 회랑지가 거의 전무하다시피 한 금당지 서쪽의 서회랑지 및 남회랑지에서도 마찬가지이다. 여기에서는 석렬의 연결 상태조차도 살필 수가 없다. 이러한 유구의 불완전성을 어떠한 근거로 동·서·남회랑지로 볼 수 있는지 이의 해석이 선결시 되어야 한다. 아울러 막연하게 회랑의 멸실이나 유실을 설명하기에는 주변에 위치한 탑지나 금당지, 동방기단 건물지, 강당지 등의 기단이 너무나 잘 남아 있다는 점이다. 끝으로 추정 동회랑지 북단에 남아있는 화강석렬 1렬의 경우 동쪽 건물지 남면부에 접해서는 지그재그 형태로 완전 꺾이고 있다. 과연 이러한 평면 형태의 회랑 기단이 존재할 수 있을까 하는 점이다. 전체적으로 고고학적인 선후관계 및 기타 백제 사지에서의 회랑지 비교를 통해 충분히 비교 검토해 보아야 할 부분이라 생각된다.

필자는 동회랑지로 추정되는 불연속의 화강석렬 1조를 군수리사원과 관련이 없는 별개의 유구로 파악코자 한다. 이는 금당지 동쪽 건물지 및 석렬 주변에서 정형성을 보이지 않고 확인된 굴립주의 존재와 방형 적심토 그리고 백제 기와 및 전편이 두껍게 퇴적되어 형성된 유물포함층, 기와 산포지, 와적기단열 등을 통해 추정할

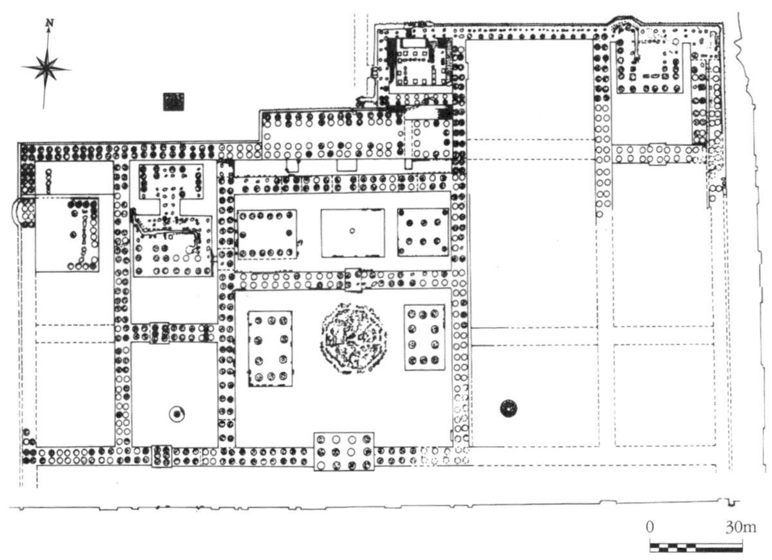

| 도면 8 | 고구려 정릉사지 가람배치

(장경호, 1992, 『한국의 전통건축』, 문예출판사, 69쪽 도면 19)

중심이 되어 그 뒤에서 금당지가 확인되고 그 동쪽에서 추정 동금당지가 확인되는 것으로 보아 이와 대칭되는 서금당지도 존재하였을 것이다.[35] 이는 당탑배치는 다르지만 군수리사원보다 이른 시기에 창건된 고구려의 정릉사(도면 8), 금강사 등의 사례를 통해서도 살필 수 있다.[36]

군수리사지 금당지 동쪽 건물지를 동금당지로 추정해 볼 경우 3금당의 '一'자 배치는 백제 미륵사지(도면 9)와 신라 황룡사지 중건가람(도

수 있다. 아울러 목탑지 내외에서 확인되는 다수의 부정형 수혈유구 등도 군수리사원과 관련 없는 후대의 유구로 추정할 수 있다.

35 현재 이 부분은 조사가 실시되지 않았다.

36 고구려의 사지는 대부분 8각 목탑지를 중심으로 금당지가 品자 모양으로 배치되어 있다.

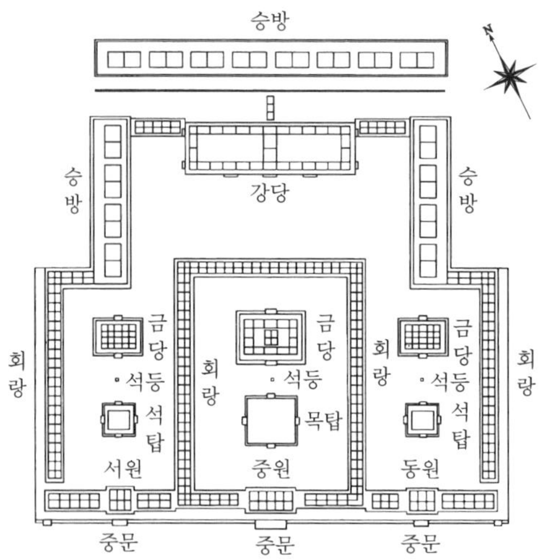

| 도면 9 | 미륵사지 가람배치 (전라북도익산지구
문화유적지관리사업소, 1997, 『미륵사지유물전시관』, 123쪽)

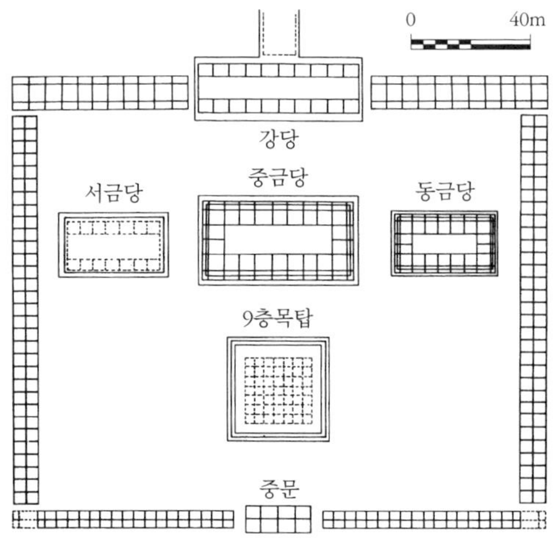

| 도면 10 | 황룡사지 중건가람 배치

(文化財管理局 文化財硏究所, 1984, 『皇龍寺』, 373쪽 삽도 2)

면 10)[37]에서도 찾아볼 수 있다. 그러나 미륵사지의 경우 탑이 3개이고 중원이 별도로 회랑에 돌려 있다는 점에서 군수리사지 금당 배치와 약간의 차이가 있다. 반면, 황룡사지 중건가람은 목탑지를 중심으로 그 북쪽에 중금당지, 그리고 그 좌우에 동서 금당지가 위치하는 등 세 금당지의 '一'자 배치를 보여주고 있다. 중건가람은 창건가람과 비교해 가람배치에 차이가 있고 이후 선덕여왕대에 창건되는 분황사지[38]와 비교해 보아도 당탑배치상의 차이를 엿볼 수 있다. 따라서 이러한 당시 사회의 가람배치를 고려하여 볼 때 황룡사지 중건가람의 3금당 배치는 백제 군수리사지의 사원

---

37 584년(진평왕 6) 중금당이 조영되었고, 9층목탑은 645년(선덕왕 14)에 건립되었다.

조성 플랜과 밀접한 관련성이 있었을 것으로 생각된다.[39] 이러한 판단
은 황룡사지 9층목탑이 백제의 조탑공인 阿非知에 의해 645년 조성된
사실로도 충분히 유추할 수 있다.

Ⅳ. 군수리사원의 편년과 조영주체

1. 편년

군수리사원은 사지내에서 확인된 와당(사진 9·10)과 연목와(사진
11)[40] 등을 통해 그 창건 연대를 유추해 볼 수 있다. 물론 와당은 지붕 보
수나 건물의 중건에 따라 다양한 형식의 와당이 사용될 수 있기 때문에
창건와를 추출한다는 것은 결코 쉬운 작업이 아니다. 따라서 본고에서
는 웅진기의 판단원형돌기식 와당과 부여지역 요지 출토 와례(판단삼각
돌기식 와당, 연목와) 비교를 통해 군수리사지에서의 창건와를 추출해
보고[41] 동시에 군수리사원의 창건연대에 대해서도 살펴보고자 한다.
판단원형돌기식 와당(사진 9)은 연화문 끝단에 원형의 소주문이 돌기
된 것으로[42] 웅진기의 정지산유적을 비롯한 공산성, 대통사지(사진 12),

---

38 석탑을 전면에 두고 세 금당지의 경우 品자 모양으로 배치되어 있다.

39 황룡사지도 중금당이 동서금당과 동일 레벨상에 위치해 있지만 규모면에서 중금
당이 크다.

40 이상 와당 및 연목와 國立扶餘博物館, 1997, 『국립부여박물관』, 81쪽 사진.

41 군수리사지 출토 와당은 백제 사비기 와당을 검토하는 과정에서 다루어졌다. 아울
러 이 과정에서 와당에 대한 편년도 개략적이나마 실시되었다.

| 사진 9 | 군수리사지 판단원형돌기식 와당 | 사진 10 | 군수리사지 판단삼각돌기식 와당

| 사진 11 | 군수리사지 연목와

| 사진 12 | 대통사지 와당
(國立公州博物館, 1988, 『百濟瓦當特別展』)

중동·봉황동·반죽동 등에서 확인되었다. 이 시기 와당의 특징은 연판 수가 8엽이고 연자는 1+6과 혹은 1+8과의 배치를 보이고 있다. 아울러 원형돌기를 중심으로 연판의 최대경이 중상부에 위치하고 있다. 반면,

---

42 소주문은 연판의 판근에서 판단에 이르기까지 완만한 경사도를 보이다가 판단 중앙에서 돌기하고 있다.

| 사진 13 | 가탑리사지 와당
(百濟文化開發研究院, 1983, 『百濟瓦塼圖錄』)

| 사진 14 | 금성산 건물지 와당
(百濟文化開發研究院, 1983, 『百濟瓦塼圖錄』)

군수리사지 출토 판단원형돌기식 와당은 웅진기의 것과 비교해 제작상 약간의 차이를 발견할 수 있다. 즉, 판단 중앙 소주문을 중심으로 연판이 양쪽으로 눌려 소주문이 융기된 것처럼 보이고 있다. 아울러 연판에 비해 자방의 크기도 커짐을 살필 수 있는 데 이러한 자방 확대는 판단삼각돌기식 와당에서도 확인되고 있다. 이러한 제작상의 차이는 사비천도 후에 나타난 문양상의 변화로 볼 수 있다. 특히 판단원형돌기식 와당은 6세기 4/4분기에 이르면 가탑리사지 출토 와당(사진 13)에서와 같이 소자방, 대연판의 형태로 변화하게 되어 6세기 3/4분기의 와당과 전혀 다른 문양을 취하게 된다. 이러한 소자방, 대연판의 특징은 판단삼각돌기식 와당에서도 똑같이 찾아지고 있으며,[43] 588년 백제의 와박사들이 일본에 파견되어 제작한 비조사 창건 와당(사진 15 · 16)에서도 살필 수 있다.

판단삼각돌기식 와당(사진 10)은 그 제작지가 일찍부터 부여 정암리 요지 B지구로 알려져 왔다.[44] 여기에서는 모두 10기의 가마와 작업장 관

---

43 부여지역의 관북리 추정 왕궁지, 용정리사지, 부소산성, 금성산 와적기단 건물지 (사진 14) 등의 와례에서 볼 수 있다.

| 사진 15 | 비조사 와당 1
(京都國立博物館, 1988, 『畿內と東國』)

| 사진 16 | 비조사 와당 2
(奈良國立文化財研究所, 1991, 『藤原京と京』)

련유구가 확인되었는데 군수리 사지 출토 와당과 동범와로 판단되는 와당은 9호요에서 검출되었다(사진 17). 이 가마는 무계단식 등요로 계단식 등요보다 선축된 것으로 그 연대는 6세기 중엽으로 추정되었다.[45]

연목와(사진 11)는 8엽의 연판에 자방 외곽으로 1조의 원권대가 돌려져 있고 간판은 '▼'

| 사진 17 | 정암리 B지구 9호요 와당
(國立扶餘博物館, 1992, 『부여 정암리 가마터(II)』,
174쪽 도판 44-②)

형태로 판근이 표현되어 있지 않다. 이는 정암리 9호요 출토 연목와[46]와 동일한 시문양상을 보이는 것으로 이의 생산이 6세기 중엽경에 이루어

---

44 國立扶餘博物館, 1992, 『부여 정암리 가마터(II)』, 128쪽.
45 國立扶餘博物館, 1992, 『부여 정암리 가마터(II)』, 121쪽.
46 國立扶餘博物館, 1992, 『부여 정암리 가마터(II)』, 179쪽 도판 49-① · ②

졌음을 알게 한다.

이렇게 볼 때 군수리사원에서 수습된 창건 와당과 연목와는 정암리와 요와의 관련성 등을 고려하여 볼 때 대체로 6세기 중엽경에 생산된 것임을 판단할 수 있다. 이는 한편으로 군수리사원의 창건 연대와도 관련되는 것으로써 그 시기는 성왕 말기~위덕왕 전반기로 추정할 수 있다.[47]

---

47 이는 군수리사원 금당지 및 목탑지 등에서 확인된 '丁巳' 명 인각와를 통해서도 어는 정도 유추해 볼 수 있다. 정사년은 537년 혹은 597년으로 비정되고 있는데 필자의 경우는 전자를 취신하고 있다. 군수리사원을 중심으로 직경 1km 이내에는 대통사지 창건 와당과 동범작인 와례가 관북리 추정왕궁지, 구아리 전 천왕사지, 동남리유적 등에서 확인되고 있다(趙源昌, 2005,「기와로 본 百濟 熊津期의 泗沘經營」『先史와 古代』23). 그리고 사비천도 이후에 창건된 것으로 추정되는 정림사지 또한 입지하고 있다. 이는 사비천도를 전후하여 이들 지역에 기와집이 조영되었음을 판단케 하는 것이다. 이 과정에서 '정사' 명 인각과도 이들 기와집에 사용된 것으로 생각되며, 이것이 시간이 경과됨에 따라 폐기되고 6세기 중엽경 군수리사지에 재사용되었음을 판단케 한다. 이처럼 정사명 인각와편을 재사용 기와로 보는 이유는 와적기단으로 조성하기 위해 번와하고 이를 기단 사용에 맞춰 다시 그 크기를 편으로 가공할리 없기 때문이다. 더더욱 기와편 상태에서 제작하여 번와 할리도 만무하기 때문이다.
이와 달리 '정사' 년을 597년으로 본다면 군수리사원의 창건 연대는 7세기 초·전반이 되어야 한다. 597년 기와가 번와되어 기와집에 사용되고 이것이 폐기된 후 기단으로 축조되는 과정을 거치기 때문이다. 그런데 이러한 편년안은 군수리사원에서 확인된 정암리가마 공급품인 판단원형돌기식 및 판단삼각돌기식 와당, 연목와 등의 葺瓦 시기에 있어 문제시 된다. 이들 창건와는 6세기 중엽경에 제작된 것으로 군수리사원 창건 시기와는 적어도 30~40년의 시차가 발생하게 된다. 그렇다면 이들 기와를 30~40년간 보관하였다가 군수리사원에 공급하였다는 이야기가 되는데 논리적으로 이해할 수 없는 부분이라 할 수 있다.
정암리가마에서 생산된 기와는 군수리사원 외에 관북리 추정왕궁지 일대, 동남리유적, 금성산와적기단 건물지 등에도 공급되었다(國立扶餘博物館, 1992,『부여 정암리가마터(II)』, 128쪽). 문제는 이들 유적에도 군수리사원에서처럼 기와를 30~40년간 보관하였다가 공급하였을까 하는 점이다. 기와는 와건물에 있어 절대 필수물이었고 공급하기 위해 제작된 것이지 보관하기 위해 생산하였다고는 판단할 수 없다. 따라서 필자는 丁巳年을 537년으로 보고자 한다.

2. 조영주체

군수리사원의 조영주체에 대해 필자는 위덕왕으로 비정해 보고자 한다. 이는 정림사지에서 관찰되는 합장식 와적기단, 그리고 능산리사지 남회랑지에서 확인되는 수직횡렬식 와적기단 및 금성산 와적기단 건물지 등에서 확인되는 하층기단 상면의 적심석렬 등을 통해 유추해 볼 수 있다.

군수리사원과 위덕왕의 관련성은 전술한 사지의 편년 외에 『일본서기』의 내용을 통해서도 그 가능성을 유추해 볼 수 있다.

A-① 여창이 신라를 정벌할 것을 계획하자 기로가 "하늘이 함께 하지 않으니 화가 미칠까 두렵습니다"라고 간언하였다. 여창이 "늙었구려, 어찌 겁내시오. 우리는 대국을 섬기고 있으니 어찌 겁낼 것이 있겠소"라 하고, 드디어 신라국에 들어가 구타모라에 요새를 쌓았다. 그 아버지 명왕은 여창이 행군에 오랫동안 고통을 겪고 한참동안 잠자고 먹지 못했음을 걱정하였다. 아버지의 자애로움에 부족함이 많으면 아들의 효도가 이루어지기 어렵다고 생각하고 스스로 가서 위로하였다.

A-② 이때 신라에서는 좌지촌의 말을 먹이는 종 고도(다른 이름은 곡지라고도 함)에 "고도는 천한 종놈이요, 명왕은 이름 있는 왕이다. 지금 천한 종으로써 군왕을 죽이게 하여, 후세에 전하여져서 사람의 입에서 잊지 않게 되기를 바라고자 한다"라고 말했다. 얼마 후 고도가 명왕을 붙잡아 재배하고, "왕의 머리를 베도록 하여 주소서"라고 말하였다. 명왕이 "왕의 머리는 종의 손에 맡길 수 없다"라고 대답하였다. 고도가 "우리나라 법에는 맹서한 것을 어기면 국왕이라 하더라도 마땅히 종의 손에 죽습니다"라고 말하였다(어느 한 책에는 "명왕이 의자에 걸터앉아 차고 있던 칼을 풀어 곡지에게 주어 베도록 하였다"고 하였다). 명왕이 하늘을 우러러 보고 탄식하며 눈물을 흘리면서 허락하여 말하기를 "과인은 매양 생각해 보건데 뼈에 사무치는 고통을 참고 살아왔지만, 돌아보건대 구차하게 살고 싶지 않다"라고 하고 머리를 늘여 베임을 당하였다. 고도는 참수하여 죽인 후에 구덩이를 파고 묻었다(어느 한 책에

는 "신라가 명왕의 두골은 수습하여 남겨 두고, 나머지 뼈를 예를 갖춰
백제에 보냈다. 지금 신라왕이 명왕의 뼈를 북쪽에 있는 관청의 계단
아래에 묻었는데 이 관청을 도당이라 한다"고 하였다(이상 『일본서기』
권19, 흠명기 15년(554) 동12월).

A-③ 백제 여창이 여러 신하들에게 "소자는 이제 돌아가신 부왕을 받들기
위하여 출가하여 수도하고자 한다"라고 말하였다. 여러 신하와 백성들
이 "군왕께서 출가하여 수도하고자 하신다면 우선 왕명을 받들겠습니
다. 슬프도다. 전의 생각이 바르지 못하여 후에 큰 근심을 가지게 되었
으니 누구의 잘못입니까. 백제의 나라는 고구려와 신라가 다투어서 멸
망시키려 하는 바입니다. 처음 나라를 세운 이후 이 나라의 종묘의 제
사를 어떤 나라에 시키려는 것입니까. 모름지기 도리는 왕명을 따르는
것이 분명합니다. 만약 기로의 말을 들었다면 어찌 여기에 이르렀겠습
니까. 바라건대 앞의 잘못을 뉘우치고 속세를 떠나는 수고로움은 하지
마십시오. 원하시는 것을 굳이 하고 싶으시다면 나라 백성들을 출가시
키는 것이 마땅합니다. 신하들은 마침내 상의하여 100명을 출가시키고
번개를 많이 만들어 여러 가지 공덕을 행하도록 하였다(『일본서기』 권
19, 흠명기 16년(555) 8월).

위덕왕은 기로들의 반대에도 불구하고 신라 정벌을 적극적으로 추진
하였다. 그 결과 성왕은 신라군에게 억울하게 죽음을 당하였고, 두골은
찾지 못하는 최고의 불효를 저지르게 되었다. 아울러 좌평 4명 및 병졸
29,600명도 전쟁으로 살해되었다. 아마도 이러한 상황은 위덕왕 자신이
감당하기에는 너무나 큰 정신적 혼란을 야기하였을 것이다. 거기다 전
쟁을 반대하였던 기로들이 위덕왕에게 책임 추궁을 하며 정치적으로 압
박해 오는 현실 상황은 도저히 감당하기 어려웠을 것이다. 이런 내우외
환의 분위기 속에서 위덕왕이 택한 것이 곧 출가 수도였다.

성왕은 당시 백제인들에게 있어 추앙받던 인물이었다. 이런 분을 위
해 효도의 차원에서 자신을 사신하고 출가 수도한다는 것은 백성들에게
효행의 이미지를 남겨줄 뿐만 아니라 전쟁에서 죽은 많은 사자들의 가

족을 위무한다는 점에서도 필요성이 있다. 아울러 기로들과의 정치적 타협도 무시할 수 없다. 위덕왕은 바로 이러한 정국돌파용으로 출가수도를 계획하였던 것이다.[48] 그러나 출가수도는 끝내 실현되지 않았고 그 대신 100명의 국민들을 도승하는 것으로 결정지어졌다. 도승은 왕의 허락 하에 출가할 수 있는 것으로 여느 출가와는 다른 강제적인 면이 부여된 것이다.[49]

100인의 도승은 위덕왕 대신 출가한 승려들이었기 때문에 그들의 출가 목적은 어찌 보면 이미 결정된 것이 아닌가 생각된다. 아울러 이들의 존재는 출가수도를 결정하고 번복한 위덕왕의 입장에서나 출가수도를 만류하고 도승을 결정케 한 제신 모두에게 상생의 결과를 안겨준 것이기에 수계 과정도 빠른 속도로 진행되었을 것이다. 뿐만 아니라 위덕왕은 출가수도까지 마음먹은 상태였고 수계 후 자신을 대신할 도승들을 위해 원찰로서의 창사 필요성도 적지 않았을 것이다.

군수리사원은 바로 이러한 위덕왕의 긴박한 상황 속에서 창건된 사찰이 아닌가 생각된다. 이는 다분히 정치적 목적에서 계획된 사원이었기 때문에 창사에 있어서도 조속한 공정이 필요하였을 것이다. 여기에 신라와의 전쟁 패배는 경제적으로도 많은 어려움을 가중시켰을 것이다. 이처럼 사원 조영과 직결된 주변 상황은 결코 양호한 편이 아니었다. 그 결과 사원내에서 가장 상징성이 강한 당탑기단의 축조에 있어 백제뿐만 아니라 고구려나 신라에서도 살필 수 없는 와적기단, 전적기단 등으로 조성케 되는 미증유의 결과를 낳게 되었다. 즉, 와적기단은 주변에서 쉽게 구할 수 있는 기와편을 이용한 것이고 전적기단은 이미 번조한 전을

---

48 양기석, 2007, 「제2절 위덕왕의 즉위와 집권세력의 변화」 『百濟文化史大系 研究叢書⑤ 泗沘都邑期의 百濟』, 159쪽.
49 길기태, 2006, 『백제 사비시대의 불교신앙 연구』, 서경, 60쪽.

사용할 수 있기 때문에 할석기단, 치석기단, 가구기단 등과 같은 채석 →
치석 → 조립 등의 복잡한 공정이나 경제적 부담을 상당히 경감시킬 수
있다. 그리고 금당지나 탑지의 축기부도 능산리사지 목탑지, 왕흥사지
목탑지, 금강사지 목탑지 등과 같이 굴광한 후 그 내부를 판축 혹은 성토
다짐하는[50] 공법을 취하지 않고 정지한 후 성토하는 기법을 채택하여 많
은 노동력과 공기를 절약하고 있다. 여기에 목탑지 하층기단의 무초석
굴립주는 건물의 안전성까지 야기하는 것으로서 뛰어난 기술력을 보유
한 백제 조사공의 건축물로는 이해하기 힘들다.[51] 이는 또한 금당지 하
층기단에 방형의 초석이 설치된 것과 큰 차이를 보이는 것으로서 절대

공정의 생략을 의
미한다. 이러한 공
정상의 하자는 결
과적으로 군수리
사원이 조사공들
의 의지와 관련 없
이 작업이 진행되
었음을 보여주는
단적인 자료라 할
수 있다.

한편, 탑지 조성

| 사진 18 | **금당지 동쪽 건물지 초석**
(石田茂作,昭和十二年六月,「第四扶餘軍守里廢寺址發掘調査(槪要)」
『昭和十一年度古蹟調査報告』, 圖版 第五二)

---

50 趙源昌, 2006,「日本 山田寺址에 나타난 百濟의 建築文化」『文化史學』26 ; 2007,
　　「飛鳥時代 倭 檜隈寺址에 나타난 百濟의 建築考古文化」『韓國上古史學報』58.

51 탑은 석가의 진신사리를 봉안하는 상징물로 금당과 더불어 사역 내에서 가장 존귀
　　한 건축물이다. 이런 곳에 무시설의 굴립 처마 기둥은 건물의 格과 어울리지 않는
　　건축기법이라 할 수 있다.

에서 볼 수 있는 건축공법의 이질성은 금당지 동쪽 건물지(동금당지 추정)에서도 살필 수 있다. 즉, 건물 내부의 초석을 보면 평면 원형과 부정형이 혼합되어 있는데 후자가 다수를 차지하고 있다(사진 18). 그동안 백제의 고토에서 확인된 금성산 건물지나 화지산 건물지, 미륵사지 동금당지 등의 초석들을 보면 대부분 평면 원형, 방형에 주좌부를 인위적으로 치석한 것을 볼 수 있다. 이런 사례와 비교해 볼 때 군수리사지 동쪽 건물지의 초석은 주변에서 수습하여 재사용하였음을 알 수 있다.

이처럼 군수리사원은 노동력이 적게 들면서 주변에서 구하기 쉬운 재료를 이용하여 당탑지의 기단을 축조하였고 초석이 필요한 곳에도 이를 시설하지 않는 등 여느 백제 사지 당탑지의 축조기법과 많은 차이를 보이고 있다. 결과적으로 정상적인 상황 아래에서의 당탑 건립으로는 이해하기 어렵고 정해진 기일 내에 경제적으로 어려운 여건에서 작업이 이루어졌음을 판단케 한다.

하지만 금당지 및 금당지 동쪽 건물지의 남면기단을 합장식 와적기단으로 축조한 점, 그리고 당탑지 모두를 기와편이나 전에 불과하지만 다른 사지의 당탑지와 같이 이중기단으로 조성한 점 등은 사원 조성에 있어 최소한의 화려함과 장엄성을 추구한 당시 조사공들의 노력이라 할 수 있다.

군수리사원의 조영주체는 누구보다도 출가수도를 결정했던 위덕왕이었을 것으로 사료된다. 여기에 惠와 兄을 포함한 성왕계 왕족들과 馬武 등의 측근세력 등도 포함되었을 것이다. 아울러 이의 조성 시기는 사지내에서 확인되는 와당과 연목와의 편년, 그리고 위덕왕 13년 공주의 발원으로 창건된 능산리사지의 당탑지 기단 등을 참고하여 볼 때 즉위초인 555년부터 567년 사이로 생각된다.

V. 결론

　이상에서와 같이 백제 사비기에 창건된 부여 군수리사원의 축조기법과 당탑배치, 그리고 이의 조영주체에 대해 검토해 보았다. 당탑지의 기단은 기와편이나 전을 이용해 이중으로 조성하였으나 백제의 다른 사지에서 동형의 사례는 찾아볼 수 없다. 아울러 목탑지에서 관찰되는 하층 기단 상면의 기둥 역시 금당지와는 다른 축조기법을 보이고 있어 공정상의 차이가 있음을 발견할 수 있다. 이와 같은 기단 재료의 이질성과 축조기법의 차이는 결국 당시의 정치·경제적 상황과 밀접한 관련 속에서 이해될 수 있으리라 생각된다.

　군수리사원의 당탑배치는 금당지 동쪽의 건물지를 고려해 볼 때 1탑3금당식으로 파악해 볼 수 있다. 이는 금당지와 똑같은 형식의 와적기단이 건물지 각 방향에서 동일하게 살펴지고 특히 합장식으로 조성된 정면에서 기단을 보강하기 위한 별개의 기와 매설 수법에서도 찾아볼 수 있다. 건물지는 금당지에 비해 규모 만 약간 축소되었을 뿐, 동일 선상에 배치되어 있다. 와적기단의 축조 형식으로 보아 동일 시기 같은 조사공에 의해 축조되었음을 알 수 있다. 아울러 이러한 당탑 배치는 6세기 후반 신라 황룡사지 중건가람에서도 살필 수 있다.

　군수리사원은 사지내에서 확인된 와당과 연목와로 보아 6세기 중엽에 창건된 것으로 파악된다. 이 시기는 성왕 말기~위덕왕 전기로 추정되나 구체적으로는 위덕왕대로 판단된다. 즉, 효의 발현과 정권돌파용으로 출가수도를 결정하고 이를 번복하는 과정에서 위덕왕은 자신의 역할을 대신할 도승들을 위해 원찰로서의 창사 필요성을 가졌을 것이다. 따라서 군수리사원의 대시주는 위덕왕으로 판단되며 그 외에 성왕계 왕족, 측근세력 등도 원찰 조영에 협조하였을 것으로 생각된다.

　한편, 567년(위덕왕 13)경 부여 동나성과 능산리왕릉 사이에 능사가 조성된다. 여기서 사원의 목탑과 금당은 치석기단(하층기단) 및 가구기단(상층기단)으로 조성되었다. 그리고 10년 후인 577년 왕흥사 목탑에서도 치석기단(하층기단)과 할석기단(상층기단)을 살필 수 있다. 모두 석축기단의 일종이라는 점에서 군수리사지와 같은 와적기단이나 전적기단은 찾아볼 수 없다. 이는 이후의 미륵사지나 제석사지에서도 마찬가지이다. 이런 기단의 축조 재료면에서 볼 때 군수리사원은 위덕왕대인 555~567년 사이에 창건된 것이 아닌가 판단해 본다.[52]

---

52 이 글은 조원창, 2008, 「백제 군수리사원의 축조기법과 조영주체의 검토」『한국고대사연구』 51호에 게재된 논문을 정리하여 옮겨 놓은 것이다.

제3부
신라 건축물에서 보이는 백제의 건축기술

　백제 와건물에서 보이는 기단건축은 재료에 따라 석축기단, 토축기단, 와적기단, 전적기단, 혼축기단 등으로 구분된다. 이 중 석축기단의 경우 석재의 치석정도에 따라 다시 할석기단과 치석기단으로 나눌 수 있다. 아울러 치석된 지대석, 면석, 갑석 등을 결구하여 만든 기단은 가구기단이라 부르고 있다.

　가구기단은 여러 형식의 기단건축 중 격이 가장 높은 것으로 추정되며 신라의 경우 6세기 3/4분기의 황룡사 중건가람 금당지에서 처음으로 확인되고 있다. 백제의 경우 567년경에 조성된 능산리사지의 당탑지에서 살필 수 있어 시기적으로 황룡사 중건가람보다 선축되었음을 알 수 있다. 황룡사 중건가람에서 관찰되는 여러 건축 속성으로 보아 백제와 밀접한 관련이 있음을 살필 수 있다.

　이중기단은 단면 상태에 따라 분류한 것으로 상층기단과 하층기단으로 구분할 수 있다. 차양칸 혹은 퇴칸 마련을 위한 초석이 하층기단 상면에 조성되었는지, 그렇지 않은지에 따라 두 종류로 나눌 수 있다. 신라 황룡사 중건가람 및 사천왕사의 경우 전자의 사례에 속하고 있으며 이는 백제의 군수리사지 금당지, 정림사지 금당지, 금성산 와적기단 건물지 등에서 살필 수 있다. 후자는 백제 중정리 소룡골 건물지 및 신라 나정 등에서 찾아볼 수 있다. 백제와 신라의 이중기단 건물지를 통해 당시 백제의 이중기단 축조술이 신라에 전파되었음을 판단케 한다.

와적기단은 백제 고유의 기단건축으로 최근 들어 경주지역을 중심으로 한 신라의 고토에서 일부 확인되고 있다. 평적식과 수직횡렬식 및 합장식의 아류작으로 추정되는 사적식 등이 조사되고 있다. 향후 발굴조사의 진행에 따라 좀 더 많은 유적에서 백제계의 와적기단이 검출될 가능성이 높다.

삼국시대에는 국가 간 다양한 문화요소가 교류되었다. 신라에서 보이는 백제계의 건축기술 또한 이러한 측면에서 이해할 수 있다. 특히 신라의 경우 경주 월성을 비롯한 황룡사, 육통리가마, 물천리가마 등에서 백제계의 판단원형돌기식 와당이 수습되고 있다. 이로 보아 백제와 신라 사이의 문화교섭은 건축기술 뿐만 아니라 제와술에 이르기까지 목조건축물을 매개로 한 다양하고 폭넓은 교류가 이루어졌음을 추정해 볼 수 있다.

백제 기단 축조술의 대신라 전파

01

Ⅰ. 서론

백제에서 신라(통일신라 포함)로의 문화전파는 주로 불교문화에서 그 편린을 살필 수 있다. 이는 사서에 등장하는 여러 기록이나 고고학적 발굴조사를 통해 이미 밝혀진 바 있다. 즉 신라의 여러 유적에서 수습된 백제계의 원형돌기식 와당[01]이나 인각와[02] 등은 백제에서 신라로의 와박사(혹은 와공) 파견 및 제와술 전파를 확연히 보여주고 있다. 아울러 阿非知로 대표되는 백제 조탑공의 신라 파견도 이미 주지의 사실이다.

그러나 이러한 기록이나 고고학적 물증이 드러나 있음에도 불구하고 백제와 신라와의 구체적인 문화교섭은 그 동안 거의 연구되지 못하였다. 이러한 학문적 단절은 고고학과 건축학의 연계성에 대한 무관심뿐만 아니라 연구자의 부족으로도 압축될 수 있다. 하지만 최근 들어 공주

---

01 月城 및 皇龍寺址, 雁鴨池, 六通里가마, 勿川里가마 등에서 출토되었다.
02 國立慶州文化財硏究所, 2003, 『慶州 仁旺洞 556·566番地遺蹟 發掘調査報告書』.

와 부여, 경주 등 과거 백제와 신라의 도읍지를 중심으로 한 유적(사지 및 건물지 등) 조사는 유구나 유물의 친연성을 바탕으로 한 이들 국가간의 대외교섭 관심도를 점차 높여주고 있다.

건물유적에 대한 발굴조사 결과 확인할 수 있는 유구는 건물의 하부 구조 즉, 초석이나 적심을 비롯한 기단 등이 전부라 하여도 과언이 아니다. 이 중 초석이나 적심은 축조기법의 다양성으로 말미암아 조영시기나 국적을 논하기가 매우 어렵다. 반면, 기단의 경우는 건물 조영과 관련된 문헌기록이나 이와 공반되는 토기 등의 검출로 인해 국적이나 편년설정이 상대적으로 수월한 편이다.

기단은 그 재료에 따라 석축기단, 토축기단, 와적기단, 전적기단, 혼축기단 등으로 나뉘며 석축기단의 경우 돌 표면의 치석 정도에 따라 할석기단과 치석기단으로 구분된다. 그리고 이는 축조방법에 따라 다시 할석난층기단, 할석정층기단, 치석난층기단, 치석정층기단, 가구기단 등으로 세분되고 있다.[03] 이 중 가구기단이나 이중기단은 장엄성과 위엄성을 대변하는 것으로서 삼국시대 특히 백제의 당탑유적에 많이 활용되었다.

본고는 그 동안 발굴조사를 통해 백제 및 신라에서 확인된 건축기단의 사례를 검토하여 백제에서 신라(통일신라 포함)로의 기술 전파를 파악해 보고자 한다. 특히 삼국 중 백제에서 유행을 보였던 와적기단,[04] 이중기단,[05] 가구기단[06] 등을 통해 백제 조사공의 기단 건축술을 살펴보고

---

03 趙源昌, 2002, 「百濟 建築技術의 對日傳播」, 상명대학교 박사학위논문.
04 趙源昌, 2000, 「百濟 瓦積基壇에 대한 一研究」『韓國上古史學報』33호.
05 이는 달리 二層基壇, 重成基壇 등으로도 불리고 있으나 본고에서는 이중기단으로 부르고자 한다.
　　趙源昌, 2002, 「百濟 二層基壇 築造術의 日本 飛鳥寺 傳播」『百濟研究』35輯.
06 趙源昌, 2003, 「寺刹建築으로 본 架構基壇의 變遷 研究」『百濟文化』32집.

자 한다. 아울러 신라의 고토에서 확인된 신라 및 통일신라시대의 와적
기단, 이중기단, 가구기단 등과 비교 검토하여 백제 기단 축조술의 신라
(통일신라 포함) 전파를 살펴보도록 하겠다.

Ⅱ. 가구기단 축조술

가구기단은 지대석, 면석, 갑석으로 결구되었으며 그 동안의 발굴 결
과를 검토해 볼 때 단층기단이나 이중기단의 상층기단에 시설되어 왔
다. 고려시대 숭선사지를 제외한 백제, 통일신라, 고려의 사원 유적을
보면 가구기단은 당탑지에 주로 사용되었다. 그리고 기단 구조의 특수
성으로 보아 별도의 조사공에 의해 조영되었음도 판단해 볼 수 있다. 그
동안 발굴조사를 통해 확인된 삼국의 가구기단은 백제의 것이 대부분이
며 고구려나 신라에서의 가구기단은 조사된 예가 많지 않다.[07]

반면, 삼국통일 직후에 이르면 경주 감은사지에 화려한 가구기단이
등장하게 된다. 감은사가 통일대업을 이룬 문무대왕의 원찰이었음을 고
려해 볼 때 신라 최고의 장인들이 참여하였음은 자명한 사실이다. 그러
나 신라의 고토에서 그 동안 가구기단의 존재가 많지 않았던 사실로 보
아 구조적 특성이 내포된 가구기단의 등장은 대외 기술의 전파 이외에

---

07 그 동안 고구려나 신라의 가구기단이라 하여 고고학계에 보고된 예는 많지 않다.
그러나 고구려의 경우 국내성 시기에 이미 중국의 영향을 받은 궁궐건축이나 예제
건축, 그리고 사원건축 등이 일찍부터 조영되었기 때문에 향후 가구기단이 검출될
가능성 또한 배제할 수 없다. 반면, 신라의 경우는 지금까지 금성 등 경주지역의 여
러 건물지나 사찰유적 등을 조사하였으나 가구기단이 널리 확인된 바는 없다. 다
만, 황룡사지 중건가람 및 감은사지에서 그 예가 확인되고 있다.

는 고려하기 어렵다. 이런 측면에서 사비시대 이후 주요 사지의 금당지
와 목탑지에 가구기단이 시설된 백제의 경우와 신라는 자못 비교되고
있다.

따라서 본고에서는 현재 고고학적으로 확인된 백제의 가구기단 중 비
교적 편년이 확실한 미륵사지의 기단을 통일신라의 감은사지 가구기단
과 비교해 봄으로써 그 기단 축조술의 전파를 추정해 보고자 한다.

1. 백제의 가구기단

백제의 가구기단은 그 동안의
당탑지 발굴조사 결과 사비시대
의 능산리사지, 금강사지, 미륵
사지 등에서 살필 수 있다. 이중
능산리사지와 금강사지는 유구
의 잔존 상태가 불량하여 완전한
상태의 가구기단을 살피기가 어
렵다. 다만, 미륵사지의 동 · 중
· 서원 금당지에서 확실한 구조
를 살필 수 있을 뿐이다.

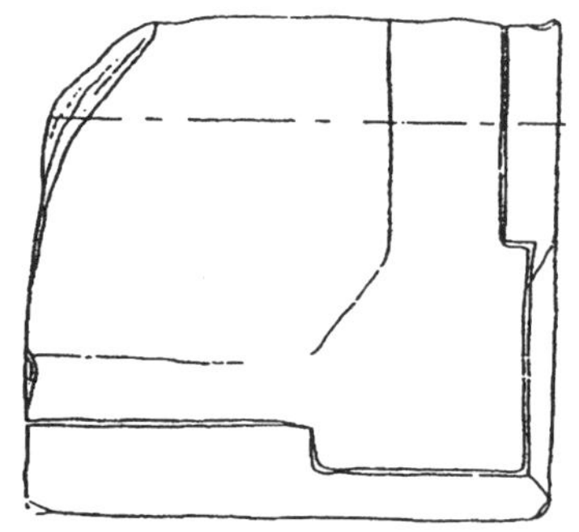

| 도면 1 | 금강사지 가구기단 지대석 (우석)
(國立博物館, 1969, 『金剛寺』, 10쪽 Fig.2 중)

백제 가구기단의 특징은 미륵사지와 금강사지 금당지에서처럼 지대
석 중 隅石(도면 1) 상면에서 방형에 가까운 隅柱의 주좌부가 살펴진다
는 점이다. 이처럼 우석에서의 우주의 존재는 통일신라시대의 보령 성
주사지 금당지에서도 확인된 바 있어 지역성 및 기술 전파 등을 엿보이
게 한다.[08]

본고에서는 시대적 편년이 확실하고 유구의 잔존 상태가 양호한 미륵
사지의 가구기단에 대해서 검토해 보고자 한다.

1) 미륵사지

미륵사지에서의 가구기단은 동원 금당지(사진 1), 중원 금당지, 서원 금당지, 그리고 강당지 등에서 살필 수 있다. 이 중 동·중·서원 금당지의 경우는 모두 이중기단으로서 상층기단이 가구기단으로 시설되었다.[09] 아울러 하층기단은 장판석의 갑석과 면석으로만 결구되었다는 특징이 있다. 아울러 강당지의 가구기단(사진 2)은 세 금당지와 구조가 다른 단층의 가구기단이나 세 금당지의 상층기단과 크기만 다를 뿐 부재, 결구수법 등은 동일하다.[10] 따라서 본고에서

| 사진 1 | 동원 금당지 가구기단 잔존상태 (필자사진)

| 사진 2 | 강당지 가구기단 (필자사진)

---

08 성주사지는 백제 호국사찰인 오합사지의 후신이다. 따라서 백제의 금강사지 및 미륵사지에서 만 살펴진 우주의 존재가 통일신라시대의 성주사지 금당지에서 만 확인되었다는 사실은 이의 조성에 백제계 조사공 혹은 백제의 기단 축조술이 이 시기까지 영향을 미쳤음을 의미하는 것이라 하겠다.

09 이는 능사 금당지의 경우도 마찬가지이다. 이처럼 上層을 가구기단으로 조성함으로써 건물의 莊嚴性을 한층 돋보이게 하였다.

는 대표적으로 동원 금당지만을 주로 하여 살펴보고자 한다.

하층기단은 별석의 면석과 갑석으로 결구되었다.[11] 갑석은 상층기단의 지대석과 맞닿아 있으며 지대석 외연으로부터 약 1m 길이로 깔려 있다. 지대석 한 판의 크기는 100×60~90cm이며 두께는 12cm이다.

상층기단의 지대석 상면에는 면석을 세우기 위한 턱이 3cm 깊이로 파여 있다. 아울러 네 모퉁이(우석)에서는 금강사지 금당지에서 본 것과 동일한 우주의 홈(너비 56cm)이 방형에 가깝게 음각되어 있다. 면석은 높이가 약 74cm, 두께는 최고 30cm이다. 면석 위에는 20cm 두께의 갑석이 올려 있다. 동원 금당지의 전체 높이는 약 126cm이다.

한편, 동·서원 승방지, 동원 남회랑지, 동원 동회랑지, 중원 남회랑지, 중원 서회랑지, 중원 북회랑지, 서원 서회랑지, 강당지 북편 건물지 등은 지대석이 없이 면석과 갑석으로 만 결구되어 엄격한 의미에서의 가구기단과 차이를 보이고 있다.[12]

2. 신라의 가구기단

그 동안 발굴조사된 신라시기의 가구기단은 황룡사지 중건가람 금당지를 비롯해 성주사지 금당지, 고달사지 1건물지(금당지 추정), 부인사

---

10 강당지는 별석의 판석인 지대석, 면석, 갑석으로 이루어졌고 전체 높이는 100cm이다. 지대석, 갑석 상·하단에서의 몰딩은 없고 면석은 이들 보다 안쪽에 들여쌓았다. 지대석 상단은 면석을 세울 수 있도록 L 자형으로 각출하였다.
11 이와 유사한 기단형식이 감은사지 강당 서편 건물지에서 확인되었다. 다만 양자의 차이가 있다면 하층기단 면석 위에 놓인 갑석의 길이가 감은사지 강당 서편 건물지의 것은 30cm로 짧고, 미륵사지의 것은 상층기단 지대석까지 길게 이어져 있다.
12 이러한 축조기법은 감은사지 강당 서편 건물지 기단에서도 살필 수 있다. 백제의 기단건축술이 신라에 전파되었음을 추측케 하는 부분이다.

지 금당지, 실상사 금당지, 장항리사지 금당지, 왕궁리사지 금당지 등 사원건축의 금당지에서 주로 확인되었다. 이는 가람배치상 금당지가 차지하는 비중을 고려하여 볼 때 건물의 위엄성과 장엄성을 대변해 주는 것이 아닌가 생각된다.

한편, 이러한 기단은 고려시대의 금당지에도 마찬가지로 사용되는 데 거돈사지 금당지, 숭선사지 금당지 · 서회랑지, 구룡사지 1건물지(금당지), 보문사지 금당지, 법천사지 중앙 건물지 등이 좋은 사례이다.

여기에서는 창건연대가 분명하고 백제 미륵사지의 가구기단과 구조 면에서 친연성이 있는 감은사지 가구기단을 중심으로 검토해 보고자 한다.

1) 감은사지[13]

감은사지에서의 가구기단은 금당지를 비롯한 강당지, 서회랑지 등에서 살필 수 있다.[14] 강당지와 서회랑지의 가구기단은 축조방법이 동일하여 여기에서는 강당지를 대상으로 알아보고자 한다.

(1) 금당지 (사진 3)

금당지는 이중기단으로 축조되었으며, 상층기단이 가구기단이다. 하층기단을 마감한 갑석은 길이 1.3~1.5m가 대부분이나 2.1m에 달하는 세장한 것도 있으며, 높이 29cm, 너비 36cm의 크기로서 상면과 외면을 치석하였다. 장대석과 연결되는 기단 네 모서리에는 'ㄴ' 자형의 다듬은

---

13 國立慶州文化財硏究所, 1997, 『感恩寺』 보고서 참조.

14 한편, 중문지, 남회랑지, 서익랑지 등도 단층의 가구기단으로 보고된 바 있으나 잔존 상태가 불량하여 본 내용에서는 제외시켰다. 그리고 강당 서편 건물지 등의 경우도 가구기단으로 알려져 있으나 지대석이 구비되지 않아 정형적인 가구기단으로는 보기 어렵다.

| 사진 3 | 금당지 가구기단 (필자사진)

석재로 마무리하였다.[15] 하층기단의 갑석과 상층기단의 지대석 사이에는 두께 8cm, 너비 29cm 크기의 판석을 별석으로 깔아놓았다.

상층기단은 지대석, 면석, 갑석을 갖춘 통일신라시기의 전형적인 가구기단이다. 지대석은 길이 1.5~1.6m, 두께와 높이 각각 30cm 내외로써 외연 상단에 너비 6cm, 높이 10cm의 턱을 만들었다. 면석은 길이 100~130cm, 높이 71cm, 두께 20~30cm 정도로 계측된다. 면석은 지대석 외연으로부터 약 3cm 정도 퇴물림한 후 세워졌다.

갑석은 북쪽 기단과 계단에서 살필 수 있다. 갑석은 단면 37×39cm의 크기로서 외연 하단에 모를 죽여 높이 10cm, 깊이 7cm의 턱을 두었다. 외연 상단에는 3.5cm 높이의 호형과 0.5cm 높이의 각형 몰딩을 두었다. 이와 같은 갑석 형태는 감은사지에서 처음 확인된 것으로 다른 유적에서는 찾아보기 어렵다.

(2) 강당지 (사진 4)

기단은 미륵사지 강당지와 같은 단층의 가구기단이다. 지대석은 외연 상단의 모를 접어 턱을 만든 일반적인 형태로 길이 180~237cm, 너비

---

15 기단석에 있어 이러한 우석의 등장은 결국 동자주를 사용하지 않고, 면석만을 이용하여 결구하였음을 의미한다. 면석만을 사용하였다는 점에서 제작 공정의 용이함을 살필 수 있다.

21cm, 높이 22cm
의 크기이며, 턱의
단면은 너비 6.5
cm, 높이 9.5cm이
다. 면석은 길이 95
~208cm, 높이 25
cm, 두께 14~15cm
등으로 크기가 다
양하다. 갑석은 턱

| 사진 4 | 강당지 가구기단 (필자사진)

이 있는 일반적인 모양으로 길이 165cm, 높이 21cm, 너비 38cm의 크기
가 대부분이지만 길이가 210cm에 달하는 것도 있다. 턱의 단면은 너비
6cm, 높이 10cm이다.

기단의 형태는 지대석 위에 면석을 올려놓을 때 퇴물림 하지 않고 턱
의 면에 맞추어 세워 금당지 기단과 차이를 보이고 있다. 면석 위의 갑
석도 면석에서 내어 쌓지 않고 턱에 맞추어 쌓았다. 기단의 전체 높이는
60cm에 달하며, 갑석 윗면이 초석 윗면보다 14cm 가량 낮게 되어 있다.

3. 백제와 신라의 가구기단 비교 검토

백제 미륵사지와 신라 감은사지에서 보이는 가구기단을 상호 비교해
보면 금당지의 기단은 모두 이중기단으로써 상층이 가구기단이라는 공
통성이 있다. 아울러 지대석, 면석, 갑석은 모두 별석의 판석으로 결구
되어 있다. 특히 지표면에서 상층기단 갑석까지 미륵사지 동원 금당지
가 126cm이고 감은사지 금당지의 경우가 118.5cm이어서 높이상으로도
큰 차이가 없음을 알 수 있다. 아울러 상층기단 면석의 높이도 전자가
74cm, 후자가 71cm이고, 두께도 전자가 30cm 내외, 후자는 20~30cm이
어서 기단 구조상 큰 차이가 없음을 볼 수 있다. 이러한 양국 기단에서

의 공통적 특징은 6세기 중엽 이후 백제에서 신라로 꾸준하게 전파된 불교문화의 소산이라 해도 과언이 아닐 듯싶다.[16]

특히, 감은사지 금당지의 건물 기단 공간은 미륵사지 금당지에서도 살펴지고 있어 두 건물지의 구조적 특징이 상통하고 있음을 볼 수 있다. 이러한 기단 공간은 그 동안 고고학적으로도 백제의 미륵사지와 통일신라의 감은사지에서 확인되고 있어 두 건물의 친연성, 더 나아가 백제 조사공의 기단 건축술이 통일신라의 감은사지에 적용되었음을 판단케 하고 있다.

이러한 기단 건축술의 전파는 비단 금당지 뿐만 아니라 강당지의 가구기단 축조기법을 통해서도 살필 수 있다. 즉, 감은사지의 경우가 지대석, 면석의 상하단 외연에서 '턱'이 확인될 뿐, 나머지 부분은 미륵사지의 기단 구조와 아주 흡사하다.

이처럼 백제의 미륵사지와 통일신라의 감은사지는 그 격에 맞게 금당지와 강당지가 각각 이중기단 및 단층기단으로 축조되었는데 이는 사찰에서 건물의 위치와 존격에 따라 건물기단이 달랐음을 보여주는 한편, 설계상으로도 미륵사지의 것이 감은사지에 선행함을 알 수 있다.

한편, 7세기 중엽경의 阿非知에 의한 황룡사 9층목탑의 조영은 당시 백제 조탑술의 신라 전파를 여지없이 보여주고 있다. 뿐만 아니라 후술할 6세기 4/4분기 경의 나정 이중기단 역시도 백제 이중기단과의 친연성을 보여주고 있다.

그러나 이러한 구조상의 유사성에도 불구하고 두 유적의 시기 차에 따른 세부적인 치석기법은 여러 차이를 보여주고 있다. 즉, 미륵사지의 가구기단이 지대석, 면석, 갑석 등 비교적 단순한 형태라 한다면 감은사지의 것은 장식성이 가미된 화려함을 보여주고 있다. 이에 대해선 금당

---

16 이러한 문화교류 양상은 기와(와당), 와요 및 이중기단 등을 통해 살펴볼 수 있다.

지를 중심으로 살펴보도록 하겠다.

상층기단의 지대석과 갑석에서는 백제의 가구기단에서 살필 수 없는 상·하단 외연에서의 턱을 볼 수 있다. 즉, 갑석의 경우 하단은 'ㄱ'모양으로 상단은 호형 및 각형의 몰딩으로 처리되어 있고 지대석은 '」'으로 단을 설치해 놓았다. 아울러 장식성과 관련은 없지만 면석의 경우도 지대석과 갑석의 턱 끝에 면을 맞추었다는 점에서 백제 미륵사지 금당지의 가구기단과 차이를 보이고 있다. 이러한 지대석과 면석, 갑석 등의 결구방법은 감은사지 강당지에서도 찾아지고 있어 같은 계통의 조사공들에 의해 축조되었음을 알게 한다. 다만, 금당지와 비교해 갑석 상단의 호형 및 각형의 몰딩처리가 이루어지지 않았다는 점에서 약간의 차이를 발견할 수 있다.

미륵사지와 감은사지의 가구기단은 조영시기의 차이를 반영하듯 지대석, 갑석 등에서의 장식적 차이를 보여주고 있다. 그러나 전체적인 구조, 즉 이중기단의 상층기단을 가구기단으로 조성한 점, 전체적인 높이나 세부 제원 등에서 큰 차이가 없는 점, 그리고 금당지에서의 기단 공간 등은 양국 기술의 친연성이 적지 않았음을 나타낸다.

이러한 기단에서의 동질성은 결과적으로 백제 멸망 후 백제의 조사공들이 신라 사회에 편입되었음을 보여주는 결정적 단서가 아닌가 생각된다. 이러한 백제 장인들의 대외적 파견과 그들에 의한 건축기술(사원, 토목기술 등)의 전파는 비단 신라뿐만 아니라 일본 사회에도 영향을 미치고 있어[17] 당시 백제의 우수한 건축기술을 반영하고 있다.

한편, 미륵사지 금당지의 가구기단과 친연성을 보이는 것이 법륭사

---

17 大宰府 水性 및 筑紫國의 大野城, 椽城 등을 들 수 있다.
  『日本書紀』卷 第27 天智天皇 3年 是歲條 및 4年 秋8月條.
  李道學, 1995, 「백제문화의 일본전파」 『백제의 역사』.

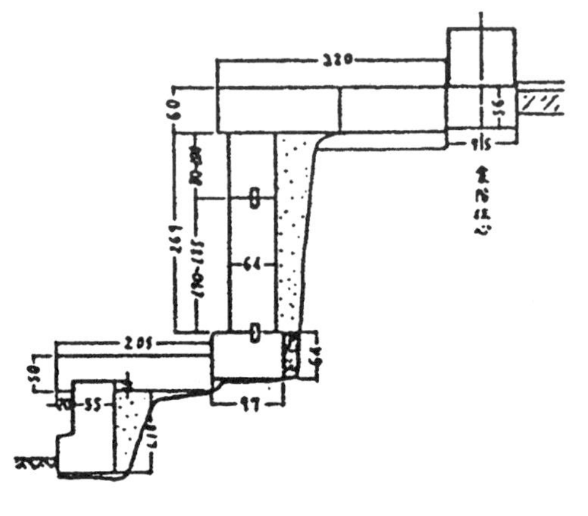

| 도면 2 | 법륭사 금당 가구기단

금당 기단(도면 2)에서도 확인되고 있어 주목된다. 구조상으로 이중기단이며 상층기단 및 하층기단 갑석에서의 차이는 크게 없다. 다만, 하층기단의 면석이 'ㅣ'자형이 아닌 'ㄴ'형이라는 점에서 약간의 차이가 있을 뿐이다. 이러한 기단 구조의 친연성은 결과적으로 7세기 초반 이후 백제의 기단 축조술이 일본에 전파되었음을 의미하는 것이라 할 수 있겠다.

Ⅲ. 와적기단 축조술

와적기단은 기단의 외장에 사용된 재료가 기와란 점에서 붙여진 이름으로 그 동안 삼국 중 백제에서 주로 확인되었다. 특히 백제의 와적기단은 일본 비조시대 이후의 와적기단과도 직접적으로 관련되어 고대 백제와 일본간의 문화교류에 적극적인 자료가 되고 있다.[18]

와적기단은 축조방법에 따라 크게 평적식, 합장식, 수직횡렬식, 복합식 등으로 구분할 수 있다. 이 중 평적식은 시기적으로 다양한 변화를

---

18 趙源昌, 2000, 「百濟 瓦積基壇에 대한 一硏究」『韓國上古史學報』33호.

보이며 변천하였으나[19] 합장식과 수직횡렬식, 복합식 등은 군수리사지나 부여지역 내에서 제한적으로 검출되어 대중적인 기단 형식은 아니었던 것으로 생각된다. 이들 와적기단은 백제의 경우 사비천도 후 7세기 전반에 이르기까지 유행을 보였다.

따라서 여기에서는 최근 경주지역에서 검출된 수직횡렬식의 와적기단을 중심으로 백제의 것과 비교해 살펴보고자 한다.

1. 백제 와적기단의 형식분류

1) 평적식

평적식은 평와와 점토를 이용하여 기단을 축조한 것으로 평면상 한 줄 혹은 두 줄 이상의 와열로 이루어졌다. 와적은 기반토나 다짐토 위에 혹은 'ㄴ'자형으로 절토된 기단토의 개구부나 구(∪모양) 내부에 축조되었다.

평적식 와적기단의 기원은 공주 공산성 임류각지의 전토혼축기단으로 생각되며, 시초는 6세기 중반 이전의 부여 관북리 건물지(a)로 생각된다. 이러한 형식의 기단은 조사된 유적의 내용으로 보아 추정 왕궁지, 사지, 특수 건물지, 성곽내 건물지 등 다양한 기와 건물지에 사용되었다. 이 중에는 초축부터 와적기단으로 사용된 예와 후에 보축되는 경우로 살필 수 있는데 전자는 군수리사지, 후자는 능산리사지 등에서 엿볼 수 있다. 아울러 평적식 와적기단은 일부 금성산 건물지에서와 같이 이중기단과 결합되어 나타나는 경우도 살필 수 있다.

이를 형식별로 나누어보면 다음과 같다.

---

19 평적식 와적기단은 平積의 방법, 평면 瓦列의 수, 地臺石의 유무 등에 따라 다양한 형식으로 구분되고 있다.

| 표 1 | 평적식 와적기단의 형식분류

지대석		평면 와열		와적 방향		보강시설	
무	유	1줄	2줄이상	기단방향	혼축	유	무
①②③ ④⑤⑥ ⑦⑧⑨	⑩	①③④ ⑤⑥	⑧⑨⑩	①②③ ④⑩	⑦	⑥⑨⑪	기타

〈범례〉

① 관북리건물지(a)　　　　② 관북리 "북사" 명 옹기 출토 건물지
③ 군수리사지 북방기단　　④ 군수리 2호 건물지
⑤ 능산리사지 공방지 Ⅰ　　⑥ 금성산건물지(사진 5)
⑦ 부소산사지 서회랑지　　⑧ 부소산성 서문지 주변 건물지　　⑨ 외리유적
⑩ 왕흥사지 서회랑지　　　⑪ 군수리사지 중앙기단

| 사진 5 | 금성산건물지 평적식 와적기단
(國立扶餘博物館, 1992, 『扶餘錦城山百濟瓦積基壇建物址
發掘調査報告書』, 77쪽 도판 13)

| 사진 6 | 군수리사지 합장식 와적기단
(국립부여문화재연구소, 2010, 『扶餘軍守里寺址 Ⅰ
-木塔址 · 金堂址 發掘調査報告書-』, 176쪽 사진 31)

2) 합장식

이 기단은 기와를 서로 엇갈리게 놓아 장식성을 돋보이게 하였다. 군수리사지의 중앙기단(금당지, 사진 6)과 동방기단, 정림사지 등에서 확인되고 있다.

3) 수직횡렬식

이 형식에 대해선 2절에서 별도 기술하고자 한다.

4) 복합식

(1) 수직횡렬식 + 평적식

군수리 1호 건물지에서 살필 수 있으며 상면이 평적식, 하면이 수직횡렬식을 이루고 있다. 수직횡렬식에 사용된 암키와는 군수리사지와 달리 片이 주종을 이루고 있다.

2. 백제의 수직횡렬식 와적기단

백제의 수직횡렬식 와적기단은 군수리사지를 비롯한 군수리 제1호 건물지, 관북리 건물지 등에서 확인되었다. 이 중 군수리 건물지는 복합식의 와적기단으로 하부의 것이 수직횡렬식으로 축조되었다. 반면, 상부는 평적식으로 조성되어 특이한 기단 형식을 보여주고 있다.

군수리사지에서 확인되는 수직횡렬식 와적기단은 금당지(사진 7)의 동·서·북면에서 살펴지고 있다. 완형에 가까운 암키

| 사진 7 | **군수리사지 수직횡렬식 와적기단**
(국립부여문화재연구소, 2010, 『扶餘軍守里寺址 Ⅰ
-木塔址·金堂址 發掘調査報告書-』, 179쪽 사진 40)

와를 횡으로 하여 일렬로 세워 기단을 조성하였다. 장폭은 상하로 두었으며 기와의 내면(포면)은 건물의 안쪽을 향하도록 하였다. 그러나 기와의 높이가 곧 기단토의 상면을 의미하고 있어 견고한 기단시설로는 파악되지 않는다. 조사가 일제강점기에 이루어져 기단 아래에서의 지대석 존재나 기단토의 조성 방법 등은 확인할 수 없다.[20]

관북리 건물지의 와적기단은 수직횡렬식 및 평적식으로 축조되었다. 수직횡렬식의 경우 군수리사지 금당지에서와 같이 완형의 평기와를 위주로 하여 조성하였다. 기단 아래에서의 지대석 등은 확인되지 않았다. 기단토 및 건물지 등에서 관련 유물들이 검출되지 않아 정확한 편년은 설정하기 어렵다.

수직횡렬식 와적기단은 백제에서의 경우 군수리사지의 사례로 보아 6세기 중엽 이후에 등장하였던 것으로 판단된다.

3. 신라의 수직횡렬식 와적기단

경주 인왕동 556 · 566번지 유적의 남북 담장석렬 부속 출입시설에서 확인되었다. 와적기단(도면 3)은 담장석렬을 보수하는 과정에서 축조되었던 것으로 판단되며 기단과 맨 하부의 지대석[21] 사이에는 기단토가 노출되어 있다.

기단토는 냇돌과 소토, 목탄 등이 혼입되어 있는 갈색 점사질토를 충전토로 사용하였다. 기단은 이 충전(기단)토의 전면을 掘土한 후 그 자

---

20 이 사지는 2005년 재조사 되었다(國立扶餘文化財硏究所, 2005, 「扶餘 軍守里寺址 (史蹟 第44號) 發掘調査 指導委員會議資料」).

21 이 지대석은 남북 담장석렬의 기초시설로써 수직횡렬식 와적기단과는 조성시기가 다르다.

리에 기와를 세워
꽂은 후 다시 황갈
색 점토를 성토하
여 마무리하였다.
기단에 사용된 기
와는 수키와편을
비롯해 암키와편,[22]
당초문 암막새편[23]
등이 혼재되어 있
다. 이러한 기단의
축조기법은 백제의
경우 군수리 와적
기단 건물지 및 관
북리 석축기단 건
물지에서도 검출된
바 있어 양국의 문
화교류를 판단케
한다.

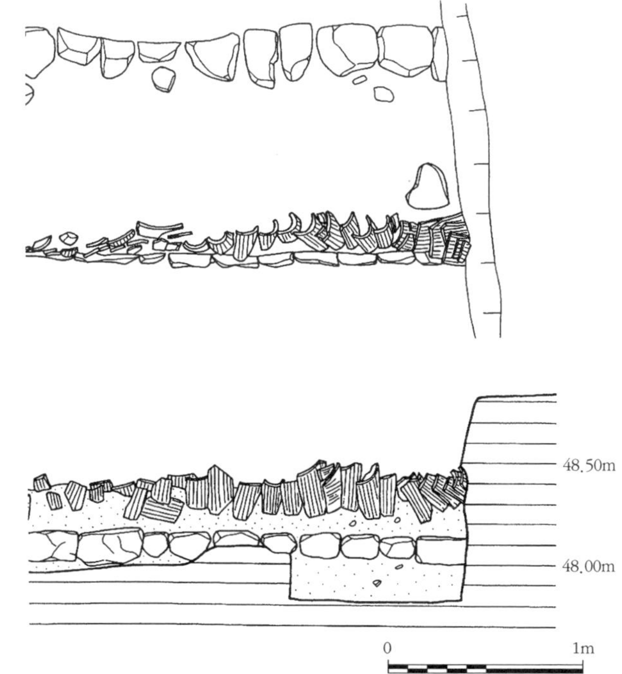

| 도면 3 | 경주 인왕동 출토 수직횡렬식 와적기단
(國立慶州文化財研究所, 2003, 『慶州 仁旺洞 556 · 566番地遺蹟
發掘調査報告書』, 39쪽 도면 18 중)

---

22 기와의 등면에는 중판의 고판으로 타날된 선조문이 시문되어 있다. 원통형 와통으
   로 제작되었으며 瓦刀는 안쪽에서 바깥쪽으로 그었다.

23 적갈색을 띠는 당초문 암막새편으로 상하단에 연주문대가 시문되어 있다. 당초문
   은 수려하게 판구 내에 꽉 차게 제작되었다. 암막새의 등면은 완만한 곡선을 유지
   하고 있으며 이의 동범와가 황룡사지에서 출토된 바 있다(國立慶州文化財研究所,
   2003, 『慶州 仁旺洞 556 · 566番地遺蹟 發掘調査報告書』, 도면 19-1).

4. 백제와 신라의 수직횡렬식 와적기단 검토

　신라의 와적기단에 사용된 기와는 백제와 달리 폐기된 수키와를 위주로 사용하였으며 일부에서는 기와가 서로 겹쳐있는 것도 확인된다. 기단에 사용된 폐기와(암 · 수키와, 암막새)의 길이가 다양하여 기단으로서의 정형성은 찾아보기 어렵다. 이에 반해 백제의 수직횡렬식 와적기단은 완형의 암키와를 주로 사용하며 서로 겹치지 않게 일렬로 세웠다는 점에서 신라의 것과 차이가 있다. 아울러 기단토의 止沙施設이란 측면에서도 백제와 신라의 수직횡렬식 와적기단은 차이가 있다. 즉, 인왕동 출토 기단의 경우는 와적기단 아래로 기단토가 위치하고 있어 진정한 의미에서의 지사시설로는 파악하기 어렵다. 이는 기단에 사용된 기와와 담장석렬의 기초시설로 사용된 할석간의 공백을 통해서도 살필 수 있다. 반면, 백제 수직횡렬식 와적기단의 경우는 내구성은 약하지만 완형의 암키와를 주로 사용하였기 때문에 지사시설로의 기능은 어느 정도 담당하였을 것으로 생각된다.

　백제에서의 수직횡렬식 와적기단은 군수리사지의 조성시기로 보아 6세기 중엽 이후에 등장하였던 것으로 판단되나 신라 인왕동유적의 경우는 기단에 포함된 암막새편으로 보아 통일신라시대인 8세기 이후에 조성되었던 것으로 사료된다. 백제와 비교해 1세기 이상의 시기차가 발생하고 있지만 그 동안 백제와 신라 모두 건물지의 조사가 왕도 중심으로 이루어졌음을 상기하여 볼 때 향후 이들 지역 이외에서 서로의 시기차를 좁혀줄 수 있는 수직횡렬식 와적기단이 검출될 가능성 또한 배제하기 어렵다. 그리고 백제에서 신라로의 문화전파는 인왕동유적의 동서 담장석렬 출토 인장와나 원형돌기식의 와당의 예로도 검토해 볼 수 있어 수직횡렬식 와적기단이 조성되기 그 이전부터 백제와 신라의 긴밀한 문화교류를 엿볼 수 있다. 이는 백제 멸망 후 감은사지 금당지에 채용된 가구기단의 축조술로도 살펴볼 수 있다.[24] 한편, 이러한 수직횡렬식의 와적기단은 일본의 橫見廢寺에서도 일찍이 검출된 바 있어 백제 조사공의 신라 파견뿐만 아니라 일본 파견까지도 확신케 한다.[25]

Ⅳ. 이중기단 축조술

이중기단이란 기단토나 기단석이 상층, 하층으로 양분된 것을 의미한다. 이러한 기단은 일찍이 중국 한대에서 비롯되었고 우리나라의 경우는 늦어도 5세기 초엽에는 고구려에 등장하였을 것으로 생각된다.[26] 즉, 동명왕릉과 밀접한 관련이 있는 정릉사(도면 4, 427년 창건)나 금강사(청암리사지) 등에서 이와 같은 기단형식을 살필 수 있다. 특히 정릉사 금당지의 경우는 하층기단 상면에 초석을 배치하여 건축사상 백제 금성산 건물지를 비롯한 신라의 황룡사지(최

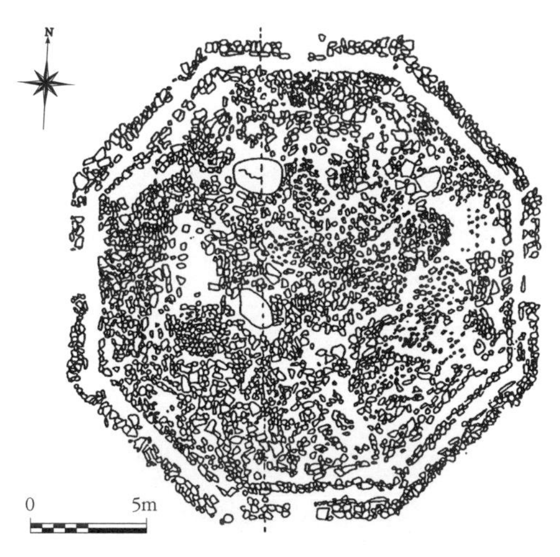

| 도면 4 | 정릉사지 탑지 이중기단

---

24 趙源昌, 2003, 「寺刹建築으로 본 架構基壇의 變遷 研究」『百濟文化』32輯.
25 조원창, 2002, 「백제 건축기술의 대일전파」, 상명대학교 대학원 박사학위논문.
26 그러나 고구려의 경우 375년에 省門寺나 伊佛蘭寺가 조영되었기 때문에 國內城 시기에 이미 이중기단이 시설되었을 가능성도 배제할 수 없다.

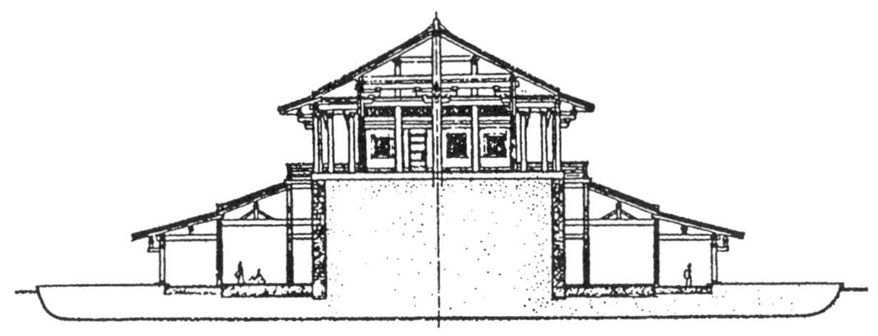

| 도면 5 | 장안 명당 유적 내 벽옹 이중기단

(楊鴻勛, 1987, 「從遺址看西漢長安明堂(辟雍)刑制」 『建築考古學論文集』, 圖4)

종가람) 금당지 등에 큰 영향을 미치었다.

이중기단은 본래 중국의 전한 수도인 장안 明堂[27] 유적내 辟雍(도면 5)에서 살필 수 있어 그 기원이 중국 한대에 있었음을 알게 한다. 아울러 이러한 기단 건축물은 다른 불교문화나 고분문화 등과 마찬가지로 중국 대륙을 통해 한반도의 고구려나 백제에 유입되었음을 판단케 한다.

1. 백제 이중기단의 형식분류

백제 이중기단은 사비기의 사지 및 특수 건물지 등 기와 건물지에서만 확인되고 있다. 이중기단은 기단의 축조방법과 축석재료, 그리고 하층 기단상의 기둥 시설 유무 등에 따라 다양하게 구분해 볼 수 있다. 이를 세분하여 살피면 다음과 같다.

---

27 명당은 황제가 주체가 되어 선조와 上帝에게 제사를 지내고 제후의 조회를 받으며, 尊賢·奉老를 행하는 일종의 禮制建築이었다.

1) 하층기단 : 치석(장대석)기단, 상층기단 : 가구기단인 경우

부여 능산리사지 금당지에서 살필 수 있다. 금당지의 기단토는 능산리사지를 조성키 위해 복토하였던 대지 조성토를 다시 굴광하고, 그 공간에 암갈색 사질점토를 채워 완성하였다.

상층기단의 지대석은 화강암의 장대석으로 길이는 대략 120~180cm이고, 안쪽으로 약 11cm 퇴물림한 곳에 면석을 세우기 위한 턱이 'ㄴ'자 모양으로 단이 져 있다. 면석은 하층기단의 서면에서 1매가 확인되었는데 잘 치석된 화강암의 판석으로 크기는 63×100×10cm이다. 갑석은 모두 결실되어 살필 수 없다.

2) 하층기단 : 와적기단, 상층기단 : 할석난층기단인 경우

금성산 건물지에서 살필 수 있다. 하층기단의 정면 길이는 18.04m, 측면 길이는 14.72m이다. 하층기단 상면에는 퇴칸 혹은 차양칸의 주초로 판단되는 원형 초석이 일부 남아 있으며 그 너비는 약 1.4m이다.

이 건물지의 하층기단은 평적식 와적기단으로 축조되었으며 상층기단은 할석재로 조성되었다. 상층기단의 잔존상태가 불량하여 정확한 구조는 파악이 어렵다.

3) 하층기단 : 가구기단, 상층기단 : 가구기단인 경우

미륵사지 동·중·서원 금당지에서 살필 수 있다. 하층기단은 판석으로 이루어진 면석과 갑석으로 결구되었고, 상층기단은 지대석과 면석, 갑석으로 조성되었다. 상층기단의 지대석은 하층기단의 갑석과 맞닿아 있으며, 면석이 올려질 수 있도록 약 1/2 가량 'ㄴ'자 형태로 치석되었다. 갑석은 하층기단과 마찬가지로 면석 보다 약 10cm 정도 앞으로 빼어 놓았다. 이러한 형식의 기단은 통일신라 감은사 금당지 및 일본(비조시대) 법륭사 금당지에서도 살필 수 있다.

4) 하층기단 : 할석기단, 상층기단 : 할석정층기단인 경우

용정리 남건물지에서 살필 수 있다. 이와 유사한 기단의 축조기법은 신라 나정에서도 확인할 수 있다. 특히 하층기단은 상층기단의 보강 역할을 하는 기능성에 초점이 맞추어져 있다. 이는 이중기단이 갖는 일반적인 위엄성 혹은 장엄성과 거리가 있는 것으로써 이중기단의 새로운 축조양상을 보여주고 있다.

5) 상층기단의 축조위치에 따라 구분

금성산 건물지와 같이 하층기단이 끝나는 기단토면에서 상층기단이 축조되는 경우와 용정리 남건물지에서와 같이 상층·하층기단의 축조위치가 동일한 기단토 상면인 경우로 구분해 볼 수 있다. 신라 황룡사의 경우는 전자에, 그리고 나정의 경우는 후자에 해당된다.

위에 제시된 백제 이중기단의 여러 형식 중 신라의 것과 직접적인 연관성을 보이는 유구는 부여 용정리 남건물지이다. 특히 기단을 축조하는 재료가 상층·하층 모두 할석이라는 점과 상층기단의 축조위치가 하층기단과 동일한 레벨상에서 이루어진다는 사실에서 상호 비교가 가능하다. 아울러 6세기 중엽 이후 백제의 이중기단이 신라에 비해 월등히 발전되었다는 사실에서 백제의 기술전파를 추론케 한다.

2. 백제 용정리 남건물지 이중기단

논 경작과 관련하여 북쪽 기단석렬 24m 정도를 제외한 나머지는 모두 멸실되었다. 기단은 이중의 석축기단(도면 6)과 단층의 석축기단으로 구분되어 있다. 그런데 동일 건물지의 기단석렬에서 이러한 기단 형식의 차이는 결과적으로 기단의 시기적 중복을 반영하는 것이라 할 수 있다. 즉, 이중기단과 단층기단의 혼축은 동일 기단 석렬에서 존재할 수 없기 때문에 필자의 견해로는 이중기단이 먼저 축

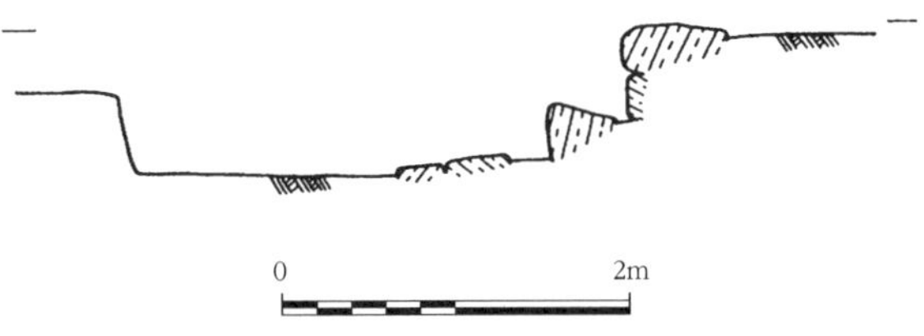

| 도면 6 | 용정리 남건물지 이중기단 단면 (忠南大學校博物館, 『扶餘 龍井里 百濟建物址 發掘調査報告書』, 27쪽 도면 Ⅳ 북건물지)

조되고 후대의 중건과정에서 일부가 단층기단으로 바뀌었음을 추정할 수 있다. 왜냐하면 그 동안의 발굴조사를 통해 밝혀진 이중기단의 상 징성을 고려하여 볼 때 동일 시기의 복합기단은 기대하기 어렵기 때문 이다.

이중기단의 하층기단은 1단으로 조성되었다. 기단석은 대부분 괴형 이고 크기가 달라 고저차는 있으나 전면은 반듯하게 맞춰놓았다. 하층 기단의 기저면은 생토(기반토)가 아닌 다짐토로 이루어졌고 기단석 상 면의 높이를 맞추기 위하여 기저면 위에 쐐기돌을 올려놓았다. 상층기 단석은 하층기단석에 비해 상대적으로 작은 할석을 사용하였다. 대체로 3단 높이의 할석정층기단으로 보이나 치석기단에서와 같은 정형성은 찾아보기 어렵다. 상층기단석 후면에서 별도의 굴광선이 확인되지 않는 것으로 보아 기단석과 기단토의 축조는 동시에 이루어졌던 것으로 생각 된다.[28] 하층기단석의 편축방향은 모두 전면을 향하고 있다.

이 건물지는 주변에서 검출된 단판 8엽 연화문 와당으로 보아 건물의 초축은 6세기 중엽 이후로 판단되고 중건은 소문 와당으로 보아 7세기 대로 추정된다.

---

28 이는 한 단 한 단의 기단석을 築石한 후 잇대어 기단토를 築土하였음을 의미하는 것이다.

3. 신라 나정지 이중기단

지금까지 고고학적인 조사를 통해 확인된 고신라의 이중기단은 황룡
사지 금당지와 나정을 들 수 있다. 전자의 경우는 하층기단 상면에 기둥
이 시설된 것으로[29] 백제의 금성산 건물지나 정림사지 금당지 등과 동일
한 구조를 보이고 있다.

반면, 나정 유적(도면 7)은 백제의 용정리 남건물지와 축조기법상 아
주 친연성이 높아 본고의 대상으로 삼고자 한다. 이들은 모두 기단토의

| 도면 7 | 나정 팔각건물지 이중기단
(중앙문화재연구원, 2004, 「경주나정 현장설명회자료 04-5」)

---

29 일종의 퇴칸 혹은 차양칸을 위한 기둥으로 생각된다.

단면이 1단을 보이고 있으나 기단석이 2단인 점에서 동질성이 있다.[30]

　나정은 신라 시조인 박혁거세의 탄강 전설이 깃들어 있는 곳으로 현재 사적 제245호로 지정되어 있다. 이 지역에 대해서는 2002년 5월부터 2005년 4월 현재에 이르기까지 여러 차례에 걸쳐 발굴조사가 진행 중에 있다. 발굴조사 결과 이곳에서는 신라~통일신라로 추정되는 팔각건물지 1동과 담장지, 배수로 등이 확인되었고 이보다 이른 시기로 편년되는 청동기시대 주거지 2기도 검출되었다. 이들 유구 중 백제의 용정리 남건물지와 친연성이 있는 이중기단은 바로 팔각건물지에서 조사되었다.

　기단은 기반암층인 명황색 풍화토를 팔각형태로 절토하고 그 외면에 이중으로 기단석을 축조한 다음 기단토와 기단석 사이는 작은 할석과 암갈색 점질토로 충전하였다. 하층기단석은 8면 모두 1단으로 축조되었으나 상층기단은 멸실 정도가 심하여 정확한 단수를 알 수 없다. 다만, 잔존 상태가 양호한 북쪽면의 경우 4단 약 70cm 정도 남아 있다.

　상·하층기단 모두 동일 기반토상에 놓여 있으나 하층기단의 경우 그 축석기법이 다양하여 특징을 보이고 있다. 즉, 출입시설 동편에 위치한 하층기단의 경우는 기단석렬의 바른면을 안쪽으로 향하게 하여 다른 면의 기단석렬과 방향을 달리하고 있다. 이는 상층기단 최하석의 보강을 위한 기능적인 조처로 파악되며, 하층기단 외곽으로는 1조의 뒤채움석이 확인되기도 한다. 이처럼 상층기단과 하층기단의 기단석렬이 서로 다른 방향을 보이는 이중기단은 백제에서도 그 예를 찾아 볼 수 없을 정도로 특이한 경우이다. 이 같은 현상은 팔각건물지의 기단을 축조하였던 장인들이 역할에 따라 구간을 달리하며 작업을 진행한 결과가 아닌

---

30 반면, 백제의 금성산 건물지, 부소산 폐사지 금당지, 능산리사지 금당지, 정림사지 금당지 및 신라의 황룡사지 금당지 등은 기단토의 단면이 2단이며 이에 따라 기단석도 자연스럽게 2단으로 축조되었다.

가 생각된다. 이러한 추정은 출입구의 북쪽면 주변과 서쪽면 주변 등지에서 확인되는 상층기단과 하층기단 간의 간격으로도 충분히 살펴볼 수있다. 왜냐하면 동일 장인들에 의해 기단 축조가 이루어졌다면 상층기단 최하석에 하층 기단석을 잇대어 축조하였을 것이기 때문이다. 이와같이 하층기단의 축조기법 차이를 보면 최소 세 부류 정도의 장인들이구역에 따라 작업 분담이 각기 이루어졌을 것으로 생각된다.

상층기단은 할석재이나 입면이 대체로 방형 혹은 장방형을 띠고 있으며 정층으로 축조되어 있다. 이 같은 할석정층쌓기는 백제의 용정리 남건물지와 동일한 축조기법을 보이는 것으로써 건축기술의 대외교섭을엿보이게 한다. 상층기단은 모두 기단석의 바른면을 바깥쪽으로 향하게한 편축이며 별도의 우석은 사용하지 않았다.

한편, 나정의 이중기단에서는 백제의 와적기단에서와 같은 절토기법도 확인되어 검토해 보고자 한다. 전술하였듯이 나정의 기단토는 기반암층을 팔각형으로 절토·정지하였으며 그 외면에 상층 기단석을 덧대어 놓았다. 따라서 절토된 기반암층까지의 상층기단석은 본래의 기단토지사시설과는 거리가 멀다. 아울러 절토된 기단토와 상층 기단석 사이는 작은 할석과 암갈색 점질토로 충전함으로써 간극을 없애주고 있다.그런데 이러한 기법을 보이는 기단토와 기단석과의 관계는 백제 정림사지 금당지, 금성산 건물지 및 부소산성 서문지 주변 와적기단 건물지 등에서 쉽게 살필 수 있다. 제시된 건물지 모두 기단에 사용된 부재가 석재가 아닌 기와라는 점만 차이가 있을 뿐, 기단토의 절토와 기단토와 기단 사이의 충전 등은 동일하다. 하지만 백제의 용정리 남건물지는 다짐토 위에 기단이 축조된 관계로 신라의 나정에서와 같은 절토기법은 살필 수 없다. 아울러 기단석과 기단토의 동시 축조로 말미암아 그 사이에서의 충전물 또는 확인할 수 없다.

이처럼 신라 나정은 축조기법상 백제의 이중기단 축조술과 와적기단축조술 모두를 응용시킨 결과로 탄생하게 되었다. 그 동안 신라의 고토에서 이 같은 축조기법이 확인되지 않았음을 전제로 할 때 백제 건축기술의 신라 전파를 부인하기 어렵다. 따라서 향후 좀 더 많은 자료 검토를 통해 백제 건축기술의 신라 전파를 검토해 보아야 할 것이다.

V. 결론

　백제는 중국 남북조 및 고구려와의 문화교섭, 혹은 자생적 문화발전에 의거 다양한 기단건축이 발생하게 되었다.

　기단은 기단토의 지사시설로써 석재, 기와, 전, 토석혼축, 전토혼축, 전석혼축 등 다양한 재료로 축조되어 왔다. 특히 백제는 고구려나 신라에서 찾아보기 힘든 와적기단이 사용되어 건축문화의 우수성을 보여주고 있다.

　기단은 그 동안의 고고학적인 발굴조사를 검토해 볼 때 건물의 위엄이나 장엄 혹은 장식성을 돋보이는 데 일익을 담당하였다. 특히 이중기단이나 가구기단 등은 사찰의 금당지나 탑지 등에 주로 시설되었다는 공통성이 있어 이 같은 판단을 가능케 한다. 아울러 폐기와를 주로 사용한 와적기단의 경우는 기단의 기능성뿐만 아니라 장식성까지도 추구하여 백제의 새로운 기단문화를 선도하였다.

　백제는 6세기 중반 이후 제와술과 기단 축조술을 신라에 전파하였다. 전자의 형적은 현재 신라지역에서 검출되는 백제계의 원형돌기식 와당이나 인각와 등을 통해 살펴볼 수 있고 후자는 황룡사지 최종가람의 이중기단이나 나정의 할석재 이중기단을 통해 유추해 볼 수 있다. 뿐만 아니라 황룡사 9층목탑과 관련하여 백제에서 파견된 조탑공 阿非知는 신라에 백제의 조탑기술을 전수하는데 일익을 담당하였으리라 생각된다.

　삼국통일 후 신라에 등장한 새로운 기단축조술로는 수직횡렬식 와적기단과 감은사지 등에서 확인되는 가구기단 등을 들 수 있는데 이들은 모두 6세기 중반 이후 백제에서 유행하였던 기단건축이라는 점에서 큰 이의가 없다.

최근 들어 백제 및 신라의 고토지역에서 사지를 비롯한 건물유적 등이 계속적으로 발굴조사 되고 있다. 그럼에도 불구하고 고고학과 건축학의 연계는 그 어디에서도 찾아보기 어렵다. 유적의 올바른 해석에 고고학 이외로 건축학의 참여가 필요한 시점이다. 향후 고고학과 건축학의 연계를 기대해 본다.[31]

---

31 이 글은 조원창, 2005, 「백제 기단축조술의 대신라 전파」『건축역사연구』 42호에 게재된 논문을 정리하여 옮겨 놓은 것이다.

황룡사 중건가람 금당지 기단축조술의 계통

02

I. 서론

584년(진평왕 6) 황룡사 중건가람의 중금당은 대형의 석조 장육삼존 불을 봉안하기 위해 10여 년의 역사를 거쳐 조성케 되었다.[01] 아울러 동금당과 서금당이 중건가람 중금당의 동서에 배치되면서 3금당의 구조를 갖추게 되었다.[02] 이러한 3금당의 동서 배치는 고구려[03]뿐만 아니라 신라의 다른 사지[04]에서도 그 사례를 살필 수 없는 특이한 구조에 해당 되고 있다. 그러나 백제의 경우 부여 군수리사지(도면 2)에서 그 형적을 살필 수 있어 황룡사 중건가람 금당배치와의 친연성을 확인케 한다.[05]

---

01 『삼국유사』권 제3 흥법 제3 탑상 제4, 황룡사장육조.

02 문화재관리국 문화재연구소, 1984, 『황룡사』.

03 고구려의 경우 8각목탑을 중심으로 동서북쪽에 금당이 배치하며(品자배치, 도면 1), 동서금당의 경우 목탑을 사이에 두고 정면을 바라보게 하였다.

04 7세기 전반의 분황사 가람배치를 보면 중금당과 동서금당이 品자배치를 보이며 정 면은 남쪽을 향하고 있으나 석탑의 경우 동서금당 남쪽 기단석 보다 아래에 위치 하고 있다(신창수, 2000, 「분황사 발굴조사 개보」『문화사학』11 · 12 · 13).

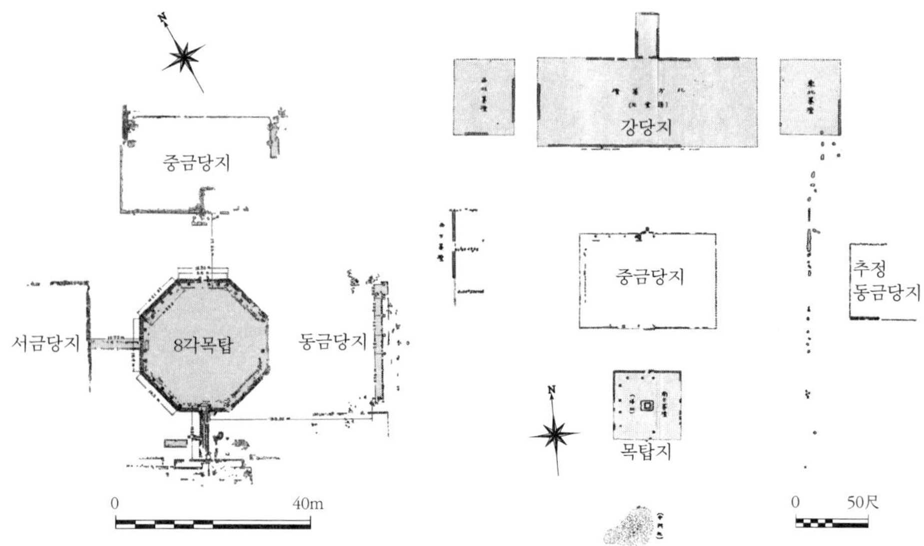

| 도면1 | 고구려 청암사지 당탑배치

(小泉顯夫, 昭和 15年, 「平壤淸岩里廢寺址의 調査」
『昭和十三年度古蹟調査報告』, 朝鮮古蹟硏究會)

| 도면 2 | 군수리사지 가람배치

(石田茂作, 昭和十二年六月, 「第四 扶餘軍守里廢寺址發掘調査
(槪要)」『昭和十一年度古蹟調査報告』)

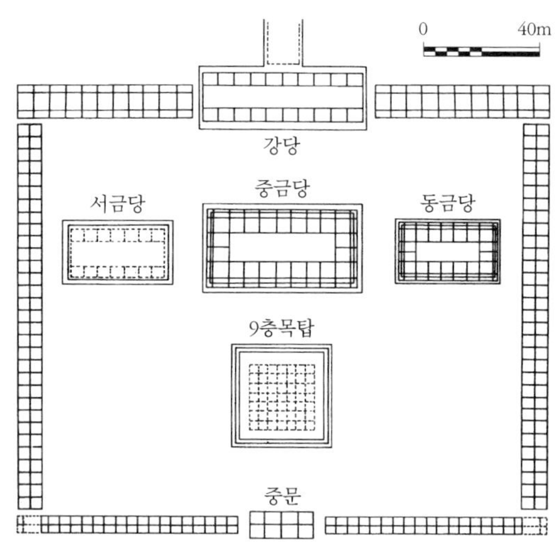

| 도면 3 | 황룡사 중건가람 배치

(文化財管理局 文化財硏究所, 1984, 『皇龍寺』, 373쪽 삽도 2)

뿐만 아니라 이중기단의 구조, 하층기단 상면의 초석 존재 등에서도 군수리사지 중금당지와 황룡사 중건가람 중금당지의 관련성을 추정케 하고 있다.

황룡사 중건가람의 3금당(도면 3)은 중금당을 먼저 조영하고 동·서금당은 후에 축조한 것으로 알려져 있다. 그러나 이는 축조상의 시기적 선후를 의미하는 것이지 순차를 두어 사원을 조성한 것은 아니라고 생각한다. 이러한 사실은 중금당이 별도의 탑과 강당, 회랑 등을 구비하지 않은 것으로도 판단할 수 있다.[06]

황룡사 동·서금당지는 중금당지와 마찬가지로 이중기단으로 조성되었을 것으로 추정되나 서금당지의 경우 멸실 정도가 심해 창건 기단의 형태를 살필 수 없다. 동금당지는 중금당지와 마찬가지로 이중기단 구조이나 상층기단이 장대석으로 축조되었다는 점에서 가구기단으로 조성된 중금당지와 큰 차이를 보인다. 이러한 구조상의 차이는 기단 아래의 축기부 존재에서도 차이를 보이고 있어 조영 주체의 이질성을 느끼게 한다.

지금까지 황룡사 중건가람 중금당지와 같은 동일한 이중기단 형식이 백제의 고토에서 찾아진 바는 없다. 하지만 그 동안의 와건물지 발굴조사를 통해 신라의 기단 형식보다 다양한 이중기단이 검출되었음은 부인하기 어렵다.[07] 이러한 사례조사는 역으로 신라의 고토에서 조사된 건

---

05 조원창, 2008, 「백제 군수리사원의 축조기법과 조영주체의 검토」 『한국고대사연구』 51, 한국고대사학회.

06 미륵사지의 경우 중원가람과 동·서원가람이 별도의 구역을 가지고 조영되어 있다. 이럴 경우 중원가람이 기본적으로 먼저 조성되었음을 추정할 수 있다. 아울러 백제 조사공에 의해 창건된 일본 최초의 사원인 비조사의 경우도 중금당과 목탑이 먼저 조영되고 동·서금당은 후에 축조되고 있다(도면 4).

07 조원창, 2002, 「백제 이층기단 축조술의 일본 비조사 전파」 『백제연구』 35, 충남대학교 백제연구소.

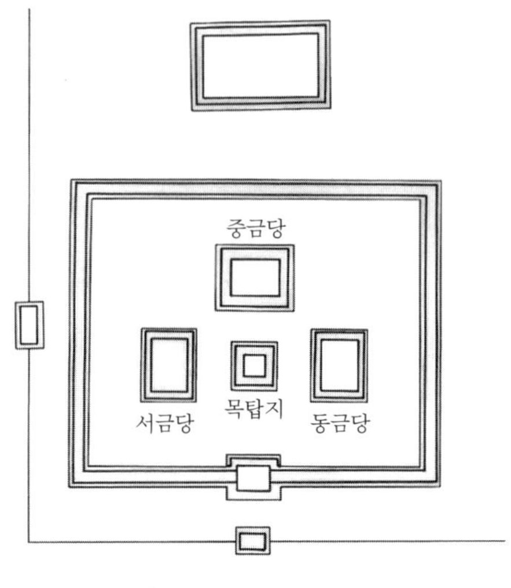

| 도면 4 | 일본 비조사 가람배치

축기단 형식과 많은 차이가 있음을 의미하기도 한다. 즉, 황룡사 중건가람 이전의 신라 건물지 중 가구기단이나 이중기단으로 조성된 와건물지를 찾아보기란 그리 쉽지 않다.[08] 물론 이러한 기단 형식이 아직까지 지하에 매장된 채 조사되지 않았을 가능성도 배제할 수 없다. 그러나 그 동안 신라의 고도였던 경주지역에서의 발굴이[09] 백제 고도였던 부여지역과 비교해 그 수효가 결코 적지 않았음을 볼 때 이러한 현 상황을 무시하기도 어렵다.

따라서 본고는 황룡사 3금당 중 특히 중금당지를 중심으로 그 기단의 형식과 축조기법 등을 살펴보고자 한다. 이를 위해 그 동안 백제에서 발굴된 여러 기단 형식을 검토해 보도록 하겠다. 그럼으로써 황룡사 중건가람 중금당이 백제의 건축기술로 조성되었음을 추정해 보고자 한다. 그리고 중금당과 축조기법이 다른 동금당에 대해선 신라의 건축기술로 축조되었음을 전개해 보도록 하겠다.

---

08 물론 경주 왕경유적의 일부나 인왕동 556번지 건물지의 경우 황룡사 중건가람 보다 선축된 것으로 볼 수 있다. 그러나 이들 유적에서 아직까지 치석된 석재를 이용한 이중기단이나 가구기단의 존재는 확인된 바 없다.

09 경주지역에서의 발굴은 왕경유적을 비롯해 사지, 관아지, 일반 와건물지 등 다양하다.

Ⅱ. 중건가람 금당지 기단의 조사내용

1. 중금당지의 기단 (도면 5)

상층기단으로 추정되는 적심석 석렬은 외진주 초석열로부터 남 7척, 북 7.2척, 동 7.5척, 서 7.3척 위치에서 확인되었다. 이들 적심석렬은 남면과 북면 그리고 서면에서 비교적 정연한 상태로 나타난 반면, 동면에서는 심하게 교란된 상태로 드러났다. 특히 서면 기단선 위치에서 2개의 지대석이 원위치를 지키고 있는 데, 상층기단 내 외진주 초석으로부터 약 7.3척의 거리에 있다. 지대석은 길이 7.5척, 폭 1척, 높이 1척과 또 하나는 길이 5척, 폭 1척, 높이 1척이다. 또한 상면 초석 전면에서는 동서 방향으로 나란히 깔린 塼틀[10]이 확인되었다. 이는 지대석 외연에 접해 깔은 것으로 추정되었고[11] 이러한 유구는 아직까지 백제 유적에서 확인된 바 없다. 상층기단 지대석을 전제로 동서기단의 길이는 163척, 남북기단의 너비는 81척이다. 지대석과 상층기단 내 초석 상면까지의 높

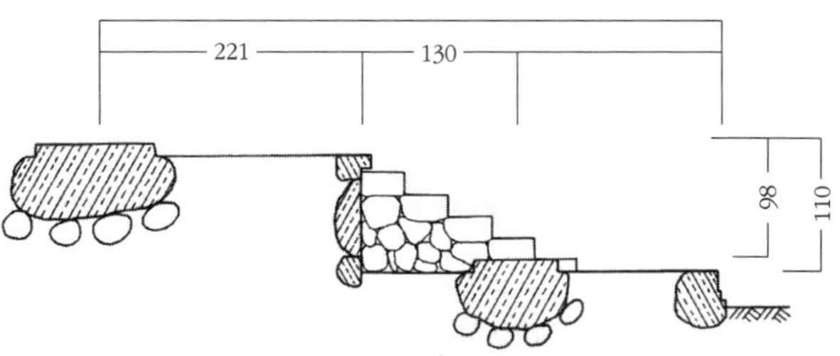

| 도면 5 | 중금당지 창건 이중기단 추정 복원도
(文化財管理局 文化財研究所, 1984, 『皇龍寺』, 54쪽 삽도 6)

---

10 문화재관리국 문화재연구소, 1984, 『황룡사』, 53쪽.

11 그러나 이는 층위상 나타나기 어렵다. 왜냐하면 상층기단은 가구기단이기 때문에 지대석 상면으로 면석과 갑석을 올리게 되며 지대석 부분은 기단토에 묻히게 된다. 따라서 층위상 지대석 주변의 전돌은 기본적으로 시설될 수 없다.

이 차는 3.2척이다.

상층기단을 조사하는 과정에서 하층기단 상면의 초석과 하층기단의 기단석이 검출되었다. 하층기단 상면의 초석은 남면에서 7개, 북면에서 10개, 동북모퉁이에서 1개, 서면에서 3개가 확인되었다. 이들 초석은 상층기단 외진주 초석으로부터 남쪽의 것은 11.4척, 북쪽의 것은 11.5척, 동쪽의 것은 11.6척, 서쪽의 것은 11.6척 거리에 있다. 하층기단 상면 초석과 상층기단 내 초석 상면까지의 높이 차는 3.3척이다. 하층기단 상면 초석은 상층기단 내 초석보다 크기가 작은 한 변 2척 내외의 방형이며 주좌가 없다. 하층기단 상면 초석은 하층기단 상면 중앙부에서 상층기단 쪽으로 약간 치우쳐 있다.

이들 초석 주변에는 方塼[12](한변 1.2척)이 깔려 있고 외측으로는 장대석(하층기단)을 한 줄로 돌렸던 흔적이 확인되었다. 상층기단 지대석과 마찬가지로 하층기단을 축조하기 전에 미리 凹溝를 조성하였으며 그 하면에는 적심석을 깔아 놓았다. 이들 석렬은 하층기단 상면의 초석 중심으로부터 남쪽 5.8척, 북쪽 5.2척, 동쪽 5.7척, 서쪽이 6척 정도 떨어져 있다. 하층기단의 동서길이는 182.5척, 남북너비는 103척으로 복원되고 있다. 하층기단석은 외벌대의 장대석이나 상면 외연을 2단으로 모접기하였다.

계단지는 남면에서 3개소, 북면에서 1개소가 검출되었다. 한편, 금당지의 하층기단 상면 초석 중심에서 북쪽으로 12척 떨어져 동서방향으로 약 111척 길이의 요구가 조사되었다. 이는 너비가 1.2척으로서 낙수구로 추정되었으나 동서면과 남면에서는 확인되지 않았다.

---

12 하층기단 상면의 방전이 창건기의 것인지 아니면 후대에 시설된 것인지 확실치가 않다. 다만, 동금당지에서 이러한 부전시설이 확인되지 않았고 서금당지에서도 3차기에 이르러 이러한 전돌이 시설되었다는 점에서 창건기의 것으로 확언하기는 어렵다.

2. 동금당지의 기단 (도면 6)

동금당지는 3회에 걸쳐 건물 평면이 변화되었다. 제1차 건물지는 이 중기단으로 판명되었고 그 규모는 하층기단이 동서 126척, 남북 75척 이었고 상층기단은 동서 112.5척, 남북 62척이다.

하층기단은 지대석 1매를 나열한 정도의 간단한 기단이었을 것으로 추정되며 상층기단은 하층기단의 기단토보다 약간 높게 조성하였다. 하 층기단 상면에서는 상층기단 내의 초석보다 크기가 작은 초석을 사용하 였는데 상층기단 쪽으로 치우쳐 설치하였다. 하층기단과 상층기단은 모 두 치석된 장대석 을 사용하였고 상 층기단의 경우 가 구식으로는 조성 하지 않았다.

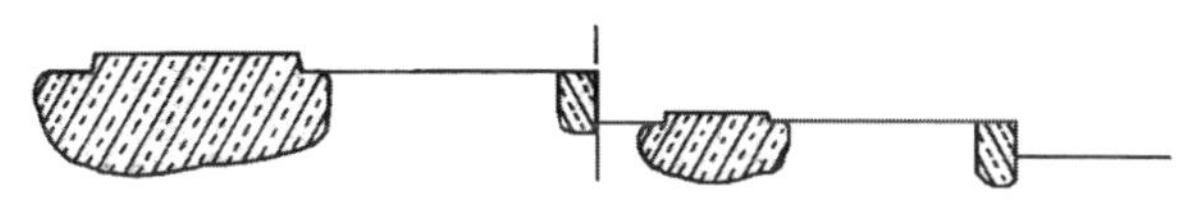

| 도면 6 | 동금당지 창건 이중기단 추정 복원도
(文化財管理局 文化財研究所, 1984, 『皇龍寺』, 70쪽 삽도 21 중)

3. 서금당지의 기단 (도면 7)

서금당지의 기단은 모두 3차에 걸쳐 변화되었다. 이중 제1차기 및 2 차기의 경우는 완전 멸실되어 그 형적을 살필 수가 없다. 최종기인 3차 기의 기단은 남아 있는 초석과 부전된 전돌, 그리고 지대석의 적심석 등을 통해 그 흔적 을 추정해 볼 수 있다.

이중기단으로서 하층기단은 장대 석을 사용하였고 상층기단은 평적

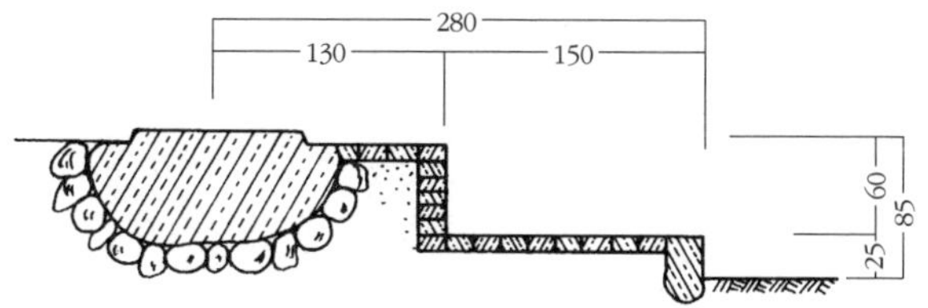

| 도면 7 | 서금당지 3차 이중기단 추정 복원도
(文化財管理局 文化財研究所, 1984, 『皇龍寺』, 76쪽 삽도 27)

식의 전적기단으로 이루어졌다. 하층기단 외연으로부터 상층기단이 시작하는 전돌 외연까지의 거리는 150cm이고 이 부분은 전체적으로 부전하였다. 상층인 전적기단과 외진주의 초석 사이도 부전한 것으로 추정되었다.

Ⅲ. 중건가람 금당지 기단의 축조기법

황룡사 중건가람에서는 모두 3개소의 금당지를 확인할 수 있다. 전술하였듯이 중금당에서는 초석이나 적심석 혹은 기단석의 중복관계를 전혀 파악할 수 없다. 이로 보아 기단을 비롯한 건물의 중건 등은 이루어지지 않았음을 알 수 있다. 동금당 기단은 3회에 걸쳐 중복되었으나 창건기 기단의 형적은 파악해 볼 수 있다. 반면, 서금당지의 경우 마지막 단계의 기단만 남아 있어 창건기의 형적을 살필 수가 없다.

따라서 중건가람의 창건기에 해당되는 기단은 중금당지 및 동금당지에서만 살필 수 있다. 이들은 모두 이중기단으로 조성되었으나 기단의 세부 축조기법면에서는 많은 차이를 보이고 있다. 아울러 이러한 축조기법의 차이는 기단 아래의 축기부에서도 관찰할 수 있다. 즉, 중금당의 경우 대지를 조성하고 건물을 축조하기 앞서 동서 189척, 남북 117척, 깊이 8.2척으로 대지를 되파기 하고 그 내부를 적색점질토 및 자갈로 혼축한 반면, 동금당의 경우는 축기부를 시설하지 않았다. 이러한 축조기법의 차이가 시기성을 반영하는 것인지 아니면 조영주체의 이질성에서 오는 것인지는 현재의 관점에서 확언할 수 없다. 그러나 동금당보다 늦게 조영된 9층목탑에서 이러한 축기부가 관찰되고 있다는 점에서 시기적 차이는 큰 변수가 되지 않았으리라 생각된다. 그렇다면 중금당과 동금당의 조영주체가 다를 수 있다는 판단이 한층 더 가능성이 있지 않나 추정해 본다.

중금당 및 동금당 기단에서 살필 수 있는 가장 큰 차이점은 상층기단에서 엿볼 수 있다. 즉, 중금당이 가구기단으로 조성된 반면, 동금당은 하층기단과 마찬가지로 장대석으로만 시설되어 있다. 가구기단은 지대석, 면석, 갑석이 결구된 것으로서 삼국시대의 경우 금당지나 목탑지 등 주로 권위적 건물에서 찾아볼 수 있다.[13] 아울러 중금당의 가구기단은 현재까지 신라의 고토에서 발굴된 와건물의 가구기단 중 시기적으로 가장 앞선다는 점에서 그 의의가 자못 크다. 이의 등장 배경에 대해선 다음 장에서 살펴보도록 하겠다.

동금당에서 볼 수 있는 장대석(치석)기단은 가구기단에 비해 기술력이나 노동력, 경제적 측면에서 상대적으로 수월함을 살필 수 있다. 이는 그 만큼 가구기단을 축조함에 있어 많은 시간과 기술, 노동력이 투여되고 그에 따른 경제적 기반도 중요한 지표가 되었음을 의미한다. 그런 점에서 중금당의 기단이 동금당보다 뛰어난 기단 축조술이었고 좀 더 장엄적이었음을 판단할 수 있다. 한편, 가구기단은 황룡사의 중금당에만 조성되었고 동·서금당에는 시설되지 않았다. 이러한 기단 구조의 차이는 3금당에 있어 시기성의 반영뿐만 아니라 건물의 위계도 의

| 사진 1 | 종루지 기단 잔존상태 (필자사진)

---

13 조원창, 2003, 「사찰건축으로 본 가구기단의 변천 연구」 『백제문화』 32, 공주대학교 백제문화연구소.

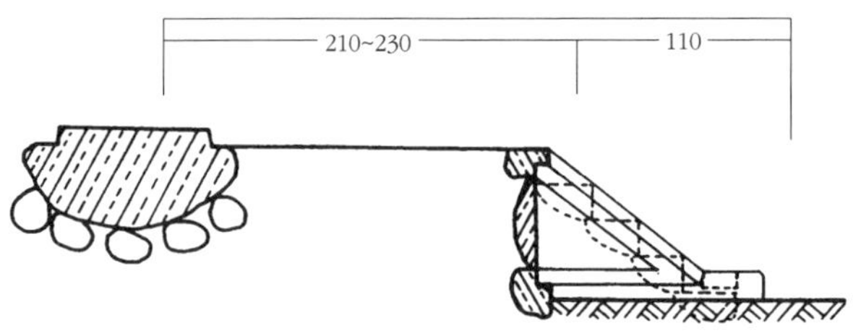

| 도면 8 | 경루지 기단 복원도

(文化財管理局 文化財研究所, 1984, 『皇龍寺』, 88쪽 삽도 37)

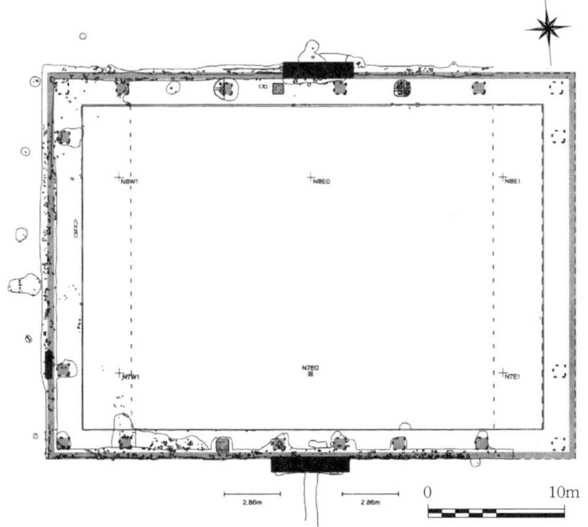

| 도면 9 | 군수리사지 금당지 (국립부여문화재연구소, 2010,
『扶餘軍守里寺址Ⅰ -木塔址·金堂址 發掘調査報告書-』, 59쪽 도면 21)

미하는 것이 아닌가 생각된다.

그렇다면 동·서 금당에 비해 위계가 떨어지는 종루지(사진 1) 및 경루지(도면 8)에는 어떻게 가구기단이 시설될 수 있었을까? 이는 종루지 및 경루지가 중금당에 비해 시기적으로 후축되었기 때문에 중금당을 모델로 하였을 가능성이 높다.

아울러 중금당과 동금당의 기단 차이는 하층기단 상면 초석 위치에서도 살필 수 있다. 즉, 중금당의 경우는 초석이 거의 하층기단 중앙부에 위치한 반면, 동금당의 경우는 상층기단 쪽으로 완전 치우쳐 있다. 이러한 초석의 위치 차이는 백제의 건축물에서도 살필 수 있다. 즉, 군수리사지 금당지(도면 9)의 경우 하층기단 상면 초석이 위치면에서 거의 중심부에 자리한 반면, 금성산 건물지(도면 10, 사진 2·3)에서는 초석이 상층기단 쪽이나 그 하부에 조성되어 있다.[14] 편년상 군수리사지는 6세기 중엽, 금

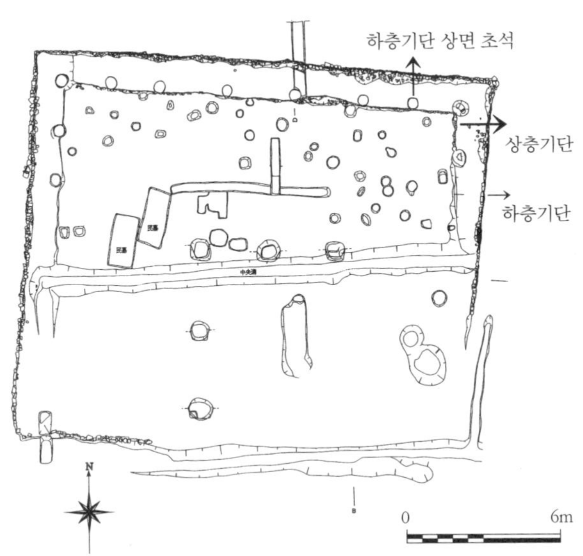

| 도면 10 | **하층기단 상면 초석** (國立扶餘博物館, 1992,
『扶餘錦城山百濟 瓦積基壇建物址 發掘調査報告書』, 도면 2)

| 사진 2 | **하층기단 상면 초석**

(國立扶餘博物館, 1992, 『扶餘錦城山 百濟瓦積基壇建物址
發掘調査報告書』, 73쪽 도판 7)

| 사진 3 | **하층기단 상면 초석 세부**

(國立扶餘博物館, 1992, 『扶餘錦城山百濟瓦積基壇建物址
發掘調査報告書』, 78쪽 도판 17)

---

14 이러한 사례는 백제의 조사공에 의해 창건된 비조사 동·서금당지 기단(도면 11)
에서도 찾아볼 수 있다.

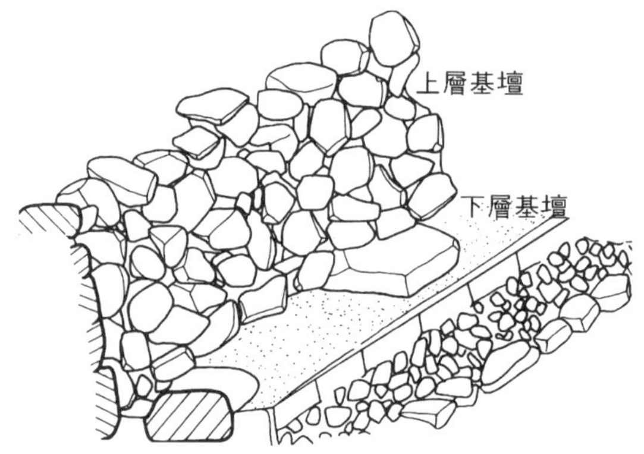

| 도면 11 | 비조사 동·서 금당지 기단 복원도

(매일신문사, 1974, 『불교예술』 96호, 63쪽)

| 사진 4 | 부여 부소산사지 하층기단 요구

성산 건물지는 6세기 4/4분기에 조성되어 어느 정도의 시기적 차이를 보여주고 있다. 따라서 하층기단 상면에 놓인 초석의 위치만을 놓고 볼 때 황룡사 중금당의 기단축조술은 6세기 중엽의 백제 건축술과 밀접한 관련이 있음을 살필 수 있고 동금당은 이보다 시기적으로 늦은 6세기 4/4분기경의 백제 건축술과 친연성이 있어 보인다.[15]

그러나 이와 같은 차이점에도 불구하고 하층기단을 모두 외벌대의 장대석으로 사용한 점, 장대석을 설치하기 앞서 凹溝[16]를 조성하고 그 바닥에

---

15 동금당의 기단축조술에서 백제의 건축기술이 엿보인다하여 이의 주체를 백제 조사공으로 파악하는 것은 결코 아니다. 이에 대해선 다음 장에서 살펴보도록 하겠다.

16 이러한 요구의 조성은 부여 금강사지 금당지와 목탑지, 부소산사지 금당지(사진 4) 등에서 확연히 살필 수 있다.

| 표 1 | 황룡사 중금당지 및 동금당지의 기단 비교

	중금당지	동금당지	비고
하층기단 구조	장대석	장대석	중금당지의 경우 기단 상면 외연에 모접기 처리
상층기단 구조	가구기단	장대석	갑석의 하부 외연을 몰딩처리 하였으나 이는 확실치 않음
하층기단 상면 초석 위치	중앙부에서 상층 기단 쪽으로 약간 치우침	중앙부에서 상층 기단 쪽으로 완전히 치우침	두 곳 모두 상층기단 내 초석보다 크기가 작음
하층기단 상면 처리	부전	?	그러나 전 바닥이 중건가람 초기에 있었던 것인지 그렇지 않으면 후대에 시설된 것인지는 확실히 알 수 없음
기단 아래 축기부의 존재	유	무	서금당의 경우 축기부 존재

소형 할석을 깔아 놓은 점, 그리고 하층기단 상면에 처마기둥을 세우기 위해 초석(차양칸 혹은 퇴칸)을 배치한 점 등은 황룡사지 중금당이나 동 금당 모두 동일한 축조기법으로 조성되었음을 보여주고 있다.

위에서 살핀 황룡사 중건가람 중금당지와 동금당지의 기단구조 및 축 조기법을 살피면 〈표 1〉과 같다.

Ⅳ. 중건가람 금당지 기단의 축조기술 계통

황룡사 중건가람에서 보이는 중금당 및 동금당의 기단은 모두 이중기 단이라는 특징이 있다. 그러나 신라의 경우 황룡사 중건가람에 선행하는 와건물지에서 아직까지 동일 형식의 이중기단이 확인되지 않았다는 점에서[17] 이의 기술적 계통을 추정하기란 그리 쉽지 않다.

황룡사 중건가람은 목탑보다 일찍 3금당이 조영되었고 중원 금당이 동서 금당에 비해 규모가 크고 일자(동서)로 배치되었음을 살필 수 있다. 이러한 금당 배치는 아직까지 고구려[18]나 신라에서 확인되지 않은 독특한 금당 배치이다. 반면, 백제 군수리사지의 경우 이와 동일한 금당 배치와 금당의 크기차[19] 등에서 황룡사 당탑 배치와 밀접한 관련성이 있음을 확인할 수 있다. 시기적으로도 군수리사원이 황룡사 중금당에 비해 선축된 것으로 알려져 있다.[20] 따라서 황룡사 중건가람의 당탑배치는 그 계통에 있어 백제의 군수리사원을 모델로 하였음을 추정할 수 있다.

황룡사 중건가람 금당지에서 살필 수 있는 표지적인 기단 형식은 바로 가구기단이다. 그런데 문제는 신라의 경우 황룡사 중건가람에 선축하는 가구기단이 지금까지 발굴조사 되고 있지 않다는 점이다. 다만, 후축된 감은사지나 분황사 중건금당지, 사천왕사지 등에서 그 형적을 살필 수 있다. 물론 후대의 교란이나 멸실에 의해 할석기단이나 치석기단의 경우 그 자체가 없어지는 경우도 살필 수 있지만 가구기단 지대석의

---

17 이중기단이면서 하층기단 상면에 초석이 배치된 예를 의미한다.
18 고구려의 경우 정릉사지와 금강사지, 상오리사지, 토성리사지 등이 이중기단으로 조성되었다고 보고된 바는 있으나(한인호, 1986, 「정릉사에 대하여」『조선고고연구』3, 33쪽 ; 1988, 「고구려의 탑터와 관련한 몇가지 문제」『력사과학』2, 41쪽) 이를 증명할만한 도면이나 사진은 아직까지 제시된 바 없다. 따라서 그 실체 파악이 불가능한 상태이다.
19 3금당에서 금당의 크기 차는 익산 미륵사지에서도 살필 수 있다. 중원 금당지가 동·서금당지에 비해 크기가 크고 높은 곳에 조영되었음을 살필 수 있다.
20 이에 대해서는 조원창의 논문 참조(2008, 「백제 군수리사원의 축조기법과 조영주체의 검토」『한국고대사연구』51).

경우 전체가 멸실되기란 쉽지 않다. 이러한 유구의 잔존 상황은 황룡사 중금당이나 동금당에서도 어렵지 않게 살필 수 있다.[21]

따라서 여기에서는 황룡사 중금당 및 동금당에서 보이는 기단의 형태와 축기부를 백제의 그것과 비교해 보고자 한다. 그럼으로써 중금당 이중기단의 경우 그 계통이 백제에 있었음을 살펴보고 동금당 이중기단은 중금당을 모방하여 신라의 장인에 의해 조영되었음을 알아보도록 하겠다.

황룡사 중금당지 기단은 현재까지 발굴조사된 신라의 이중기단 중 가장 이른 시기의 것으로서 하층기단 상면에 처마기둥을 위한 방형 초석이 놓여 있다. 이처럼 이중기단이면서 차양칸(혹은 퇴칸)을 위한 초석이

하층기단 상면에 시설된 사례는 6세기대 신라의 다른 와건물지에서는 전혀 살필 수 없다.[22] 다만, 백제의 경우는 군수리사지 금당지(사진 5)을 비롯해 정림사지 금당지(도면 12), 금성산 건물지 등에서 살필 수 있다.[23] 그러나 이들 유적의 기단 모두가 황룡사지 중금당지

| 사진 5 | 군수리사지 금당지 하층기단 상면 초석
(국립부여문화재연구소, 2010, 『扶餘軍守里寺址 I
-木塔址 · 金堂址 發掘調査報告書』, 179쪽 사진 41)

---

21 이는 결과적으로 6세기 전 · 중반에 해당되는 가구기단이 신라의 고토지역에서 조성되었다면 그 동안의 발굴과정을 통해 확인되는 것이 당연한 결과라 생각된다.

22 이는 그 동안 신라의 고토지역에서 발굴조사된 내용만을 기준으로 한 것이다.

23 군수리사지는 방형 초석, 금성산 건물지는 원형 초석을 하층기단 상면에 올려놓아 황룡사 중건가람 중금당의 경우 군수리사원과 초석의 평면형태가 동일함을 알 수 있다. 반면, 정림사지의 경우는 초석이 모두 멸실되어 그 평면 형태를 확인할 수 없

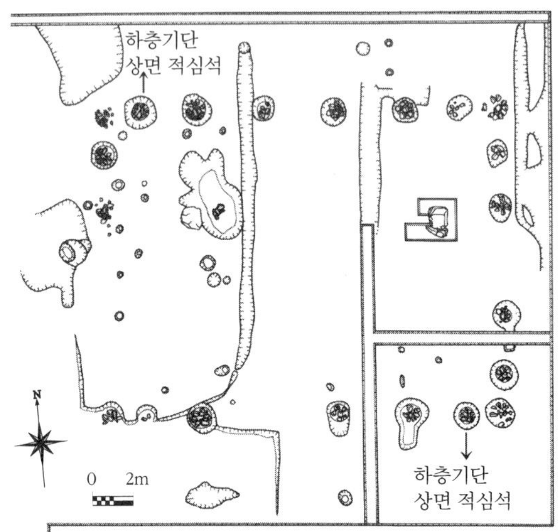

| 도면 12 | 정림사지 금당지 이중기단
(忠南大學校博物館 · 忠淸南道廳, 1981, 『定林寺』, 도면 5)

처럼 하층기단이 치석기단이고 상층기단이 가구기단[24]으로 조성된 것은 아니다. 즉, 군수리사지 금당지의 경우는 상 · 하층 모두 와적기단으로 조성되었고 금성산 건물지는 하층이 와적기단 상층은 할석난층기단으로 축조되어 차이를 보여주고 있다.

요컨대 황룡사 중금당과 같은 기단 구조는 백제 유적에서의 경우 능산리사지 금당지(도면 13)에서 확연하게 살필 수 있으나 결정적으로 이 건물지는 하층기단 상면에 차양칸 혹은 퇴칸용의 초석이 없다는 점에서 황룡사 중금당과 상이함을 보여주고 있다.

이렇게 볼 때 황룡사 중금당과 동일한 이중기단의 구조를 보이는 백제 유적은 아직까지 검출된 바 없다. 그러나 군수리사지, 정림사지, 금성산 건물지, 능산리사지 금당지의 기단 구조를 종합해 보면 황룡사 중금당에서 볼 수 있는 기단 형식을 추출해 낼 수 있다. 이러한 사례비교는 한편으로 백제 조사공에 의해 창건된 일본 비조사 금당기단을 통해

다. 아울러 백제 조사공에 의해 창건된 비조사 동 · 서금당에서도 하층기단 상면에 초석이 놓인 이중기단을 살필 수 있다.

24 백제에서의 가구기단은 기타 금강사지 금당지, 미륵사지 동 · 서 · 중금당지 등에서 살필 수 있다.

서도 확연히 살필 수 있
다. 즉, 중금당지(도면 14)
의 경우는 금강사지 금당
지와 같이 단층의 가구기
단으로 조성되어 큰 차이
가 보이지 않는다. 그러
나 동·서 금당지(도면
11)의 경우는 하층기단이
장대석이고 상층기단이
할석난층기단으로 조성
되어 그 동안 백제에서
검출된 이중기단의 구조
와 많은 차이를 보여주고
있다. 아울러 동·서 금
당지 하층기단 상면에서
는 차양칸(혹은 퇴칸)을
위한 초석이 조성되어 있
다.[25] 이처럼 비조사 동·
서금당지에서 검출된 이
중기단은 지금까지 백제
유적에서 전혀 찾아볼 수
없는 사례이나 이것이 백

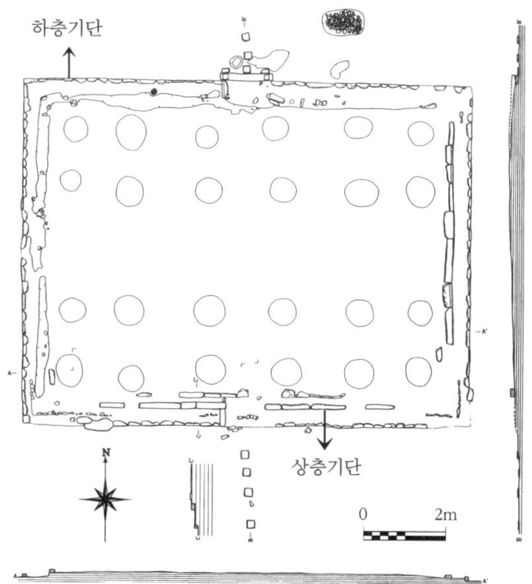

| 도면 13 | 능산리사지 금당지 이중기단
(國立扶餘博物館·扶餘郡, 2000, 『陵寺』-도면·도판-, 13쪽 도면 9)

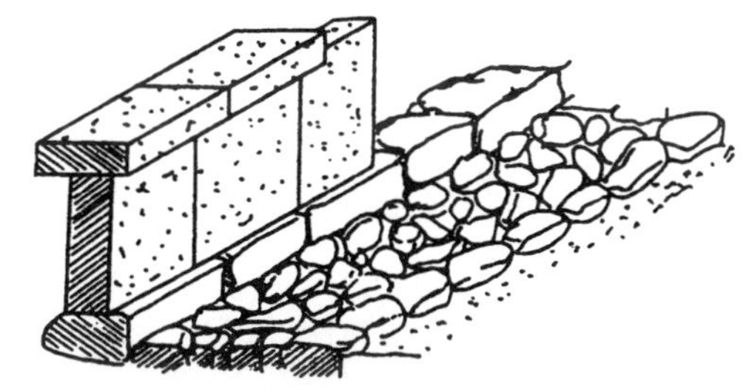

| 도면 14 | 비조사 중금당지 가구기단
(매일신문사, 1974, 『불교예술』 96호, 63쪽)

제 조사공에 의해 조성되었음은 그 누구도 부인할 수 없다. 이는 그 만
큼 건물 조영에 임하는 개별 조사공의 내재적 기술에 따라 기단 형식도

---

25 이러한 초석 배치는 금성산 건물지에서도 살필 수 있다.

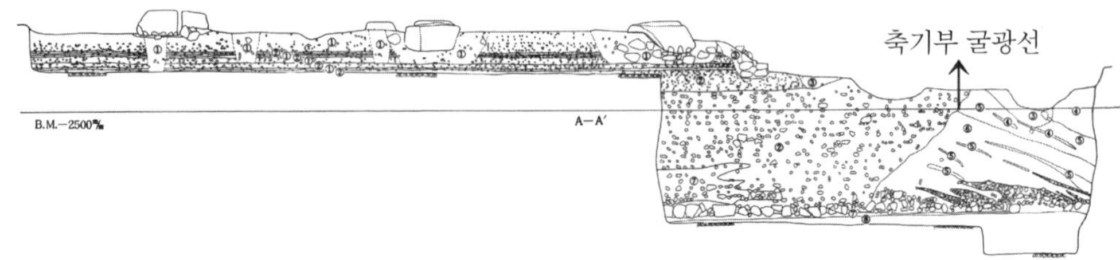

| 도면 15 | **금당지 동면 축기부 굴광선** (文化財管理局 文化財硏究所, 1984, 『皇龍寺』 -도판편-, 도면 28 중)

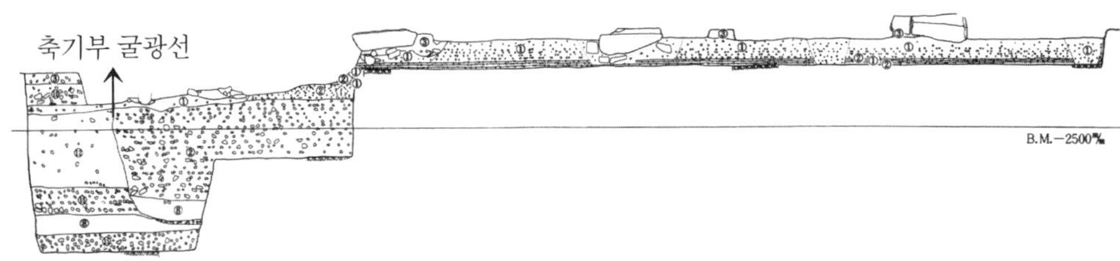

| 도면 16 | **금당지 서면 축기부 굴광선** (文化財管理局 文化財硏究所, 1984, 『皇龍寺』 -도판편-, 도면 28 중)

다양하게 조성될 수 있음을 보여주는 물적 자료라 생각된다. 따라서 황룡사 중건가람 중금당에서 보이는 이중기단의 형식도 위와 같은 백제 조사공의 다양한 기술력의 하나로 이해할 수 있지 않을까 생각한다.

한편, 중금당지에서 살필 수 있는 백제의 건축기술은 굴광된 축기부에서도 확인할 수 있다.[26] 전술하였듯이 황룡사 중금당(도면 15 · 16)은 동금당과 달리 기단부 아래에 축기부가 시설되어 있다. 그런데 문제는 황룡사 중금당의 축기부보다 선축하는 신라 와건물지가 최근까지 신라의 고토에서 확인된 바 없다는 사실이다. 신라의 경우 월성 출토 와례를

---

26 이러한 백제 건축기술의 신라 전파는 한욱도 마찬가지로 보고 있다(한욱, 2009.2, 「6~8세기 백제 · 신라건축의 기초부 비교연구 -사찰유적을 중심으로-」『문화재』 42호, 국립문화재연구소).

보면 적어도 6세기 중반 무렵에는[27] 활발한 기와 제작이 이루어졌음을 알 수 있다. 이는 결과적으로 6세기 중반 무렵 신라 경주지역에 기와 건물이 다수 입지하였음을 판단케 하는 것이다.[28] 그러나 이러한 유물의 존재에도 불구하고 축기부가 굴광된 6세기 중반 경의 기와 건물지가 신라의 고토에서 검출되지 않았다는 사실은 결과적으로 6세기 중반 무렵 신라 건축사에 있어 축기부 존재를 의심케 하기에 충분하다 할 수 있다.

그런데 이러한 추론은 한편으로 크게 두 가지 관점에서 유추해 볼 수 있다. 즉, 첫 번째는 창건기에 시설되었으나 후대에 멸실된 경우이고, 두 번째는 아직까지 이러한 유구가 발굴조사되지 않았다는 점이다. 그러나 첫 번째 가정의 경우 구지표면보다 층위상 아래부분을 되파기하

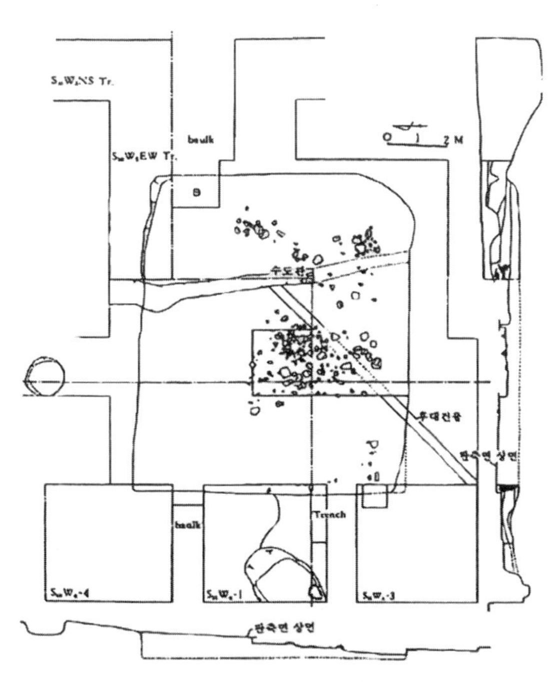

| 도면 17 | 몽촌토성내 판축대지
(김원룡 외, 1989, 『몽촌토성 - 서남지구발굴조사보고』, 도면 8)

---

27 조원창, 2005, 「백제 와박사의 대신라·왜파견과 제와술의 전파」『한국상고사학보』48, 99쪽.

28 이는 경주 인왕동 556번지 유적을 통해서도 살필 수 있다. 그러나 이 건물지에서도 기단 하부의 축기부는 확인되지 않았다.

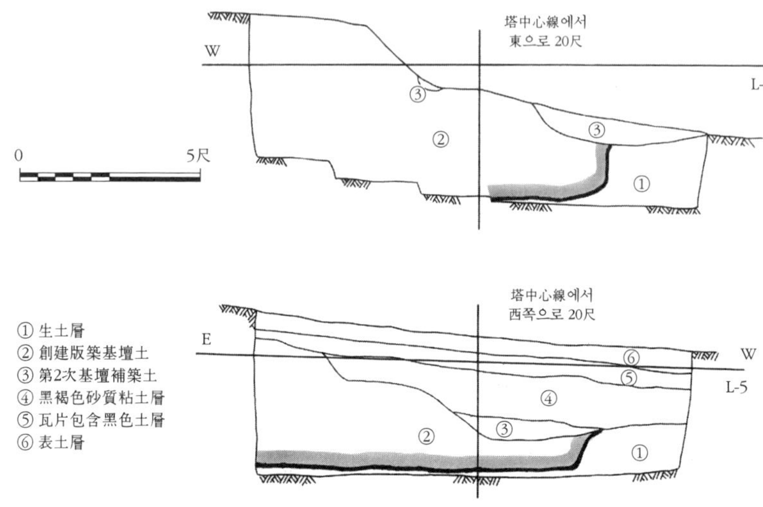

| 도면 18 | 금강사지 목탑지 축기부 (國立博物館, 1969, 『金剛寺』, 도면 13)

고 매몰하였다는 점에서 쉽게 멸실될 수 없다는 측면이 있다. 아울러 두 번째 가정은 경주지역이 부여지역의 백제유적 못지않게 오랜 기간 발굴 조사가 이루어졌다는 점에서 쉽게 이해할 수 없는 부분이다. 따라서 이러한 신라의 고토지역에서 6세기 전·중반으로 편년되는 축기부 시설이 검출되지 않았다는 사실은 황룡사 중건에 앞서 6세기 후반 무렵 새로운 건축기술이 신라에 유입되었음을 판단케 하는 근거가 된다. 아울러 이러한 문화 전파의 주체는 한성기 이후 사비기까지 여러 유적에서 검출된 자료들을 검토해 볼 때 백제일 가능성이 매우 높다.[29]

---

29 백제유적에서의 축기부 존재는 한성기의 경우 몽촌토성 판축대지(도면 17)에서 살필 수 있고, 웅진기는 용정리사지 목탑지에서 볼 수 있다. 사비기에는 능산리사지를 포함한 정림사지, 금강사지(도면 18), 왕흥사지, 제석사지, 미륵사지 등에서 찾아볼 수 있다. 이에 대한 내용은 조원창, 2008, 「백제 목탑지 편년과 축기부 축조기법에 관한 연구」 『건축역사연구』 59 참조.

동금당지의 기단 형식은 중금당지와 동일한 이중기단이나 상층기단
에서 큰 차이를 엿볼 수 있다. 즉, 중금당지가 단층의 가구기단인 반면,
동금당지는 한 매의 장대석으로 이루어져 있다. 장대석은 가구기단 중
흔히 지대석 부분만을 의미하는 것으로서 전자에 비해 구조상 매우 단
순함을 살필 수 있다. 상층기단을 제외한 하층기단 상면의 초석이나 상
층기단으로 사용된 장대석 등은 중금당지나 동금당지 모두 동일한 구조
를 보이고 있다.[30]

동금당지와 같은 기단 형식은 그 동안 발굴조사를 통해 삼국의 다른
유적에서 확인된 바는 없다. 신라보다 상대적으로 이른 시기에 이중기
단이 등장하였던 백제 유적에서도 이러한 기단 형식은 살필 수 없다. 그
러나 전술하였듯이 동금당지의 기단 형식은 중금당지의 그것과 비교해
상층기단에서의 구조적 차이만 발견될 뿐, 나머지 부분들은 큰 차이가
없다. 따라서 이는 중금당의 존재를 모방하여 동금당의 기단을 축조하
였을 가능성이 높다. 그 주체는 백제의 장인일 수도 있겠지만 필자는 신
라 장인일 가능성이 좀 더 높다고 생각한다. 이러한 논거는 동금당의 축
기부 부재에서 유추해 볼 수 있다. 즉, 중금당의 경우 하층기단보다 범
위가 넓은 축기부를 조성한 반면, 동금당에서는 이러한 유구의 존재를
확인할 수 없다. 축기부는 일반적으로 건물의 하중을 지탱하기 위해 대
지를 되파기하고 조성한 坑으로서 층위상 기단(혹은 구지표면) 아래에
위치하고 있다. 굴광된 축기부 내부는 판축공법이나 성토다짐공법으로
축토되거나 토석혼축 되는 것이 일반적이다. 그런데 이러한 축기부의
존재가 동금당에서는 확인되지 않았다. 이러한 유구의 부존재는 결과적
으로 중금당과는 다른 건축기술로 축조되었음을 의미한다. 아울러 중금

---

30 다만, 중금당지 장대석의 경우 상부 외연에 2단의 모접기가 이루어진 반면, 동금당
　　지 하층기단에서는 이러한 모접기를 확인할 수 없다.

당의 건축 과정에서 백제 장인들로 하여금 기술을 습득한 신라 장인의 자신감 표현으로도 판단해 볼 수 있다. 즉, 신라 장인들은 중금당을 조영하는 과정에서 많은 노동력과 시간을 투여 그 공법을 익혔음이 틀림없다. 아울러 건물의 규모나 하중에 맞게 축기부의 존재유무도 파악할 수 있었으리라 생각된다. 이러한 판단은 신라 장인들의 건축기술 습득이 시간의 경과에 따라 신라화되고 그것이 동금당의 기단이나 축기부 등에 영향을 미쳤을 것으로 파악된다.

이러한 필자의 생각은 한편으로, 시기적으로는 후행하지만 황룡사 9층목탑 조영과정을 통해서도 유추해 볼 수 있다. 『삼국유사』의 내용에 따르면 9층목탑의 축조를 위해 백제 장인 阿非知가 도목수가 되고, 태종무열왕 김춘추의 아버지 김용춘이 공사감독관으로서 신라의 소장 200인이 함께 동원되었음을 살필 수 있다.[31] 이렇게 볼 때 백제의 아비지는 목탑축조술의 전도사로서 9층목탑의 전체적인 작업 플랜을 짜고 신라인인 김용춘이 공사감독관이 되어 신라 장인으로 하여금 세부 작업을 실시하였음을 보여준다. 아마도 황룡사 중건가람 중금당의 경우도 이러한 방법으로 조영되었을 가능성이 높고 이러한 과정에서 건축기술을 습득한 신라 장인들에 의해 동금당과 서금당이 창건되었을 것으로 생각된다. 그렇기 때문에 백제의 건축기단과 비교되는 기단 형식이 황룡사 동금당지에서 확인되는 것이 아닌가 사료된다.

물론 건물의 하부구조인 기단 만을 가지고 해당 국가의 기술을 논하기란 그리 쉽지 않다. 그런데 와적기단이 삼국 중 유독 백제에서만 다수 검출된 바 있고 가구기단이나 이중기단의 경우도 6세기 중엽이후 백제에서 주로 발굴조사 되는 것으로 보아 주요 건축기술의 특성과 국적과의 관계가 전혀 무관치 않음을 판단해 볼 수 있다. 예컨대 고구려 사지

---

31 『삼국유사』 권 제3 흥법 제3 탑상 제4 황룡사구층탑조.

에서 볼 수 있는 8각 목탑의 기단도 고구려의 건축 특성을 살필 수 있는
좋은 예시라 할 수 있다.[32]

한편, 해당 시기의 건축 분위기 역시도 건축물의 구조나 기단 형식에
결정적인 영향을 미쳤을 것으로 생각된다. 만약 신라에서 6세기 전·중
반 무렵 가구기단이나 이중기단으로 와건물이 조영되었다면 그 존재는
발굴조사 과정에서 반드시 드러남이 당연한 결과라 생각된다. 그러나
최근까지 경주를 중심으로 한 학술 및 구제발굴조사 결과 6세기 중반 이
전의 가구기단이나 이중기단은 확인할 수 없다. 따라서 신라는 6세기 후
반 이후 백제의 건축기술을 전수받아 새로운 기단건축으로 건물을 조영
하였음을 판단케 한다.

V. 결론

황룡사 창건가람을 정지하고 해당 사역에 재건된 중건가람은 584년
중금당이 선축되고 동·서금당이 후축되었다. 중금당은 동·서금당에
비해 크게 축조되었고 장육존상을 안치하기 위한 건축물이라는 점에서
그 장엄성이나 위엄성 또한 만만치 않았을 것이다. 이러한 장엄성은 그
동안 발굴조사된 백제사지를 검토해 볼 때 기단부에서 그 특성의 일면
을 살필 수 있다. 예컨대 이중기단, 가구기단 등은 사지의 금당지나 목
탑지에서만 주로 확인될 뿐, 다른 전각에서는 이러한 기단 형식을 거의

---

32 현재 사지에서의 8각 목탑은 고구려의 전유물로 이해되고 있다. 이는 그 만큼 신라
    나 백제의 목탑지에서는 확인된 바 없는 기단임을 의미한다. 그러나 전각에서의 8
    각 기단은 신라의 나정 등에서 살필 수 있다.

찾아보기 힘들다. 물론 6세기 4/4분기의 왕흥사지 강당지 및 7세기 이후의 미륵사지 강당지에서 가구기단 형식을 엿볼 수 있지만 이는 전체 백제 사지의 전각에서 볼 때 미미한 숫자에 불과하다.

황룡사 중금당의 기단은 이중기단으로서 하층기간 상면에 퇴칸(혹은 차양칸)을 위한 초석이 배치되어 있으며 하층기단은 장대석, 상층기단은 가구기단으로 조성되었다. 특히 하층기단 아래에서는 건축물의 하중을 지탱하기 위한 축기부가 확인되기도 하였다. 시기적으로 황룡사 중건가람 중금당 이전의 신라 건물지에서 위와 같은 기단형식과 축기부를 겸한 건물지가 아직까지 검출되지 않았음을 볼 때 중금당지의 건축기단은 신라의 고유 기술보다는 외래의 건축기술 유입으로 조성되었음을 판단케 한다.

황룡사지 중금당지와 같이 이중기단이면서 하층기단 상면에 초석이 배치된 예는 백제 건축물에서 일부 살필 수 있다. 즉, 6세기 중엽의 군수리사지 중금당지를 비롯해 정림사지 금당지, 금성산 건물지, 그리고 백제 조사공에 의해 축조된 일본 비조사 동·서금당지 등에서 확인할 수 있다. 아울러 축기부가 있으면서 하층기단이 치석기단이고 상층기단이 가구기단으로 조성된 사례는 부여 능산리사지 금당지에서 살필 수 있다.

황룡사 중건가람 중금당과 동일한 기단형식을 보이는 백제 건물지는 확인된 바 없다. 그러나 백제 기단건축의 다양성과 신라의 고토에서 6세기 중반에 해당되는 이중기단이나 가구기단이 아직까지 검출되지 않았음을 볼 때 황룡사 중건가람 중금당의 기단은 외래기술 즉 백제 조사공에 의해 조영되었음을 판단케 한다.

한편, 상·하층기단 모두 치석기단이면서 하층기단 상면에 초석이 배치된 동금당지의 경우는 축기부가 시설되지 않아 중금당지의 축조기법과 많은 차이를 보이고 있다. 이러한 차이는 상층기단의 세부 구소에서도 극명하게 나타나고 있다. 따라서 동금당의 축조주체는 중금당의 조영주체와 동일하지 않음을 유추할 수 있다. 결과적으로 동금당은 중금당의 조영과정에서 백제 조사공으로부터 축조기술을 습득한 신라 조사공들의 산물로 이해된다.

경주지역을 중심으로 한 신라 유적의 발굴은 일제강점기 이후 지금까지 계속 진행되고 있다. 많은 건물지가 발굴조사 되었음에도 불구하고 백제보다 이른 시기의 상계를 겸한 이중기단이나 가구기단은 확인된 바 없다. 향후 발굴조사 성과에 따라 상술한 내용에 대한 재검토도 배제할 순 없겠지만 현재까지의 고고학적 조사 내용을 통해 볼 때 황룡사 중건가람의 조영에 있어 백제 조사공의 참여 또한 부인하기 어려울 듯싶다.[33]

---

33 이 글은 조원창, 2009, 「황룡사 중건가람 금당지 기단축조술의 계통」『문화사학』 32호에 게재된 논문을 정리하여 옮겨 놓은 것이다.

제4부

일본 사지에서 보이는 백제의 건축기술

위덕왕대인 588년 백제에서는 조사공, 노반박사, 와박사, 화공 등이 일본에 파견된다. 이로써 일본은 최초의 사원인 비조사가 창건하게 된다. 이후 일본의 근기지역을 중심으로 풍포사, 정림사, 굴사, 사천왕사, 법륭사, 회외사, 산전사 등의 니사, 승사 등이 조성된다.

백제에서 일본으로 파견된 여러 장인들은 각기 자신의 전공분야를 소유하였기에 위에 제시된 여러 일본 사원에는 자연스럽게 백제의 건축문화가 스며들게 되었다. 이는 기단을 비롯한 와당, 대지조성 등의 토목기술, 탑파건축 등에서 어렵지 않게 살필 수 있다. 특히 백제 멸망과 더불어 왜에 건너간 백제 유민들에 의해 구주지역에는 백제계의 산성들이 축조되었다.

백제에서 일본으로 전파된 세부 건축기술은 가람배치를 비롯해 와적기단, 이중기단, 협축기단, 판축공법으로 조성된 기단토, 건축물 하부의 축기부 등 다양하다. 특히 와적기단은 비조시대뿐만 아니라 나라시대에도 많은 발전을 보여 오히려 백제보다 더 다양한 와적기단 형식을 보여주고 있다.

한편, 길비지사지에서 관찰되는 축기부는 저습지상에 조성된 부여 능산리사지 및 미륵사지의 경우와 비교해 볼 수 있고 사천왕사의 1탑1금당식 가람배치는 부여 정림사지를 비롯한 왕흥사지, 제석사지 등의 백제시대 여러 가람배치와 친연성이 있음을 살필 수 있다.

결과적으로 이러한 내용은 6세기 후반 이후 나라시대에 이르기까지 백제에서 일본으로의 건축문화 전파가 다양하고 심도 있게 진행되었음을 보여주는 하나의 전거라 할 수 있다. 아울러 세부적으로는 일본에서의 건축문화가 초가지붕에서 기와지붕으로 바뀌는 결정적인 계기가 되었다.

비조시대 왜 회외사지에 나타난 백제의 건축고고문화

01

Ⅰ. 서론

588년 백제에서 왜로 파견된 寺工, 瓦博士, 露盤博士, 畵工들은 비조지역에 일본 최초의 사원인 僧寺 飛鳥寺[01]를 창건하였다. 이후 비조지역을 중심으로 한 일본의 近畿地域에는 豊浦寺, 四天王寺, 法隆寺, 新堂廢寺, 奧山久米寺, 定林寺[02] 등과 같은 많은 승사와 尼寺가 창건하게 되었다. 이처럼 일본의 飛鳥 및 奈良時代 전기에 창건된 여러 사원 및 와건물지에는 자연스럽게 삼국의 건축문화가 투영하게 되었다.[03] 특히 건물 축조와 직접적으로 관련된 기단건축술의 전파는 백제 멸망 이후에도 백제에서 도래한 장인들에 의해 계속적으로 출현하였을 가능성이 적지

---

01 飛鳥寺는 한편으로 당시 대화정권의 실권자였던 蘇我馬子의 氏寺이기도 하였다.

02 이 사찰은 현재 立部寺로 불리고 있다.

03 近畿地域 비조사에서 확인된 1탑3금당식의 가람배치는 고구려의 사원문화와 관련이 있고, 구주지역 鞠智城에서 검출된 8엽의 연화문 와당은 신라의 제와술(趙源昌, 2006, 「鞠智城 瓦當으로 본 新羅 製瓦術의 對倭 傳播」 『湖西考古學』 14, 湖西考古學會)과 연관성이 찾아진다.

않다.[04]

회외사는 東漢氏 및 坂上氏에 의해 세워진 비조시대의 사원이다. 백제에서 전혀 볼 수 없는 특이한 가람배치를 형성하고 있지만 이 곳 유지에서 검출된 여러 형식의 기단 건축은 그 동안 우리나라에서 발굴조사된 건축고고자료 등을 검토하여 볼 때 삼국 중 특히 백제에서 주로 찾아지고 있다. 아울러 기단을 축조하는 건축기법 및 축기부의 정지공법 또한 백제의 사원이나 추정 왕궁지 등의 와건물지에서 흔히 살필 수 있어 또 하나의 백제계 건축고고자료로 손꼽히고 있다.

그 동안 일본 학계에서의 회외사지에 대한 연구는 가람배치, 출토유물, 창건세력 등을 중심으로 초점이 맞추어져 왔다.[05] 그 결과 임신의 난을 전후한 창건 2시기 조영설과 창건와로 판단되는 원형돌기식 와당의 비조사 관련성,[06] 그리고 7세기 전반기로 추정되는 와당의 검출로 말미

---

04 『日本書紀』卷 第27 天智天皇 3年 3月條 및 4年 春2月條, 5年 是冬條, 8年 是歲條, 10年 是月條 등의 기록을 보면 백제의 많은 관인과 민, 왕족들이 백제 멸망 후 일본에 건너갔음을 알 수 있다. 이들 중에는 건축 장인 또한 포함되었을 것으로 생각되며 이들에 의해 일본의 토목 · 건축은 비약적으로 발전하였다.
일본은 백제인으로 하여금 唐, 신라의 침공을 경계해서 664년에 對馬島 · 壹岐島 · 筑紫國에 防과 烽을 두고, 大宰府에 水城을 축조하게 하였으며, 665년에는 達率 答㶱春初를 長門國에 파견하여 축성케 하는 한편, 達率 憶禮福留 및 四比福夫를 또한 筑紫國에 파견하여 大野城, 椽城 등을 축조케 하였다. 이러한 축성 사례는 한편으로 '신롱식 산성'이라는 표현으로 백제의 기술전파를 인정하고 있다. 아울러 大宰府遺蹟에서는 가구기단 형식을 띤 전적기단이나 와적기단 등이 확인되기도 하였으며 백제계의 연화문 와당도 검출된 바 있다.
05 회외사지와 관련된 내용은 다음의 책자를 참조하였다.
① 千田稔 · 金子裕之, 2000, 『飛鳥 · 藤原京の謎お掘る』, 文英堂.
② 森郁夫, 1993, 『續 · 瓦と古代寺院』, 臨川選書.
③ 網干善教, 1988, 『飛鳥發掘 - 成果と展望』.
④ 飛鳥資料館, 1983, 『渡來人の寺 -檜隈寺と坂田寺-』.
⑤ 岩本正二, 1981, 「明日香村檜隈寺の發掘調査」『佛敎藝術』136號, 每日新聞社.
⑥ 網干善教, 1980, 『古代の飛鳥』, 學生社.

암아 창건 시기의 상향 조정 가능성 등이 제기되었다.

따라서 본고에서는 회외사지와 관련해 이곳에서 발굴된 건물지[07]들을 건축고고학적으로 검토해 보는데 목적이 있다. 현재 지붕을 비롯한 상부 건축물들이 이미 모두 멸실되었기 때문에 연구 대상은 기단 및 기단토에 한정하여 살펴보았다. 그럼으로써 회외사지 건물지의 기단들이 인근 유적에서 확인된 일본의 여타 건축기단들과 어떠한 공통점과 차이점이 있는지, 그리고 궁극적으로는 백제의 와건물지 기단들과 상호 관련성이 있는지를 비교·검토해 보고자 한다.

Ⅱ. 회외사의 창건과 발굴조사 개요

회외사는 동한씨의 氏寺로서 중심씨족인 회외씨에 의해 창건되었다. 동한씨는 5세기 후반 雄略天皇의 시대에 한반도에서 일본으로 건너간 도래계 씨족으로 이해되고 있다. 이들은 造寺, 造佛 등의 불교방면이나 造宮의 토목기술 등 주로 기술적 방면에서 활약한 씨족으로[08] 외래문화의 유입에도 적극성을 보였다.[09] 따라서 회외사는 기술면에서 우수한 도래계 씨족의 氏寺라는 점에서 주목되고 있다.

회외사지는 현재 奈良縣 高市郡 明日香村 大字檜前의 於美阿志神社

---

06 三舟隆之, 2006, 「瓦からみた日朝關係史」『歷史讀本 古代日朝關係史 論点檢証最前線』.
07 발굴조사가 실시된 금당지 및 강당지를 의미한다.
08 이상은 岩本正二, 1981, 「明日香村檜隈寺の發掘調査」『佛教藝術』 136호에서 참조하였다.
09 이는 중국의 吳로부터 다수의 기술자 집단을 초빙한 사실로도 알 수 있다.

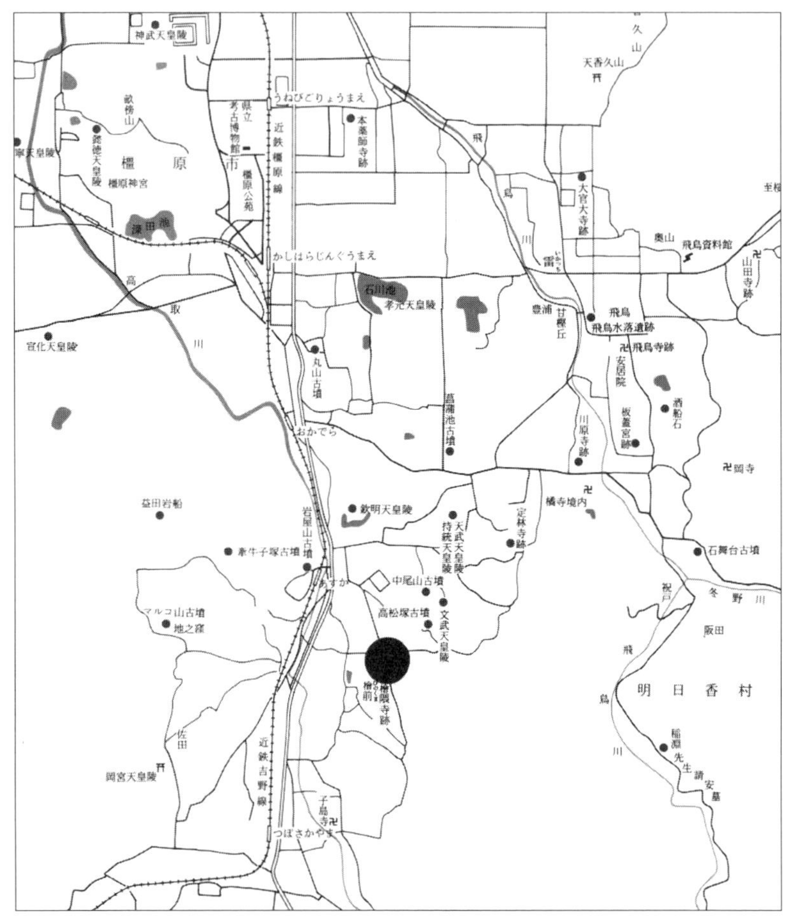

| 도면 1 | 明日香村 檜隈寺 位置圖 (하단 중앙 ● 표시 부분)

경내에 위치하고 있다(도면 1). 사지는 남동에서 북서로 파생하는 구릉 상에 입지하며, 구릉 아래의 수전면과는 10m 정도의 차이가 있다. 주변 유적으로는 高松塚, 中尾山古墳, 栗原寺, 子島寺, 定林寺 등이 있다.

사원은 주방향이 서쪽을 향하고 있으며, 가람의 중심부에 탑, 남쪽에 금당, 북쪽에 강당, 그리고 탑 정면으로 서문이 자리하고 있다(도면 2). 이러한 가람배치는 일종의 法起寺式으로 이해하고 있으나[10] 각각의 전

각배치를 고려하여 보면 이와
는 많은 차이가 있음을 살필 수
있다. 현재 탑지에는 平安時代
후반에 세워진 13층 석탑이 위
치하고 있다.

탑 조사는 1969년 나라현 교
육위원회에서 실시하였다. 탑
은 한 변이 약 25척이고, 주칸
은 8척, 9척, 8척에 해당되었
다. 초석은 화강암제의 대형석
이며 표면은 평탄하게 가공되
었으나 주좌는 마련되지 않았
다. 심초석은 화강암제로 사천
주 초석 상면으로부터 약 80cm
아래에서 조사되었다. 심초석
의 주변에는 면을 안쪽으로 맞
춘 원형의 와적[11]이 확인되었

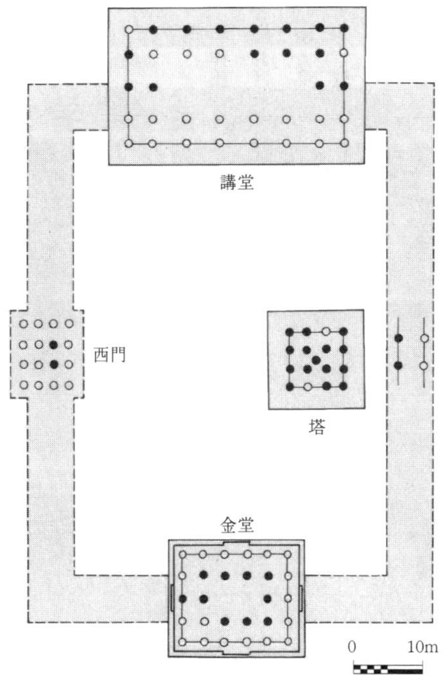

| 도면 2 | 회외사 가람배치

(飛鳥資料館, 1983, 『渡來人の寺 -檜隈寺と坂田寺-』, 17쪽)

다. 이는 심초를 보호하기 위한 조처로 파악되고 있다. 기단은 조사 전
완전 멸실되어 파악이 어렵다. 다만, 기단 규모는 판축성토의 범위로 보
아 한 변 약 12m 이상으로 파악되었다. 기단의 축성 방법은 먼저 대지를
정지하고 그 위에 판축토를 쌓아 올리는 것으로 마무리하였다. 따라서
정지토 내에는 목탄, 須惠器, 土師器, 격자문 평와 등이 포함되어 있었
다. 이들 유물로 보아 탑의 창건 연대는 7세기 말~8세기 초경으로 추정

---

10 網干善教, 1980, 『古代の飛鳥』, 學生社.

11 여기에 사용된 기와는 대부분 승석문이 타날된 평와이며, 부분적으로 격자문 기와,
그리고 3중호문 와당 등이 포함되어 있다.

되었다. 아울러 탑 동쪽 5.4m 되는 지점에서는 탑에 평행하게 폭 1m의 남북구와 상면을 평탄하게 가공한 0.6×1m 정도의 초석이 검출되었다. 이는 동면회랑과 그 서측 雨落溝로 추정되었다.

남문 추정지는 1979년 나라국립문화재연구소에 의해 실시되었으나 삭평이 심하여 그 유구의 흔적은 확인하지 못하였다. 다만 12세기 이후의 토광, 구 등이 검출되었다.

1980년에도 나라국립문화재연구소에 의해 중문 추정지의 조사가 실시되었다. 그러나 조사 결과 중문이 아닌 금당지로 확인되어 큰 성과를 얻게 되었다. 금당지는 정면 3칸 측면 2칸의 內陣공간(신사)을 가진 정면 5칸, 측면 4칸의 와건물로 확인되었다(도면 3). 신사의 초석은 거의 완전한 상태로 남아 있었으나 외진주의 초석은 1개만을 남겨두고 나머지는 모두 멸실되어 그 형적만이 조사되었다. 초석은 화강암제이며 상

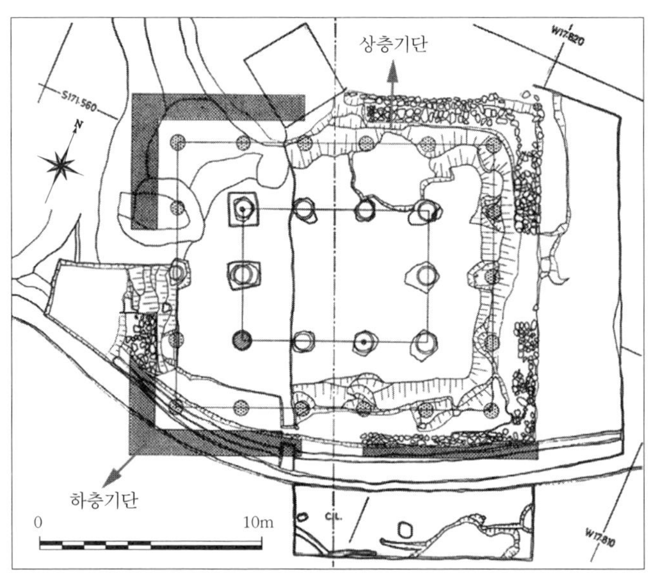

| 도면 3 | 회외사 금당지 평면도

(岩本正二, 1981, 「明日香村檜隈寺の發掘調査」『佛敎藝術』 136호, 每日新聞社)

면에 원형의 주좌가 조출되어 있다. 주좌의 크기에 있어서는 신사의 것이 직경 0.75~0.8m이고 외진주의 것은 0.7m이다. 아울러 신사의 초석 2매에서는 직경 0.2m, 깊이 0.15m 정도 되는 소형 구멍이 상면 중앙에서 확인되었다.

강당지는 정면 5칸, 측면 2칸의 내진 공간을 가진 정면 7칸, 측면 4칸의 와건물로 확인되었다. 이러한 규모는 비조사 및 법륭사 서원가람의 강당에 필적할 정도로 넓은 면적에 해당된다. 기단은 비조지역에서 쉽게 살필 수 없는 와적기단으로 축조되었으며, 계단은 서, 남, 북 등 3면에서 확인되었으나 이들은 평안시대에 보수된 것으로 창건 당시의 것은 확인되지 않았다.

회외사의 창건은 각각의 건물지에서 출토된 기와와 기단토 내부에서 검출된 須惠器, 土師器, 기와 등을 편년하여 크게 두 시기에 걸쳐 완성되었음을 파악하였다.[12] 즉, 탑과 강당은 7세기 후반 東漢氏에 의해 창건되었고, 금당과 서문은 7세기 말 坂上氏에 창건된 것으로 파악되고 있다.[13] 이러한 2시기설은 壬申의 亂 이후의 東漢氏 실권, 坂上氏 득세와 밀접한 관련이 있다.[14] 그러나 발굴조사 중 7세기 전반으로 추정되는 와당도 수습되어 사원의 창건 연대는 좀 더 소급될 가능성이 있다.

---

12 飛鳥資料館, 1983, 『渡來人の寺 -檜隈寺と坂田寺-』.
13 이는 『일본서기』 기록을 통해서도 그 편린을 살필 수 있다.
　　즉, 『일본서기』 천무천황 주조원년(686)조에 「檜隈寺 輕寺 大窪寺 各封百戶限三十年」이라는 기록이 있는 것으로 보아 7세기 말에는 회외사가 이미 완성되었음을 알 수 있다.
14 동한씨 중 東漢直駒는 蘇我馬子의 명을 받아 崇峻天皇을 암살하는 등 백제계 蘇我氏와 밀접한 관련을 맺었으나 후에 蘇我馬子에 의해 암살되면서 동한씨는 일시 쇠퇴하게 되나 이 위기를 잘 극복하면서 壬申의 亂(672년)을 맞이하게 되었다. 이 난에서 동한씨 일족은 大友皇子, 大海人皇子의 양진영으로 나누어져 서로 각축을 벌였으나 후에 승리자인 대해인(天武天皇)으로부터 질책을 받게 되면서 失權을 맞이하게 되었다. 이 때 정권의 중심적 존재로 떠오른 것이 바로 坂上氏였다.

Ⅲ. 회외사지에 보이는 백제의 건축고고 자료

회외사지에서 살필 수 있는 백제(계)의 건축고고 자료는 강당지의 평적식 와적기단과 금당지의 이중기단 및 협축기단, 그리고 탑지 및 금당지에서의 축기부 정지 판축공법 등이다. 여기에서는 강당지 및 금당지의 기단을 중심으로 살펴보고자 한다. 아울러 이와 비교해 볼 수 있는 일본 각지에서 발굴된 동일 기단형식에 대해서도 비교 검토해 보도록 하겠다.

1. 강당지의 평적식 와적기단 (사진 1·2)

기와편을 이용하여 평적식[15]으로 조성하였다. 와적에 사용된 와편의 경우 대부분 기단의 방향과 나란하나 일부 직교하는 것도 확인된다. 와적은 기단토를 완성한 후 기와가 놓일 부분을 L자형으로 절개하여 그 개구부에 시설하였고 와적과 기단토 사이에는 흙으로 충전하였다. 와적과 정지토 사이에는 지대석을 시설하지 않고 기와를 직접 와적하였으며, 평면 와열은 1열 정도로 확인된다. 기단의 단면구조로 보아 단층기단임을 알 수 있다.[16] 전체적인 축조양상으로 보아 평적식 와적기단

---

15 기단에 사용된 와적의 축조방식 중 가장 일반적인 형식이다. 田辺征夫의 경우 일찍이 이 기단을 A2형식으로 분류한 바 있다(田辺征夫, 1997, 「瓦積基壇と渡來系氏族」『季刊考古學』 60). 한편, 와적기단의 축조방식은 평적식 외에 합장식, 수직횡렬식, 사적식, 복합식 등이 있다(趙源昌, 2006, 「新羅 瓦積基壇의 型式과 編年」『新羅文化』 28).

16 일본에서의 경우 평적식 와적기단은 백제와 마찬가지로 단층기단이 거의 대부분을 차지하고 있다. 그러나 한편으로 南滋賀廢寺 중금당지에서와 같이 백제에는 없

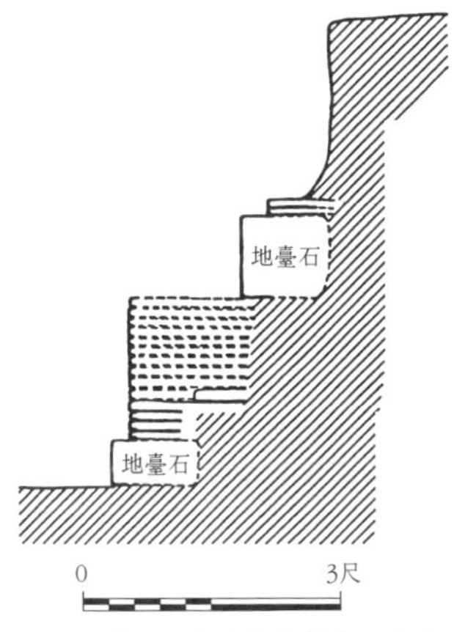

| 도면 4 | 남자하폐사 중금당지 평적식 이중 와적기단 (網伸也, 2004, 『日本 近畿地方의 積基壇建物遺構에 대하여』 도면 재인용)

| 사진 1 | 회외사 강당지 평적식 와적기단
(飛鳥資料館, 1983, 『渡來人の寺 -檜隈寺と坂田寺-』, 2쪽 사진 상)

| 사진 2 | 회외사 강당지 평적식 와적기단 세부
(飛鳥資料館, 1983, 『渡來人の寺 -檜隈寺と坂田寺-』, 2쪽 사진 하)

중 고식의 특징을 보여주고 있다.

이러한 無지대석 평적식 와적기단은 일본에서의 경우 四天王寺 회랑지·중문지·남문지, 高麗寺 금당지, 田隈廢寺 서탑지, 上淀廢寺 중탑지, 大鳳寺 금당지, 百濟寺 강당지·회랑지·승방지, 宮井廢寺 금당지, 陸奧國分寺 승방지, 上總國分는 이중기단의 평적식 와적기단이 찾아져 다양성을 살필 수 있다. 기단은 지대석 위에 평적식으로 축조한 후 다시 와적의 안쪽으로 지대석을 놓은 다음 평적식 와적기단으로 완성하였다(도면 4).

尼寺 금당지, 近江國衙 등에서 살필 수 있다.

강당지의 와적기단은 평안시대 후기에 일부 붕괴되어 玉石으로 보수되었으며, 중세에는 완전 붕괴되어 3칸의 소불당[17]이 입지하게 되었다.

2. 금당지 이중기단 (사진 3)

금당지 기단은 4면에 계단을 둔 이중기단이다. 하층기단은 상면이 편평한 인두석을 너비 1.1m로 깔아 놓고 기단 외연에는 수직횡렬식의 연석 1매를 일렬로 박아놓았다. 상층기단은 모두 멸실되어 정확한 형상 파악이 불가능하다. 기단 규모는 하층기단의 경우 동서 17.95m, 남북 15.5m이고, 상층기단은 동서 16.35m, 남북 13.9m로 계측되었다. 기단의 전체높이는 1.3m이고 이중 상층기단이 1.15m, 하층기단이 0.15m이다. 상층기단의 높이가 높은 것으로 보아 할석적 기단[18] 혹은 가구기단으로 이루어졌음을 추정할 수 있다.

기단의 축조방법은 먼저 대지를 정지한 후 그 위에 판축공법으로 기단토를 완성하였으며 기단석이 놓일 부분을 L자형으로 절개하고 이를 축조

| 사진 3 | 회외사 금당지 이중기단
(飛鳥資料館, 1983, 『渡來人の寺 -檜隈寺と坂田寺-』, 3쪽 사진 상)

---

17 이 소불당은 道興寺의 금당으로 추정되고 있다.
18 이는 일본 최초의 가람인 비조사 동금당지에서 살필 수 있다.

하였다. 지형이 남서에서 북동으로 경사지고 있어 판축토의 두께는 금당의 남서부보다는 북동부가 좀 더 두터움을 볼 수 있다. 판축토 내에서는 7세기 전반의 須惠器와 土師器片 등이 수습되었다.

하층기단 상면에서 적심석이나 초석 등이 검출되지 않은 것으로 보아 퇴칸 혹은 차양칸 등은 구비되지 않았을 것으로 생각된다.

일본에서의 이중기단은 많은 사례에서 살필 수는 없지만 최초의 가람인 비조사 동금당지(도면 5)와 대봉사 금당지(도면 6), 상정폐사 중탑지, 법륭사 금당 등에서 찾아볼 수 있다. 비조사 동금당지의 경우 하층기단은 판석형의 치석기단으로 축조되었고 상층기단

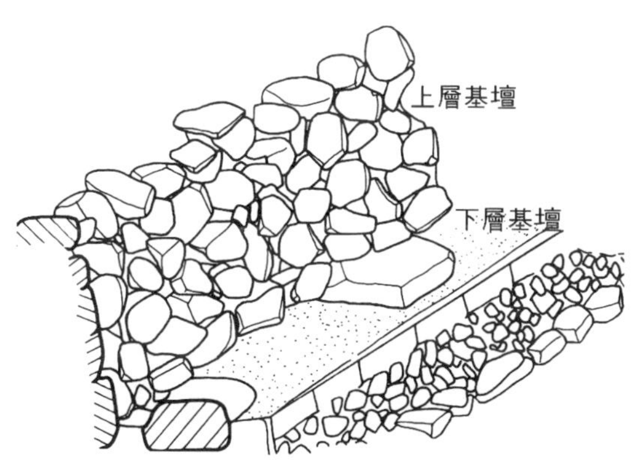

| 도면 5 | 비조사 동금당지 이중기단 (フランソウ・ベルチェ, 昭和49年, 「飛鳥寺問題の再吟味」『佛敎藝術』96號, 63쪽 2〈上〉)

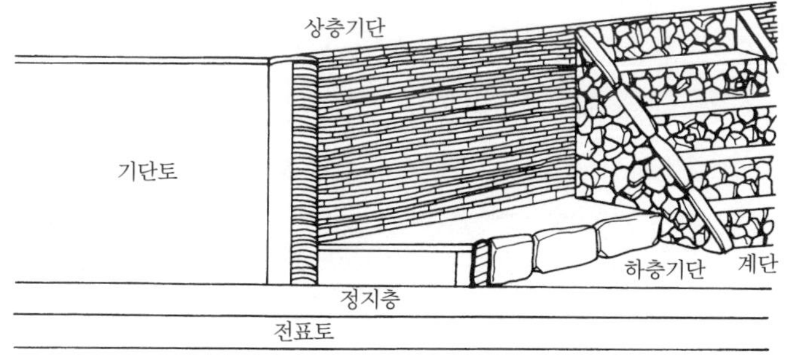

| 도면 6 | 대봉사 금당지 이중기단

(전변정부, 1995, 「瓦積基壇と渡來系氏族」『季刊考古學』60號, 雄山閣)

은 이 보다 훨씬 높은 할석적기단으로 조성되었다. 그러나 하층기단 상면에서 외진주 적심석이 놓여 있어 회외사지 금당지와는 기본적으로 다른 구조였음을 알 수 있다. 그리고 대봉사 금당지의 경우는 하층기단이 1단의 할석기단이고, 상층은 평적식의 와적기단으로 축조되었다. 할석기단이 편축기단이라는 점에서 회외사지 금당지의 협축기단과 차이를 보인다.

이처럼 일본에서의 이중기단은 백제와 달리 그 형식이 다종 다양함을 살필 수 있다. 이는 백제에서 유행하였던 이중기단 축조술이 일정한 시차를 두지 않고 짧은 시일 내에 일본에 전파되어 나타난 현상으로 이해된다. 특히 일본의 경우 백제뿐만 아니라 가야 및 신라, 중국의 도래인들도 거주하고 있었기 때문에 이들에 의한 재래 기술의 적용 또한 기대할 수 있어 다양한 기단형식을 꽃피웠던 것으로 생각된다.

3. 금당지 협축기단 (사진 4)

금당지의 하층기단에서 살필 수 있다. 이는 기단의 축조 방향에 따라 붙여진 이름으로 片築基壇에 상대되는 의미이다.[19] 천석이나 할석을 중심으로 기단의 외면은 垂直橫列式으로 축조하고 그 내부는 1매의 석재를 이용하여 편평하게 깔아 놓았다. 1매의 편평석 아래로는 기단토가 일정 높이까지 깔려 있어 수적된 석재의 밀려남을 방지하고 있다. 협축기단의 높이는 15cm이고 너비는 110cm이다.

이러한 협축기단은 인근 비조지역의 여러 사지 및 건물지 등에서도 전혀 살필 수가 없는 독특한 기단형식이다. 특히 일본의 경우 推古天皇

---

19 趙源昌, 2006, 「統一新羅期 夾築基壇 建物의 性格」 『中原文化財研究』 創刊號.

의 궁이었던 豊浦宮(593~603)의 존재로 보아 적어도 7세기 무렵까지 굴립주 건물이 주류를 이루고 있었기 때문에 초석 건물에서 볼 수 있는 이러한 기단의 존재가 등장하지 않았던 것으로 생각된다.[20]

| 사진 4 | 회외사지 금당지 협축기단
(飛鳥資料館, 1983, 『渡來人の寺 -檜隈寺と坂田寺-』,
3쪽 사진 하좌)

| 사진 5 | 회외사지 금당지 판축기단토
(飛鳥資料館, 1983, 『渡來人の寺 -檜隈寺と坂田寺-』,
3쪽 사진 하우)

4. 금당지 축기부 정지 판축기단토 (사진 5)

기단 내부의 금당지 기단토는 점토나 마사토를 이용하여 판축공법으

---

20 초석이 시설되기 위해서는 우선적으로 기단토의 존재가 필요하다. 기단토는 대개 성토 다짐 혹은 판축되기 때문에 이의 止沙施設인 기단이 필요하게 된다. 그러나 굴립주 건물의 경우 기단토가 필요 없이 건물의 축조가 이루어지기 때문에 기단의 존재 또한 찾아보기 어렵다.

로 축토하였다. 기단토는 일반적으로 성토(다짐토)한 것이 주를 이루고 있으나 금당지나 탑지의 경우 판축공법을 사용하였다.

백제에서의 판축공법은 건물지보다 토성에서 먼저 등장하고 있다. 즉, 풍납토성이나 몽촌토성, 공산성, 부소산성 등에서 이러한 축토기법을 살필 수 있다. 건물지에서의 판축공법은 현재까지의 발굴조사된 고고자료(용정리사지 목탑지 축기부 및 기단토, 정림사지 석탑 축기부 등) 등을 검토해 볼 때 웅진기 이후부터라 생각된다.

금당지의 기단 판축토 높이는 1.3m로 상층기단이 1.15m, 하층기단이 0.15m에 해당되고 있다. 판축토는 하층에서 상층에 이르기까지 단절되지 않고 연속적으로 축토되었으며[21] 기단이 조성될 부분 만 다시 굴토하여 조성하였다. 특히 축기부를 조성하기 위해 기반토를 정지하였다는 점에서 특징을 살필 수 있다. 이러한 축기부의 정지공법은 백제의 군수리사지 및 관북리 대형 건물지下 와적기단 건물지 등에서도 확인할 수 있다.

IV. 백제 건축고고 자료와의 비교 검토

비조지역의 회외사지 금당지는 단면 구조상 이중기단, 기단의 평면 축조방식으로는 협축기단을 이루고 있다. 그리고 강당지는 와적기단으로서 기와편을 이용하여 평적식으로 축조하였다. 특히 금당지 기단토는 백제 와건물지에서 쉽게 살필 수 있는 판축공법으로 조성되어 백제 건

---

21 이러한 축토기법을 보이는 백제유적으로는 용정리사지 목탑지, 금강사지 목탑지, 제석사지 목탑지 등을 들 수 있다.

축기술과의 친연성을 보여주고 있다.

이중기단은 비조사 동금당지에서 살필 수 있듯이 적어도 6세기 4/4분기에는 비조지역에 등장하였음을 알 수 있다. 아울러 평적식 와적기단의 경우도 사천왕사 및 신당폐사의 사례[22]에서 살필 수 있듯이 7세기 전반에는 왜의 사찰건축에 부분적으로 사용되었음을 추정할 수 있다. 이러한 기단 건축은 6세기 전·중반기 왜의 건축기술에서 전혀 살필 수 없는 요소로 백제의 조사공에 의해 전파되었음을 판단케 한다. 아울러 백제가 멸망한 이후 창건된 회외사의 와적기단, 이중기단, 협축기단의 경우도 백제의 조사공 혹은 이들의 기술적 지도를 받은 왜의 조사공들에 의해 축조되었음을 어렵지 않게 유추할 수 있다.

따라서 여기에서는 그 동안 백제의 기단 건축으로는 거의 다루어지지 않았던 협축기단을 중심으로 살펴보고자 한다. 아울러 여타의 기단 형식 및 판축토에 대해서는 백제의 와건물지에서 검출된 사례와 비교 검토하여 공통점과 차이점을 알아보도록 하겠다.

1. 평적식 와적기단

평와를 위주로 하여 축조한 점과 기단토를 조성한 후 와적할 부분을 L자형으로 절개하고 그 개구부에 와적한 例 등이 백제 와적기단 축조기법과 동일하다.[23] 이러한 기단토와 와적의 축조기법은 전술하였던 것처럼 부여지역의 금성산 건물지, 부소산성 서문지 주변 건물지, 관북리 대

---

22 網伸也, 2004, 『日本 近畿地方의 瓦積基壇建物遺構에 대하여』.
23 이러한 축조기법으로 인해 와적기단의 장식성이 대두된다. 기단토를 절개하고 그 개구부에 와적한 백제의 와적기단은 금성산 건물지, 부소산성 서문지 주변 건물지, 관북리 추정왕궁지 내 대형건물지 등을 들 수 있다.

형건물지 등에서 확인할 수 있다. 그런데 이들 유적은 대체로 그 조성시기가 6세기 4/4분기~7세기 이후의 것이어서 이른 시기의 유적으로는 판단하기 어렵다.

한편, 평면 와열에 있어서는 한 줄로 조성되어 두 줄 이상의 와열을 보이는 기단형식과 차이를 보이고 있다. 평면 와열이 한 줄로 축조된 유적 사례는 관북리 건물지(a)를 비롯해 관북리 '北舍' 명 옹기 출토 건물지, 군수리사지 강당지 남면, 왕포리 건물지 등을 들 수 있는데 이들 와건물지는 모두 부여지역에 위치하고 있다. 시기적으로도 사비천도 후~7세기대까지 축조되어 와적기단 형식 중 가장 오랜 기간 사용되었음을 알 수 있다. 반면, 평면 와열이 두 줄 이상의 유적은 규암면 외리유적, 왕흥사지 서회랑지, 부소산성 서문지 주변 건물지, 능산리사지 동회랑 북단 건물지, 관북리 건물지 등 대체로 6세기 4/4분기 이후에 조성된 것들이다.[24]

이렇게 볼 때 회외사 강당지에서 확인되는 평적식 와적기단은 기단토와 와적의 축조 기법으로 보아 백제에서의 경우 6세기 4/4분기 이후에 유행된 기단 형식이었음을 알게 한

| 사진 6 | 청주 복대동 평적식 와적기단
(한국선사문화연구원, 2008, 『淸州 福臺洞遺蹟』, 331쪽 사진 69-1)

---

24 趙源昌, 2000, 「百濟 瓦積基壇에 대한 一研究」『韓國上古史學報』제33호, 韓國上古史學會.

다. 아울러 백제의 평적식 와적
기단과 비교해 볼 때 이질감이
전혀 느껴지지 않는 기단이라
할 수 있다.

한편, 백제의 평적식 와적기
단은 백제 멸망 후 충북 청주시
복대동 건물지(사진 6) 등 통일
신라기의 와건물지에서 극히 일
부 확인되고 있다. 특히 청주지
역의 경우 오랫동안 신라의 영

| 사진 7 | 청주 복대동 평적식 와적기단
건물지 주변 출토 와당 (한국선사문화연구원,
2008, 『淸州 福臺洞遺蹟』, iv쪽 원색사진 4 상좌)

역하에 있었음을 볼 때 백제의 와적기단은 새로운 기단형식의 출현을
의미한다. 건물지는 주변에서 출토된 와당(사진 7)으로 보아 8세기 전반
기의 것으로 추정되었다.[25]

이처럼 백제 멸망 이후 신라의 고토지역에서 백제계의 와적기단이 축
조되었다는 사실은 백제의 건축기술이 백제 장인들에 의해 일정 기간
유지되었음을 보여주는 형적이라 할 수 있다.

2. 이중기단

회외사 금당지에서 볼 수 있는 이중기단의 특징은 첫째 하층기단 상
면에 차양칸 및 퇴칸에 해당되는 외진주가 시설되지 않았다는 점이
다.[26] 이러한 이중기단의 사례는 백제에서의 경우 사비천도 이후의 능

---

25 趙源昌, 2006, 「新羅 瓦積基壇의 型式과 編年」 『新羅文化』 28, 東國大學校 新羅文
化研究所.

| 사진 8 | 능산리사지 금당지 이중기단

(國立扶餘博物館, 2000, 『陵寺』, 222쪽 도판 12-①)

| 사진 9 | 부소산사지 금당지 이중기단

산리사지 금당지(사진 8)와 목탑지, 6세기 4/4분기의 금강사지 목탑지, 7세기 이후의 부소산사지 금당지(사진 9) 등에서 살필 수 있다. 그러나 능산리사지 금당지와 목탑지의 경우 하층기단이 치석된 장대석으로 이루어졌고, 부소산사지 금당지는 기단석을 안치하기 위한 凹溝[27]가 완벽하게 시설되었다는 점에서 회외사 금당지 하층기단과 차이를 보인다. 아울러 회외사 금당지 하층기단에서와 같이 협축기단으로 조성된 사례는 역으로 백제사지에서 전혀 볼 수 없기 때문에 양 국가간의 축조상 차이를 살필 수 있다. 이러한 기

---

26 하층기단 상면에 외진주가 세워진 사례는 정림사지 금당지 및 금성산 와적기단 건물지 등을 들 수 있다(趙源昌, 2002, 「百濟 二層基壇 築造術의 日本 飛鳥寺 傳播」 『百濟研究』 35, 忠南大學校百濟研究所).

27 凹溝가 일정한 넓이로 세장하게 이어졌다는 점에서 하층기단이 치석된 장대석이었음을 추정할 수 있다.

술상의 차이는 백제에서 일본으로 전파된 여러 축조기술 즉, 와적기단, 이중기단, 가구기단, 협축기단 등이 백제나 왜의 造寺工 의지에 따라 개별적으로 채택된 결과가 아닌가 생각된다.

회외사 금당지 이중기단에서 볼 수 있는 두 번째 특징은 하층기단의 전면을 수직횡렬식으로 축조하고 그 상면을 편평한 1매의 석재로 마감 처리한 점이다. 이와 동일한 방법으로 축조된 飛鳥~奈良時代의 하층기 단은 지금까지 발굴 보고된 바 없고 이는 백제의 고토에서도 마찬가지 이다. 다만, 회외사 금 당지 하층기단이 수직 횡렬식 석축기단과 협 축기단의 합성체라는 점에서 일종의 혼합식 기단으로 살필 수 있고 이러한 각각의 기단이 일찍부터 백제시대의 여러 건물지에 조영되 었다는 점에서 상호의 관련성을 유추해 볼 수 있다.

백제시대의 건물지 중 수직횡렬식 석축기 단은 부여 금강사지 강 당지(사진 10), 보령 천방 사지 금당지(사진 11), 부여 쌍북리 I 지점 18호 건물지(사진 12) 등 주 로 사비천도 후의 와건

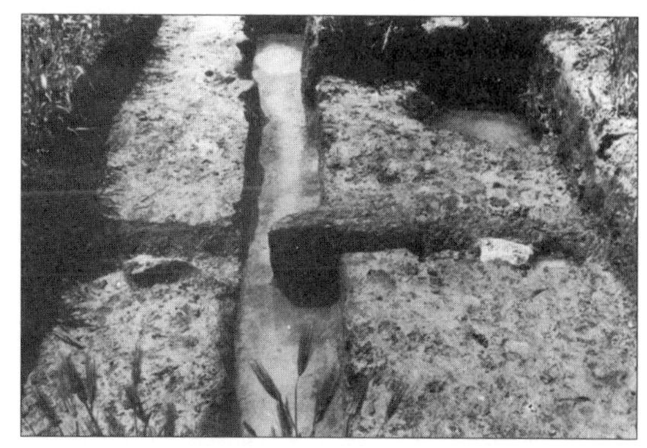

| 사진 10 | 금강사지 강당지 수직횡렬식 석축기단
(國立博物館, 1969, 『金剛寺』, 도판 19-a)

| 사진 11 | 천방사지 금당지 수직횡렬식 석축기단
(공주대학교박물관, 1996, 『千房遺蹟』, 원색사진 건물지 1의 전경)

물지나 초가형 건
물지 등에서 확인
되고 있다. 이러한
수직횡렬식 석축
기단은 와적기단
과 비교해 폭넓게
사용되지는 않았
지만 사비천도 후
에 간헐적으로 사
용된 백제의 건축
고고문화에 해당된다.

| 사진 12 | 쌍북리 Ⅰ지점 18호 건물지 수직횡렬식 석축기단
(필자사진)

3. 협축기단

사비천도 후 백제 고토의 건물지에서는 석축기단을 비롯해 와적기단, 전적기단, 이중기단, 가구기단, 협축기단, 혼축기단 등 다양한 명칭으로 불리는 기단들이 검출되었다. 그 중에서도 협축기단은 다른 기단들에 비해 그 출토 예가 극히 적은 사례에 해당되고 있다.

협축기단이 확인된 지역은 현재까지의 건축고고자료 등을 검토해 볼 때 부여지역에 국한되고 있다. 아직까지 한성기 및 웅진기에 해당되는 서울·경기지역이나 공주지역에서는 검출된 바 없다. 이러한 기단형식을 갖춘 유적의 희소가치는 신라의 경우도 큰 차이가 없다. 그 동안 조사가 이루어진 고신라기의 황룡사지나 분황사지, 나정유적, 왕경유적 등을 검토해 볼 때 이러한 협축기단은 찾아볼 수 없다. 반면, 고구려의 경우는 아차산 4보루 건물지[28](사진 13) 및 홍련봉 2보루 등에서 전술한 기단형식이 기존에 이미 조사되었음을 볼 때 평양지역 및 국내성지역에서의 경우 적어도 5세기 중반 이전에 협축기단이 조성되었을 가능성이 매우 높다. 이들 유적은 적어도 백제의 유적들보다는 편년적으로 선행되는 것이어서 차후 그 계통이나 전파시기 등을 고려해 볼 필요성이 있다.

| 사진 13 | 아차산 4보루 3건물지 협축기단
(임효재 외, 2000, 『아차산 제4보루 -발굴조사 종합보고서-』,
서울대학교박물관, 사진 58)

　백제에서의 협축기단은 용정리사지 및 쌍북리 건물지 등에서 확인되고 있다. 전자의 경우 그 창건 시기가 5세기 말~6세기 초임을 볼 때 웅진기에 해당됨을 알 수 있고, 후자의 경우는 정밀조사가 완료되지 않아 단언하기 어려우나 주변유적 대부분이 사비기에 조성되었음을 볼 때 이 시기의 것으로 추정할 수 있다. 두 유적은 조성시기가 다른 백제의 협축기단으로 조성 기법에서도 약간의 차이점을 발견할 수 있다. 이들 기단의 내용을 살피면 다음과 같다.

28　보고서상에는 담장식 벽체시설로 설명되고 있다(임효재 외, 2000, 『아차산 제4보루 -발굴조사 종합보고서-』, 서울대학교박물관 외, 95쪽). 할석을 이용한 석벽이라는 점에서 충분히 공감되나 건물지 내부 기단토와의 관련성을 고려해 볼 때 止沙施設인 기단이라는 측면도 배제할 수는 없다. 즉 건물지 내부에서는 지붕 등 상부 목조건축물을 지탱하기 위한 기둥구멍(지름 30~50cm, 깊이 50cm 내외)과 초석(지름 50~70cm, 두께 25cm 내외) 등이 검출되었는데 이러한 유구의 형적은 결과적으로 기단토가 존재하였음을 의미하는 것이고 아울러 담장식 석벽시설이 벽체 기초시설뿐만 아니라 기단으로서의 역할도 담당하였음을 알게 한다.

1) 부여 용정리사지 하층 금당지 협축기단[29]

협축기단은 부여지역 용정리사지의 하층 건물지(도면 7)에서 확인되고 있다. 이 사지는 출토 와당으로 보아 웅진도읍기인 5세기 말~6세기 초에 창건된 사찰로 추정되고 있다.[30] 하층 금당지는 네 방향에 설치된

| 도면 7 | 용정리사지 하층 건물지 협축기단

(扶餘文化財硏究所, 1993, 『龍井里寺址』, 23쪽 삽도 5)

---

29 보고서에서는 이를 부석렬 유구로 해석하였다(扶餘文化財硏究所, 1993, 『龍井里寺址』).

30 趙源昌, 2003, 「百濟 熊津期 扶餘 龍井里 下層 寺院의 性格」『韓國上古史學報』42, 韓國上古史學會.

토층 시굴구에 의해 동서길이 30.75m, 남북길이 20.19m로 계측되었다. 금당지는 원지형의 퇴적토인 모래층위를 30~40cm 성토한 후 그 위에 조성되었다.[31]

협축기단은 기단석이 놓일 기단토 부위를 5~10cm 정도 굴광한 후 그

| 사진 14 | 남동 모서리부 협축기단 및 원형 적심석
(扶餘文化財研究所, 1993, 『龍井里寺址』, 84쪽 도판 23)

내부에 할석을 채워 축조하였다. 할석은 내외면을 일정하게 맞춰 마치 담장지처럼 축조하였고[32] 그 상면은 편평하게 마감 처리하였다. 기단의 너비는 70~75cm로 넓은 편이다. 특히 남동 모서리부에서는 초석이 결실된 직경 120cm의 원형 적심석 1기가 검출되었다(사진 14). 이로 보아 기둥은 협축기단 사이에 조성되었음을 알 수 있다. 이는 대부분의 편축기단에서 기둥이 기단 내부에 시설되는 것과는 구조적으로 큰 차이점을 보이는 것이다.

이처럼 금당지의 기단을 협축기단으로 축조한 데에는 금당지의 기반토와 밀접한 관련이 있었을 것으로 생각된다. 전술하였듯이 금당지는 모래층 위 30~40cm 지점에 조성되어 기반토가 매우 취약하였음을 알 수 있다. 아울러 기단은 기단토의 지사시설로서 건물의 하중을 지탱하

---

31 이런 점에서 금당지의 축기부는 목탑지와 전혀 다른 축조기법을 보이고 있다. 즉 목탑지의 경우 축기부 굴광 판축공법에 의해 조영된 반면, 금당지는 이보다 단순한 축기부 성토기법으로 조성되었다.

32 담장지와 같이 정연하게 내외면을 맞춘 것은 아니고 한 매 혹은 두 매 정도의 할석을 기단과 직교시켜 조성하였다.

는 최후의 건축 구조물에 해당된다. 따라서 건물의 기단토를 안전하게 지켜내기 위해선 한쪽 방향의 편축기단 보다는 양 방향의 협축기단이 좀 더 견고하였을 것으로 생각된다.

한편, 기단의 축조기법에 있어서는 약간의 차이점이 발견되어 작업의 분화나 조사공의 복수 참여를 추정케 한다. 즉, 기단의 남동우 및 북면 (사진 15) 등에서 확인되는 축조기법은 대체로 1매의 대형 석재를 이용하여 기단의 방향과 직교하게 축조한 다음 이보다 작은 석재로 면을 맞추거나 쐐기돌로 사용하고 있다. 반면, 북동우 지역에서 확인되는 협축기단(사진 16)은 석재의 크기는 다르지만 담장지의 축조기법과 큰 차이가 없음을 살필 수 있다.

이러한 기단 축조의 차이는 결과적으로 석축하는 造寺工의 기법 차이로 이해되며, 이러한 복수의 조사공 참여는 자연스럽게 작업의 분화를 유추케 한다. 삼국시대에 동일 유구에서의 작업 분화는 비단 백제뿐만 아니라 신라의 나정 8각 건물지에서도 확인되고 있다.[33]

| 사진 15 | 북면 협축기단
(扶餘文化財研究所, 1993, 『龍井里寺址』, 84쪽 도판 24)

| 사진 16 | 북동 모서리부 협축기단 및 초석
(扶餘文化財研究所, 1993, 『龍井里寺址』, 82쪽 도판 19)

2) 부여 쌍북리 II-11호 건물지 협축기단

부여 쌍북리 II지점
11호 건물지에서 협축
기단이 확인되었다. 건
물지는 양 구릉에서 흘
러내리는 계곡부를 'L'
자형으로 정지하고 그
위에 판축공법을 이용
하여 건물의 대지를 조
성하였다(사진 17). 판
축에 사용된 토양은 주
변에서 채취가 용이한
마사토를 중심으로 점
토층이 포함되어 있다.
판축토의 전면으로는
등고선 방향으로 협축
기단이 약 5단 정도의
높이로 남아 있다(사진
18). 기단은 할석을 이
용하여 마치 담장지처
럼 축조하였고, 공간부
는 쐐기돌을 이용하여
채워 넣었다. 현재 남아 있는 판축토와 협축기단의 높이를 고려하면 협

| 사진 17 | 쌍북리 II지점 11호 건물지 협축기단 및 기단판축토 (필자사진)

| 사진 18 | 쌍북리 II지점 11호 건물지 협축기단 세부 (필자사진)

---

33 趙源昌, 2005,「百濟 基壇 築造術의 對新羅 傳播」『建築歷史研究』42, 韓國建築歷史學會.

축기단의 상당부가 멸실되었음을 알 수 있다. 기단에 사용된 할석의 크기는 30~50cm가 주를 이루며, 판축토 내에서는 소량의 백제 토기편이 출토되었다.[34]

이 건물지는 중심부에서 검출된 도가니편으로 인해 공방지로 추정되었고 기단의 규모와 관련하여 당시 중앙정부에서 운영하였던 시설로 판단되었다.[35]

이상의 용정리사지 하층 건물지 및 쌍북리 건물지 협축기단을 비교하여 보면 아래의 〈표 1〉과 같다.

| 표 1 | 용정리사지 하층 금당지 및 쌍북리 II지점 11호 건물지 협축기단 비교

구분	용정리사지 하층 금당지	쌍북리 II지점 11호 건물지
협축기단의 축조기법	1매 혹은 내외 2매의 석재를 이용하여 축조(담장지 축조방식)	내외 2매의 석재를 이용하여 축조(담장지 축조방식)
기단토	성토 다짐	판축토
초석(적심석) 위치	협축기단 사이	기단토 내부
조성시기	웅진기(5세기 말~6세기 초)	사비기 추정
성격	금당지	추정 공방지
출토유물	와당	토기 소량(판축토 출토)

이처럼 용정리사지 하층금당지 및 쌍북리 II지점 11호 건물지의 협축기단은 조성기법, 초석의 위치, 기단 내부의 기단토 조성 방법 등에서 차이점을 보여주고 있다. 이는 다분히 조사공의 차이에 따른 조영 방법의 차이로도 이해할 수 있겠지만 시기적 변천에 따른 건축기술의 변화로도 고려할 수 있다. 아울러 건물지의 성격에 따라 상이한 석축기법을 적용

---

34 향후 조사가 재개되어 기단토 내부에서 좀 더 다양한 백제토기의 검출이 이루어진다면 이 협축기단 건물지에 대한 정확한 시기 편년이 이루어 질 것으로 생각된다.

35 (財)忠淸文化財研究院, 2005, 「부여 - 탄천간 도로확장 및 포장공사 구간내(제3공구)문화유적 발굴조사 扶餘 雙北里遺蹟」.

하였을 가능성도 배제할 수 없다. 하지만 이러한 여러 의문점은 향후 백제의 협축기단이 공주나 부여 익산 등지에서 좀 더 확인되었을 때 자연스럽게 해결될 문제라 생각된다.

3) 회외사 금당지 협축기단과의 비교 검토

앞에서 살핀 바와 같이 회외사 금당지 협축기단은 이중기단의 하층기단에 축조되었다는 점에서 단층기단인 용정리사지 금당지 및 쌍북리 II지점 11호 건물지와 차이를 보이고 있다. 이는 협축기단의 조성 위치와 관련되는 것으로서 지금까지 일본의 경우도 회외사지 이외 유적에서의 경우 검출된 바 없다.

백제에서의 이중기단은 정림사지 금당지를 비롯해 능산리사지 금당지 및 목탑지, 금강사지 목탑지, 부소산사지 금당지, 금성산 건물지, 미륵사지 금당지 및 탑지 등에서 확인되고 있다. 그러나 이들 중 회외사지 금당지에서처럼 하층기단에 협축기단이 시설된 예는 전혀 살필 수가 없다. 이들은 모두 편축기단으로 조성되었다.

아울러 기단을 형성하는 석재의 축석기법에 있어서도 큰 차이점이 발견되고 있다. 회외사 금당지의 경우는 우선 기단 외연의 석재를 수직횡혈식으로 조성하고 그 내부를 일정 높이까지 성토한 다음 그 위에 1조의 편평 석재를 깔아 놓았다. 이 때 기단 외연의 석재를 제외한 내부의 기단석은 3~4줄로 상면을 고르게 맞추어 놓았다. 특히 수직횡렬식으로 조성된 기단 외연의 석재는 그 높이가 일정하지 않아 간극에서의 토양 유실을 판단케 한다.[36] 그리고 하층기단 상면으로 1.15m의 상층기단이 올

---

36 수직횡혈식 석축기단에서 기단석의 높이가 일정치 않은 예는 보령 천방사지 금당지에서도 살필 수 있다. 그러나 석재가 아닌 전(부여 군수리사지 목탑지)이나 기와(부여 군수리사지 · 관북리 건물지)의 경우는 대부분 완형을 사용하고 있어 석재에서와 같은 간극이 거의 없다.

려짐을 볼 때 그 하중 또한 무시하기 어렵다. 결과적으로 기단으로서의 역할을 담당하기에는 취약함이 엿보이고 있다.

따라서 회외사 금당지의 협축기단은 기능성이 강조된 지사시설로서의 기단이라기보다는 장식성이나 권위(위엄)성을 표현하기 위한 상징적 건축물로 이해된다. 이 같은 필자의 판단은 한편으로 이보다 선축된 비조사나 사천왕사, 신당폐사, 법륭사 약초가람, 飛鳥京 등 제 유적에서 이와 같은 협축기단이 전혀 검출되지 않았다는 사실에서도 유추해 볼 수 있다. 즉 현재까지 일본에서 발굴조사된 협축기단 중 회외사 금당지의 것보다 선행하는 것은 찾아보기 어렵다. 이는 그 만큼 비조시대의 건축물들이 협축기단보다는 편축기단으로 조영되었음을 알게 한다. 이러한 건축기술이 적어도 비조시대에는 조영되기 어려웠음을 고려해볼 때 회외사 금당지에서 백제에서와 같은 완벽한 협축기단의 재현을 기대하는 것은 어찌보면 넌센스라 할 수 있다.

4. 금당지 및 탑지의 축기부 정지 판축기단토

회외사지 금당지 및 탑지는 우선 대지를 정지한 다음 그 위에 판축토를 반복 축토하여 축기부 및 기단토를 조성하고 있다. 건물지에서의 판축공법은 일본뿐만 아니라 백제의 제 유적, 예컨대 사원의 금당지 및 탑지, 대형 건물지 등에서도 어렵지 않게 살필 수 있다.

회외사지 유적에서 볼 수 있는 가장 큰 특징은 건물의 축기부를 조성함에 있어 대지를 굴광하지 않고 정지하였다는 점이다. 이는 흔히 경사면의 위를 'L'자형으로 삭토하고 여기에서 생긴 토양을 경사의 아랫면에 성토하여 대지를 조성하거나 능선상에서 대지를 기반토까지 정지하여 조성하는 방법[37]이다. 즉, 정지된 대지면에 판축공법을 이용하여 축기부 및 기단토를 조성한 것을 의미한다.

하지만 당시 백제 및 왜에
서는 축기부를 조성하는 방
법에 있어 대지의 정지뿐만
아니라 굴광[38]도 다소 확인
되고 있어 조영상의 차이점
을 보이고 있다. 물론 건물의
입지(산지나 저지대)에 초점
을 맞추어 축기부의 굴광 혹
은 정지가 결정됨이 당연하
나 백제나 왜의 경우 산지에
조영되는 유적에서도 정지가
아닌 굴광을 실시하고 있어
예외성을 보여주고 있다.[39]

| 사진 19 | 길비지사지 금당지
(朝日新聞社, 2002, 『飛鳥·藤原京展』, 53쪽 사진 상)

이러한 일부 유적의 사례는 건물의 조영에 있어 입지만이 아닌 당시의
건축 분위기(성향)도 건물의 조영에 일보하였음을 보여주는 중요 자료
라 할 수 있다.

백제의 건물지 중 기단부나 축기부를 정지하거나[40] 정지한 후 성토한

---

37 대지를 기반토까지 정지하고 건물을 조영한 사례는 공주 정지산유적 내 추정 빈전
  지 및 부여 부소산사지 금당지 등을 들 수 있다.

38 백제의 경우 용정리사지 목탑지, 정림사지 석탑지, 능산리사지 금당지 및 목탑지,
  금강사지 금당지 및 목탑지, 미륵사지 금당지 및 목(석)탑지 등에서 찾아볼 수 있
  고 왜의 경우는 산전사지 금당지 및 목탑지, 길비지사지 금당지(사진 19) 등에서
  살필 수 있다(趙源昌, 2006, 「日本 山田寺址에 나타난 百濟의 建築文化」『文化史
  學』 26호, 韓國文化史學會).

39 부여 용정리사지 목탑지나 정림사지 5층석탑, 미륵사지 중원 목탑지, 금강사지 금
  당지 및 목탑지, 제석사지 목탑지의 경우 곡간이나 저지대에 입지한 관계로 금당지
  나 탑지에 축기부 굴광 판축공법을 사용하고 있다. 왜의 경우는 산전사지 금당지
  및 목탑지 등에서 볼 수 있다.

사례는 공주지역의 공산성내 임류각지와 추정왕궁지, 정지산 와건물지 (추정 빈전지), 그리고 부여지역의 군수리사지 중문지·금당지·목탑지, 동남리 건물지(사진 20), 화지산 건물지(사진 21), 부소산성 서문지 주변 건물지, 부소산사지 금당지 및 목탑지 등 다수가 있다.[41] 축기부를 굴광하고 판축한 유구 수와 비교해 볼 때 큰 차이가 나지 않는다. 이는 웅진기 이후 건물을 축조함에 있어 축기부를 굴광하고 판축하는 사례와 축기부를 굴광하지 않고 정지한 후 성토, 혹은 판축하는 사례 등으로 나뉘어졌음을 확인케 한다.

현재까지 발굴조사된 백제의 건물지 중 왜 회외사의 금당지나 탑지처럼 축기부를 정지하고 판축한 사례는 그

| 사진 20 | 부여 동남리 건물지 전경 (충남역사문화원)

| 사진 21 | 扶餘 花枝山 建物址 全景
(國立扶餘文化財硏究所, 2002, 『花枝山』, 455쪽 도판 18)

---

40 이럴 경우 건물의 입지에 따라 기단토 전체 혹은 일부가 생토면이 된다.

41 이 외에도 부여지역의 가탑리·왕포리 건물지(〈財〉忠淸文化財硏究院, 2003, 『扶餘 佳塔里·旺浦里·軍守里遺蹟』) 등 다수가 있다.

리 많지 않다. 물론 부소
산성내 다-3피트 판축대
지(사진 22)처럼 경사면
의 상단은 생토면, 그 하
단은 성토 및 판축토로
조성되는 경우도 있긴
하지만 이는 어디까지
나 레벨이 낮은 경사 하
단면을 높여줘 공간을
확보하기 위한 조처이
기 때문에 전면을 정지

| 사진 22 | 부소산성 다지구 - 3피트 판축대지
남 - 북 탐색트렌치 서壁 토층상태
(國立扶餘文化財硏究所, 2003, 『扶蘇山城』, 301쪽 도판 146)

하고 기단토 자체를 판축토 만으로 쌓아올린 회외사지의 사례와는 공법
상 분명 차이가 있다.

회외사지와 동일한 축기부 축조기법을 보이는 백제의 건물유적으로
는 관북리 대형 건물지 하층의 와적기단 건물지를 들 수 있다.[42] 이 건물
지의 경우 대지를 조성하기 위해 우선적으로 지면을 정지한 후 판축공
법으로 기단토를 조성하고 있다. 기단 판축토는 마사토와 점토를 사용
하여 조성하였다. 와적기단은 지대석이 시설되지 않은 평적식으로 축조
되었고 단면 구조상으로는 단층의 편축기단을 보이고 있다. 그러나 단
층기단이라는 점에서 이중기단으로 조성된 회외사지 금당지와 차이를
보이고 있다. 이 건물지는 출토와당으로 보아 7세기 이후의 것으로 편년
되었다.

따라서 회외사 금당지는 백제사회에서 유행하였던 축기부의 정지공

---

42 國立扶餘文化財硏究所, 2005.12, 「扶餘 官北里百濟遺蹟〈제11차〉 發掘調査 1차 指
導委員會議資料」.

법과 판축공법, 그리고 와적기단과 이중기단, 협축기단 등의 건축기술
이 모두 융합되어 나타난 종합적인 결과물이라 할 수 있다.

V. 결론

지금까지 일본 비조지역에 위치하고 있는 회외사지의 백제계 건축기
술에 대해 살펴보았다. 이 사지는 1960년대 이후 발굴조사를 실시하여
탑지 및 금당지, 강당지, 서문지 등의 존재를 확인케 되었다. 특히 금당
지 및 강당지에서는 백제시대 건물지에서 살필 수 있는 와적기단, 이중
기단, 협축기단, 축기부 정지 기단판축토 등이 검출되어 백제에서의 기
술 전파를 판단케 하였다.

협축기단은 와적기단이나 이중기단과 달리 백제나 일본 등지에서 쉽
게 살필 수 없는 기단 형식으로 그 동안 고구려 유적에서 주로 조사되었
다. 그러나 고구려 출토 협축기단의 경우 벽체와 상하 연결되어 지사시
설인 기단으로서의 구분이 모호하였다. 반면, 백제의 경우는 용정리사
지 하층 금당지에서와 같이 완벽한 형태의 협축기단이 검출되어 회외사
지 금당지와의 비교를 가능케 하였다. 하지만 세부적인 조성기법에서는
상호 차이가 있어 회외사지 기단의 경우 일종의 혼합식기단으로 이해되
었다.

한편, 회외사지 금당지에서 확인된 축기부 정지 판축기단토는 부여
관북리 대형 건물지 下 와적기단 건물지에서 검출되었다. 대부분의 백
제 와건물지가 축기부를 굴광하고 판축 및 성토하는 사례와 비교해 볼
때 큰 차이점이 아닐 수 없다. 일본에서의 경우도 산전사지 금당지 및
목탑지, 길비지사지 금당지 등에서와 같이 축기부를 굴광하고 판축하는
사례가 일반화되었음을 볼 때 회외사지 금당지의 축기부 정지 기단판축

토는 이질적인 축토기술이었음을 알게 한다. 신라 및 고구려의 고토에서 아직까지 이러한 축토기술이 보고되지 않았음을 볼 때 백제와의 관련성이 깊어 보인다.

백제의 기단 축조술은 사비천도 이후 꾸준하게 일본에 전파되었다. 이는 그 동안 일본에서 발굴조사된 사지 및 관아지 등의 와건물지 등에서 쉽게 살필 수 있다. 금번에 주 테마가 된 협축기단과 축기부 정지 기단판축토 등도 이러한 맥락에서 이해할 수 있다. 향후 飛鳥·奈良時代의 와건물지에 대한 발굴과 백제 와건물지에 대한 조사가 늘어날수록 백제에서 일본으로의 기술 전파, 혹은 장인 파견이라는 논제는 더욱 더 다양한 방향에서 심도있게 논의될 수 있으리라 생각된다.[43]

---

43 이 글은 조원창, 2007, 「비조시대 왜 회외사지에 나타난 백제의 건축고고문화」, 『한국상고사학보』 58호에 게재된 논문을 정리하여 옮겨 놓은 것이다.

일본 산전사지에 나타난 백제의 건축문화

02

Ⅰ. 서론

하나의 기와 건축물이 완공되기 위해선 당대의 다양하고 뛰어난 건축 기술이 동원되게 마련이다. 이는 최상의 기와 건축물을 조영코자 하는 발원자의 의지와 취향에 따라 국내뿐만 아니라 외국에서조차 건축기술을 도입하고자 하는 욕구와 무관치 않다.[01] 이는 일종의 문화교류를 의미하는 것으로써 오늘날 전파 주체의 문화적 요소를 확인케 하는 중요한 단서가 되기도 한다.

蘇我馬子에 의해 최초의 가람인 飛鳥寺가 창건된 이래 왜에서는 근기지역을 중심으로 각지에 氏寺 등의 사원이 창건되었다. 이는 시기적으로 6세기 4/4분기~7세기 이후의 일로써 백제를 비롯한 우리나라 삼국은

---

01 이는 백제 무령왕릉을 통해서도 충분히 살필 수 있다. 즉, 이 무덤은 전축분으로써 무령왕 이전에는 존재하지 않던 웅진기의 무덤 형식이었다. 전축분은 당시 남조인 양에서 유행하였던 것으로 무령왕은 이를 축조하기 위해 양으로부터 장인을 초빙하여 전을 제작케 하고 왕릉을 조성케 하였다.

이미 가람의 조영이 일반화되던 시기였다.[02] 따라서 왜에서의 사찰 조영에는 백제, 고구려, 신라 등의 건축기술이 자연스럽게 투영되는 분위기가 조성되었다. 이러한 사례는 『일본서기』 등의 기록을 통해 그 편린을 어렵지 않게 살필 수 있다.

山田寺址는 근기지역에 위치하고 있는 비조시대의 사원지이다. 산전사지 주변으로는 飛鳥寺址, 豊浦寺址를 비롯해 奧山久米寺址 등의 비조시대 사원이 분포하고 있다. 이들 사원에서는 일찍이 백제계의 와당이나 유구가 검출된 곳으로 삼국 중에서도 유독 백제와의 관련성이 눈에 띤다. 이는 당시 대화정권의 실권을 장악하였던 蘇我氏의 영향력과도 밀접한 연관성이 있었으리라 생각된다.

이처럼 산전사는 백제문화가 오랫동안 뿌리내렸던 비조지역에 蘇我倉山田石川麻呂의 발원으로 창건되게 되었다. 그런데 여기서 한 가지 흥미로운 사실은 石川麻呂가 蘇我馬子의 손자에 해당된다는 점이다. 蘇我氏는 주지하듯 백제의 대성 8족 중 하나였던 木氏로 파악되고 있다.[03] 이러한 판단은 비조사의 탑 심초에 사리를 안치할 때 백제복을 입고 문무대신과 함께 내원하였던 사실로도 유추해 볼 수 있다. 따라서 이러한 내용들을 검토해 볼 때 석천마려는 자신의 씨사인 산전사의 창건에 있어 자신의 뿌리인 백제라는 정체성을 잊지 않았을 것이고 이는 자연스럽게 산전사의 조영에 투영되었을 것으로 사료된다.[04] 물론 석천마려는

---

02 고구려에서는 정릉사, 금강사, 평양 9사 등이 창건되었고 백제에서는 형적을 알 수 없는 한성기의 사찰, 그리고 웅진기의 대통사, 흥륜사, 용정리사원 등이 있다. 아울러 사비기에는 정림사, 능산리사지, 군수리사원, 왕흥사, 오합(함)사 등을 들 수 있다.

03 李道學, 1995, 「백제문화의 일본 전파」 『백제의 역사』, 충청남도 · 공주대학교 백제문화연구소, 346쪽.

04 이는 蘇我馬子에 의해 창건된 飛鳥寺의 가람배치, 탑, 瓦窯, 와당, 기와 등을 통해서도 살필 수 있다.

산전사가 완공되기 전 자결하지만 그의 자손들이 천황의 妃가 되었음을 볼 때 그의 유지로써 이것이 완공되었음은 의심의 여지가 없다.

따라서 본고는 이러한 내용을 중심으로 산전사지에 함축되어 있는 백제의 건축문화를 추출해 내는데 목적이 있다. 물론 전술한 바처럼 하나의 건축물에 다양한 건축기술이 내포되어 있듯이 산전사에도 당시 백제를 비롯한 고구려, 신라, 중국의 건축문화가 포함되어 있었을 것이다. 그러나 현 시점에서 이 모든 국가의 諸 문화를 이해하고 산전사지에서 그들 각자의 문화 요소를 뽑아낸다는 것은 가히 난제에 가깝다. 그러므로 이러한 과제는 차후의 연구 대상으로 삼고자 하며 여기에서는 산전사지의 백제 건축문화 요소만을 검토해 보도록 하겠다.

Ⅱ. 산전사 창건사력과 발굴조사

1. 산전사 창건사력[05]

비조시대 산전사의 발원자는 蘇我入鹿의 사촌인 蘇我倉山田石川麻呂[06]로서 641년(서명천황 13)에 사원 터를 정지하고 조성공사를 시작하였다. 산전사는 이 무렵 각각의 호족들이 세웠던 씨사 중의 하나에 해당되었으며 일찍이 본가인 소아마자의 비조사(승사), 풍포사(니사)에 기

---

05 이에 대해선 다음의 책자를 참조하였다.
　古典保存會編, 1928, 『上宮聖德法王帝說』 ; 金子裕之, 1977, 「山田寺跡(奈良縣)」 『佛教藝術』 116號 ; 奈良國立文化財研究所 飛鳥資料館, 平成 9年, 『山田寺』.
06 사촌이었던 入鹿 살해의 쿠데타에 참여하여 右大臣에 임명되었으며, 산전사가 있는 山田의 땅을 지지기반으로 삼고 있었다.

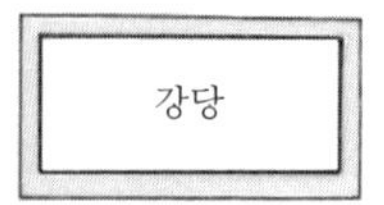

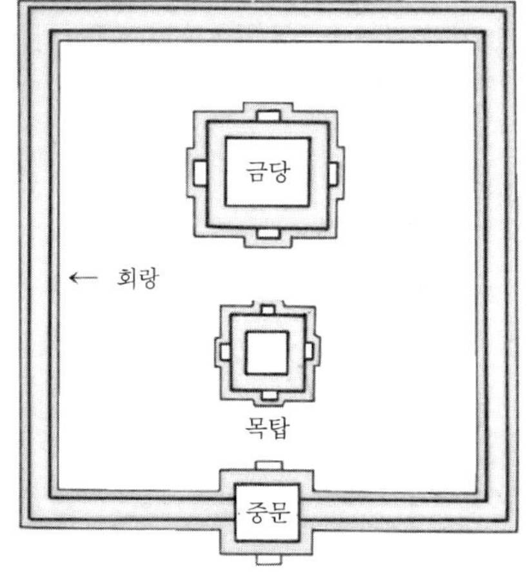

| 도면 1 | 산전사 가람배치도

원을 두고 있다.

사지(도면 1)는 談山神社가 자리하고 있는 多武峰山계의 裾野에 위치하며 예로부터 교통상·전략상으로 요지에 해당되고 있다. 주요 당탑을 건립하기 위한 평탄지를 확보하기 위하여 동쪽의 사면을 삭토하였다.

643년(황극 2)에는 금당의 조성공사가 시작되었으며, 648년에는 산전사에 처음으로 승이 머무르게 되었다. 승이 주석한 것으로 보아 산전사는 승사(법사사)였음을 알 수 있으며 승이 머무른 것으로 보아 승방이 존재하였음을 알 수 있다. 이는 금당과 승방이 비슷한 시기에 조성되었음을 의미하는 것이다. 아울러 회랑의 경우도 초석에 시문된 연화문이 금당의 것과 동일하여 동시기에 조성된 것으로 추정되고 있다.[07]

그러나 649년(대화 5) 3월 24일 石川麻呂의 異母弟인 蘇我日向이 石川麻呂에게 모반의 의심이 있다하여 中大兄皇子(天智天皇)에게 알리게 되었다. 일의 진위를 직접 파악하기 위해 中大兄皇子는 사자를 파견하여 石川麻呂의 의견을 듣고자 하였으나 그는 어떠한 답도 주지 않았다. 이에 中大兄皇子는 군세를 파견하여 石川麻呂의 집(難波 소재)을 포위

---

07 奈良國立文化財硏究所 飛鳥資料館, 平成 9年, 『山田寺』.

하자 그는 산전사로 들어가 금당의 문을 열고 천황에게의 충성을 맹세한 후 3월 25일 자결하였다. 이후 산전사의 조성 사업은 한동안 중지 상태에 놓이게 되었다.

663년(천지 2), 탑을 공사한다는 기록으로 보아 비로소 산전사의 조성 사업이 개시되었음을 알 수 있다. 그리고 이로부터 10년 후인 673년 12월 16일에는 탑의 심초를 세우고 사리를 매납하였으며 676년 4월 8일에는 노반을 올려 5층 목탑을 완성하였다. 이러한 전반적인 공사 재개는 결과적으로 석천마려의 자손에 해당되는 持統天皇의 힘이 큰 영향을 미치게 되었다.

678년(천무 7)에는 강당에 안치될 장육불상이 주조되었다. 이로 보아 이 무렵에 이미 강당이 완성되었음을 알 수 있다. 하지만 이 불상은 이후 1186년 興福寺 동금당에 옮겨졌고 화재로 인해 현재는 불두만 잔존하고 있다.

685년(천무 14) 3월 25일에는 불상의 개안법요식이 거행되었는데 이날은 산전사의 발원자인 석천마려가 자결한 지 꼭 37년째 되는 해였으며, 산전사의 조성공사 기간이 44년이 되던 해였다. 아울러 동년 8월에는 천무천황이 이곳을 방문하기도 하였다.

2. 산전사의 발굴조사[08]

산전사에 대한 발굴조사는 1976년부터 시작되었다. 그러나 그 이전에도 1904년 高橋健自, 1916년 天沼俊一, 1916년 上田三平 등에 의해 사지에 대한 실측작업은 간헐적으로 실시된 바 있었다.

---

08 奈良國立文化財研究所 飛鳥資料館, 平成 9年, 『山田寺』.

| 표 1 | 연차별 산전사지 발굴조사 내용

구분	조사내용	조사기간	비고
1차	중문, 탑, 서회랑	1976. 4~12	
2차	금당, 북회랑	1978. 2~10	
3차	강당, 북회랑	1979. 5~9	
4차	동회랑, 동쪽 외곽	1982. 8~1983. 1	奈良國立文化財研究所에서 발굴
5차	동회랑	1983. 5~10	
6차	동회랑, 사역 동북부	1984. 8~12	
7차	남문	1989. 10~1990. 2	
8차	동회랑, 보장, 동서 외곽	1990. 8~12	
9차	동쪽 외곽	1994. 11~12	

사지에 대한 발굴조사는 지금까지 총 9차에 걸쳐 실시되었으며 이에 대한 결과를 살피면 〈표 1〉과 같다.

산전사의 사역은 동서가 118m, 남북이 187m이며 이 가운데에 남문 - 중문 - 목탑 - 금당 - 강당 등을 남북 일직선상에 배치하고 있다. 중문의 양 옆에서 시작된 남회랑은 각각 북으로 꺾여 동·서회랑을 구성하고 있으며, 이는 금당과 강당 사이에서 북회랑을 형성하고 있다. 따라서 강당은 회랑의 외부에 배치되어 있음을 볼 수 있다. 우리나라 삼국의 가람 배치와 비교해 볼 때 큰 차이점이 아닌가 생각된다.

이들 각각의 유구 내용을 간략하게 살피면 다음과 같다.

1) 남문지

남문의 전면으로는 溝와 참도(폭 8.6m)가 마련되어 있고 구에는 목교가 시설되어 있다. 기단의 규모는 동서길이 11.65m, 남북길이 7.84m이며 정면 3칸, 측면 2칸으로 조성되었다. 기단 위에서는 화강암제 초석 6개가 확인되었으며, 동쪽과 북쪽 일부에서는 기단석이 검출되었다.

2) 중문지

중문 기단은 후대에 크게 삭토되어 기단석이나 초석 등이 모두 멸실되었다. 다만, 정확한 성격을 알 수 없는 11개의 穴만이 조사되었다.

3) 목탑지

정·측면 3칸의 5층탑으로 추정되며, 기단 한 변이 12.6m이다. 높이는 1.8m로 높은 편이며, 4면에는 폭 3m의 계단이 시설되어 있다. 기단의 중앙부 지하 약 1m 지점에서는 심초석이 확인되었고 심초석 중심부에서는 사리 용기를 안치할 수 있는 원형의 2단 穴이 검출되었다. 심초석의 경우 초석을 뒤집어서 제작하였다. 중문에서 목탑까지의 거리는 29.1m이며, 축기부를 굴광한 후 판축하였다.

4) 금당지 (도면 2)

기단의 규모는 동서길이 21.6m, 남북길이 18.2m이며 높이는 2m이다. 정면과 측면은 각각 3칸, 2칸이다. 지형적으로 북에서 남으로 경사지가 형성되어 지반이 연약한 구지표를 일부 굴토한 후 기단토와 축기부는 사질과 점토를 3~5cm씩 교차시켜 판축공법으로 조성하였다. 전체 판축토의

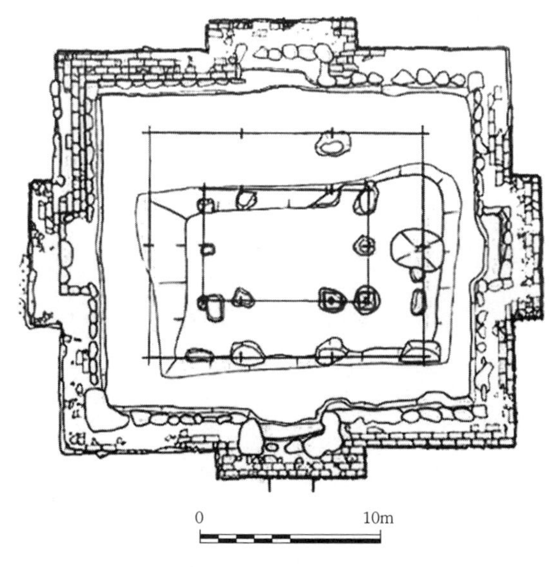

| 도면 2 | 산전사지 금당지 평면도

| 사진 1 | 산전사지 석등 연화하대석

(奈良國立文化財研究所 飛鳥資料館, 平成 9年, 『山田寺』, 21쪽)

높이는 약 3.5m로 현재 지면에 노출된 기단토의 높이보다 높다.[09] 기단의 4면 중앙에는 계단이 시설되어 있으며, 주변에는 약 1.6m의 너비로 편평한 판석을 깔아 놓은 보도가 확인된다. 기단토상에는 2개의 초석이 남아 있고 원주좌의 주변에는 단판 12엽의 연화문이 조각되어 있다. 기단은 서면의 지대석과 그 상면의 받침턱으로 보아 가구기단으로 판단된다.

한편, 금당 중앙 전면으로는 배례석으로 판단되는 2.4×1.2m의 큰 판석 1매가 놓여 있다. 아울러 목탑과 금당 사이에도 석등의 연화하대석(사진 1) 1기가 정 중앙에 배치되어 있다. 석등의 평면은 고구려에서 흔히 볼 수 있는 8각형으로 8엽의 중판이 조각되어 있다.[10] 하대석 주변에서는 연자가 시문된 의회암제의 화사석편이 수습되었다. 목탑에서 금당까지의 거리는 30m이다.

5) 강당지

강당은 목탑, 금당과 달리 회랑의 북쪽 외부 중앙에 배치되어 있다.

---

09 이는 기단을 조성하기 위하여 축기부를 약 1.5m 정도 굴광한 후 판축하였음을 알게 한다. 결과적으로 축기부 굴광 판축공법이 사용되었음을 판단할 수 있다.

10 백제의 경우도 석등은 아니지만 복련의 연꽃에 8각형의 주좌를 갖춘 석물(활주 초석 추정)이 미륵사지 중원 금당지에서 검출된 바 있다.

강당지의 서쪽부에서는 초석과 지복석이 양호한 상태로 검출되었으나 동반부의 경우 후대의 삭평으로 인해 초석의 흔적만 확인되었다. 정면 8칸, 측면 4칸(33×14.3m)으로 금당에서 강당까지의 거리는 약 60m이다. 초석에는 금당에서 본 것과 같은 중판의 연화문이 장식되어 있지 않다.

6) 회랑지

중문에서 시작된 남회랑이 북으로 꺾여 동·서회랑이 되고 이것이 금당 뒤에서 모여 북회랑을 이루고 있다. 단랑으로 기단은 할석조의 1단으로 조성되었다. 초석과 초석 사이에는 기단 방향으로 하인방이 시설되어 있고 그 위로 연자창이 만들어져 있다. 기와는 붕괴된 상태 그대로 노출되어 기와골과 기와등이 확연하나 와당은 사용되지 않았다. 회랑의 구조를 살필 수 있는 획기적인 자료라 생각된다.

Ⅲ. 산전사지와 백제 미륵사지 가람배치

산전사지는 남문 - 중문 - 목탑 - 석등 - 금당 - 강당이 남에서 북으로 일직선상에 배치되어 있다. 목탑과 금당은 회랑으로 돌려 있어 당탑의 신성성을 대변하고 있다. 반면, 강당은 회랑의 북쪽에 위치하고 있어 특이한 배치를 보여주고 있다.

산전사지와 같은 1탑1금당식의 가람배치는 일찍이 백제에서 유행하였으나 중문 이남지역에서 남문이 확인되지 않아 산전사지의 가람배치와 부분적인 차이를 보이고 있다.[11] 이러한 남문의 존재는 비단 백제뿐만 아니라 그 동안 발굴조사된 고구려나 신라의 사지에서도 검출된 바 없어 삼국의 건축문화로는 파악되지 않는다. 왜의 가람에서 1탑1금당식

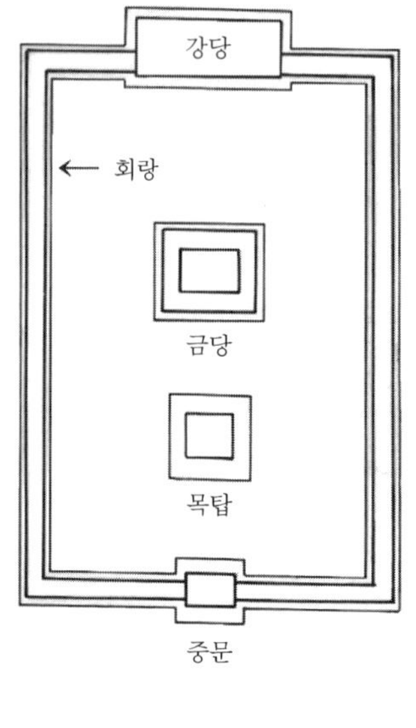

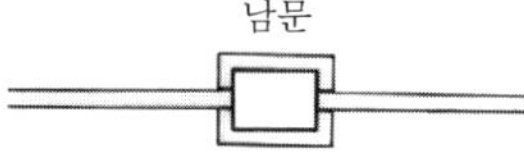

| 도면 3 | 사천왕사지 가람배치

의 배치를 보이는 최초의 사원은 大阪에 위치하고 있는 사천왕사(도면 3)이다. 이 사원은 남문 - 중문 - 목탑 - 금당 - 강당이 남북 일직선상으로 배치되어 있다. 언뜻 산전사지의 가람배치와 유사성이 살펴지나 회랑의 시설면에서 중문과 강당이 북회랑으로 서로 연결되어 있어 산전사지의 회랑 구조와 차이를 보이고 있다. 아울러 목탑과 금당 사이에서 석등이 관찰되지 않는 점도 하나의 차이점으로 들 수 있다.

이처럼 산전사지의 가람배치는 강당이 회랑 외곽에 배치되었다는 점에서 이질적인 특성을 보여주고 있다. 아울러 금당의 전면 중앙에 석등이 놓인 점도 하나의 특색을 보인다(사진 2). 이러한 특성으로 말미암아 산전사지의 가람배치는 '山田寺式'이라는 새로운 형식을 부여받기도 하였다. 飛鳥時代에 조영된 다른 사원에서 이 같은 가람배치를 확인할 수 없다는 점에서 이의 시원을 추정해보는 것은 또 다른 흥미 거리가 아닐 수 없다.

산전사의 발원자는 주지하듯 蘇我馬子의 일족인 蘇我倉山田石川麻呂였다. 아울러 이의 자제는 천황의 비가 되어 산전사가 완공되는 데 큰

---

11 일본에 위치하고 있는 대부분의 飛鳥 · 奈良時代 사지에는 중문 남쪽에 남문이 시설되어 있다.

영향을 끼쳤으며, 그의 조부인 소아마자는 대화정권의 실권을 장악하였던 세력가였다. 특히 소아마자는 587년 배불파인 物部氏와의 전쟁에서 승리한 후 백제의 위덕왕으로부터 사공, 와박사, 노반박사, 화공 등을 지원받아 왜 최초의 가람인 비조사

| 사진 2 | 산전사지 금당지〈상〉와 석등지〈하〉
(奈良國立文化財研究所 飛鳥資料館, 平成 9年, 『山田寺』, 20쪽)

를 창건하였다.[12] 이는 蘇我氏[13]의 뿌리가 백제와 무관치 않음을 보여주는 한편, 당시 백제와 왜의 대외교섭이 밀접하였음을 보여주는 전거라 할 수 있다. 이러한 백제와 왜의 친밀한 관계는 백강전투에서 살필 수 있는 바와 같이 백제 멸망기까지 부단하게 유지되었다.

산전사에서 살펴지는 것과 같은 가람배치는 아직까지 우리나라에서 확인된 바 없다. 그러나 고래로부터 내려온 백제와 왜의 대외교섭을 고려해 볼 때 이의 가람배치 또한 백제와 연관되지 않았을까 하는 의구심은 떨칠 수가 없다. 이런 측면에서 주목되는 것이 바로 익산 미륵사지이다.[14]

---

12 이에 대해선 『日本書紀』卷 第21 崇峻天皇條에 자세히 기록되어 있다.

13 蘇我氏는 백제의 木氏 세력으로 추정되며 고구려의 남침으로 웅진천도에 공을 세웠던 木滿致가 倭로 건너가 소가(曾我)지역에 정착하였던 것으로 알려지고 있다 (李道學, 1995, 「백제문화의 일본 전파」『백제의 역사』, 충청남도 · 공주대학교 백제문화연구소).

14 지금까지 정림사지, 능산리사지를 비롯한 여러 백제 사지가 발굴조사 되었으나 강당지가 회랑지 밖에 시설된 예는 미륵사지의 중원지의 예가 유일하다. 그러나 중원지를 포함한 전제 가람배치를 놓고 보면 강당지도 회랑지에 포함되어 있음을 살필 수 있다.

미륵사지는 무왕 때 창건된 것으로 3탑3금당식의 가람배치(도면 4)를 보여주고 있다. 사원은 중원, 동원, 서원 등으로 구분되었으며 중원은 동·서원의 석탑과 달리 목탑으로 조성되었다. 이들 3원에는 각기 중문 - 목탑 - 석등 - 금당이 자리하고 있으며 강당은 중원의 후면에 별도로 조성되어 있다. 그러나 산전사지에서 살필 수 있는 중문과 금당 사이의 회랑시설, 그리고 강당의 외곽 배치는 유독 3원 중 중원에서만 관찰되고 있어 양자의 친연성을 보여주고 있다.

이처럼 산전사지와 미륵사지 중원 가람은 중문 - 목탑 - 석등 - 금당 - 강당이라는 가람배치와 강당이 회랑 북쪽에 별도로 조성되었다는 점에서 완전 일치하고 있으며, 이런 점에서 백제에서 왜로의 사원건축 전파를 판

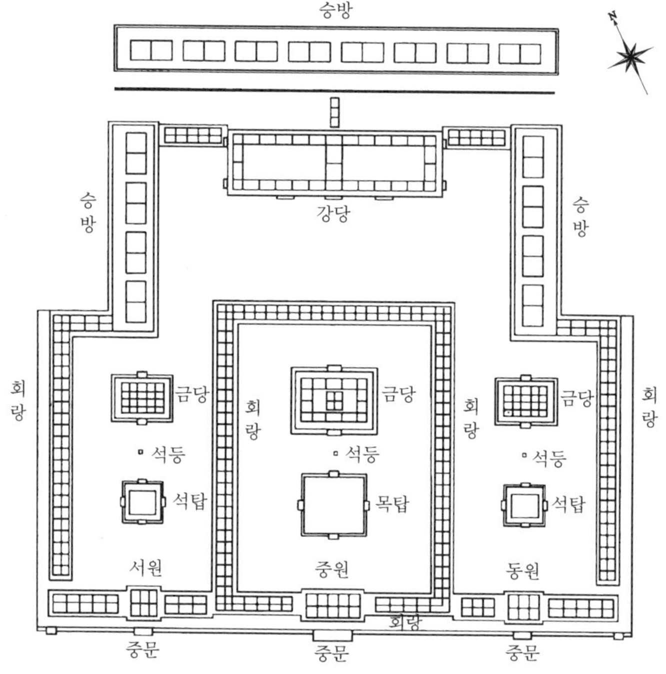

| 도면 4 | 백제 미륵사지 가람배치도
(전라북도익산지구문화유적지관리사업소, 1997, 『미륵사지유물전시관』, 123쪽)

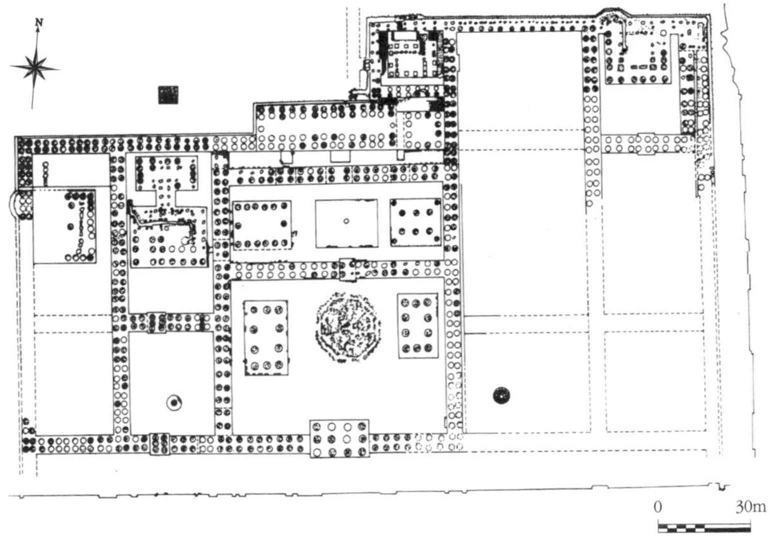

| 도면 5 | 정릉사지 가람배치

단케 한다. 이와 같이 백제 미륵사지의 가람배치 플랜이 왜 산전사지에
전파되었다고 보는 필자의 견해는 한편으로 고구려 및 백제, 그리고 신라
의 다른 가람배치를 검토해 보는 것으로도 능히 파악해 볼 수 있다.

고구려 사지 중 발굴조사가 실시되어 우리나라에 보고된 사례는 定陵
寺址(도면 5)[15]를 비롯해 청암리사지(금강사지, 도면 6),[16] 토성리사지
(도면 7),[17] 원오리사지[18] 등이 있다. 그러나 이들 사지는 부분적인 가람

---

15 한인호, 1981, 「정릉사건축의 평면구성에 대하여」 『력사과학』 2호, 과학 · 백과사
　전출판사.

16 小泉顯夫, 昭和 15年, 「平壤淸岩里廢寺址의 調査」 『昭和十三年度古蹟調査報告』,
　朝鮮古蹟研究會.

17 남일룡, 1987, 「황해북도 봉산군 토성리 고구려 절터에 대하여」 『조선고고연구』 4
　호, 사회과학출판사.

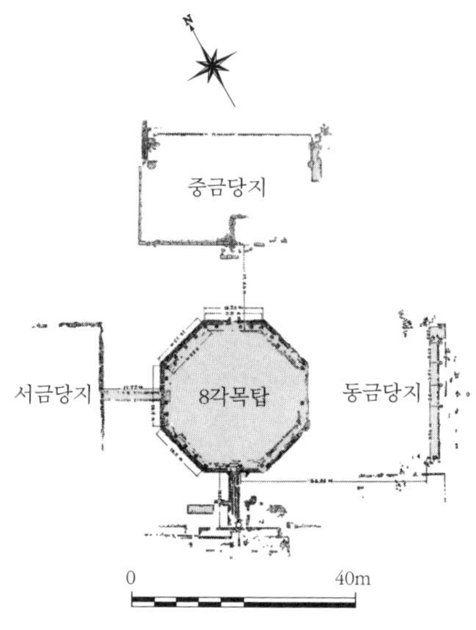

| 도면 6 | 청암리사지 가람배치

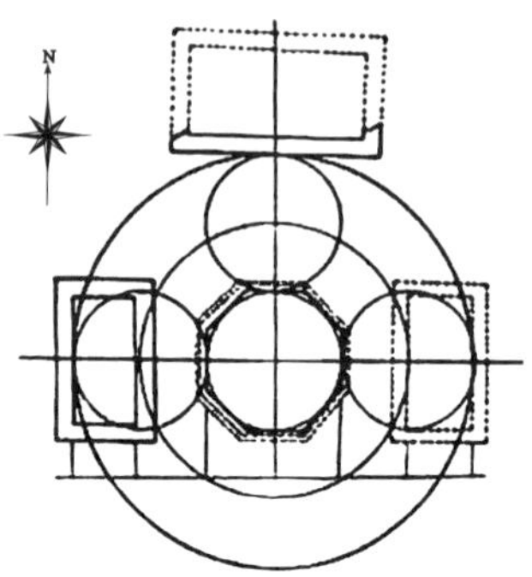

| 도면 7 | 토성리사지 가람배치도

배치 만이 알려져 있을 뿐, 세부 도면이나 사진 등은 남아 있지 않아 유구의 현황 파악이 쉽지 않다. 또한 이들 대부분이 일제강점기 일본인 학자들에 의해 조사되고 난 후 보완·정밀 조사가 실시되지 않아 자료 검토의 한계마저도 적지 않다.

현재 우리에게 알려진 고구려의 가람배치를 검토해 볼 때 목탑과 금당 사이에서의 석등 배치는 찾아볼 수 없다. 아울러 탑의 평면형에 있어서도 4각형이 아닌 8각형이라는 점에서 큰 차이를 살필 수 있다. 특히 탑을 중심으로 금당이 동·서·북쪽에 위치한 1탑3금당의 가람배치라는 점에서 1탑1금당식의 산전사지 가람배치와는 근본적으로 차이가 있음을 발견할 수 있다.

고신라기의 것으로 발굴조사 된 사례는 황룡사지(도면 8)와 분황사지[19]

---

18 小泉顯夫, 昭和 13年, 「泥佛出土地元五里廢寺址의 調査」『昭和十二年度古蹟調査報告』, 朝鮮古蹟研究會.

19 國立慶州文化財研究所, 2005, 『芬皇寺』.

를 들 수 있다. 그러나 이들 사지 또한 가람배치에서 석등의 존재나 회랑의 구획면에서 차이를 보이고 있다는 점에서 상호 비교하기 어렵다. 특히 분황사지의 경우는 고구려와 같이 1탑에 3금당이 배치되어 산전사지의 당탑배치와는 기본적으로 다르다.

이러한 가람배치의 차이는 미륵사지를 제

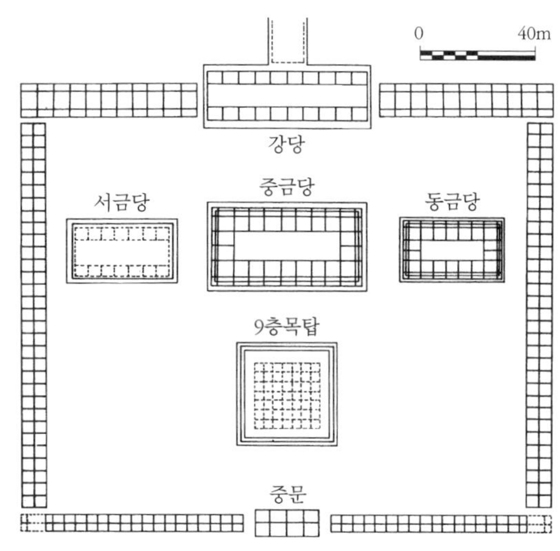

| 도면 8 | 황룡사지 가람배치도
(文化財管理局 文化財研究所, 1984, 『皇龍寺』, 373쪽 삽도 2)

외한 백제의 다른 사지에서도 예외는 아니다. 현재까지 발굴조사되어 가람배치가 확인된 사지는 정림사지(도면 9)[20]를 비롯해 군수리사지(도면 10),[21] 능산리사지(도면 11),[22] 금강사지(도면 12),[23] 부소산사지(도면 13),[24] 왕흥사지(도면 14),[25] 성주사지[26] 등이 있다. 이 중에서 산전사지와 같이 목탑과 금당 사이에 석등이 존재하고 강당이 회랑 외곽에 조성

---

20 國立扶餘文化財研究所, 2008.11, 「부여 정림사지 발굴조사(제8차) 자문회의」, 22쪽 도면3.

21 石田茂作, 昭和 12年, 「扶餘軍守里廢寺址發掘調査」『昭和十一年度古蹟調査報告』, 朝鮮古蹟研究會.

22 國立扶餘博物館·扶餘郡, 2000, 『陵寺』, 5쪽 도면 5.

23 國立博物館, 1969, 『金剛寺』, 도면 2.

24 국립부여박물관, 1988, 『백제사지 출토유물』, 20쪽.

25 國立扶餘文化財研究所, 2010, 『2009 백제문화를 찾아서』, 31쪽 도면 1.

26 忠南大學校博物館, 1998, 『聖住寺』.

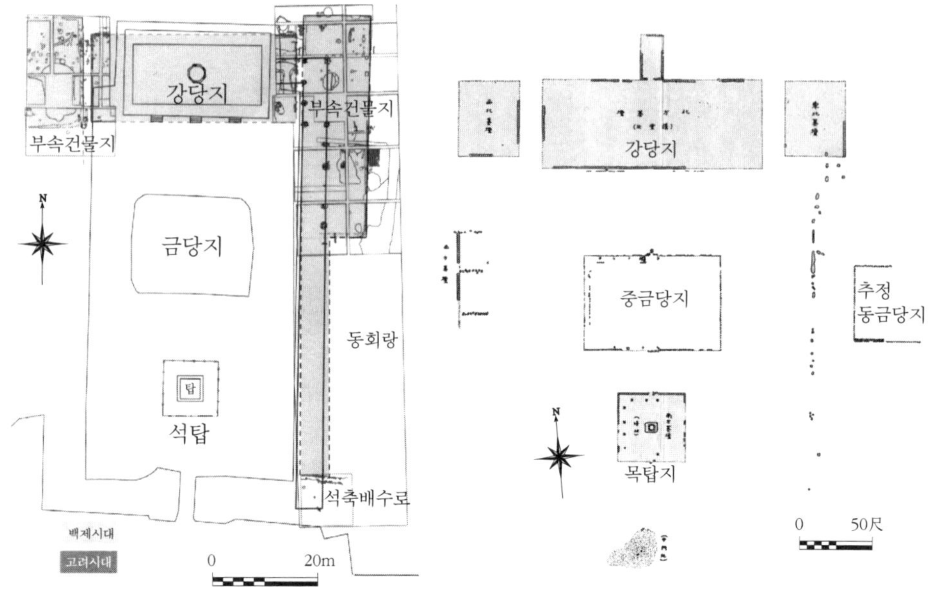

| 도면 9 | 정림사지 가람배치도 | 도면 10 | 군수리사지 가람배치도

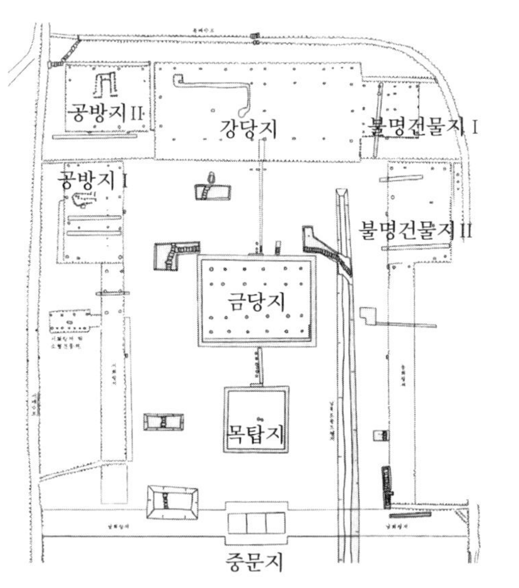

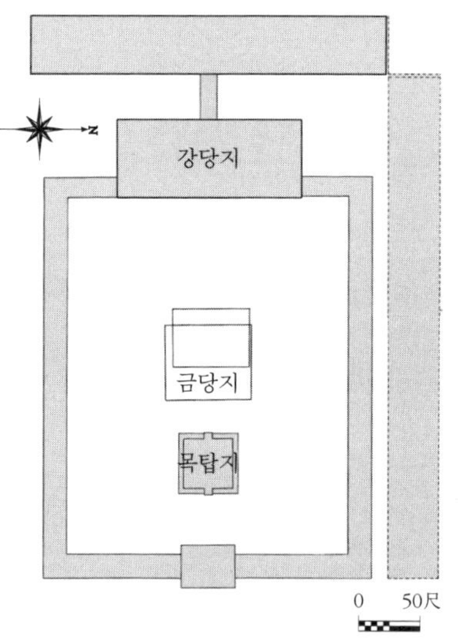

| 도면 11 | 능산리사지 가람배치도 | 도면 12 | 금강사지 가람배치도

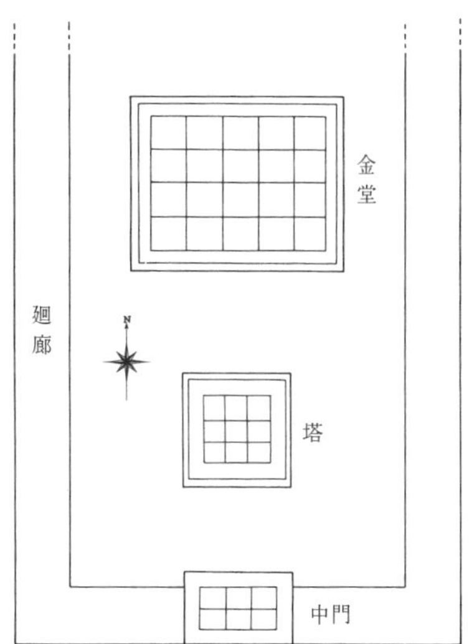

| 도면 13 | 부소산사지 가람배치

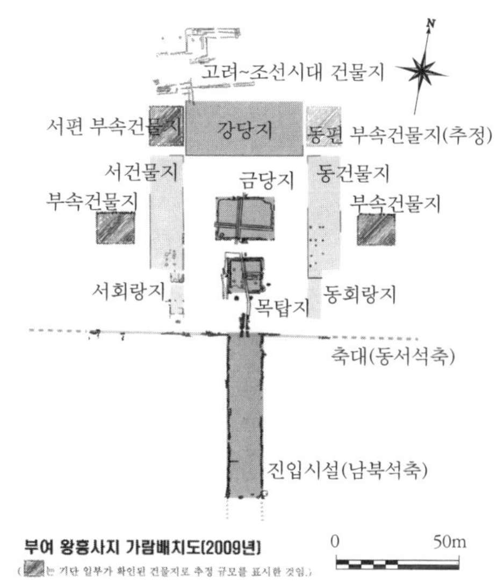

| 도면 14 | 왕흥사지 가람배치

된 가람배치는 찾아볼 수 없다. 따라서 이는 7세기 이후 새롭게 등장한 백제의 가람배치로 이해할 수 있다. 아울러 중문 - 목탑 - 석등 - 금당 - 강당의 구성과 강당의 단독 배치는 다른 백제사지의 가람배치와 엄밀하게 구별되는 '彌勒寺址式'이라 명명할 수 있다.

이상에서처럼 왜 산전사지와 친연성이 있는 가람배치는 삼국 중 백제의 미륵사지가 유일하다. 특히 미륵사지의 3원 중 중원만이 산전사지와 같은 목탑을 조영한 점, 그리고 강당을 제외한 중문 - 목탑 - 석등 - 금당이 회랑으로 둘러싸인 점도 미륵사지 중원과 산전사지 가람배치 간의 상통성을 비교해 볼 수 있는 의미있는 부분이라 할 수 있다.

이 외에 평면 방형 목탑의 4면에 계단이 시설된 점, 금당지의 기단이 가구식으로 조성된 점, 그리고 기단의 축기부 조성을 위해 판축공법을 사용한 점도 백제 사지와 왜 산전사지의 건축기술 회통을 살펴볼 수 있는 중요한 부분이다. 이에 대해선 IV장에서 상술해 보고자 한다.

IV. 산전사지의 백제 건축기술

산전사지에서 살필 수 있는 백제의 건축기술은 금당지 기단 축기부의 판축토, 금당지의 가구기단, 그리고 기단 외곽으로 부석된 犬走[27] 등을 예로 들 수 있다. 이 중 기단 축기부의 판축토는 일찍이 백제 웅진기부터 관찰되는 것으로 사비기 이후 사원의 건축유적에서 흔히 확인되고 있다.

산전사지에서 볼 수 있는 기단 축기부[28]는 기단토와 더불어 판축토로 이루어졌으며 판축토의 전체 높이는 약 3.5m이다. 이 중 기단의 높이만을 계측하여 보면 2m이고 기단 축기부의 높이는 1.5m이다. 기단 축기부는 구지표면을 굴토한 후 사질이나 점토질의 흙을 3~5cm의 두께로 교차 축토하여 완성하였다[29](사진 3). 아울러 판축된 각 토층은 기단 전역에까지 미치고 있어 분할 판축은 실시되지 않았던 것으로 파악된다. 판축토 내에서 석괴 등의 이물질이 거의 확인되지 않아 정선된 고운 토양을 사용하였음을 알 수 있다.

이처럼 건물이 들어 설 대지를 되파기하고 그 축기부에 판축공법으로 축토한 사례는 지금까지 백제유적에서 주로 확인되고 있다.[30] 혹자에

---

27 이는 일종의 통행로로 파악된다.

28 기단토 아래에 시설되어 있으며 기단토 및 기단토 위에 조영된 건축물의 하중을 받는 곳이다. 산전사지의 경우 금당지 및 탑지의 축기부는 기단의 범위보다 넓게 굴광하였으며 그 내부에 기반토를 축토한 후 기단을 시설하였다. 그러나 축기부 내의 기반토가 기단토까지 연결되는 것이 일반적이어서 토층상으로는 기반토와 기단토의 차이를 쉽게 구분할 수 없다. 이에 대해선 축기부의 굴광선과 기단의 조성 위치 등을 통해 파악하여야 할 것이다.

29 이처럼 사질토와 점질토를 이용하여 3~5cm의 두께로 판축을 실시한 예는 미륵사지 중원 목탑지에서 볼 수 있다.

30 이는 고구려 유적에 대한 세부 도면이나 사진 등이 소개되지 않은 데에서 기인된

따라 신라의 황룡사지 중금당
지[31] 축기부의 경우도 판축공
법으로 설명하고 있는 데 이는
축조기법상 분명한 차이가 있
다. 아울러 황룡사지 중금당지
의 평면 구조와 기단건축이 백
제의 건축기술과 무관치 않기
때문에 기술력 자체만을 놓고
평가한다면 백제의 건축기술
로 연계시켜 보는 것이 타당할
것이다.[32]

그 동안 축기부 굴광 판축공
법이 확인된 백제유적은 부여
의 용정리사지 목탑지[33](도면
15)를 비롯해 정림사지 5층석

| 사진 3 | 산전사지 금당지 축기부 판축토
(奈良國立文化財硏究所 飛鳥資料館, 平成 9年,
『山田寺』, 21쪽)

탑(도면 16), 금강사지 금당지 및 목탑지, 미륵사지 중원 목탑지 등이 있
다. 특히 용정리사지 목탑지의 경우는 그 조영시기가 5세기 말~6세기
초로 편년되고 있어 웅진도읍기에 축조되었음을 알 수 있다.[34] 이는 풍
납토성에서 살필 수 있는 바와 같이 정교한 판축공법의 築土技術이 한

바 크다. 따라서 향후 이러한 판축토를 이용한 건축물이 등장할 소지는 얼마든지
  있다.

31 황룡사지 목탑지의 경우는 축기부를 굴광하였으나 그 내부의 축토가 판축공법이
  아닌 성토다짐기법으로 이루어졌다는 점에서 목탑지와 차이를 보인다.

32 趙源昌, 2002,『百濟 建築技術의 對日傳播』, 상명대학교 박사학위논문.

33 扶餘文化財硏究所, 1993,『龍井里寺址』.

34 趙源昌, 2003,「百濟 熊津期 扶餘 龍井里 下層寺院의 性格」『韓國上古史學報』42
  호, 韓國上古史學會.

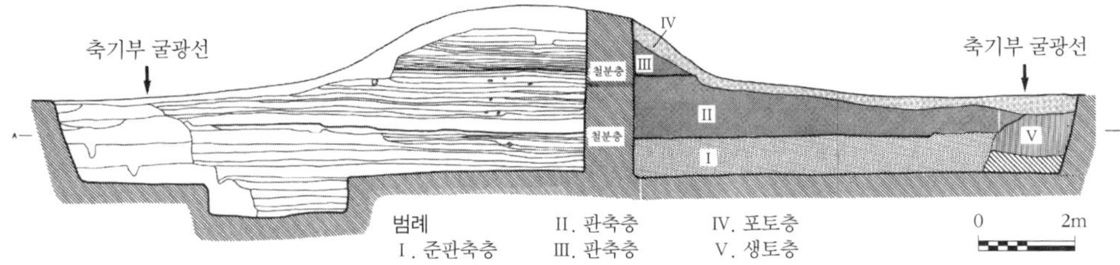

| 도면 15 | **용정리사지 목탑지 축기부 판축토** (扶餘文化財硏究所, 1993, 『龍井里寺址』, 21쪽 삽도 4 상)

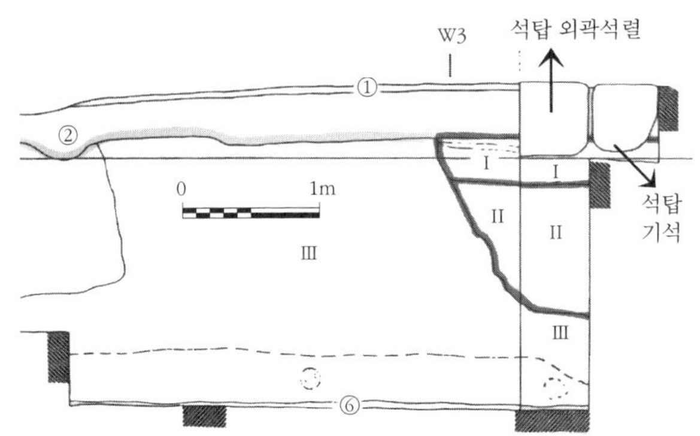

I. 황갈색 판축토층, II. 적갈색 판축토층, III. 적갈색 준판축토층

| 도면 16 | **정림사지 5층석탑 축기부 판축토**

(忠南大學校博物館 · 忠淸南道廳, 1981, 『定林寺』, 도면 19 상 일부)

성도읍기에서 웅진도읍기로 접어든 후 곧바로 사비지역까지 파급되었음을 보여주는 중요한 자료라 할 수 있다. 아울러 저습지와 같은 연약지반에도 기와 건축물의 조영을 가능케 한 신기술 공법[35] 이라는 점에서 주목할 만하다.

산전사지에서 살필 수 있는 또 다른 백제의 건축기술로는 가구기단을 들 수 있다. 이 기단은 지대석, 면석, 갑석을 가구식으로 결구한 데에서

---

35 주지하듯 정림사지 5층석탑 및 미륵사지 중원 목탑지는 구릉상이 아닌 저습지에 조영되어 있다. 따라서 이들 지역에 입지한 유적들은 모두 기단 축기부를 굴광하고 그 내부에 점토나 사질토를 판축한 것이 특징이다. 이는 저습지를 활용하기 위한 부엽공법과는 판이하게 다른 것으로 백제의 독특한 기단 축조술을 보여주는 것이라 할 수 있다.

붙여진 이름으로 삼국의 건축물 중 백
제시대 건물지에서 주로 확인되고 있
다.[36] 시기적으로는 모두 사비도읍기에
해당되며, 탑파건축[37]이 아닌 건물유적
으로는 능산리사지 금당지, 금강사지
금당지, 미륵사지 동·중·서원 금당지
및 강당지 등 사찰 건축의 금당지에서
주로 검출되었다.

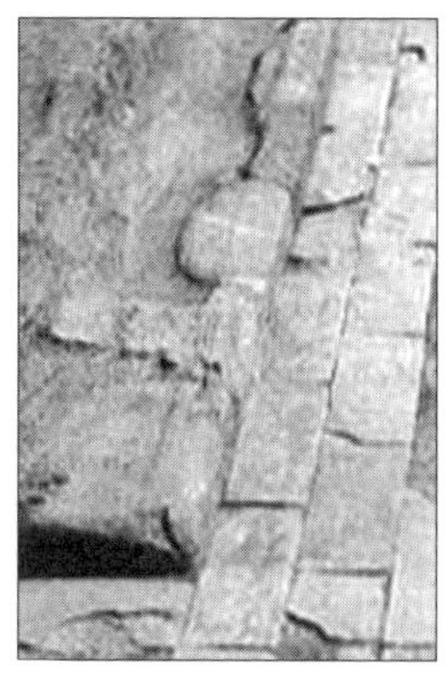

| 사진 4 | 산전사지 금당지
가구기단 지대석
(奈良國立文化財研究所 飛鳥資料館,
平成 9年, 『山田寺』, 21쪽 수정)

산전사지의 가구기단(사진 4)은 금당
지 기단의 서쪽과 북쪽 일부에서 확인
되며 현재 지대석(隅石 포함)만 잔존하
고 있을 뿐 면석과 갑석은 모두 결실된
상태이다. 지대석은 치석된 장대석으로 길이 0.6~1m이며, 폭 30cm, 높
이는 犬走 상면에서 계측해 볼 때 35cm이다. 재질은 화강암과 의회암으
로 이루어졌다.

산전사지의 금당지 기단을 가구기단으로 판단하는 데에는 지대석 상
면에서 확인할 수 있는 '」' 모양의 턱과 기단의 높이를 통해서이다.
특히 '」' 모양의 턱부분은 면석의 외연과 맞닿는 부분으로 전체적으

---

36 趙源昌, 2003, 「寺刹建築으로 본 架構基壇의 變遷 研究」 『百濟文化』 32, 公州大學
   校 百濟文化研究所.
37 탑파건축(석탑 혹은 목탑)의 기단은 거의 대부분 이중의 가구기단 형식을 취하고
   있다. 신라의 건물유적 중 가구기단을 시설한 사례는 아직까지 찾아볼 수 없으며,
   이는 고구려의 경우도 마찬가지이다. 그러나 삼국이 통일된 직후 경주지역에 창건
   된 感恩寺址에서는 미륵사지에서 본 것과 같은 가구기단이 금당지에 조영되어 있
   어 백제 기단축조술의 통일신라 전파를 파악케 한다(趙源昌, 2005, 「百濟 基壇 築
   造術의 對新羅 傳播」 『건축역사연구』 42호, 韓國建築歷史學會).

로 볼 때 면석이 정치할 수 있게 해준다. 아울러 높이가 2m나 되는 기단
은 이중기단이나 가구기단이 아니고서는 시설하기 어렵다. 하지만 이중
기단의 경우 기단토가 상층 및 하층으로 구분되어 있어 이를 산전사지
금당지의 지대석 배치와 적용시켜 볼 때 구조적으로 어울리지 않는다.

이처럼 산전사지에서 볼 수 있는 가구기단은 단층으로서 면석과 갑석
은 유실되어 살필 수 없다. 가구기단은 고신라나 고구려의 경우 그 사례
가 많지 않다. 다만, 백제의 사원유적에서 몇 사례가 알려져 있을 뿐이
다. 이들 유적 중 산전사지 금당지와 같은 단층의 가구기단은 부여군 은
산면에 위치하고 있는 6세기 4/4분기경[38]의 금강사지 금당지 및 7세기
전반의 익산 미륵사지 강당지 등에서 살필 수 있다.

금강사지는 사원의 방향이 남북장축이 아닌 동서장축을 취하고 있다
는 점에서 다른 백제 사지와 큰 차이를 보이고 있다. 기단토는 축기부와
마찬가지로 판축토로 이루어졌으며 축기부는 생토면을 굴광하여 조성

| 사진 5 | 금강사지 금당지 가구기단
(國立博物館, 1969, 『金剛寺』, 도판 8-b)

하였다. 판축토는 점토 및
사질토로 축토되었으며 일
부 와편이 혼입되어 있으나
극소량에 해당되고 있다.
기단은 발굴조사 당시 지대
석(隅石 포함)만 남아 있었
으며 주변에선 교란된 면석
일부도 확인되었다. 기단을
구성하는 지대석, 면석, 갑
석은 치석된 장대석을 사용
하였으며, 隅石에서는 산전

---

38 이는 금강사지에서 출토된 곡절소판형의 와당을 통해 내린 편년이다.

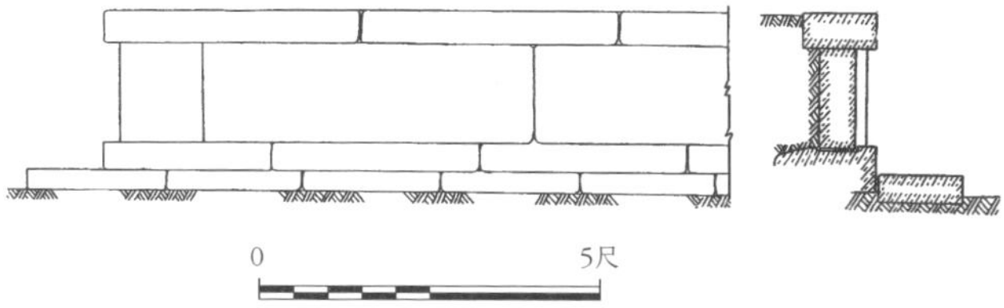

| 도면 17 | 금강사지 금당지 가구기단 복원도 (國立博物館, 1969, 『金剛寺』, 11쪽 Fig.3)

사지에서 볼 수 없었던 童子柱홈[39]도 확인되었다(사진 5, 도면 17). 기단의 전체 높이는 90cm로 추정하고 있다.

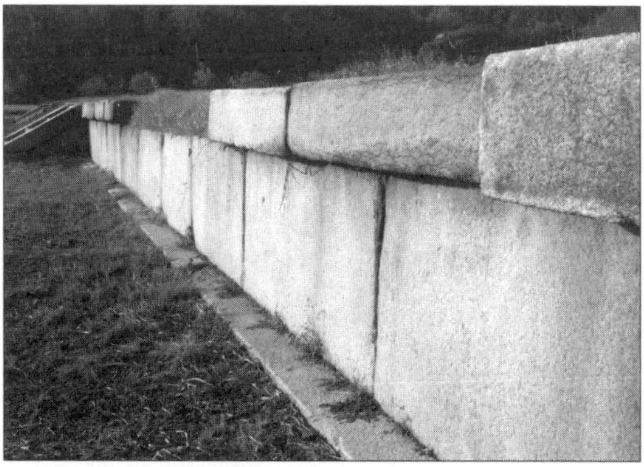

| 사진 6 | 미륵사지 강당지 가구기단 (필자사진)

미륵사지 강당지(사진 6 · 7)는 높이가 1m로서 지대석, 면석, 갑석으로 결구되어 있다. 면석은 지대석의 끝단으로부터 18cm 안쪽에 세워졌으며 높이는 약 67cm이다. 갑석의 높이는 23cm, 길이는 48cm이다. 산전사지 금당지와 달리 지대석 외곽에서의 부석시설은 확인되지 않는다. 그럼에도 불구하고 이 기단을 산전사지 가구기단과 비교할 수 있는 것은 바로 지대석 상면에서의 'ㄴ' 모양의 조출기법이다. 이는 지대석 상면의 면석이 밀려나는 것을 방지하기 위한 처리기법으로 파악된다. 금강사지 금당지의 지대석 상면이 '⊔' 모

39 방형에 가까운 隅石에서의 童子柱홈은 미륵사지 동원 · 중원 금당지에서도 확인할 수 있다. 서원 금당지의 경우는 지대석이 모두 결실되어 살필 수 없으나 동원 및 중원의 사례로 보아 이곳에도 동자주홈이 조출되었을 것으로 사료된다.

| 사진 7 | 강당지 가구기단 세부 (필자사진)

| 사진 8 | 산전사지 금당지 기단외 견주시설
(奈良國立文化財硏究所 飛鳥資料館, 平成 9年, 『山田寺』, 21쪽)

양이라는 점에서 산전사지 지대석의 상면과 차이를 보인다. 따라서 기단의 지대석만을 비교대상으로 본 다면 산전사지 가구기단과 가장 친연성이 있는 것은 바로 미륵사지 강당지의 가구기단이라 할 수 있다.

또한 산전사지 건물지에서 살필 수 있는 또 하나의 특징은 금당 기단 외곽으로 장방형의 판석을 깔아놓은 犬走施設이다(사진 8). 이는 마치 보도블럭을 연상케 하는 것으로 폭은 약 1.6m이다. 특히 장방형의 판석 외연에는 수직 횡렬식으로 판석을 세워 놓아 부석이 밀려나는 것을 방지하고 있다. 금당지 기단 외곽에 이러한 장방형의 판석으로 부석을 한 예는 지금까지 백제 금강사지 금당지의 예가 유일하다(사진 9).[40] 여기서 부석은 일종의 鋪石[41]으로 설명되

---

40 금강사지는 1매로 된 장방형의 판석을 사용한 반면, 山田寺址는 4매의 소형 판석을 이용하였다는 점에서 차이가 있다.

었으나 그 너비로 보아 낙수물받이를 위한 시설로도 추정된다. 판석은 가구기단의 지대석 아래에 부석되어 있다. 기단 4면에 깔려 있으며, 길이 60~90cm, 폭 24~36cm, 두께 12~15cm이다.

한편, 장방형의 판석은 아니지만 금당지 기단 외곽으로 할석이 부석된 예는 미륵사지 중원 및 서원에서도 살필 수 있다. 특히 중원 금당지(사진 10)의 경우는 서원에 비해 잔존 상태가 양호하여 기술해 보고자 한다. 부석시설은 기단의 동면을 제외한 서·남·북면에서 관찰되나 동면의 경우

| 사진 9 | 금강사지 금당지 가구기단 외곽 포석시설
(國立博物館, 1969, 『金剛寺』, 도판 6-b)

| 사진 10 | 미륵사지 중원 금당지 전경 (필자사진)

도 하천으로 유실되었기 때문에 본래는 조성되었던 것으로 판단된다. 30~40cm 크기의 할석을 기단 외곽으로 1.8m 정도 깔아 놓았다. 낙수물받이를 겸한 지반 보강 시설로 추정하고 있으나[42] 산전사지와 마찬가지

---

41 國立博物館, 1969, 『金剛寺』.
42 文化財管理局 文化財研究所, 1989, 『彌勒寺』, 76쪽.

로 보도의 기능도 함께 하였을 것으로 추정된다. 치석된 판석을 사용하지 않았다는 점에서 금강사지의 판석과 차이를 보이나 전체적으로 폭넓게 부석시설을 하였다는 점에서 산전사지와의 친연성을 살필 수 있다.

이상에서와 같이 산전사지에서 보이는 백제의 건축기술, 즉 가람배치, 축기부의 굴광 판축공법, 가구기단, 견주시설 등을 모두 고려하여 볼 때 이들 모두를 충족할 수 있는 백제 유적은 미륵사지의 예가 유일하다. 물론 각각의 건축기술은 이미 熊津期부터 살필 수 있으나 건축기술에 따른 조사공들을 고려해 볼 때 산전사지의 장인들은 미륵사지의 조사공들과 불가분의 관계에 있었을 것으로 추정된다. 이는 결과적으로 산전사지의 조성에 백제의 조사공 역할이 지극하였음을 보여주는 고고학적 형적이 아닌가 생각된다.

V. 결론

왜 산전사지는 근기지역에 위치하고 있는 대표적인 비조시대의 사원지이다. 특히 그 발원자가 백제계로 추정되는 소아씨라는 점에서 백제와의 관련성을 유추케 한다. 왜냐하면 일본 최초의 사원인 비조사가 소아마자의 발원으로 백제의 장인들에 의해 창건되었다는 사실은 익히 알려져 있기 때문이다.

산전사지는 남문 - 중문 - 목탑 - 석등 - 금당 - 강당 등이 남북 일직선상에 배치되어 있으며 중문과 금당은 각기 회랑으로 돌려져 있다. 이러한 가람배치는 일본에서도 보기 힘든 가람배치로써 흔히 '산전사식'으로 불리고 있다. 하지만 남문을 제외한 나머지 부분에서의 가람배치는

익산의 미륵사지 중원과 아주 관련성이 깊어 7세기 전반 백제에서 왜로
의 건축기술 전파를 판단케 한다.

백제의 미륵사지와 왜 산전사지의 친연성을 비교해 보면 다음과 같다.

첫째, 강당이 회랑 북쪽에 별도로 축조된 점

둘째, 금당 전면 중앙에 석등이 위치한 점

셋째, 목탑지의 축기부를 굴광하고 이를 사질토나 점토를 이용하여
판축처리한 점

넷째, 금당지의 기단을 단층의 가구기단으로 조성한 점

다섯째, 금당지의 기단 외곽으로 步道 등을 시설한 점 등을 들 수 있다.

그런데 이러한 미륵사지와 산전사지의 친연성은 기타 백제 사지인 용
정리사지, 정림사지, 능산리사지, 금강사지 등에서도 부분적으로 관찰
되고 있어 거시적으로 보면 웅진기 이후 백제의 건축문화를 대변하고
있다. 아울러 이러한 미륵사지와 산전사지의 문화적 상통성은 결과적으
로 백제에서 왜로의 문화전파가 7세기 전반 이후에도 꾸준하게 진행되
고 있었음을 보여주는 고고학적 전거가 아닌가 생각된다. 이 외에 산전
사지에서 검출된 風招, 창건 와당에서 보이는 연화문 또한 백제의 부소
산성 및 능산리사지 등에서 확인되고 있다.

하지만 7세기 전반 이후 왜는 백제뿐만 아니라 고구려, 신라, 중국 등
과도 교류를 맺고 있어 산전사지에서 이들 문화의 관찰도 배제할 수 없
다. 필자의 능력 부족으로 이들 제 문화 요소를 다루지 못한 점 향후 점
진적인 논제로 삼아 기술해 보고자 한다.[43]

---

43 이 글은 조원창, 2006.12, 「일본 산전사지에 나타난 백제의 건축문화」 『문화사학』
제26호에 게재된 논문을 정리하여 옮겨 놓은 것이다.

부여 능사 제3건물지(일명 공방지Ⅰ)[01]의 건축고고학적 검토

Ⅰ. 서론

금동대향로와 사리감이 출토된 부여 능사는 부자관계인 성왕과 위덕왕이라는 역사적 인물을 오늘날에 되살림으로서 문헌이 영성한 백제 역사에 큰 표지가 되고 있다. 그 동안 많은 고고학적 발굴이 진행되었음에도 불구하고 王名이나 조성 시기가 적혀진 명문 유물이 극소수였음을 상기하여 볼 때 부여 능사의 발굴은 무령왕릉과 필적할만한 백제 고고학의 정수라 할 수 있다.

부여 능사에 대한 논의는 그 동안 많은 선학들에 의해 진행되어 왔다. 그 결과 창건 배경,[02] 가람배치,[03] 대외교섭[04] 등 다양한 분야에 걸쳐 지

---

01 능산리사지 2차 발굴조사 과정에서 확인된 건물지로 발굴 초기에는 제3건물지, 서회랑지 북단건물지 등으로 불렸다. 그러나 노시설, 청동제품 등이 검출되면서 공방지Ⅰ로 통칭되었고 이는 2000년 國立扶餘博物館 · 扶餘郡에서 간행된 『陵寺』보고서에도 기술되었다.

속적인 연구 내용이 발표되고 있다. 그러나 이러한 연구 성과에도 불구하고 세부적 측면에서는 아직까지 납득하기 어려운 점 또한 적지 않다. 그 중에 하나가 가람배치상에서 보이는 개별 유구의 성격과 편년이다. 즉, 일부 연구자에 의하면 능사는 창건 초기부터 공방지가 사원내에 존재하고 있었던 것으로 파악하고 있다.[05] 그러나 부여 능사가 위덕왕의 부왕인 성왕의 기원사찰이라는 점에서 사원 내부에서의 청동제련이라는 생산체제는 언뜻 이해하기 어렵다.[06] 특히 제사가 이루어지는 신성 공간이라는 점과 불상을 모시는 최고의 불국토라는 점에서 더더욱 그렇다. 그리고 지금까지 발굴 조사된 백제 사지(미륵사지, 정림사지 등) 및 신라 사지(황룡사지, 분황사지 등) 등에서 이러한 공방관련 유적이 전혀 확인되지 않았다는 사실도 백제의 가람배치와 부속시설을 이해하는데

---

02 김수태, 1998, 「百濟 威德王代 扶餘 陵山里 寺院의 創建」『百濟文化』 제27집, 公州大學校 百濟文化研究所.

03 김종만, 2000, 「扶餘 陵山里寺址에 대한 小考」『新羅文化』 제17 · 18합집, 東國大學校 新羅文化研究所.

04 國立扶餘博物館, 2003, 『百濟金銅大香爐와 古代東亞細亞』.

05 김종만은 창건과 동시에 官工房이 일부 건물지에서 실시되었던 것으로 보았다(김종만, 2000, 「扶餘 陵山里寺址에 대한 小考」『新羅文化』 제17 · 18합집, 東國大學校 新羅文化研究所, 67쪽). 그러나 구체적으로 어떤 건물지에서 이러한 행위가 이루어졌는지는 밝히지 못하였다. 아울러 武王대에 이르면 陵寺의 기능이 상실되면서 官工房으로서의 기능만 남는 것으로 파악하였다. 그러나 이 또한 陵山里王陵에 대한 守墓를 고려할 때 이해하기 어렵다. 왜냐하면 능산리왕릉 자체가 東羅城 외부에 위치하기 때문에 수묘를 위한 주체(능사)는 반드시 필요하기 때문이다. 한편, 이러한 가람배치상의 工房址 존재는 보고서에도 명시되어 있다(國立扶餘博物館 · 扶餘郡, 2000, 『陵寺』). 그러나 언제부터 이러한 공방지가 운영되었는지는 분명하게 밝히지 못하고 있어 오히려 혼란을 가중시키고 있다.

06 이는 발굴과정에서 출토된 '寶憙寺', '子基寺' 명 목간을 통해서도 확인할 수 있다. 이는 '보희사' 및 '자기사' 라는 절에서 왕실 사원인 능사에 물품이나 메시지를 보낼 때 사용된 징표로 추정되고 있다(박중환, 2002, 「扶餘 陵山里發掘 木簡 豫報」『韓國古代史研究』 28, 한국고대사학회, 221~222쪽).

많은 도움이 되고 있다.

따라서 필자는 이러한 문제점을 가지고 공방지로 추정된 건물지를 건축고고학적 측면에서 재검토해 보고자 한다. 그럼으로써 공방 유구와 공방지로 불리는 건물지가 『陵寺』 보고서의 표현대로 동 시기의 것인지 아니면 선후차가 존재하는지를 파악해 보도록 하겠다. 다행히 건물지 내에서 기단, 줄기초, 전후 퇴칸의 초석(적심석), 출입구 하방시설, 배연구, 굴뚝 하부시설, 소토층 등이 잘 남아 있는 관계로 양자의 선후관계를 파악해 보고자 한다.

Ⅱ. 능사 가람배치 (도면 1)

능사의 창건과 관련된 대공양주는 사리감의 명문으로 보아 威德王(昌王)의 여동생인 매형공주로 판단되나 거시적으로 보면 성왕의 원자인 위덕왕을 중심으로 한 성왕계의 왕족[07] 및 귀족들도 포함되었을 것으로 사료된다.[08]

능사의 창건은 관산성 싸움으로 인해 억울하게 돌아가신 성왕의 명복을 빌기 위해 567년 무렵 조영되었다. 이는 왕릉군과 인접한 곳에 사원이 입지한 것으로도 유추해 볼 수 있다. 아울러 창건 배경에는 능사를 중심으로 한 조상 숭배와 성왕계의 결집, 그리고 이를 바탕으로 귀족세

---

07 여기에는 위덕왕의 동생으로서 倭에 군사원조를 청하러 간 惠王도 포함되었을 것이다.

08 김수태, 1998, 「百濟 威德王代 扶餘 陵山里 寺院의 創建」 『百濟文化』 제27집, 公州大學校 百濟文化研究所, 40쪽.

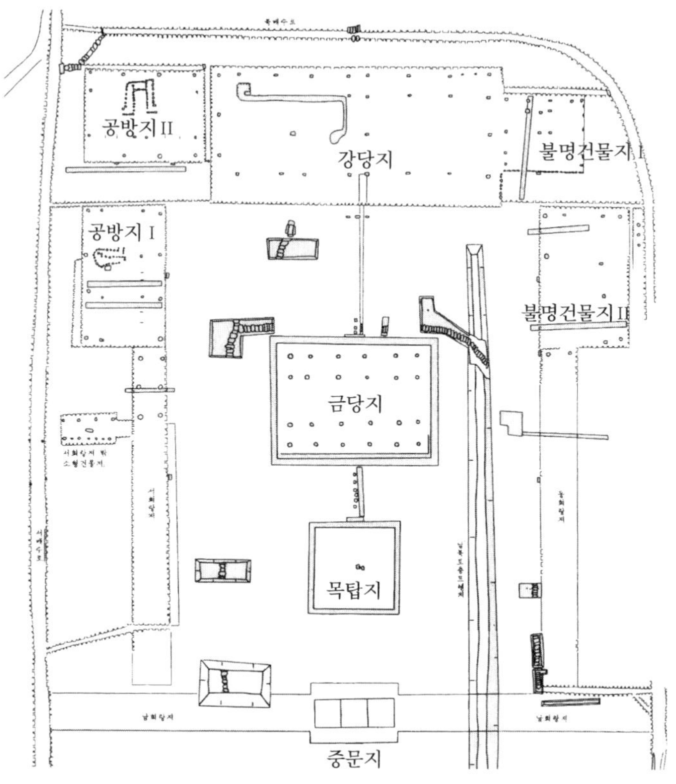

| 도면 1 | 능산리사지 가람배치도

(國立扶餘博物館 · 扶餘郡, 2000, 『陵寺』, 5쪽 도면 5)

력과 대항코자 하는 정치적 의도 또한 배제하기 어렵다. 특히 사원 창건이라는 대역사를 추진할 수 있을 정도의 왕권도 어느 정도 신장되었음을 과시하기 위한 행위로도 파악된다. 따라서 능사의 창건은 위덕왕 초기의 미약한 왕권을 확립시키고자 하는 성왕계의 염원인 동시에 어느 정도 왕권이 안정되었음을 보여주는 대외적인 실력행위로도 이해된다.

능사는 가람배치에 있어 백제 사지의 전형과 이형을 동시에 보여주고 있다. 예컨대 전자의 사례로는 남 - 북 장축에 중문 - 목탑 - 금당 - 강당의 존재를 들 수 있고[09] 후자의 예로는 동·서 회랑의 북단에 조영된 일자형의 건물지를 예시할 수 있다. 그런데 이러한 일자형의 건물지는 지금까지 다른 백제 가람에서 거의 검출된 바 없기 때문에 그 성격에 대해서도 의견이 분분하다.[10] 특히 서회랑의 북단에 위치하고 있는 건물지는 발굴조사 결과 공방지로 그 기능이 변화하여 본 논문의 주제가 되기도 하였다. 그리고 중문과 강당이 남회랑 및 동·서 회랑에 의해 돌려진점, 회랑 내부에서 승방이 검출되지 않은 점 등은 그 동안의 백제 사지발굴조사 내용과 크게 다르지 않은 부분이다.

중문 이남에서의 남문지는 다른 사원과 마찬가지로 확인되지 않았고,[11] 남회랑의 경우 동·서회랑과 연결되지 않고 단절되었음이 살펴졌다.[12] 그리고 강당지에는 온돌이 시설된 건물지가 서실[13]에서 검출되었는데 이에 대해선 현재 구체적 성격 규명이 어려운 실정이다.[14] 강당지

---

09 이러한 1탑1금당식의 가람배치는 그 동안 백제에서 발굴조사 된 정림사지, 부소산사지, 군수리사지, 왕흥사지, 금강사지, 미륵사지 등에서 이미 확인된 것으로써 백제의 정형적인 가람배치로 이해된다.

10 최근 들어 재조사가 이루어진 정림사지를 비롯해 왕흥사지 등에서 확인된 바 있다.

11 백제 건축기술로 만들어진 일본의 四天王寺 및 飛鳥寺 등지에는 남문지가 시설되어 있으나 백제의 경우는 지금까지 검출된 바 없다.

12 이에 반해 발굴조사가 완료된 정림사지, 금강사지, 부소산사지, 미륵사지 등에서는 남회랑과 동·서회랑이 서로 연결된 채 확인되어 능사와 차이를 보이고 있다.

13 이에 반해 동실은 정면 3칸, 측면 2칸의 통칸으로 되어 있다.

14 이처럼 건물 내부에 'ㄱ'자형의 온돌이 시설된 예는 일찍이 集安의 고구려 東台子遺蹟에서 찾아볼 수 있다. 이 유적은 사방에 벽체가 형성되어 있고 그 주변으로는 퇴칸 조성을 위한 적심석이 놓여 있다. 배연구는 벽체의 동서 모서리부에 시설되어 있다. 문명대는 이 유적에 대해 省(肖)門寺址로 추정한 바 있으며(文明大, 1998, 「高句麗 初創佛敎寺院 "省門寺·伊佛蘭寺" 의 考察」『講座美術史』10 特輯號 高句麗·渤海研究Ⅰ, 高句麗·渤海學術研究委員會/社團法人 韓國美術史研究所/韓國

는 금당지에 비해 레벨이 약간 높은 곳에 위치하고 있으며[15] 연화문 와당의 2列 배치를 통해 중층 구조로 추정되었다. 목탑과 금당은 이중기단 위에 축조되었으며 상층이 가구기단으로 조성되었다.[16] 금당도 강당과 마찬가지로 중층 구조로 추정되었고 정면 5칸, 측면 3칸으로 조성되었다. 중문은 계단이 시설된 정면 3칸 측면 1칸의 건물로 지붕에는 치미를 올려놓았다.

그런데 이러한 일반적인 백제의 가람배치와 달리 회랑 내부에 공방지가 위치하였다면 능사는 분명 다른 백제 사원과 달리 파격적인 배치를 취했음이 틀림없다. 그렇다면 국가 사원인 능사에 무슨 이유로 공방이 필요하였는지,[17] 그리고 성왕계로 대표되는 백제의 왕족들이 굳이 王陵을 곁에 두고 공방을 설치할 필요성이 있었는지 그 해답이 의문스럽다. 필자는 이에 대한 분명한 해결책이 없다. 다만, 능사의 공방지가 백제 능사의 가람배치와는 관련성이 없다는 것을 증명해 보고자 한다. 이를 위해 공방지 I 로 명명된 건물지를 건축고고학적으로 살펴보고, 여기에서 출토된 유물 더 나아가 능사에서 검출된 고급 유물 등을 공방지의 기능과 비교하여 검토해 보도록 하겠다.

佛敎美術史學會), 방기동은 國社로 비정하였다(方起東, 1982, 「集安東台子高句麗建築遺址的性質和年代」『東北考古與歷史』1, 文物出版社).

15 이러한 강당과 금당의 레벨차는 부여 부소산사지에서도 추정해 볼 수 있다.

16 이러한 이중기단과 가구기단은 백제의 기단 건축 중에서도 장엄성과 위엄성을 갖춘 대표적인 석축기단으로 볼 수 있다.
① 조원창, 2002, 「百濟 二層基壇 築造術의 日本 飛鳥寺 傳播」『百濟硏究』 제35집, 忠南大學校 百濟硏究所.
② 조원창, 2004, 「寺刹建築으로 본 架構基壇의 變遷 硏究」『百濟文化』 제32집, 公州大學校 百濟文化硏究所.

17 이는 능사 출토 '寶憙寺', '子基寺' 명 목간을 통해서도 의문시된다. 이들 사원을 통한 물품 공급도 충분히 고려해 볼 수 있다.

Ⅲ. 제3건물지의 건축고고학적 검토

보고서에 따르면 능사 내의 공방지는 2동[18]이나 여기에서는 공방지 I 로 불리는 제3건물지에 대해서 주로 살펴보고 한다. 아울러 제3건물지 외에 유구(건물지와 노시설 등)의 중복상태를 보여주는 실례로 강당 서 편에 위치하고 있는 공방지 II의 유구에 대해서도 검토해 보고자 한다.[19]

3건물지(일명 공방지 I , 도면 2)는 남북 길이 15.72m, 동서 길이

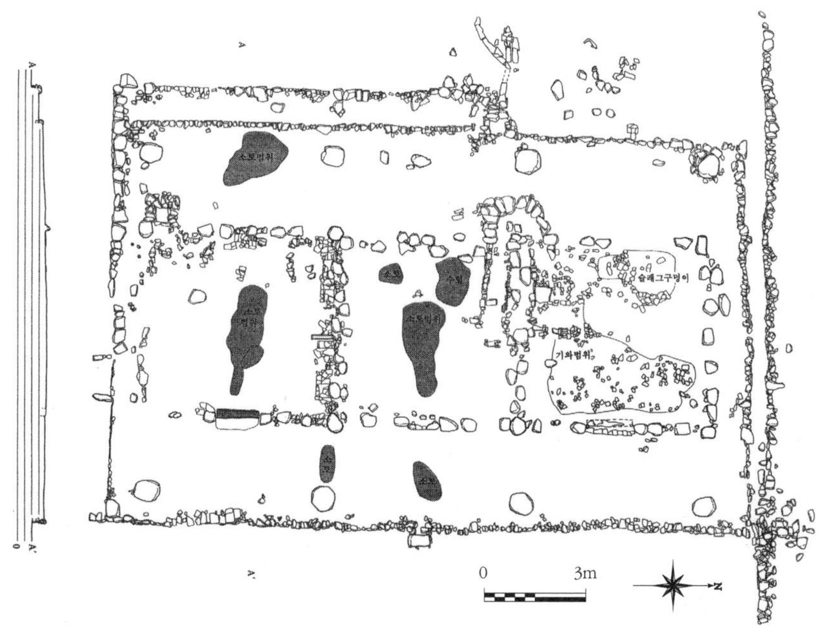

| 도면 2 | 능사 3건물지 및 공방시설 평 · 단면도
(國立扶餘博物館 · 扶餘郡, 2000, 『陵寺』, 29쪽 도면 19)

---

18 시기적인 차이는 있지만 공방지 I · II, 강당지 등이 공방으로서의 기능을 담당하
였던 것으로 기술하고 있다(國立扶餘博物館 · 扶餘郡, 2000, 『陵寺』).

5.16m로 중앙실, 남실, 북실로 이루어져 있다. 기단 안쪽으로 50cm 지점에는 퇴칸 초석이 위치해 있고 본체는 기단에서 248cm 가량 떨어진 곳에 조성되어 있다. 남쪽 기단 서쪽 부분에는 평적식의 와적기단과 그 아래에 시설된 12~20cm 정도의 잡석이 일렬로 깔려 있다. 기단의 중앙에는 디딤돌이 놓여 있으며 남실과 북실의 앞쪽에는 보수된 와적기단이 평적식으로 조성되어 있다.

남실은 남북 544cm, 동서 524cm의 줄기초로 돌려져 있다. 중앙 바닥에는 장기간의 센 불로 형성된 소토층이 분포하고 있다. 소토층의 상부에서는 일부 금속제 유물이 검출되었다. 그리고 남동쪽 모서리부에는 덮개돌이 멸실된 굴뚝 하부시설이 잔존하고 있다. 동벽 중앙에는 출입구로 추정되는 너비 122cm의 문지가 남아 있다.

중앙실은 남북 길이 520cm, 동서 길이 524cm이다. 동벽[20] 중앙에는 출입구로 추정되는 하방시설이 남아 있다. 이곳에서 52cm 떨어진 지점에는 동서 264cm, 최대폭 128cm, 두께 5cm 규모의 소토층이 남아 있다. 소토층의 상부에서는 각종 금속제품 조각과 녹다 만 재료들이 무질서하게 흩어져 있다.[21] 아울러 이 소토층의 북쪽에는 북벽을 따라 시설된 연

---

19 이들 공방지는 모두 능사의 서쪽에 위치하고 있다. 이는 아마도 청동제련과 관련된 원활한 용수공급을 위 한 조처로 파악된다. 왜냐하면 서배수로에는 목교와 석교가 조영될 정도로 수량이 품부하였음을 알 수 있기 때문이다.

20 보고서상에 동벽, 서벽, 남벽, 북벽으로 기술되어 있다. 그러므로 고멕이(줄기초) 시설은 벽체의 하부 보강 시설임을 알 수 있다.

21 소토층은 센불로 인해 형성된 것이고 이 위에서 각종 금속제품 조각과 녹다 만 재료들이 검출되었다는 사실은 소토층의 형성이 금속제품의 퇴적과 동시기였거나 조금이라도 선행하였던 것으로 볼 수 있다. 중앙실의 소토층에 대한 지자기연대 측정 결과는 AD690±40년으로 구해졌다. 따라서 소토면의 중심 연대는 백제 멸망(AD660) 이후였음을 알 수 있다(國立扶餘博物館·扶餘郡, 2000, 「扶餘 陵山里寺址 燒土의 殘留磁氣測定과 日本의 標準曲線에서 구한 燒土의 年代」『陵寺』, 279~282쪽).

도시설이 마련되
어 있다. 발굴 보
고자는 두 연도(배
연구)가 중앙실과
북실의 벽을 사이
에 두고 서로 대칭
되는 형태로 추정
하였다(사진 1).

그런데 이럴 경
우 고멕이시설과
초석의 배치가 문
제시된다. 고멕이
는 일종의 벽체 하

| 사진 1 | 3건물지내 중앙실 북쪽 고멕이와
배연시설 중복상태
(國立扶餘博物館 · 扶餘郡, 2000, 『陵寺』, 229쪽 도판 19-②)

부시설로 목조건축에서는 주로 下引枋 아래에 시설되는 구조이다. 벽체
를 필요로 하는 건물에서는 반드시 축조되는 구조물이기 때문에 대부분
의 건물지에서 어렵지 않게 살필 수 있다. 특히 공방지 I 과 II로 불리는
건물지는 기와를 사용한 와건물이었기 때문에 이러한 고멕이시설의 존
재는 당연히 필요하다.

벽체란 요즘도 그러하듯 사방을 막는 하나의 구조물로 일정한 내부
공간을 확보해 준다. 따라서 이러한 시설물에는 출입할 수 있는 門이 필
수적으로 수반된다. 3건물지에서는 이러한 출입구가 모두 건물의 동쪽,
즉 금당과 탑을 향하고 있다는 공통성이 있다. 고멕이는 30cm 내외의
할석을 사용하면서 부분적으로는 폐기와편이나 소형의 할석들을 사용
하여 벽체의 하부를 보강하였다.

보고서의 사진과 도면에 따르면 3건물지의 초석 및 고멕이시설은 배
연구 및 굴뚝 하부시설로 인해 중복되어 있거나 완전 절개[22]되어 있다.
이는 달리 말하면 중앙실과 북실의 경우 벽체 시설에 있어 적지 않은 구조적 문제가 발생하게 된다. 즉, 초석이나 고멕이시설은 벽체를 지탱하기 위한 구조물로써 이의 높낮이는 다른 목조 건축물들을 참고하여 볼 때 거의 수평을 유지하고 있다. 그러나 3건물지의 경우는 이러한 고멕이의 수평 관계가 배연구에 의해 유지되지 못하고 있다. 현재 배연구는 와적으로 이루어 졌고 그 덮개는 넓은 판석으로 올려 있다. 이러한 와적과 덮개돌은 고멕이 및 하인방의 수평 유지를 방해하는 것으로써 결과적으로는 하인방의 높낮이를 다르게 하는 원인이 된다. 이는 벽체 구조에 심각한 하자를 발생시키는 것으로 건물의 붕괴와도 무관치 않다. 뿐만 아니라 고멕이와 배연시설이 상하 중복되어 있다는 점에서도 건물과 배연시설의 동시 운영은 구조적으로 생각할 수 없다.

따라서 이들 유구를 동시의 것으로 간주한다면 결국 건물의 벽체를 시설할 수 없다는 결론에 다다르게 된다. 이러한 전체적인 조사 내용은 결과적으로 초석 및 고멕이시설과 배연구 및 굴뚝시설이 동 시기의 유구가 아님을 증명하게 된다. 그러므로 보고서상에서 줄기초로 설명된 벽체 하부시설이 선행유구가 되어야 하고 배연구 및 굴뚝시설은 당연히 후행유구로 설명되는 것이 타당하다. 이러한 추론은 한편으로 중앙실과 북실 사이의 서측 초석에서도 살필 수 있다. 3건물지는 전후 퇴칸이 시설되어 있기 때문에 동 - 서 단축 방향으로 모두 4개의 초석이 배치되어 있다. 그런데 중앙실과 북실 사이인 서측에서 1개의 초석이 확인되지 않고 있다. 이는 배연구 및 굴뚝시설의 조성과 관련하여 멸실된 것으로써[23] 초석 관련 3건물지가 청동제련 관련 시설보다 선행하였음

---

22 중앙실의 서벽 북편 및 북실의 서벽 남편 등에서 살필 수 있다.

23 초석이 배치되었다고 하더라도 풀어야할 과제가 여러 개 있다. 즉, 동·남·북측 초석과의 레벨차를 어떻게 해석하는가 문제이다. 이는 결과적으로 하인방의 높낮이를 다르게 조성하여야 하는 문제와 벽체의 弇形을 해결 하여야 한다. 굳이 건물의 조영을 힘들게 할 필요성이 있었는지 궁금하다. 차라리 강당 서실에서와 같이

을 파악케 한다.

북실은 동서 길이 524cm, 남북 길이 560cm이다. 내부에는 연도시설, 爐施設, 장방형 토광 등이 배치되어 있다. 특히 서벽 중앙의 장방형 수혈에서는 작은 슬래그 조각이 가득 검출되었다. 그런데 여기에서도 주목되는 것은 곧 서벽과 장방형 수혈의 중복 관계이다. 슬래그 구덩이는 남북 길이 216cm, 동서 길이 120cm, 깊이 10cm로 이 내부에서는 작은 슬래그 조각이 다량 검출되었다. 구덩이 주변으로는 1~2단 정도의 기와를 쌓아 구획하였다. 북실에서 연도시설, 노시설 등이 확인된 것으로 보아 슬래그 조각의 존재는 충분히 납득된다. 다만, 이 슬래그 구덩이가 북실 서벽의 하부시설을 파괴하고 조성되어 유구의 선후관계를 짐작케 한다는 점이다. 3건물지의 고멕이는 현재 1~2열로 확인되고 있으나 북벽 및 서벽이 2열로 축조된 것으로 보아 본래는 2열 구조였음을 알 수 있다. 따라서 슬래그 구덩이는 건축 구조로 보아 북실의 벽체가 붕괴된 후 고멕이시설을 파괴하고 조성하였음을 알 수 있다. 이러한 해석은 슬래그 구덩이가 존재하고 있는 인접 북실 서벽이 다른 중앙실이나 남실의 서벽과 달리 고멕이시설이 거의 멸실된 상황으로도 이해할 수 있다.

한편, 보고서의 내용대로 슬래그 구덩이와 줄기초가 시설된 건물지를 동 시기로 판단한다면 슬래그 구덩이는 벽체하부인 초석이나 고멕이시설을 파괴하고 조성했다는 의미가 된다. 이는 달리 말하면 슬래그 구덩이를 조성하기 위해 건물의 벽체를 파괴시켰음을 뜻한다. 따라서 굳이 기와 건물의 벽체를 파괴하면서까지 슬래그 구덩이를 조성할 필요성이 있었는지 납득하기 어렵다. 왜냐하면 이는 곧 건물의 붕괴를 촉발시키

기단토면이나 그 아래에 배연구나 굴뚝시설을 조성하는 것이 좀 더 합리적이지 않을까 생각한다. 동일 절터에서 이해하기 힘든 배연구의 시설을 造寺工의 특성으로 보아야 할지 의문스럽다.

| 사진 2 | 강당지 서쪽 불명 건물지(일명 공방지Ⅱ) 및
배연시설 중복상태(위가 북쪽)
(國立扶餘博物館·扶餘郡, 2000, 『陵寺』, 272쪽 도판 62-①)

는 중요한 요인이 되기 때문이다.

강당지 서쪽 불명 건물지(사진 2)는 일명 공방지Ⅱ로 3건물지(일명 공방지Ⅰ)의 북쪽에 배치된 남향 건물이다. 석축기단으로 남북길이 11.59m, 동서길이 15.28m이다. 본채는 동실과 서실로 이루어졌고 퇴칸과 본채와의 거리는 남쪽이 356cm, 북쪽이 260cm이다.

동실은 남북과 동서가 모두 580cm 정도이며, 벽체를 구성하는 초석과 고멕이시설이 남아 있다. 서벽에는 연도(배연구) 시설이 마련되어 있고 서실의 동벽에 마련된 연도와 대칭을 이루고 있으며 중앙의 복도칸 북벽 뒤에 마련된 배연구 하부시설과 연결되어 있다.

그런데 이러한 벽체와 배연구와의 관계는 3건물지에서와 마찬가지로 건축학적 측면에서는 이해하기 어렵다. 이 건물지는 동실과 서실, 그리고 통로형 공간 등으로 나뉘어져 졌으며, 두 방에서는 소토면[24]이 검출되었다. 출입구는 두 방 모두 남벽 중앙에서 확인되었다. 벽체와 배연구가 동시 유구가 아닌 先後 유구임을 밝힐 수 있는 자료는 동실의 서벽에서 확연히 살펴지고 있다. 즉, 여기에서의 고멕이시설은 『陵寺』 보고서

---

24 소토면에 대한 지자기연대 측정 결과 AD670±30년으로 구해졌다(國立扶餘博物館·扶餘郡, 2000, 「扶餘 陵 山里寺址 燒土의 殘留磁氣測定과 日本의 標準曲線에서 구한 燒土의 年代」 『陵寺』, 279~282쪽). 따라서 이의 중심 연대는 백제 멸망 이후임을 알 수 있다.

에서도 명기되어 있듯이
벽체의 하부시설임을 알
수 있다. 동실 서벽은 일
부 고멕이시설이 결실되
어 있지만 중간 북쪽 지
점에서 초석과 배연구가
상하 중복되어 있는 것이
관찰된다(도면 3). 초석
은 대부분 대형의 할석을
이용하여 축조한 반면, 배
연구의 양 측벽은 소형
할석을 이용하였다는 점
에서 재료상의 큰 차이가
있다. 특히 초석 상면으
로 배연구의 서측벽이 올
려 있어 동 시기의 유구
가 아니었음을 엿볼 수
있다. 왜냐하면 고멕이와

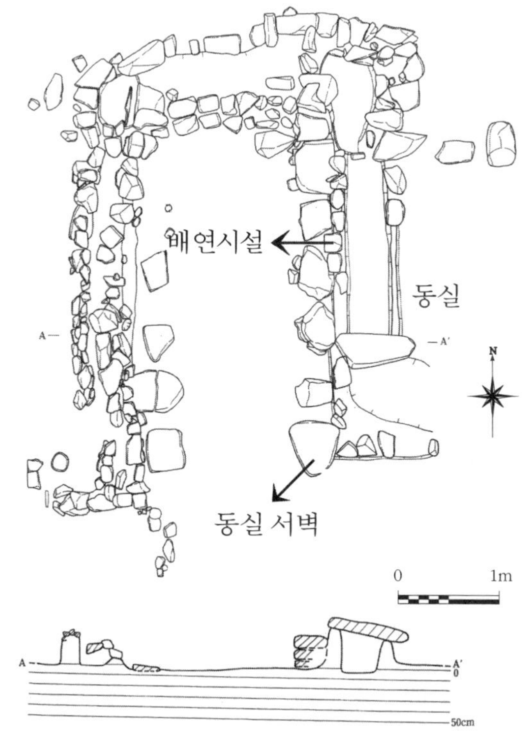

| 도면 3 | 강당지 서쪽 불명 건물지(공방지Ⅱ)
동실 서벽 고멕이 및 배연시설 중복상태
(國立扶餘博物館·扶餘郡, 2000, 『陵寺』, 34쪽 도면 23)

연결된 초석은 벽체시설의 하부로써 이 상면으로 동실 서벽이 축조되기
때문이다. 따라서 동실 서벽 위로 배연구의 서측벽이 올려 있다는 점은
동실의 서벽을 뚫고(붕괴시키고) 배연구를 설치했다는 怪變이 된다. 따
라서 현재 드러난 유구의 사진과 도판을 검토해 볼 때 배연구의 서측벽
은 동실의 서벽이 폐기된 이후에 축조되어야 만 고고건축학적으로 하자
가 없다.

　　그리고 동실과 서실의 경계에 있는 북측 초석과 동·서 고멕이시설의
관련성이 있어서도 구조적으로 문제가 있다. 즉, 동실이나 서실 모두 초
석이나 고멕이시설의 잔존 상황으로 보아 북벽이 축조되었음을 확인할

수 있다. 그러나 초석이나 고멕이시설과 연결되는 북벽의 배연구 부분에는 이러한 건축구조물이 확인되지 않고 있다.[25] 그렇다면 이 부분만 벽체시설을 하지 않은 것인지 아니면 배연구 및 굴뚝의 조성과 관련하여 해당 지역 일부가 멸실된 것인지 의문스럽다. 하지만 배연구의 조성이 현 공방지Ⅱ의 기단토 상면에 조성되었기 때문에 정상적인 벽체 시설은 불가하다고 판단되므로 이는 후대의 멸실로 봄이 타당하리라 생각된다.

연도 입구는 서벽 중앙에서 동쪽을 향해 열려 있으나 연도는 여기에서 곧바로 꺾여 서벽을 따라 북쪽으로 향하고 있다. 연도 길이 288cm, 폭 50cm, 깊이 35cm 전후로 측벽은 작은 할석을 이용하였고 뚜껑은 판석을 사용하였다. 한편, 중앙 복도의 북벽 뒤에 마련된 배연구 하부시설은 양쪽 방에서 연도를 따라 나오는 연기를 합쳐 굴뚝을 통해 내보내는 역할을 하고 있다. 이 시설은 할석으로 축조되었으며 동서 길이 270cm, 폭 40cm, 잔존 깊이 25cm 정도이다. 서실은 방형으로 한 변이 580cm이고 동벽에서 연도시설이 확인되고 있다. 이는 북벽 외부의 배연구 하부시설과 연결되고 있으며 입구의 평면 형태는 역 L자형에 가깝다. 연도 길이는 312cm, 입구 너비 21cm, 깊이 30~35cm이다. 측벽은 20cm 내외의 소형 할석을 2단으로 축조하여 완성하였다.

한편, 공방지Ⅰ·Ⅱ로 명명된 건물지는 모두 중앙실, 남실, 북실 혹은 동실, 서실 등 벽체를 기준으로 건물이 분리되어 있음을 알 수 있다. 그러나 이들 건물지는 모두 기와를 사용한 와건물로써 사방이 벽으로 막혔던 것으로 판단된다. 이는 벽체의 하부시설인 초석과 고멕이시설의 존재로 파악할 수 있다. 결과적으로 용이한 작업을 위한 작업공간이 전

---

25 동·서실 북벽 일부 초석의 경우 배연구의 조성으로 말미암아 완전 멸실되었음을 살필 수 있다.

혀 구비되지 않았음을 보여주는 자료들이라 할 수 있다. 보고서에 따르면 공방지 I 중앙실에서는 청동덩어리[26]가 검출되었고 이를 분석한 결과 동광석의 제련 및 銅鈹 제조, 혹은 외부에서 반입된 동피를 제련하여 粗銅(저품질동)을 만들고 이를 정련하여 精銅을 만든 다음에 주석과 납을 첨가시켜 여러 가지 청동제품을 만든 것으로 추정하고 있다.[27]

3건물지의 중앙실은 발굴조사 결과 남북 520cm, 동서 524cm로 계측되었고 동벽 중앙에서는 출입구가 확인되었다. 그런데 중앙실에서는 위의 분석 자료들을 근거로 할 때 청동제품의 제조와 관련된 일종의 제련작업이 이루어졌음을 추정해 볼 수 있다. 특히 銅鈹의 제조와 합금작업이 주목된다. 이러한 일련의 작업 공정은 1000℃ 이상의 고온을 필요로 하는 것으로 여기에는 필히 송풍시설이 요구된다. 그리고 작업 공정상 1인 이상의 장인이 투입되었음도 추정할 수 있다. 이러한 여러 가지 필요 조건을 중심으로 현 중앙실을 살펴보면 작업을 효율적으로 진행하기 위한 공간 구획이 불합리하다는 느낌이 든다. 예컨대 중앙실을 중심으로 시설된 4면의 벽체는 작업장의 가장 큰 장애물로 생각된다. 청동제품을 제조하는 작업은 분명 여러 공정으로 나뉘어졌고, 각 공정에는 해당 작업을 진행하였던 장인의 존재가 필수적이다. 따라서 동광석의 제련에서부터 제품 생산에 이르기까지 작업 공정을 효율적으로 유지하기 위해선 상호 협조가 1차적으로 필요하며 이런 점에서 현재의 벽체 시설은 무의미하다고 생각된다.[28] 그러나 사방이 벽으로 에워 쌓여져 있고 지붕에는 기와와 와당을 올렸기 때문에 벽체의 부정 또한 쉽지 않다.

---

26 중앙실 북쪽 바닥에서 출토되었다.

27 노태천 외, 2000, 「부여 능산리 공방지 I 출토 청동덩어리에 대한 금속학적 조사 보고」 『陵寺』, 國立扶餘博物館・扶餘郡, 237쪽.

28 이는 환기면에서도 큰 문제가 된다.

끝으로 공방지 I 과 II의 소토층에 대한 지자기 연대 측정 결과 또한 그 중심 연대가 백제 멸망 이후로 모아져 주목되고 있다. 이러한 편년은 소토면과 관련된 爐시설의 사용 시기를 의미하는 것으로써 청동 제련의 제작 시기와도 밀접한 관련이 있다. 따라서 소토층이 확인된 공방지 I 과 II의 爐시설은 건축고고학적인 검토 이외의 자연과학적 분석을 통해서도 백제 능사의 가람배치와는 직접적 관련이 없는 유적임을 판단할 수 있겠다.

IV. 7세기대 고고유물로 본 제3건물지의 기능 변화

능사는 사리감의 출토로 말미암아 그 창건연대가 567년경임을 알 수 있다. 그리고 그 폐사는 백제의 멸망과 밀접한 관련이 있음이 알려져 있다. 이렇게 볼 때 능사 출토유물은 6세기 중엽 이후부터 7세기 중엽까지의 편년을 함축하고 있다.

여기에서는 7세기대 이후의 유물을 주로 검토해 봄으로써 공방지가 창건 후 백제 멸망기에 이르기까지 능사의 가람배치에 포함되지 않았음을 검토해 보고자 한다. 이를 위해 연구대상 유물은 3건물지(일명 공방지 I)에서 출토된 토기, 벼루 등을 중심으로 하였다. 왜냐하면 능사 3건물지에서 이러한 유물이 출토되었다는 사실은 결과적으로 공방지의 기능이나 이곳에서 생겨난 슬래그, 철부, 철촉 등이 능사의 기능과 완전 무관함을 밝혀줄 수 있기 때문이다. 아울러 백제 멸망 이후에 등장한 것으로 파악되는 인화문토기에 대해서도 검토해 봄으로써 이것들이 백제 능사가 아닌 통일신라기의 공방지와 관련된 유물들임을 살펴보고자 한다.

1. 토기

능사에서 출토된 토기 중 3건물지(일명 공방지 I)에서 검출된 것으로 는 회청색 경질토기, 흑색와기, 회색토기 등을 들 수 있다. 이들 토기는 7세기 중엽 경의 백제 토기 양상을 잘 표현해 주고 있다.[29] 특히 회색토 기,[30] 칠토기 등은 일상 생활토기 등에서 쉽게 살필 수 없는 것으로써 출 토된 유구나 유적의 위상을 유감없이 대변해 주고 있다.

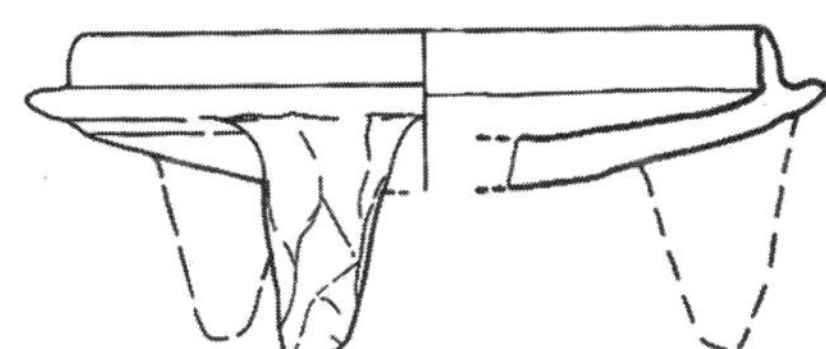

| 도면 4 | 삼족토기

(國立扶餘博物館 · 扶餘郡, 2000, 『陵寺』)

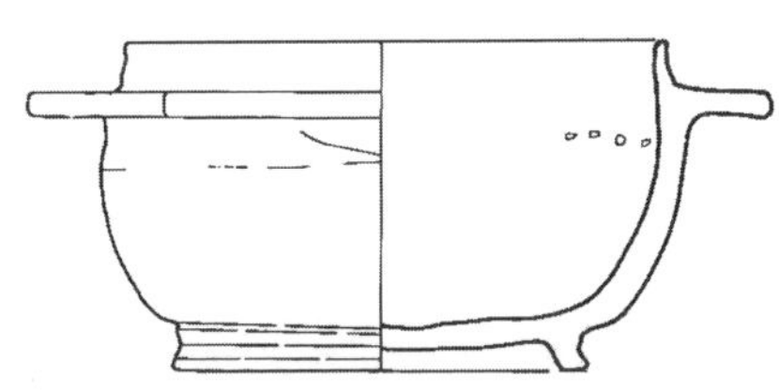

| 도면 5 | 유악토기

(國立扶餘博物館 · 扶餘郡, 2000, 『陵寺』)

| 사진 3 | 연가

(國立扶餘博物館 · 扶餘郡, 2000, 『陵寺』)

---

29 金鐘萬, 2005, 「7世紀 扶餘 · 盆山地方의 百濟土器」『백제 무왕과 그의 시대』.

30 회색토기는 6세기 말경에서 7세기 전반기까지 사용된 사비시대 율령제 토기양식 의 극치로 국가의 철저한 통제 속에서 제작된 공헌용 토기이다. 그 기능은 제사, 혹 은 당시 최고권자의 일상용기, 장골용기 등으로 사용되었다(金鐘萬, 2003, 「泗沘時 代 灰色土器의 性格」『湖西考古學』 제9집, 湖西考古學會).

개별 토기의 현황을 개략적으로 살피면 아래와 같다.[31]

1) 회청색 경질토기 : 단경호, 주구부단경호, 직구호, 삼족토기(도면 4),[32] 병 등

2) 흑색와기 : 자배기, 완(칠토기[33] 포함), 연가(사진 3)[34] 등

3) 회색토기 : 완, 유악토기(전달린토기, 도면 5),[35] 개 등

2. 벼루

벼루는 문자사용의 본격화 내지는 보편화를 나타내는 표지가 될 뿐만 아니라 출토지역의 성격에 따라 행정용, 경제활동용, 종교활동용, 유희용 등의 목적으로 분류된다고 보았다.[36] 이렇게 볼 때 능사에서 출토된 벼루는 종교활동용으로 비정할 수 있고 이것을 사용하였던 계층 또한

---

31 金鐘萬, 2005, 「7世紀 扶餘·益山地方의 百濟土器」『백제 무왕과 그의 시대』.

32 國立扶餘博物館·扶餘郡, 2000, 『陵寺』, 72쪽 도면 55-⑫. 중앙실 북쪽에서 출토. 잔존 높이 5.1cm.

33 國立扶餘博物館·扶餘郡, 2000, 『陵寺』, 도면 56-⑩. 중앙실 서편 기단 앞 출토. 복원 구경 21.4cm, 잔존 높이 11.5cm.

34 ① 부여 능사 출토 煙家는 가장 화려한 형식으로 그 제작 시기는 7세기 중엽으로 추정되었다(金鐘萬, 2005, 「7世紀 扶餘·益山地方의 百濟土器」『백제 무왕과 그의 시대』, 91쪽). 아울러 부여, 익산지역에서만 출토되는 것으로 보아 도성을 중심으로 한 고급 기종 중의 하나로 파악하였으며, 사용하는데 있어 중앙정부의 허가를 받아야 하는 물품 중의 하나로 이해하였다(金鐘萬, 2004, 『백제토기 연구』, 서경, 185쪽). 연가는 기타 익산 왕궁리유적, 미륵사지, 부여 화지산유적 등에서 출토되었다.
② 사진 출처 國立扶餘博物館·扶餘郡, 2000, 『陵寺』, 303쪽 도판 93-③.

35 國立扶餘博物館·扶餘郡, 2000, 『陵寺』, 73쪽 도면 56-⑪. 이 토기는 3건물지 동쪽 기단석력 하부 및 북실 노지 내부, 동쪽 퇴칸, 북쪽 내부 도랑 등에서 검출되었다.

36 山本孝文, 2005, 「韓國 古代 律令의 考古學的 研究」, 부산대학교 대학원 박사학위 논문.

하위층 보다는 상위의
집권층(승려)으로 이해
할 수 있다.

능사에서 출토된 벼
루는 2종으로 山本孝文

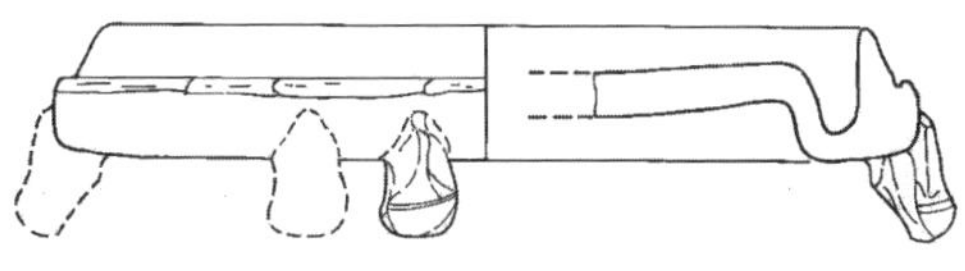

| 도면 6 | 유족연 (國立扶餘博物館 · 扶餘郡, 2000, 『陵寺』)

의 분류에 따르면 有足硯[37](Ic, 도면 6) 및 短脚硯[38](IIIa)에 해당된다. 등
장 시기는 7세기 전 · 중반경으로 추정되었다.[39] 이들 벼루는 모두 제3
건물지에서 출토되었는데 하나는 북실 동남 내부에서, 다른 하나는 서
쪽 퇴칸에서 검출되었다.

3. 인화문토기

능사에서는 다양한 문양의 인화
문토기가 13편 출토되었다. 기종
은 병을 비롯해 대부완, 완, 개 등
으로 강당지 서쪽 공방지 II, 서배
수로, 3건물지의 서쪽 퇴칸 상부,[40]
동회랑 주변에서 검출되었다. 문

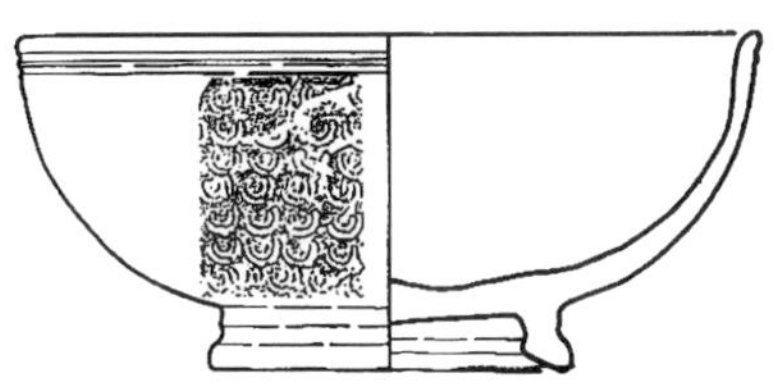

| 도면 7 | 인화문 대부완
(國立扶餘博物館 · 扶餘郡, 2000, 『陵寺』)

---

37 國立扶餘博物館 · 扶餘郡, 2000, 『陵寺』, 73쪽 도면 56-⑥. 북실 동남 내부에서 검출
되었다. 복원 구경 24.3cm, 잔존 높이 6.1cm이다.

38 國立扶餘博物館 · 扶餘郡, 2000, 『陵寺』, 73쪽 도면 56-⑧. 서쪽 퇴칸에서 검출되었
다. 복원 구경 17.6cm, 높이 5.1cm이다.

39 山本孝文, 2005, 「韓國 古代 律令의 考古學的 研究」, 부산대학교 대학원 박사학위
논문.

40 인화문 대부완(도면 7)과 완이 검출되었다. 盌身에 二重半圓文, 二重圓文이 시문되
어 있다. 대부완은 복원 구경 13.8cm, 높이 6.2cm이다(國立扶餘博物館 · 扶餘郡,
2000, 『陵寺』, 69쪽 도면 52-⑧).

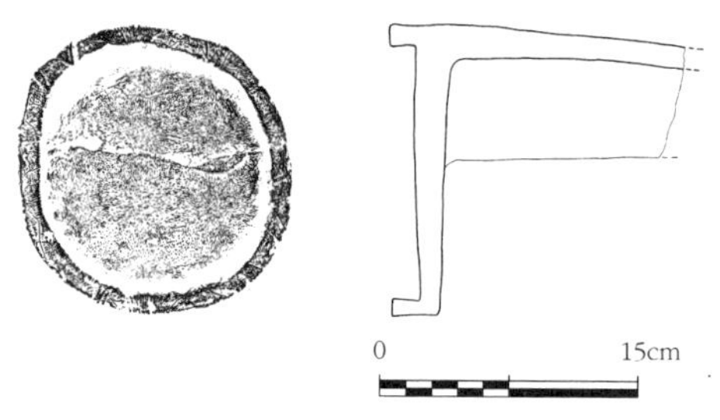

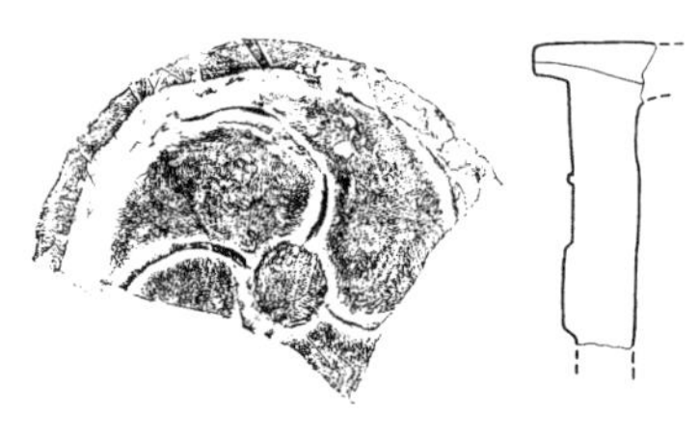

| 도면 8 | 무문 와당
(國立扶餘博物館 · 扶餘郡, 2000, 『陵寺』, 171쪽 도면 154-①)

| 도면 9 | 파문 와당 (國立扶餘博物館 · 扶餘郡, 2000, 『陵寺』, 187쪽 도면 170-⑧)

양은 水滴形文과 半圓点文, 縱長連續文, 二重半圓文, 二重圓文, 圓文, 点列文, 瓜弧文, 二重馬蹄形文 등으로 다양하다. 이들 토기는 7세기 중·후반기로 편년된 백제멸망 이후의 것이다.[41]

이외에도 陵寺내에서는 7세기대에 백제 사회에서 유행을 보였던 무문와당(도면 8)이 목탑지 및 남회랑 등에서 검출되었고 파문와당(도면 9) 또한 사역 내에서 출토되었다. 주지하듯 목탑은 부처의 장골사리를 모셔둔다는 점에서 금당과 더불어 사원의 가람배치에서 가장 존귀한 곳이다. 이러한 곳에 7세기대의 와당이 검출되었다는 점은 창건 이후 600년대 무렵까지 계속적인 목탑의 관리와 공양이 이루어졌음을 시사해 준다.

와당은 중국 남조에서도 그 출토지가 곧 도성의 공간범위와 도시 배치를 파악케 하는 자료로 활용되어 궁전, 관아, 예제건축, 사묘, 묘제, 능묘 등에만 한정 사용되었다.[42]

---

41 金賢晶, 2002, 「陵山里寺址 出土 印花紋土器에 대한 檢討」 『國立公州博物館紀要』, 國立公州博物館.

그 만큼 와당은 국가의 상징적인 건물에만 사용되었고 이러한 와당의
제한은 관공방에 와당을 사용할 수 없다는 결론에 다다르게 한다. 만약
관공방의 지붕에 와당이 사용되었다면 토기가마나 기와가마 등이 확인
된 백제의 여러 유적에서 와당 사용 건물지가 확인되어야 마땅하다. 그
러나 지금까지 백제 와당은 중국 남조와 같이 아주 한정적인 성격의 유
적에서 만 검출되었을 뿐 그 외 성격의 유적에서는 검출된 바 없다.

한편, 발굴보고서의 내용대로 능사내에 공방지가 위치하고 청동제련
및 금속제품의 제작이 이루어졌다면 그 주변 전체는 제련작업과 관련된
부속시설이 배치되어야 한다. 즉, 금속 제련에는 많은 연료와 물, 그리
고 노동자들의 작업공간 등이 갖추어져 있어야 한다. 그리고 제품을 단
련시키는 鍛冶작업도 필수불가결이라 생각된다.

그렇다면 과연 불법을 숭상하는 승려계층과 장인집단이 능사라는 하
나의 회랑[43]내에서 공동 생활이 가능하였을까? 그리고 승려의 독경과
제련의 단야작업이 부처의 세계에서 공존할 수 있었을까? 아마 당시 백
제 사회에서 볼 때 완전 불가능한 상황이 아니었을까 생각된다. 즉, 당
탑은 사원에서 가장 장엄하고 위엄한 곳이기에 이러한 상징물 옆에 공
방을 배치한다는 점은 당시 국왕을 정점으로 한 왕족 · 귀족층들에게 도
저히 납득할 수 없는 부분이었을 것이다.

이러한 의문점은 또한 3건물지에서 출토된 회색토기 및 연가, 벼루 등
을 통해서도 엿볼 수 있다. 공방지는 일종의 작업장으로써 이러한 곳에
서는 노, 슬래그, 도구(철부), 철촉 등의 검출이 가능하다. 그러한 점에

---

42 賀云翺, 2004, 「南朝時代 建康地域 蓮花紋瓦當의 變遷 과정 및 관련 문제의 硏究」
    『漢城期 百濟의 물류시스템과 對外交涉』, 학연문화사, 154쪽.
43 이는 금당과 탑을 에워싸고 있는 협의의 회랑만을 의미한다. 따라서 사역내에서의
    여느 회랑은 해당되지 않는다.

서 전술한 유구나 유물이 출토된 3건물지의 성격은 공방지가 옳다. 그러나 한편으로 3건물지에서 출토된 7세기 전·중반경의 연가나 회색토기, 그리고 벼루 등에 대해선 어떻게 설명하여야 할까? 또한 한 장소에서 이러한 공반 유물이 출토되었을 때 과연 어떻게 이해할 수 있을까?

이에 대해 필자는 성격이 다른 두 종류의 유물과 관련하여 상호 시기적인 선후차가 있었음을 밝혀두고자 한다. 이는 3건물지 및 그 주변지역에서 검출되었던 백제 멸망 이후의 인화문토기와도 무관치가 않다. 즉, 일반 하층민들이 사용할 수 없었던 벼루, 연가, 주구부단경호, 유악토기 등은 능사의 위상을 살필 수 있는 7세기 전·중반경의 유물로써 목탑지 및 동회랑지에서 검출된 소문·파문와당과 동시기의 것들이다. 이러한 사실은 결국 목탑지가 존재하는 7세기대에 회색토기, 흑색와기, 와당, 벼루 등을 사용하였던 상류계층(승려)이 있었고 이들이 예불할 수 있었던 전각들이 능사내에 배치되어 있었음을 판단케 한다. 7세기 전·중반경에 이러한 전각들이 배치되어 있었다는 점은 한편으로 능사내에 공방지와 같은 작업장의 시설이 존재할 수 없음을 반증케 한다.

따라서 기원사찰인 능사가 공방지로의 기능 변화는 공방지 I 주변에서 검출되는 7세기 중엽 이후의 인화문토기로 보아 백제 멸망 이후로 판단되며, 이는 능사가 함축하고 있던 백제인의 결사와 향수를 일시에 없애고자 하는 신라 정권 고도의 정치적 술수가 포함된 정책이라 추정된다.

한편, 그 동안 부여를 중심으로 한 보령, 익산 등지의 여러 백제 사지[44]에서 공방지가 확인된 바는 없다. 이는 고구려 및 신라의 경우도 마찬가

---

44 지금까지 발굴(시굴)조사 된 백제 사지로는 용정리사지, 정림사지, 군수리사지, 부소산사지, 금강사지, 왕흥사지, 관음사지, 미륵사지, 오합사지 등을 들 수 있다.

지이다.[45] 따라서 이러한 발굴조사의 실례는 사원의 가람배치와 성격이 어느 한 국가에 의해 임의로 설정되고 변경되는 것이 아님을 보여주는 결과라 생각된다. 예컨대 불상(여래상)을 조성하는 데에는 32길상 80종호라는 엄격한 규칙이 있고, 이 규정된 틀 속에서만 불상의 조성이 가능하다.[46] 이처럼 사원도 가람배치라는 엄격한 틀 속에서 건축이 이루어지기 때문에[47] 다른 국가나 사원에서 살필 수 없는 공방지의 존재를 능사에서 기대한다는 것은 하나의 무리수가 아닌가 생각된다.

V. 결론

부여 능사의 창건은 관산성 싸움에서 억울하게 돌아간 성왕을 기원하기 위해 창건된 사찰이다. 원찰이라는 점과 그 공양주가 왕실이었다는 점에서 어떠한 건물유적 보다도 중요성이 간과될 수 없다. 그런데 이러한 대명제 하에서 창건된 사찰에 공방이 존재한다는 설은 언뜻 이해하기 어렵다. 아울러 동나성 너머에 위치하고 있는 능산리왕릉과 지근거리에 위치하고 있다는 점에서도 수묘처의 성격을 배제할 수 없다.

본고의 주제가 되는 3건물지에서는 청동괴를 포함하여 많은 슬래그와 爐관련시설이 검출되었다. 뿐만 아니라 이들 유물과 성격을 달리하

---

45 이는 고구려의 대가람인 정릉사지와 금강사지, 신라의 대가람인 황룡사지에서도 청동 제련과 관련된 공방지가 확인된 바 없다.

46 秦弘燮, 1976, 『韓國의 佛像』, 一志社.

47 사원이 남북 축선상으로 중문 - 목탑 - 금당 - 강당 등으로 배치되고 건물들이 회랑으로 둘러싸인 경우를 의미한다. 아울러 회랑 내에 승방을 두지 않은 점도 삼국시대 가람배치의 한 특징이라 할 수 있다.

는 회색·흑색토기, 벼루, 삼족토기 등의 유물도 출토되었다. 그리고 청동제련과 관련된 배연구와 건물지 벽체의 하부시설인 초석 및 고멕이가 상하 중복되어 있음도 살필 수 있다.

전술한 이러한 내용들은 유물의 성격상 혹은 건축고고학적인 측면에서도 이해하기 어렵다. 이는 결과적으로 3건물지를 중심으로 시기차를 달리하는 또 다른 유구 즉, 공방시설이 존재하였음을 의미한다. 이러한 시기차는 한편으로 3건물지를 중심으로 한 서배수로, 강당지 서쪽 불명건물지, 동회랑 주변 등에서 검출되는 백제 멸망 이후의 인화문토기와도 밀접한 관련이 있을 것으로 사료된다.

백제를 비롯한 삼국의 사찰은 적어도 왕실과 밀접한 관련 속에서 창건되었다. 따라서 여기에 소비되는 적지 않은 물품은 공방이나 주변 사찰, 그리고 공덕부 등의 관리 하에서 제작되어 공급되었음을 알 수 있다. 이러한 예는 능사에서 검출된 '보희사', '자기사' 명 목간을 통해서도 추정할 수 있다.

특히 능산리사지의 회랑 내부에서 승방지가 확인되지 않은 사실도 주목할 필요가 있다. 승은 불교의 3보로서 부처의 교리를 전파하는 일등공신이었음에도 불구하고 불국토 내에 머물 수 없었다. 이렇게 볼 때 회랑은 속세와 불국토를 구분 짓는 불교의 상징물로써 불교 전각 이외의 어떠한 속세 건축물도 허락하지 않았던 것이다. 그런데 이러한 존귀한 장소가 공방을 운영하는 장인의 활동무대가 되었다면 과연 이해할 수 있을까? 아울러 회랑내부의 25m 내외되는 가까운 거리에서 한 곳은 청동을 제련하던 작업장으로 다른 한 곳(금당 및 목탑)은 성왕 및 부처님께 예불과 독경을 거행하던 당탑으로서의 이원적 구조를 어떻게 설명할 수 있을까? 아마도 능사라는 기능적 측면에서 쉽게 납득하기 어려운 내용이라 생각된다.[48]

따라서 부여 능산리사지에서의 공방지는 제3건물지가 파괴된 이후

신라로 통일된 이후 운영되었음을 판단케 한다. 이 점과 관련하여 좀 더 심도있는 역사학계와 고고학계, 그리고 건축학계의 접근이 필요하리라 생각된다.[49]

---

48 이에 대해 필자는 2009년 10월 8~9일 한국전통문화학교와 (재)부여군문화재보존 센타에서 주최한 동아시아국제학술포럼에 참가한 중국인 학자(王志高〈남경시박물관〉, 爲正〈북경대학〉, 張蘊〈섬서성고고연구원〉)에게 중국에서의 경우 황제나 황족, 혹은 귀족들의 기원사찰에 제련장소나 공예품을 만드는 작업장이 금당이나 탑파 주변에서 문헌이나 고고학적인 발굴조사를 통해 확인된 예가 있는지 질의해 본 바 있다. 그러나 아직까지 이러한 사례는 확인된 바 없다는 고견을 얻은 바 있다. 지면으로나마 이에 감사드린다.
49 이 글은 조원창, 2006, 「부여 능사 제3건물지(일명 공방지 I)의 건축고고학적 검토」『선사와 고대』 24호에 게재된 논문을 정리하여 옮겨 놓은 것이다.

참고문헌

1. 사료

『三國遺事』『三國史記』『舊唐書』『日本書紀』.

2. 국문문헌

1) 보고서

공주대학교박물관 · 충청남도, 1997, 『공산성 건물지』.

공주대학교박물관, 1996, 『千房遺蹟』.

公州大學校博物館, 1995, 『九龍寺址』.

公州大學校博物館 · 忠淸南道, 1992, 『公山城建物址』.

공주사범대학 백제문화연구소 · 충청남도, 1982, 『공산성』.

국립가야문화재연구소, 2008, 「함안 성산산성 13차 발굴조사 자문회의와 현장설명회」.

國立慶州文化財研究所, 2003, 『慶州 仁旺洞 556 · 566番地 遺蹟發掘調査報告書』.

국립공주박물관, 2004, 『국립공주박물관』.

국립공주박물관 · (주)현대건설, 1999, 『정지산』.

國立公州博物館, 1988, 『百濟瓦當特別展』.

國立慶州文化財研究所, 2005, 『芬皇寺』.

國立慶州文化財研究所, 2003, 『慶州 仁旺洞 556 · 566番地遺蹟 發掘調査報告書』.

國立慶州文化財研究所, 1997, 『感恩寺』.

국립문화재연구소, 2007, 『2006 한국고고학저널』.

국립문화재연구소, 2007, 「IV. 강동빌라부지(336-1호)발굴조사」 『風納土城 VIII』.

국립문화재연구소, 2006, 「경주 사천왕사지 통일신라 조형미의 정수」 『한국고고학
　　　　저널』.

국립문화재연구소, 2002, 『風納土城 II』.

國立文化財研究所, 1996, 『扶蘇山城』.

국립박물관, 1969, 『금강사』.

국립부여문화재연구소 홈페이지

국립부여문화재연구소, 2009, 『扶餘 官北里 百濟遺蹟 發掘報告 IV -2008年 조사구역-』.

국립부여문화재연구소, 2009, 『扶餘 官北里 百濟遺蹟 發掘報告 III -2001~2007年 調査
　　　　區域 百濟遺蹟篇-』.

國立扶餘文化財研究所, 2008.11, 「부여 정림사지 발굴조사(제8차) 자문회의」.

국립부여문화재연구소, 2008, 「2008년도 익산 왕궁리유적 정비예정지역 제5차 정밀
　　　　발굴조사 자문회의 회의자료」.

國立扶餘文化財研究所, 2008, 『扶餘 王興寺址 出土 舍利器의 意味』.

국립부여문화재연구소, 2007, 「부여 왕흥사지 발굴조사(제8차) 지도위원회의 자료」.

國立扶餘文化財研究所, 2005.12, 「扶餘 官北里百濟遺蹟〈제11차〉發掘調査 1차 指導
　　　　委員會 議資料.

국립부여문화재연구소, 2005, 「부여 군수리사지(사적 제44호) 발굴조사 지도위원회
　　　　의자료」.

國立扶餘文化財研究所, 2003, 『扶蘇山城 발굴조사 보고서 V』.

國立扶餘文化財研究所, 2002, 『花枝山』.

國立扶餘文化財研究所, 1997, 『王宮里』.

국립부여문화재연구소, 1996, 『부소산성 발굴조사 보고서』.

國立扶餘博物館, 2007, 『陵寺 - 부여 능산리사지 6~8차 발굴조사 보고서』.

國立扶餘博物館, 2003, 『百濟金銅大香爐와 古代東亞細亞』.

國立扶餘博物館·扶餘郡, 2000, 『陵寺』.

國立扶餘博物館, 1997, 『국립부여박물관』.

국립부여박물관, 1992, 『부여 금성산 백제와적기단 건물지 발굴조사보고서』.

國立扶餘博物館, 1992,『부여 정암리 가마터(Ⅱ)』.

국립중앙박물관, 1999,『백제』.

국립진주박물관, 1986,『합천 죽죽리폐사지』.

김원룡외, 1989,『몽촌토성 - 서남지구발굴조사보고』.

대한문화유산연구센타, 2009,「보성 조성농공단지 조성사업 부지내 문화재 발굴조
사 자료집」.

대한불교조계종 유지재단 문화유산발굴조사단, 2004,『五臺山 月精寺 석조보살좌상
주변지역 문화유적 시·발굴조사보고서』.

동방문화재연구원, 2010,「부여 사비 119안전센타 신축부지 내 유적 발굴조사 지도
위원회 자료집」.

文化財管理局 文化財研究所, 1989,『彌勒寺』.

文化財管理局 文化財研究所, 1984,『皇龍寺』.

문화재청·국립문화재연구소, 2009,『한·중·일 고대 사지 비교연구(1) -목탑지편-』.

명지대학교 부설 한국건축문화연구소, 2007,『서울 淸進6地區 遺蹟Ⅰ -地表·發掘調
査』.

百濟文化開發研究院, 1983,『百濟瓦塼圖錄』.

백제문화재연구원, 2008,「부여 쌍북리 280-5번지 창고신축부지 문화유적 발굴조사
약보고서」.

부여문화재연구소·부여군, 1993,『용정리사지』.

서울대학교출판부, 2000,『북한의 문화재와 문화유적Ⅱ(고구려편)』.

서울대학교박물관, 1997,『서울대학교박물관 발굴유물도록』.

서울역사박물관·한신대학교박물관, 2008,「서울 풍납토성 경당지구 2차 발굴조사
현장설명회 자료집」.

서울特別市·中央文化財研究院, 2004,『淸溪川遺蹟』.

원광대학교 마한·백제문화연구소, 1994,『익산 제석사지 시굴조사보고서』.

尹武炳·李康承,『扶餘 龍井里 南建物址 發掘調査報告書』.

尹武炳, 1976,「金堤 碧骨堤 發掘調査」『百濟研究』7집, 忠南大學校百濟研究所.

임효재외, 2001,『용원리유적 C지구 발굴조사보고서』, 서울대학교박물관·서울대학
교인문학 연구소.

서울대학교박물관, 2000,『아차산 제4보루 -발굴조사 종합보고서-』.

全南文化財研究院·羅州市, 2006,『羅州 郎洞遺蹟』.

전라북도익산지구문화유적지관리사업소, 1997,『미륵사지유물전시관』.

朝鮮總督府, 1937,「扶餘軍守里廢寺址發掘調査(概要)」『朝鮮古蹟調査報告 昭和 11年』.

조동제, 2008,「송원리 백제 한성기 고분군」, 제32회 한국고고학전국대회 발표요지,
한국고고학회.

중앙문화재연구원, 2004,「경주나정 현장설명회자료 04-5」.

창원시·(재)우리문화재연구원, 2007,『昌原邑城』, 용디자인.

忠南大學校百濟研究所·大田地方國土管理廳, 2003,『泗沘都城』.

忠南大學校博物館, 2002,『唐津 合德堤』.

忠南大學校百濟研究所·大田地方國土管理廳, 2000,「扶餘 東羅城·西羅城 發掘調
査略報告書」.

충남대학교박물관, 1999,『부여 관북리 백제유적 발굴보고(II)』.

忠南大學校博物館·保寧市, 1998,『聖住寺』.

충남대학교박물관,『부여 용정리 백제건물지 발굴조사보고서』.

충남대학교박물관·충청남도청, 1981,『정림사』.

忠淸文化財研究院, 2009,『扶餘 雙北里 현내들·北浦 遺蹟』.

忠淸文化財研究院, 2005,「부여 - 탄천간 도로확장 및 포장공사 구간내(제3공구)문화
유적 발굴조사 扶餘 雙北里遺蹟」.

충청문화재연구원, 2005,『扶餘 井洞里遺蹟』.

충청문화재연구원·대전지방국토관리청, 2003,『부여 가탑리·왕포리·군수리유적』.

한국선사문화연구원, 2006,「청주 복대동 금호 어울림아파트 부지내 유적 추가 발굴
조사 현장설명회 자료」.

翰林大學校博物館, 2000,『居頓寺址』.

한신대학교박물관, 2009,「수원시 관내(분천~송산) 국도대체 우회도로 건설공사 구
간내 문화유적 발굴조사 지도위원회의 자료」.

한얼문화유산연구원, 2010,「부여 문화·관광형시장 조성사업부지내 부여 구아리
432번지 유적 약보고서」.

2) 단행본 저서

길기태, 2006,『백제 사비시대의 불교신앙 연구』, 서경.

김길식, 2008, 「백제 시조 구태묘와 능산리사지」『한국고고학보』69집.

김동현, 1988, 『한국목조건축의 기법』, 발언.

김성구, 1992, 「百濟의 瓦塼」『百濟의 彫刻과 美術』, 公州大學校博物館.

김종만, 2004, 『백제토기 연구』, 서경.

윤장섭, 1994, 『韓國建築史』, 東明社.

장경호, 1992, 『한국의 전통건축』, 문예출판사.

張慶浩, 1991, 『百濟寺刹建築』, 藝耕産業社.

조원창, 2004, 『百濟 建築技術의 對日傳播』, 서경.

조원창, 2010, 『한국 고대 와당과 제와술의 교류』, 서경.

3) 논문

김수태, 1998, 「百濟 威德王代 扶餘 陵山里 寺院의 創建」『百濟文化』제27집, 公州大學校 百濟文化研究所.

김종만, 2005, 「7世紀 扶餘·益山地方의 百濟土器」『백제 무왕과 그의 시대』.

김종만, 2003, 「泗沘時代 灰色土器의 性格」『湖西考古學』제9집, 湖西考古學會.

김종만, 2000, 「扶餘 陵山里寺址에 대한 小考」『新羅文化』제17·18합집, 東國大學校 新羅 文化研究所.

김현정, 2002, 「陵山里寺址 出土 印花紋土器에 대한 檢討」『國立公州博物館紀要』, 國立公州博物館.

남일룡, 1987, 「황해북도 봉산군 토성리 고구려 절터에 대하여」『조선고고연구』4호, 사회 과학출판사.

노중국, 2000, 「新羅와 百濟의 交涉과 交流」『新羅文化』10·18합집.

노태천 외, 2000, 「부여 능산리 공방지 I 출토 청동덩어리에 대한 금속학적 조사 보고」『陵寺』, 國立扶餘博物館.

文明大, 1998, 「高句麗 初創佛教寺院 "省門寺·伊佛蘭寺"의 考察」『講座美術史』10 特輯號 高句麗·渤海研究 I, 高句麗·渤海學術研究委員會/社團法人 韓國美術史研究所/韓國佛教 美術史學會.

문명대, 1991, 「백제불상의 형식과 내용」『백제의 조각과 미술』.

박중환, 2002, 「扶餘 陵山里發掘 木簡 豫報」『韓國古代史研究』28, 한국고대사학회.

신광섭, 2006, 「백제 사비시대 능사 연구」, 중앙대학교 대학원 박사학위논문.

신창수, 2000, 「분황사 발굴조사 개보」 『문화사학』 11·12·13.

安承周, 1985, 「百濟寺址의 硏究 -公州·扶餘地域을 中心하여」 『百濟文化』 16.

양기석, 2007, 「제2절 위덕왕의 즉위와 집권세력의 변화」 『百濟文化史大系 硏究叢書 ⑤ 泗沘都邑期의 百濟』.

尹武炳, 1969, 『金剛寺』, 國立博物館.

이남석, 2000, 「백제고분과 쌍릉」 『익산 쌍릉과 백제고분의 제문제』.

李道學, 1995, 「백제문화의 일본 전파」 『백제의 역사』, 충청남도·공주대학교 백제 문화연구소.

이병호, 2008, 「부여 능산리 출토 목간의 성격」 『목간연구』 창간호.

이왕기, 1995, 「백제의 건축양식과 기법」 『백제문화』 27.

조영현, 2002, 「한일봉토분의 축성방식에 관한 연구 -구획축조요소를 중심으로-」, 福岡大學 박사학위논문.

조원창, 2008, 「백제 군수리사원의 축조기법과 조영주체의 검토」 『한국고대사연구』 51.

趙源昌, 2008, 「百濟 木塔址 編年과 軸基部 築造技法에 관한 硏究」 『建築歷史硏究』 59.

趙源昌, 2006, 「統一新羅期 夾築基壇 建物의 性格」 『中原文化財硏究』 創刊號.

趙源昌, 2006, 「新羅 瓦積基壇의 型式과 編年」 『新羅文化』 28, 東國大學校 新羅文化 硏究所.

趙源昌, 2006, 「鞠智城 瓦當으로 본 新羅 製瓦術의 對倭 傳播」 『湖西考古學』 14, 湖 西考古學會.

조원창, 2006, 「백제 곡절소판형 와당의 시원과 변천」 『상명사학』 10·11·12합집, 상명사학회.

조원창, 2006, 「일본 산전사지에 나타난 백제의 건축문화」 『문화사학』 26호.

조원창, 2006, 「신라 와적기단의 형식과 편년」 『신라문화』 28.

조원창, 2006, 「부여 능사 제3건물지(일명 공방지Ⅰ)의 건축고고학적 검토」 『선사와 고대』 24.

조원창, 2005, 「백제 기단 축조술의 대신라 전파」 『건축역사연구』 42, 한국건축역사 학회.

조원창, 2005, 「기와로 본 백제 웅진기의 사비경영」 『선사와 고대』 23, 한국고대학회.

조원창, 2004, 「사찰건축으로 본 가구기단의 변천 연구」 『백제문화』 32.

조원창, 2003, 「백제 웅진기 부여 용정리 하층사원의 성격」 『한국상고사학보』 42.

조원창, 2002, 「백제 이층기단 축조술의 일본 비조사 전파」『백제연구』35, 충남대학
교백제연구소.

조원창, 2002, 「백제 건축기술의 대일전파」, 상명대학교 대학원 박사학위논문.

조원창, 2000, 「웅진천도후 백제와당의 변천과 비조사 창건와에 대한 검토」『영남고
고학』26호.

조원창, 2000, 「백제 와적기단에 대한 일연구」『한국상고사학보』33.

秦弘燮, 1976,『韓國의 佛像』, 一志社.

최맹식, 2008, 「정림사지 출토 백제기와 및 전의 성격」『정림사 역사문화적 가치와
연구현황』.

한인호, 1988, 「고구려의 탑터와 관련한 몇가지 문제」『력사과학』2호.

한인호, 1986, 「정릉사에 대하여」『조선고고연구』3.

한인호, 1981, 「정릉사건축의 평면구성에 대하여」『력사과학』2호, 과학 · 백과사전
출판사.

黃壽永, 1958, 「日本飛鳥寺址發掘調査槪要」『歷史學報』10.

3. 외국문헌

1) 보고서 및 논문(일문)

網伸也, 2004,『日本 近畿地方의 積基壇建物遺構에 대하여』.

網干善敎, 1988,『飛鳥發掘 - 成果と展望』.

網干善敎, 1980,『古代の飛鳥』, 學生社.

古典保存會編, 1928,『上宮聖德法王帝說』.

龜田修一, 1981, 「百濟古瓦考」『百濟硏究』12輯, 忠南大學校 百濟硏究所.

京都國立博物館, 1988,『畿內と東國』.

金子裕之, 1977, 「山田寺跡(奈良縣)」『佛敎藝術』116號.

奈良國立文化財硏究所 飛鳥資料館, 平成 9年,『山田寺』.

奈良國立文化財硏究所, 1991,『藤原京と京』.

大阪府立狹山池博物館, 2002,『常設展示案內』.

大脇潔, 1996, 「百濟の軒丸瓦とその製作技術」『朝鮮の古瓦を考える』, 帝塚山考古
學硏究所.

每日新聞社, 1974,『佛教藝術』96號.

方起東, 1982,「集安東台子高句麗建築遺址的性質和年代」『東北考古與歷史』1, 文物出版社.

飛鳥資料館, 1983,『渡來人の寺 -檜隈寺と坂田寺-』.

山本孝文, 2005,「韓國 古代 律令의 考古學的 研究」, 부산대학교 대학원 박사학위논문.

三舟隆之, 2006,「瓦からみた日朝關係史」『歷史讀本 古代日朝關係史 論点檢証最前線』.

森郁夫, 1993,『續・瓦と古代寺院』, 臨川選書.

石田茂作, 昭和 12年,「第四 扶餘軍守里廢寺址發掘調査」『昭和十一年度古蹟調査報告』, 朝鮮古蹟研究會.

小山田宏一, 2003,「百濟의 土木技術」『古代 東亞細亞와 百濟』, 충남대학교 백제연구소.

小泉顯夫, 昭和 15年,「平壤淸岩里廢寺址의 調査」『昭和十三年度古蹟調査報告』, 朝鮮古蹟 研究會.

小泉顯夫, 昭和 13年,「泥佛出土地元五里廢寺址의 調査」『昭和十二年度古蹟調査報告』, 朝鮮古蹟研究會.

岩本正二, 1981,「明日香村檜隈寺の發掘調査」『佛教藝術』136호, 每日新聞社.

王仲殊 著・姜仁求 譯註, 1993,『漢代 考古學 槪說』.

楊鴻勛, 1987,「從遺址看西漢長安明堂(辟雍)刑制」『建築考古學論文集』.

田?征夫, 1995,「瓦積基壇と渡來系氏族」『季刊考古學』.

朝日新聞社, 2002,『飛鳥・藤原京展』.

佐川正敏, 2008,「고대 일본과 백제의 목탑기단 구축기술 및 사리용기・장엄구 안치형식의 비교검토」『부여 왕흥사지 출토 사리기의 의미』, 국립부여문화재연구소.

千田稔・金子裕之, 2000,『飛鳥・藤原京の謎お掘る』, 文英堂.

淺野淸, 昭和 33年,「飛鳥寺の建築」『佛教藝術』33.

賀云翶, 2004,「南朝時代 建康地域 蓮花紋瓦當의 變遷 과정 및 관련 문제의 研究」『漢城期 百濟의 물류시스템과 對外交涉』, 학연문화사.

フランソウ・ベルチエ, 昭和 49年,「飛鳥寺問題の再吟味」『佛教藝術』96號.

인용 도면 · 도판 목록

국립공주박물관

國立公州博物館, 1988, 『百濟瓦當特別展』, 도판 14 〈대통사지 출토 원형돌기식 와당〉.

국립공주박물관 · (주)현대건설, 1999, 『艇止山』, 28쪽 도면 5 〈기와 건물지〉.

국립공주박물관, 2004, 『국립공주박물관』, 86쪽 하단 사진 〈정지산 출토 와당〉.

국립공주박물관, 2004, 『국립공주박물관』, 86쪽 상단 사진 〈정지산 출토 사격자문전〉.

국립부여박물관

國立扶餘博物館, 1992, 『扶餘錦城山百濟瓦積基壇建物址發掘調査報告書』, 3쪽 도판 1 〈건물지 전경〉.

國立扶餘博物館, 1992, 『扶餘錦城山百濟瓦積基壇建物址發掘調査報告書』, 81쪽 도판 24 〈기단 세부〉.

國立扶餘博物館, 1992, 『扶餘錦城山百濟瓦積基壇建物址發掘調査報告書』, 33쪽 삽도 12-16 〈장 고형기대편〉.

國立扶餘博物館, 1992, 『扶餘錦城山百濟瓦積基壇建物址發掘調査報告書』, 81쪽 도판 24 〈하층 기단 상면 초석〉.

國立扶餘博物館, 1992, 『扶餘錦城山百濟瓦積基壇建物址發掘調査報告書』, 77쪽 도판 13 〈평적 식 와적기단〉.

國立扶餘博物館, 1992, 『扶餘錦城山百濟瓦積基壇建物址發掘調査報告書』, 도면 2 〈건물지 평 면도〉.

國立扶餘博物館, 1992, 『扶餘錦城山百濟瓦積基壇建物址發掘調査報告書』, 73쪽 도판 7 〈건물지 하층기단 상면 초석〉.

國立扶餘博物館, 1992, 『扶餘錦城山百濟瓦積基壇建物址發掘調査報告書』, 78쪽 도판 17 〈건물지 하층기단 상면 초석 세부〉.

國立扶餘博物館, 1992, 『부여 정암리가마터(II)』, 174쪽 도판 44-② 〈삼각돌기식 와당〉.

國立扶餘博物館, 1997, 『국립부여박물관』, 81쪽 〈군수리사지 출토 원형돌기식 와당〉.

國立扶餘博物館, 1997, 『국립부여박물관』, 81쪽 〈군수리사지 출토 삼각돌기식 와당〉.

國立扶餘博物館, 1997, 『국립부여박물관』, 81쪽 연목와 사진.

國立扶餘博物館, 1997, 『국립부여박물관』, 110쪽 좌상 사진 〈외리사지 출토 연화문전〉.

國立扶餘博物館·扶餘郡, 2000, 『陵寺』, 7쪽 도면 6 세부.

國立扶餘博物館·扶餘郡, 2000, 『陵寺』, 5쪽 도면 5 〈가람배치〉.

國立扶餘博物館·扶餘郡, 2000, 『陵寺』, 15쪽 도면 10 〈강당지 평면도〉.

國立扶餘博物館·扶餘郡, 2000, 『陵寺』, 7쪽 도면 6 〈남북토층〉.

國立扶餘博物館·扶餘郡, 2000, 『陵寺』, 52쪽 도면 37 〈동·서·북쪽 암거시설〉.

國立扶餘博物館·扶餘郡, 2000, 『陵寺』, 55쪽 도면 암거시설 VI.

國立扶餘博物館·扶餘郡, 2000, 『陵寺』, 56쪽 도면 암거시설 IX.

國立扶餘博物館·扶餘郡, 2000, 『陵寺』, 53쪽 도면 암거시설 I.

國立扶餘博物館·扶餘郡, 2000, 『陵寺』, 54쪽 도면 암거시설 V.

國立扶餘博物館·扶餘郡, 2000, 『陵寺』, 53쪽 도면 북쪽 암거시설.

國立扶餘博物館·扶餘郡, 2000, 『陵寺』, 258쪽 도판 48-② 〈남회랑지 기단〉.

國立扶餘博物館·扶餘郡, 2000, 『陵寺』, 261쪽 도판 51-① 〈3건물지 기단〉.

國立扶餘博物館·扶餘郡, 2000, 『陵寺』, 278쪽 도판 68-③ 〈불명건물지 II〉.

國立扶餘博物館·扶餘郡, 2000, 『陵寺』, 219쪽 도판 9-① 〈중문지 전경〉.

國立扶餘博物館·扶餘郡, 2000, 『陵寺』, 219쪽 도판 9-② 〈중문지 적심토〉.

國立扶餘博物館·扶餘郡, 2000, 『陵寺』, 222쪽 도판 12-① 〈금당지 전경〉.

國立扶餘博物館·扶餘郡, 2000, 『陵寺』, 222쪽 도판 12-② 〈금당지 적심〉.

國立扶餘博物館·扶餘郡, 2000, 『陵寺』, 220쪽 도판 10-① 〈목탑지 전경〉.

國立扶餘博物館·扶餘郡, 2000, 『陵寺』, 243쪽 도판 33-③ 〈사리감 및 찰주〉.

國立扶餘博物館·扶餘郡, 2000, 『陵寺』, 13쪽 도면 9 〈금당지 평면도〉.

國立扶餘博物館·扶餘郡, 2000, 『陵寺』, 222쪽 도판 12-① 〈금당지〉.

國立扶餘博物館·扶餘郡, 2000, 『陵寺』, 29쪽 도면 19 〈3건물지 평·단면도〉.

國立扶餘博物館·扶餘郡, 2000, 『陵寺』, 229쪽 도판 19-② 〈3건물지내 고멕이와 배연시설 중복〉.

國立扶餘博物館·扶餘郡, 2000, 『陵寺』, 272쪽 도판 62-① 〈공방지Ⅱ내 고멕이와 배연시설 중복〉.

國立扶餘博物館·扶餘郡, 2000, 『陵寺』, 303쪽 도판 93-③ 〈연가 사진〉.

國立扶餘博物館·扶餘郡, 2000, 『陵寺』, 72쪽 도면 55-⑫ 〈삼족토기〉.

國立扶餘博物館·扶餘郡, 2000, 『陵寺』, 73쪽 도면 56-⑪ 〈유악토기〉.

國立扶餘博物館·扶餘郡, 2000, 『陵寺』, 73쪽 도면 56-⑥ 〈유족연〉.

國立扶餘博物館·扶餘郡, 2000, 『陵寺』, 69쪽 도면 52-⑧ 〈인화문 대부완〉.

國立扶餘博物館·扶餘郡, 2000, 『陵寺』, 171쪽 도면 154-① 〈무문와당〉.

국립부여박물관, 2000, 「부여 능산리사지 제6차 발굴조사 지도위원회 자료」, 24쪽 사진 8 〈부섶(엽)시설〉.

국립부여박물관, 2000, 「부여 능산리사지 제6차 발굴조사 지도위원회 자료」, 21쪽 사진 2 〈말뚝지정〉.

國立扶餘博物館, 2007, 『陵寺 - 부여 능산리사지 6~8차 보고서』, 도면 4 〈유구 배치〉.

國立扶餘博物館, 2007, 『陵寺 - 부여 능산리사지 6~8차 보고서』, 도면 4 일부 〈동쪽 자갈석렬 및 석곽형 판석 집수조〉.

국립부여문화재연구소

扶餘文化財硏究所·扶餘郡, 1993, 『龍井里寺址』, 21쪽 삽도 4 〈목탑지 축기부 토층〉.

扶餘文化財硏究所·扶餘郡, 1993, 『龍井里寺址』, 23쪽 삽도 5 〈건물지 평·단면도〉.

扶餘文化財硏究所·扶餘郡, 1993, 『龍井里寺址』, 25쪽 삽도 6-① 중.

扶餘文化財硏究所·扶餘郡, 1993, 『龍井里寺址』, 78쪽 도판 11 〈목탑지 축기부 판축토〉.

扶餘文化財硏究所·扶餘郡, 1993, 『龍井里寺址』, 82쪽 도판 19 〈협축기단 및 초석〉.

扶餘文化財硏究所·扶餘郡, 1993, 『龍井里寺址』, 84쪽 도판 23 〈협축기단 및 적심석〉.

扶餘文化財硏究所·扶餘郡, 1993, 『龍井里寺址』, 84쪽 도판 24 〈협축기단〉.

國立扶餘文化財硏究所, 1996, 『扶蘇山城 -廢寺址 發掘調査報告-』, 58쪽 삽도 6 〈가람배치〉.

國立扶餘文化財硏究所, 1997, 『王宮里』, 120쪽 삽도 22-④ 〈삼각돌기식 와당〉.

國立扶餘文化財硏究所, 1997, 『王宮里』, 121쪽 삽도 23-④ 〈건물지 5 출토 와당〉.

國立扶餘文化財硏究所, 1997, 『王宮里』, 341쪽 도면 5 〈건물지 4〉.

國立扶餘文化財硏究所, 2001, 『彌勒寺址 西塔 周邊發掘調査 報告書』, 28-1쪽 도면 5 중.

國立扶餘文化財硏究所, 2002, 『花枝山』, 43쪽 도면 15 〈적심토〉.

國立扶餘文化財硏究所, 2002, 『花枝山』, 455쪽 도판 18 〈건물지 전경〉.

國立扶餘文化財硏究所·扶餘郡, 2002, 『花枝山』, 455쪽 도판 18 〈건물지 전경〉.

國立扶餘文化財硏究所, 2003, 『扶蘇山城 發掘調査報告書 V』, 도면 79-⑫ 〈다지구 건물지 출토 삼족토기〉.

國立扶餘文化財硏究所, 2003, 『扶蘇山城 發掘調査報告書 V』, 도판 244-④ 〈다지구 건물지 출토 인화문뚜껑〉.

國立扶餘文化財硏究所, 2003, 『扶蘇山城 發掘調査報告書 V』, 301쪽 도판 146 〈다지구 건물지 토층〉.

國立扶餘文化財硏究所, 2005.12, 「扶餘 官北里百濟遺蹟〈제11차〉發掘調査 1차 指導委員會 議資料」, 도면 3 〈관북리 2건물지 평면도〉.

國立扶餘文化財硏究所, 2005.12, 「扶餘 官北里百濟遺蹟〈제11차〉發掘調査 1차 指導委員會 議資料」, 13쪽 사진 11 〈방형적심토〉.

국립부여문화재연구소, 2008.11, 「2008년도 익산 왕궁리유적 정비예정지역 제5차 정밀발굴 조사 자문회의 회의자료」, 16쪽 사진 4.

國立扶餘文化財硏究所, 2008.11, 『부여 정림사지 발굴조사(제8차) 자문회의, 22쪽 도면 3 〈가람배치〉.

국립부여문화재연구소, 2009, 『王興寺址 Ⅲ』, 37쪽 도판 3 〈추정 중문지 하부 토층〉.

국립부여문화재연구소, 2009, 『王興寺址 Ⅲ -木塔址 金堂址 發掘調査 報告書』, 49쪽 도면 9 중 〈목탑지 평면도〉.

국립부여문화재연구소, 2009, 『王興寺址 Ⅲ -木塔址 金堂址 發掘調査 報告書』, 71쪽 〈청동사리합 외면 명문〉.

국립부여문화재연구소, 2009, 『한·중·일 고대사지 비교연구〈1〉-목탑지편-』, 59쪽 사진 1 〈목탑지 축기부〉.

국립부여문화재연구소, 2010, 『扶餘軍守里寺址 Ⅰ -木塔址·金堂址 發掘調査報告書-』, 59쪽 도면 21 〈군수리사지 금당지 도면〉.

국립부여문화재연구소, 2010, 『扶餘軍守里寺址 Ⅰ -木塔址·金堂址 發掘調査報告書-』, 63쪽 도면 26 〈군수리사지 목탑지 도면〉.

국립부여문화재연구소, 2010, 『扶餘軍守里寺址 Ⅰ -木塔址·金堂址 發掘調査報告書-』, 179쪽 사진 40 〈금당지 북측 수직횡렬식 와적기단〉.

국립부여문화재연구소, 2010, 『扶餘軍守里寺址 Ⅰ -木塔址·金堂址 發掘調査報告書-』, 179쪽 사진 41 〈금당지 남측 하층기단 상면 초석〉.

國立扶餘文化財硏究所, 2010, 『2009 백제문화를 찾아서』, 31쪽 도면 1 〈가람배치〉.

國立扶餘文化財硏究所, 2010, 『2009 백제문화를 찾아서』, 33쪽 사진 5 〈서건물지 동편 혼축기단〉.

충청문화재연구원

忠淸文化財硏究院·大田地方國土管理廳, 2003, 『扶餘 佳塔里·旺浦里·軍守里遺蹟』, 113쪽 사진 199 〈왕포리건물지 토층〉.

忠淸文化財硏究院·大田地方國土管理廳, 2003, 『扶餘 佳塔里·旺浦里·軍守里遺蹟』, 116쪽 사진 203-⑤ 〈왕포리 건물지 출토 기와〉.

忠淸文化財硏究院·大田地方國土管理廳, 2003, 『扶餘 佳塔里·旺浦里·軍守里遺蹟』, 135쪽 사진 228.

忠淸文化財硏究院·大田地方國土管理廳, 2003, 『扶餘 佳塔里·旺浦里·軍守里遺蹟』, 139쪽 사진 234-② 〈군수리 와적기단건물지 출토 인각와〉.

忠淸文化財硏究院, 2009, 『扶餘 雙北里 현내들·北浦 遺蹟』, 187쪽 도면 11 중 〈II층 5호 도로 유구 주변 말뚝지정〉.

忠淸文化財硏究院, 2009, 『扶餘 雙北里 현내들·北浦 遺蹟』, 219쪽 도면 27 〈북포유적 N구역 부섶(엽)시설〉.

忠淸文化財硏究院, 2009, 『扶餘 雙北里 현내들·北浦 遺蹟』, 388쪽 사진 64-256 〈2구역 추정 제방 부섶(엽)시설〉.

忠淸文化財硏究院, 2009, 『扶餘 雙北里 현내들·北浦 遺蹟』, 480쪽 사진 156-728 〈N구역 1호 부섶(엽)시설내 말뚝〉.

충남대학교박물관

忠南大學校博物館·忠淸南道廳, 1981, 『定林寺』, 도면 5 〈금당지 평면도〉.

忠南大學校博物館·忠淸南道廳, 1981, 『定林寺』, 도면 16 〈금당지 및 중문지 토층〉.

忠南大學校博物館·忠淸南道廳, 1981, 『定林寺』, 도면 19 상 일부 〈석탑 축기부 판축토〉.

충남대학교박물관, 『扶餘 龍井里 百濟建物址 發掘調査報告書』, 15쪽 삽도 II-1 〈건물지 출토 와당〉.

충남대학교박물관, 『扶餘 龍井里 百濟建物址 發掘調査報告書』, 27쪽 도면 IV 북건물지 〈이중기단 단면도〉.

충남대학교박물관, 『扶餘 龍井里 百濟建物址 發掘調査報告書』, 28쪽 도면 V.

충남대학교박물관, 1999, 『부여 관북리 백제유적 발굴보고(II)』, 101쪽 도면 17 〈관북리 1건물지 평면도〉.

충남대학교박물관, 1999, 『부여 관북리 백제유적 발굴보고(II)』, 186쪽 도판 44-2 〈관북리 1건물지 기단〉.

忠南大學校博物館·保寧市, 1998, 『聖住寺』, 454쪽 도면 58-4 〈장방형전〉.

忠南大學校博物館・保寧市, 1998,『聖住寺』, 457쪽 도면 61-1 〈토기호〉.

忠南大學校博物館・保寧市, 1998,『聖住寺』, 687쪽 사진 32 〈기단〉.

忠南大學校博物館・保寧市, 1998,『聖住寺』, 746쪽 사진 146-5 〈삼각돌기식 와당〉.

충남대학교백제연구소

忠南大學校百濟研究所・大田地方國土管理廳, 2000,「扶餘 東羅城・西羅城 發掘調查報告書」, 7쪽 사진 3 〈동나성 외부 말뚝지정〉.

忠南大學校百濟研究所・大田地方國土管理廳, 2000,「扶餘 東羅城・西羅城 發掘調查報告書」, 5쪽 사진 2 〈동나성 기초부 부엽(엽)시설〉.

忠南大學校百濟研究所・大田地方國土管理廳, 2003,『泗 都城』, 27쪽 도면 5 〈동나성 외부 부엽(엽)시설〉.

忠南大學校百濟研究所・大田地方國土管理廳, 2003,『泗 都城』, 300쪽 사진 16 〈동나성 내부 부엽(엽)시설〉.

忠南大學校百濟研究所・大田地方國土管理廳, 2003,『泗 都城』, 300쪽 사진 18 〈동나성 내부 말뚝+부엽(엽)시설〉.

원광대학교 마한・백제문화연구소

圓光大學校 馬韓・百濟文化研究所, 1994,『益山帝釋寺址 試掘調查報告書』, 도면 5 중.

공주사범대학박물관

公州師範大學 百濟文化研究所・忠淸南道, 1982,『公山城』, 도면 13 〈임류각지 남북토층〉.

공주대학교박물관

公州大學校博物館・忠淸南道, 1992,『公山城建物址』, 129쪽 그림 47 중 〈28칸 건물지 초석과 모래적심〉.

公州大學校博物館・忠淸南道, 1992,『公山城建物址』, 141쪽 그림 53-② 〈28칸 건물지 출토 토기편〉.

公州大學校博物館・忠淸南道, 1992,『公山城建物址』, 225쪽 그림 89 좌상 〈석축유구 출토 기와〉.

公州大學校博物館・忠淸南道, 1992,『公山城建物址』, 227쪽 그림 90 하 〈개배〉.

公州大學校博物館・忠淸南道, 1992,『公山城建物址』, 470쪽 사진 271 〈서문지 후면 건물지 적심토〉.

公州大學校博物館 · 忠淸南道, 1992, 『公山城建物址』, 471쪽 사진 272 〈서문지 후면 건물지 적
　　심토〉.
公州大學校博物館, 2005, 『發掘遺蹟과 遺物』, 267쪽 사진 15 〈28칸 건물지 전경〉.
공주대학교박물관, 1996, 『千房遺蹟』, 원색사진 건물지 1의 전경.

한얼문화유산연구원

한얼문화유산연구원, 2010, 「부여 문화 · 관광형시장 조성사업부지내 부여 구아리 432번지 유
　　적 약보고서」, 10쪽 사진 4 〈말뚝지정〉.
한얼문화유산연구원, 2010, 「부여 문화 · 관광형시장 조성사업부지내 부여 구아리 432번지 유
　　적 약보고서」, 16쪽 사진 13 〈굴광 마사토열〉.

백제문화재연구원

백제문화재연구원, 2008, 「부여 쌍북리 280-5번지 창고신축부지 문화유적 발굴조사 약보고
　　서」, 23쪽 사진 9 〈말뚝지정 및 부엽시설〉.
백제문화재연구원, 2008, 「부여 쌍북리 280-5번지 창고신축부지 문화유적 발굴조사 약보고서」,
　　24쪽 사진 10 〈말뚝지정 및 부엽시설〉.
백제문화재연구원, 2010, 『서천 비인 5층석탑 유적』, ii쪽 원색도판 2 〈축기부 굴광 판축토〉.

동방문화재연구원

동방문화재연구원, 2010, 「부여 사비119 안전센타 신축부지 내 유적 발굴조사 지도위원회 자
　　료집」 〈말뚝지정〉.

대한문화유산센타

조성리 저습지유적 부엽시설.

명지대학교 부설 한국건축문화연구소

명지대학교 부설 한국건축문화연구소, 2007, 『서울 淸進6地區 遺蹟 I -地表 · 發掘調査』, 216
　　쪽 도면 99 〈다-4 석축 하부 말뚝지정〉.

국립중앙박물관

국립중앙박물관, 1999, 『백제』, 163쪽 도판 302 〈대통명 인각와〉.

국립박물관

國立博物館, 1969, 『金剛寺』, 10쪽 Fig. 2 중 〈지대석(우석)〉.

國立博物館, 1969, 『金剛寺』, 11쪽 Fig.3 〈금당지 가구기단 복원도〉.

國立博物館, 1969, 『金剛寺』, 도면 2 〈가람배치〉.

國立博物館, 1969, 『金剛寺』, 도면 5 〈목탑지〉.

國立博物館, 1969, 『金剛寺』, 도면 13 〈목탑지 축기부〉.

國立博物館, 1969, 『金剛寺』, 도판 6-b 〈포석시설〉.

國立博物館, 1969, 『金剛寺』, 도판 8-b 〈금당지 가구기단〉.

國立博物館, 1969, 『金剛寺』, 도판 19-a 〈강당지 기단〉.

國立博物館, 1969, 『金剛寺』, 도판 37-Ⅰ 〈삼각돌기식 와당〉.

國立博物館, 1969, 『金剛寺』, 도판 37-Ⅴ″ 〈판구곡절식 와당〉.

전라북도익산지구문화유적지관리사업소

전라북도익산지구문화유적지관리사업소, 1997, 『미륵사지유물전시관』, 93쪽 사진 〈축기부 판축토〉.

전라북도익산지구문화유적지관리사업소, 1997, 『미륵사지유물전시관』, 123쪽 도면 〈가람배치〉.

국립광주박물관

국립광주박물관, 1996, 『백제금동향로와 사리감』, 26쪽 〈사리감 명문〉.

서울대학교박물관

서울대학교박물관, 1997, 『서울대학교박물관 발굴유물도록』, 194쪽 사진 111 〈판축대지〉.

국립경주문화재연구소

國立慶州文化財研究所, 2003, 『慶州 仁旺洞 556 · 566番地遺蹟 發掘調査報告書』, 39쪽 도면 18 중 〈담장지 수직횡렬식 와적기단〉.

서울역사박물관 · 한신대학교박물관

서울역사박물관 · 한신대학교박물관, 2008.5, 「서울 풍납토성 경당지구 2차 발굴조사 현장설명회 자료집」 〈206호 유구 사진〉.

서울대학교출판부

서울대학교출판부, 2000, 『북한의 문화재와 문화유적 II (고구려편)』 〈쌍영총 연화문 사진〉.

중앙문화재연구원

중앙문화재연구원, 2004, 「경주 나정 현장설명회자료 04-5」 〈나정 팔각건물지 도면〉.

한국선사문화연구원

한국선사문화연구원, 2008, 『淸州 福臺洞遺蹟』, 331쪽 사진 69-1 〈와적기단 사진〉.

한국선사문화연구원, 2008, 『淸州 福臺洞遺蹟』, iv쪽 원색사진 4 상좌 〈와당 사진〉.

기타

안승주, 1982, 『공산성』, 공주사범대학 백제문화연구소 · 충청남도, 도면 12 〈임류각지 평면도〉.

이왕기, 1995, 「백제의 건축양식과 기법」 『백제문화』 27, 도면 〈임류각지 기단 및 방형전〉.

김원룡 외, 1989, 『몽촌토성 - 서남지구발굴조사보고』, 도면 8 〈판축대지〉.

임효재 외, 2000, 『아차산 제4보루 -발굴조사 종합보고서-』, 서울대학교박물관, 사진 58 〈협축
　　　기단〉.

찾아보기